LINUX
PROGRAMMING

리눅스 프로그래밍

원리와 실제 개정판

창병모 지음

생능출판

저자 소개

창병모(E-mail: chang@sookmyung.ac.kr)

1988년 서울대학교 컴퓨터공학과 학사
1990년 KAIST 전산학과 석사
1994년 KAIST 전산학과 박사
1995년~현재 숙명여자대학교 소프트웨어학부 교수

리눅스 프로그래밍 원리와 실제

초판발행 2014년 7월 7일
제2판3쇄 2025년 2월 5일

지은이 창병모
펴낸이 김승기, 김민수
펴낸곳 (주)생능출판사 / **주소** 경기도 파주시 광인사길 143
출판사 등록일 2005년 1월 21일 / **신고번호** 제406-2005-000002호
대표전화 (031)955-0761 / **팩스** (031)955-0768
홈페이지 www.booksr.co.kr

책임편집 신성민 / **편집** 이종무, 최동진 / **디자인** 유준범, 노유안
마케팅 최복락, 심수경, 차종필, 백수정, 송성환, 최태웅, 명하나, 김민정
인쇄 새한문화사 / **제본** 일진제책사

ISBN 978-89-7050-534-3 93000
정가 28,000원

개정판 머리말

오늘날 리눅스 시스템은 스마트폰, 태블릿, PC, 서버 및 슈퍼컴퓨터에 이르기까지 컴퓨팅 전반에서 많이 사용되고 있으며 그 중요성 역시 증가하고 있습니다. 리눅스의 가장 대표적인 성공 사례는 리눅스를 기반으로 만들어진 안드로이드로 스마트폰의 가장 지배적인 운영체제가 되었습니다. 이러한 환경에서 이제 리눅스 시스템에 대한 이해와 시스템 프로그래밍 능력은 소프트웨어 개발자의 핵심 역량이 되고 있습니다.

이 책은 리눅스 설치부터 사용 및 시스템 프로그래밍까지 체계적으로 학습할 수 있도록 구성하였습니다. 7장 C 표준 입출력이 4장으로 이동한 점을 제외하고는 전체적으로 초판의 구성을 따르고 있으며 최근의 리눅스 환경 변화를 반영하도록 개정하였습니다. 현재 가장 많이 사용되고 있는 리눅스 버전은 우분투 리눅스와 레드햇(혹은 CentOS) 리눅스입니다. CentOS는 그동안 레드햇 RHEL의 무료 배포한 역할을 해왔으나 앞으로는 CentOS Stream이라는 이름으로 RHEL의 개발(시험) 배포판 역할을 하게 됩니다.

이 책은 리눅스의 대표적인 최신 버전인 우분투 20과 CentOS 8을 중심으로 작성하였습니다. 1장에서 두 리눅스의 데스크톱 환경을 모두 소개합니다. 모두 GNOME을 데스크톱 환경으로 사용하기 때문에 거의 같지만 일부 차이가 있을 수 있습니다. 이 책의 예제 프로그램들은 우분투 리눅스 상에서 gcc 컴파일러로 테스트하였으며 두 리눅스 사이의 차이는 별로 없습니다.

리눅스는 여러 환경에 설치되어 사용할 수 있습니다. PC에 단독으로 혹은 MS 윈도우와 함께 설치될 수 있으며 특히 최근에는 가상 머신이 발전하고 안정화됨에 따라 가상 머신에 쉽게 설치하여 사용할 수 있습니다. 현재 많이 사용되고 있는 대표적인 가상 머신으로 VMWare와 VirtualBox가 있으며 이 책에서는 VirtualBox 위에 우분투 20을 설치하는 과정을 1장에서 간단히 설명하고 있으며 VirtualBox 위에 우분투 20를 설치하는 과정과 VMWare에 CentOS 8을 설치하는 자세한 사항은 보조교재로 제공합니다.

이 개정판의 주요 개정 내용은 다음과 같습니다. 1장과 2장은 최신 리눅스 환경을 고려하여 개정하였습니다. 3장 C 프로그래밍 환경에서는 C 언어의 주요 기능에 대한 요약을 추가하였습니다. 7장 파일 및 레코드 잠금은 파일 잠금과 레코드 잠금을 분리하여 추가하였습니다. 10장 메모리 관리는 공유 메모리와 메모리 맵핑에 대한 내용을 추가하였습니다. 또한 전체적으로 모든 장의 내용을 최신 버전을 반영하고 이해도를 높일 수 있도록 수정하였습니다.

이 교재가 출판되기까지 도움을 주신 여러분께 감사드립니다. 이 책의 보조교재를 위해 수고해 준 최소현 학생에게 감사드립니다. 그동안 숙명여자대학교의 시스템 프로그래밍 강의에 참여하여 피드백을 해준 학생들에게 감사드립니다. 이 책이 우리나라의 리눅스 교육에 사용되어 조금이나마 소프트웨어 발전에 기여할 수 있기를 바랍니다.

2021년 12월 연구실에서

창병모

머리말

유닉스는 1970년대 초에 미국 AT&T 벨연구소에서 단순성과 이식성, 개방성을 기본 철학으로 해서 개발된 다중 사용자 운영체제로 그 이후로 지속적으로 발전해 오고 있습니다. 리눅스는 PC를 위한 효율적인 유닉스 시스템으로 1991년 헬싱키 대학의 리누스 토르발즈에 의해 개발되었으며 개발 후 커널의 소스코드가 공개되었으며 인터넷 상에서 자원자들에 의해 지속적으로 개선되었으며 공용 도메인 상의 무료 운영체제 형태로 발전하였습니다. 현재 리눅스는 PC, 워크스테이션, 서버 등 다양한 플랫폼에서 사용 가능하도록 GNU 소프트웨어와 함께 다양한 배포판이 만들어져 배포되고 있는데 대표적인 배포판으로 레드햇(RedHat), 우분투(Ubuntu), CentOS 등이 있습니다.

안드로이드는 리눅스 커널을 기반으로 모바일 기기용으로 개발된 개방형 운영체제로 소스 코드 등 모든 것을 공개하고 있습니다. 주로 스마트폰, 태블릿 PC 등에서 사용되고 있으며 애플의 모바일 기기용 운영체제인 iOS와 더불어 모바일 기기용 소프트웨어의 핵심이 되고 있습니다. 특히 우리나라는 스마트폰 세계 시장에서 안드로이드 기반의 스마트폰으로 세계 최고의 점유율을 기록하고 있는 세계 최대의 스마트폰 생산국입니다.

이제 리눅스는 슈퍼컴퓨터, 서버 시스템에서부터 PC 및 스마트폰까지 다양한 환경에서 사용되고 있을 뿐만 아니라 소프트웨어 산업 경쟁력의 핵심이 되고 있습니다. 이러한 환경에서 리눅스를 기반으로 한 시스템 프로그래밍 교육은 개인의 시스템 프로그래밍 능력 향상뿐만 아니라 국가의 소프트웨어 경쟁력에도 매우 중요한 부분이라고 할 수 있습니다. 그러나 평소에 리눅스를 별로 사용하지 않는 우리나라의 대학 현실에 맞는 리눅스 기반의 시스템 프로그래밍 교육을 위한 적합한 교재는 많지 않는 상황입니다. 원서를 포함하여 이 분야의 여러 교재가 출판되어 있지만 지나치게 전문적이거나 방대한 분량의 매뉴얼 형태의 교재가 대부분으로 현실적으로 초보자도 배울 수 있는 체계적인 시스템 프로그래밍 교재는 별로 없습니다.

본 교재는 이러한 상황을 고려하여 리눅스 초보자가 체계적으로 시스템 프로그래밍을 배울 수 있도록 구성하려고 노력하였습니다. 특히 시스템 프로그래밍에서 사용하는 시스템 호출이나 라이브러리 함수의 기본 원리를 제대로 이해하고 이를 바탕으로 실제적인 프로그램을 작성할 수 있도록 구성하였습니다. 또한 각 장에서 원리를 설명하는 다양한 그림과 현실적인 예제 프로그램을 제공함으로써 시스템 프로그래밍의 원리와 실제를 제대로 이해할 수 있도록 하는데 주안점을 두었습니다.

개관과 구성

이 교재는 리눅스 초보자도 순차적으로 리눅스 기반의 시스템 프로그래밍을 배울 수 있도록 구성하였습니다. 1장에서 3장까지는 리눅스 초보자를 위한 내용으로 리눅스 소개, 사용을 위한 기본적인 명령어 및 리눅스 프로그래밍을 위한 환경 등에 대해 소개합니다. 이후 4장부터 13장까지는 시스템 프로그래밍 내용을 체계적으로 구성하였습니다. 4장부터 7장까지는 파일 관련 프로그래밍에 대해서 다루고 있습니다. 8장부터 10장까지는 프로세스 관련 프로그래밍에 대해서 다루고 11장부터 13장까지는 프로세스 간 통신에 대해서 다룹니다.

한 학기 강의를 위해서 기본적으로 다음과 같이 1주에 1장씩 할 수 있도록 구성하였으며 16주 강의의 경우에는 여건에 따라 2장, 5장 혹은 9장을 두 주에 걸쳐 진행할 수 있습니다. 또한 실습을 진행할 수 있도록 각 장에서 실습 문제를 제공하였으며 매 주마다 2시간 강의 1~2시간 실습으로 운영할 수 있을 것입니다.

주	해당 장	주제
1	1	리눅스 소개
2	2	리눅스 명령어
3	3	C 프로그래밍 환경
4	4	파일 입출력
5	5	파일 시스템
6	6	파일 및 레코드 잠금
7	7	C 표준 입출력
8	중간고사	필기 혹은 실기 시험
9	8	프로세스 구조

10	9	프로세스 제어
11	10	메모리 관리
12	11	시그널 처리
13	12	파이프
14	13	소켓
15	기말고사	필기 혹은 실기 시험

감사의 글

이 교재가 출판되기까지 도움을 주신 여러분, 특히 출판을 위해 수고해주신 생능출판사 관계자 여러분께 감사드립니다. 또한 그동안 숙명여자대학교의 시스템 프로그래밍 강의에 참여하여 이 책이 나오기까지 자극을 준 모든 학생들에게 감사드립니다. 끝으로 이 책의 원고가 준비되는 동안 성원해준 아내와 가족들에게 감사드리며 이 책이 그 뜻대로 쓰임받기를 바랍니다.

차 례

CHAPTER 07 파일 및 레코드 잠금

CHAPTER 08 프로세스

CHAPTER 09 프로세스 제어

CHAPTER 10 메모리 관리

CHAPTER 01

유닉스/리눅스 소개

contents

01 유닉스/리눅스 소개

이 장에서는 유닉스 계열 운영체제에 대해 전반적으로 소개한다. 특히 유닉스가 많이 사용되는 이유, 유닉스 시스템의 구조, 유닉스 역사 및 버전, 리눅스 설치 등을 중심으로 살펴본다.

1.1 유닉스/리눅스 특징

유닉스(Unix)는 1970년대 초에 미국 AT&T 벨연구소에서 켄 톰슨(Ken Thompson), 데니스 리치(Dennis Ritchie) 등에 의해 다중 사용자 운영체제로 개발되었으며 그 이후로 지속적으로 발전해 오고 있다. 처음 유닉스 운영체제는 중형 컴퓨터에 사용되도록 고안되었으나 점차 발전하면서 슈퍼컴퓨터, 메인프레임, 워크스테이션, PC, 스마트폰에 이르기까지 그 영역이 확대되고 있다.

특히 1990년대 초에 리누스 토르발즈(Linus Torbalds)에 의해 PC을 위한 운영체제인 리눅스(Linux)가 개발됨으로써 보다 광범위하게 사용되게 되었으며 애플(Apple) 사의 맥(Mac) OS X 역시 유닉스 기반의 운영체제로 개발되어 애플의 강력한 소프트웨어 경쟁력의 원천이 되고 있다.

또한 최근 들어서는 스마트폰, 태블릿 PC 등을 위해 맥 OS X을 기반으로 iOS가 개발되었으며 리눅스 기반으로 안드로이드(Android) 운영체제가 개발되어 전세계적으로 사람들의 손위에서 사용되고 있다. 현재 유닉스 운영체제는 슈퍼컴퓨터, 서버 시스템에서부터 PC 및 스마트폰까지 다양한 환경에서 사용되고 있을 뿐만 아니라 소프트웨어 경쟁력의 핵심이 되고 있다.

유닉스의 설계 철학

유닉스의 대표적인 설계 철학은 단순성, 이식성 및 개방성이라고 할 수 있다. 유닉스는 MIT 멀틱스(Multics) 시스템에 반대해서 단순성(simplicity)을 설계 목표로 해서 설계되었으며 이식성(portability)을 위해 C 언어로 다시 작성되었다. 이론적으로 유닉스 운영체제는 C 언어가 실행될 수 있는 환경이면 어디나 설치가 가능하다. 또한 리눅스를 포함한 유닉스 계열의 운영체제는 소스코드 등이 개방되어 다수의 자발적 참여자들에 의해 지속적으로 발전되어 왔다.

유닉스 운영체제의 주요 설계 철학인 단순성, 이식성, 개방성을 요약 정리하면 다음과 같다.

● 단순성

유닉스는 운영체제 자체를 가능한 한 단순화시켜 최소한도로 필요한 기능만 제공하도록 하였다. 또한 단순성을 위해 자원에 대한 일관성 있는 관점을 제공한다. 이를 통해 모든 주변장치들도 파일과 같은 방식으로 사용할 수 있도록 해준다.

● 이식성

유닉스는 이식성을 위해 고급 언어인 C 언어로 작성되었다. 유닉스는 이러한 특징으로 인해 그림 1.1과 같이 다양한 플랫폼에 쉽게 이식할 수 있다. 운영체제의 이식성이 높다는 것은 여러 가지 편리한 점을 제공한다. 이식성이 높으면 여러 기종의 하드웨어에 동일한 운영

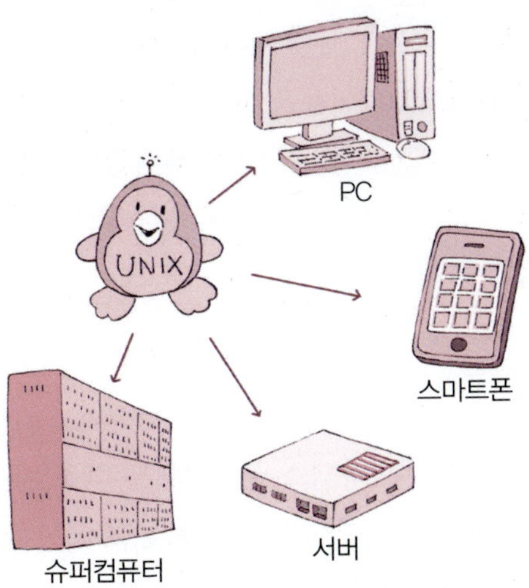

그림 1.1 유닉스의 이식성

체제를 운용할 수 있고, 운영 체제가 동일하면 이기종 하드웨어를 가진 시스템끼리 정보를 주고받는 것이 훨씬 쉬워진다. 또한 이식성이 높으면 새로이 등장하는 싸고 좋은 하드웨어를 얼마든지 쉽게 교체하여 사용할 수 있다.

현재까지 사용되고 있는 주요 유닉스 계열의 운영체제는 다음과 같다.

1. 안드로이드(Android) OS
2. iOS
3. 맥(Mac) OS X
4. 리눅스(Linux)
5. BSD 유닉스(Unix)
6. 시스템 V
7. 솔라리스(Solaris)
8. IBM AIX
9. HP HP-UX
10. Cray 유니코스(Unicos)

● 개방성

유닉스의 또 다른 특징은 소스코드 공개와 같은 개방성이다. 벨연구소는 유닉스를 개발한 이후로 버클리 대학을 비롯한 대학과의 공동 연구를 위해 소스 코드를 공개하였는데 소스 코드의 공개는 유닉스가 세계적으로 호평을 받게 된 또 하나의 계기가 되었다. 이후 대학에서의 활발한 연구를 통해 유닉스를 기반으로 하는 여러 가지 유용한 소프트웨어들이 개발되었으며, 대학들 역시 이 소프트웨어들을 유닉스와 동일한 방식으로 보급하였다. 이와 같이 소프트웨어를 상호 공개하고 공유하여 상호 혜택을 주고받는 원칙은 유닉스 환경이나 사용자 집단의 기본 철학이기도 하면서 동시에 유닉스 소프트웨어의 양적, 질적인 면에서의 폭발적인 성장을 촉진하는 원동력이 되었다.

유닉스의 특징

이러한 설계 철학을 바탕으로 개발된 유닉스 운영체제는 다중 사용자 다중 프로세스가 기본적으로 가능하고 쉘 스크립트, 네트워킹 등의 기능들을 포함하고 있다. 유닉스 운영체제의 이러한 특징들을 정리하면 다음과 같다.

● 다중 사용자 다중 프로세스 운영체제

유닉스는 처음 개발될 때부터 여러 사용자가 동시에 사용할 수 있는 다중 사용자 운영체제로 개발되었으며 여러 프로그램들이 동시에 실행될 수 있는 다중 프로세스 기능을 갖추고 있다. 그림 1.2는 다중 사용자 다중 프로세스 운영체제의 개념을 보여주고 있다. 또한 여러 사용자를 관리하기 위한 슈퍼유저(super-user)가 있다.

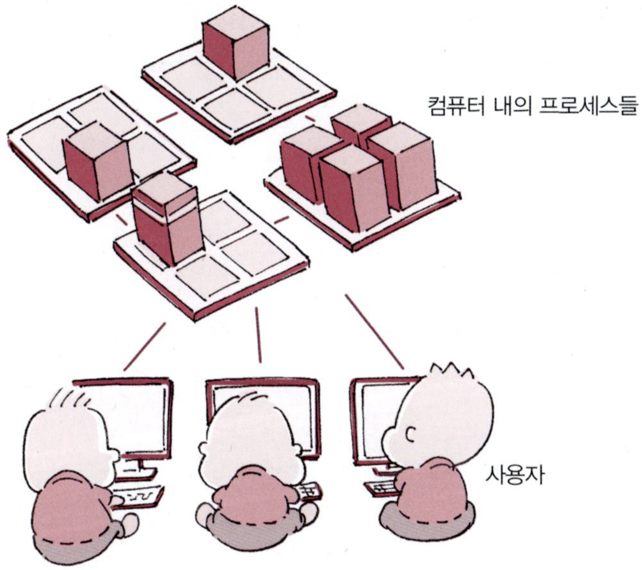

그림 1.2 다중 사용자 다중 프로세스

● 쉘을 이용한 대화식 운영체제

유닉스는 명령어 해석기인 쉘(shell)을 통하여 사용자가 마치 시스템과 대화하는 것처럼 시스템을 사용할 수 있다. 사용자에게 명령어를 입력받기 위해서 유닉스는 쉘 프롬프트를 화면에 표시하고 사용자가 명령어를 입력하면 쉘이 이를 해석하고 처리하여 결과를 알려주는 방식으로 동작한다. 또한 유닉스 명령어나 유틸리티 등을 사용하여 프로그램을 작성할 수 있는데 이러한 프로그램을 쉘 스크립트(shell script)라고 한다. 쉘 스크립트를 이용하면 큰 작업을 수행하기 위해 매번 새로운 프로그램을 개발하는 것이 아니라 기존의 작은 프로그램 혹은 명령어들을 적절히 결합함으로써 수행할 수 있다.

● 계층적 파일 시스템

유닉스 파일 시스템은 디렉터리들이 트리와 같은 계층구조 형태로 구성된다. 이 구조는 마치 나무를 거꾸로 세워 놓은 것 같다고 해서 트리 구조라고 하며 가장 상위 디렉터리인 루트(root) 디렉터리로부터 그 아래로 여러 디렉터리들이 트리와 같은 형태로 구성된다.

● 훌륭한 네트워킹

유닉스는 다양한 네트워크 응용 프로그램을 제공한다. 지금 우리가 사용하고 있는 ftp, telnet, www 등의 대부분의 네트워크 응용들은 유닉스를 기반으로 하여 개발되어 점차 다른 시스템으로 이전되었다.

| 핵심 개념 |

유닉스 시스템의 대표적인 설계 철학은 단순성과 이식성과 개방성이다.

1.2 유닉스/리눅스 시스템 구조

유닉스 시스템 구조

컴퓨터 시스템의 구성에 대해 알아보자. 잘 아는 것처럼 컴퓨터는 하드웨어와 소프트웨어로 구성된다. 하드웨어는 CPU, 메모리(Memory), 저장장치(Storage Device), 주변장치(Peripherals) 등으로 구성된다.

| 핵심 개념 |

운영체제는 컴퓨터의 하드웨어 자원을 운영 관리하고 프로그램을 실행할 수 있는 환경을 제공한다.

운영체제는 컴퓨터의 하드웨어 자원을 운영 관리하고 프로그램을 실행할 수 있는 환경을 제공하는 소프트웨어이다. 일반적으로 이러한 소프트웨어의 핵심 부분을 커널이라고 하는데 이는 상대적으로 작고 운영체제의 핵심 역할을 하기 때문이다. 그림 1.3은 유닉스 시스템의 구조를 보여주고 있다.

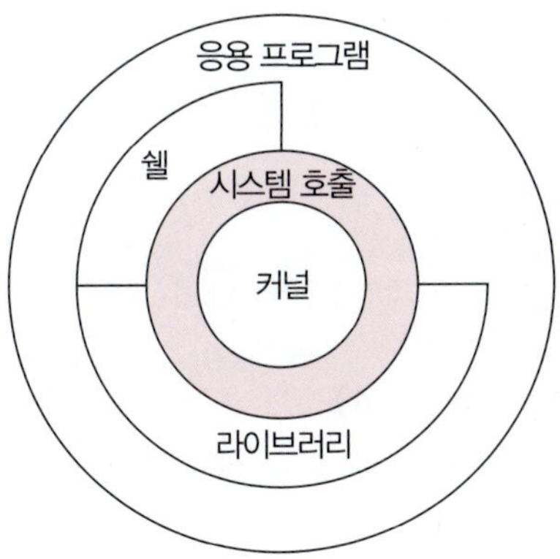

그림 1.3 유닉스 운영체제 구조

커널과 시스템 호출

커널(kernel)은 그림 1.4처럼 하드웨어를 운영 관리하여 프로세스, 파일, 메모리, 통신, 주변장치 등을 관리하는 서비스를 제공한다.

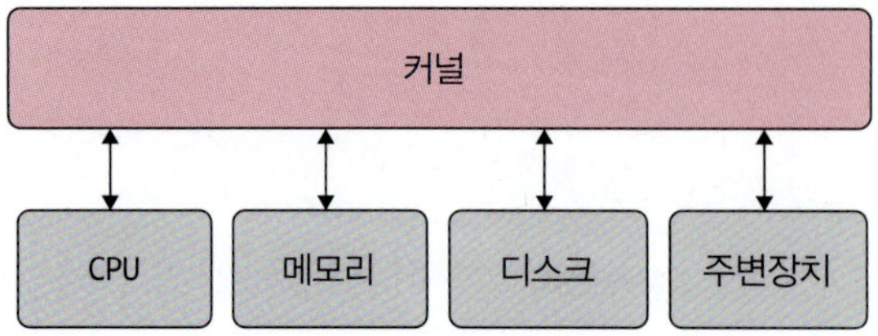

그림 1.4 커널의 역할

| 핵심 개념 |

커널은 하드웨어를 운영 관리하여 프로세스, 파일, 메모리, 통신, 주변장치 등을 관리하는 서비스를 제공한다.

커널이 제공하는 각 서비스에 대해 다음과 같이 요약 정리할 수 있다.

- 프로세스 관리(Process management)
  여러 개의 프로그램이 실행될 수 있도록 프로세스들을 CPU 스케줄링하여 마치 그들이 동시에 수행되는 것처럼 보이는 효과를 낸다.
- 파일 관리(File management)
  디스크와 같은 저장장치 상에 파일 시스템을 구성하여 파일을 관리한다.
- 메모리 관리(Memory management)
  메인 메모리가 효과적으로 사용될 수 있도록 관리한다.
- 통신 관리(Communication management)
  네트워크를 통해 정보를 주고받을 수 있도록 관리한다.
- 주변장치 관리(Device management)
  모니터, 키보드, 마우스와 같은 장치를 사용할 수 있도록 관리한다.

시스템 호출(system call)이라고 불리는 소프트웨어 계층은 커널이 제공하는 서비스에 대한 프로그래밍 인터페이스 역할을 한다. 이러한 시스템 호출의 기반 위에 공통적인 함수들의 모음인 라이브러리가 있다. 응용 프로그램은 시스템 호출과 라이브러리 모두 필요할 때마다 자유롭게 호출하여 사용할 수 있다.

쉘

쉘(shell)은 사용자와 운영체제 사이의 인터페이스를 제공하는 특수 프로그램으로 사용자로부터 명령어를 입력받아 그 명령어를 해석하여 수행해 주는 명령어 해석기이다. 쉘을 이용하여 사용자는 다른 유틸리티나 응용 프로그램을 쉽게 사용할 수 있다.

GNU 소프트웨어

넓은 의미에서 운영체제는 커널과 컴퓨터를 유용하게 만들어 주는 다른 시스템 소프트웨어를 포함하는데 이러한 소프트웨어로는 라이브러리, 쉘, 컴파일러, 디버거, 유틸리티 소프트웨어 등이 있다. 즉 리눅스는 좁은 의미로는 리눅스 운영체제에서 사용하는 커널만을 의미하지만 넓은 의미로는 커널과 관련 GNU 시스템 소프트웨어를 포괄적으로 의미한다. 그렇기에 경우에 따라서는 이 둘을 합하여 GNU/리눅스 운영체제라고도 하지만 일반적으로 간단하게 리눅스라고 한다.

GNU 소프트웨어는 GNU 프로젝트를 통하여 개발된 유닉스 계열 시스템 소프트웨어들을 총칭한다. GNU는 "GNU는 유닉스가 아니다."란 의미를 갖는 영어 문장 "GNU's Not UNIX"의 약자이다. GNU 소프트웨어는 1983년부터 리처드 스톨만이 주도한 자유 소프트웨어 재단(Free Software Foundation)을 중심으로 무료 소프트웨어로 개발되어 왔다. GNU 소프트웨어들은 유닉스와 호환될 수 있도록 만들어졌으며 보통 이름이 g로 시작된다. 예를 들어, gcc(컴파일러), gdb(디버거), gedit(에디터), GNOME(데스크톱 환경) 등이 있다.

1.3 유닉스 역사 및 버전

유닉스 역사

유닉스 운영체제는 1970년대 초에 미국 AT&T 벨연구소에서 개발되었다. 1969년 켄 톰슨(Ken Thompson)이 어셈블리어로 개발한 이후에 1972년에 이식성을 위해 데니스 리치(Dennis Ritchie)가 C 언어로 다시 작성하였다. C 언어는 유닉스 작성을 위해 개발된 언어로 서로 매우 밀접하게 연관되어 있다. 이론적으로 유닉스는 C 컴파일러만 있으면 이식 가능하다.

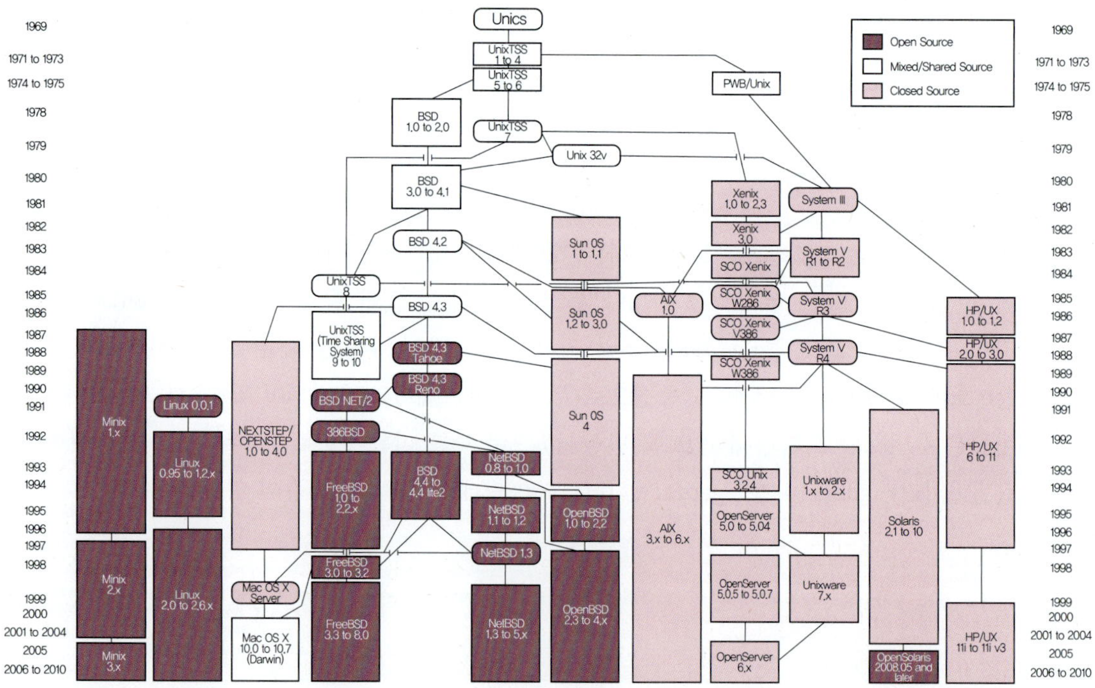

그림 1.5 유닉스 계열 운영체제 계통도[위키백과]

이후 유닉스는 그 소스 코드가 대학 및 연구소를 중심으로 개방되었으며 지속적으로 개선 발전되었다. 유닉스 역사에 있어서 가장 중요한 두 개의 흐름은 벨연구소에서 개발된 유닉스 시스템 V(System V)와 버클리 대학에서 개발된 BSD 유닉스 그리고 리눅스(Linux)라고 할 수 있다. 시스템 V는 이후 AIX, Solaris, HP/UX 등의 상용 운영체제의 기초가 되었으며, BSD 유닉스도 이후 Mac OS와 Sun OS 등의 기초가 되었다. 또한 리눅스는 PC를 위한 효율적인 운영체제로 1991년 리누스 토르발즈(Linus Torvalds)에 의해 개발되어 인터넷에 소스

코드가 공개되어 자원자들에 의해 무료 운영체제 형태로 발전하였다. 지금까지 개발된 유닉스 계열 운영체제들의 계통도는 그림 1.5와 같다.

유닉스 버전

● 시스템 V

AT&T 벨 연구소에서 개발한 유닉스 운영체제는 지속적으로 발전하여 시스템 V(System V)가 개발되었으며 시스템 V는 유닉스 버전 중의 최초의 대표적인 성공 사례 중의 하나이다. 이 시스템은 계속해서 다양한 상업용 버전으로 발전하였으며 시스템 V 기반으로 개발된 대표적인 상업용 버전은 IBM의 AIX, Sun의 Solaris, HP의 UP-UX 등을 들 수 있다.

● BSD 유닉스

AT&T 벨 연구소에서 개발된 유닉스 시스템은 개발된 이후 소스 코드를 일부 대학 및 기관에 공개하였으며 특히 버클리 대학교(Univ. of California, Berkeley)에서 크게 개선되어 BSD(Berkeley Software Distribution) 유닉스 형태로 발전되었다. 특히 BSD 유닉스에서는 메모리 관리 기능 향상되었으며 네트워킹 기능이 추가되어 지금 우리가 사용하고 있는 TCP/IP 네트워킹이나 소켓(Socket) 등이 포함되었다. 또한 BSD 유닉스는 지속적으로 발전하여 BSD 4.3 버전이 개발되었으며 이 버전은 BSD 유닉스의 대표적인 성공 버전이며 썬 OS(Sun OS)나 맥 OS(Mac OS)와 같은 성공적인 상업용 운영체제의 기초가 되었다.

● 솔라리스

솔라리스(Solaris)는 유닉스 계열의 운영체제 중 하나로 썬(Sun) 사에 의해 출시된 대표적인 상용 운영체제이다. 처음에는 썬에서 제작한 스팍(Sparc) CPU를 사용한 기종에서만 사용되는 전용 운영체제로 전문가들이 주로 사용하였으나 이후 인텔 아키텍처의 대량 보급으로 인하여 인텔용 솔라리스도 출시됨에 따라 널리 보급되었다. 그림 1.6은 솔라리스의 시작화면을 보여주고 있다.

그림 1.6 솔라리스 시작화면

● 리눅스

리눅스(Linux)는 PC를 위한 효율적인 유닉스 시스템으로 1991년 헬싱키 대학의 리누스 토르발즈(Linus Torvalds)에 의해 개발되었다. 개발 후 커널의 소스코드가 공개되었으며 인터넷 상에서 자원자들에 의해 지속적으로 개선되었으며 공용 도메인 상의 무료 운영체제 형태로 발전하였다. 현재 PC, 워크스테이션, 서버 등 다양한 플랫폼에 포팅 가능하다. 리눅스는 GNU 소프트웨어와 함께 다양한 배포판이 만들어져 배포되고 있는데 대표적인 배포판으로 레드햇(RedHat), 우분투(Ubuntu), 데비안(Debian), 페도라(Fedora), CentOS 등을 들 수 있다. 리눅스 설치에 대해서는 1.4절에서 기술한다.

● 맥 OS

맥 OS(Mac OS)는 1984년 애플 컴퓨터의 매킨토시 컴퓨터용 운영체제로 개발되었으며 개인용 컴퓨터에 GUI를 처음으로 도입한 획기적인 운영체제였다. 2002년에 NeXTSTEP 운영체제와 BSD 유닉스를 기반으로 하여 맥 OS X(맥 오에스 텐으로 발음함)이 개발되었다. 이후 문서편집이나 그래픽, 멀티미디어 등의 분야에서 많은 사랑을 받고 있다. 그림 1.7은 맥 OS X의 시작화면을 보여주고 있다.

그림 1.7 맥 OS X 시작화면

● 모바일 기기용 운영체제

안드로이드(Android)는 리눅스를 기반으로 모바일 기기용으로 개발된 개방형 운영체제로 소스 코드 등 모든 것을 공개하고 있다. 주로 스마트폰, 태블릿 PC 등에서 전세계적으로 사용되고 있다. 그림 1.8은 안드로이드의 시작화면을 보여주고 있다. iOS는 맥 OS X를 기반으로 개발된 모바일 기기용 운영체제로 소스 코드를 개방하지는 않고 개발자와 사용자들에게 API를 제공한다. 애플사의 iPhone, iPad, iPod 등의 모바일 기기에서 사용되고 있으며 애플사의 소프트웨어 경쟁력의 핵심이 되고 있다. 그림 1.9는 iOS의 시작화면을 보여준다.

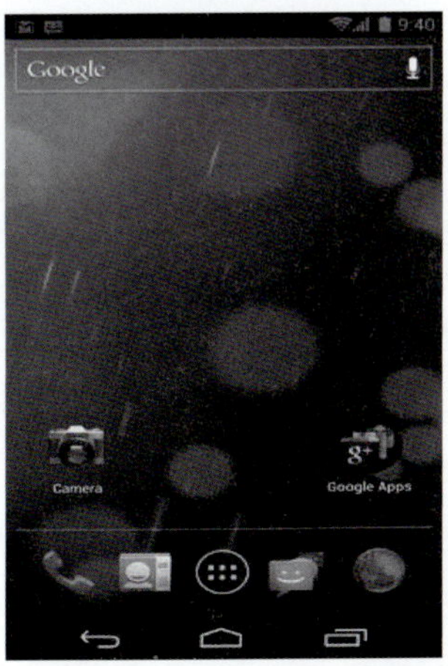

그림 1.8 안드로이드 시작화면

그림 1.9 iOS 시작화면

1.4 리눅스 설치

리눅스에는 다양한 배포판이 있는데 기본적으로 커널은 공유하고 배포판마다 조금씩 다른 데스크탑 환경이나 응용 프로그램을 제공한다. 현재 많이 사용되고 있는 리눅스 배포판으로는 레드햇, 우분투, 데비안, 페도라, CentOS 등을 들 수 있다. 레드햇 배포판은 상업용으로 판매되고 있으며 다른 배포판들은 무료 배포판이다.

기본적으로 같은 데스크톱 환경을 사용하면 어느 배포판이든 사용방법이나 사용할 수 있는 있는 응용 프로그램들은 거의 같다. 이 장에서는 많이 사용되는 무료 배포판인 우분투, CentOS 등의 설치를 중심으로 살펴본다. 각 배포판의 자세한 설치 방법은 배포판의 홈페이지에서 제공한다.

우분투 리눅스

우분투(Ubuntu)는 데스크톱에서 리눅스를 쉽게 사용할 수 있게 만든 리눅스 배포판이다. 데비안 배포판을 바탕으로 만들어졌다. 우분투는 사용자가 손쉽게 운영체제를 설치하고 쉽게 사용할 수 있도록 설계되었다. 우분투 배포판은 PC 데스크톱 환경으로 가장 많이 사용되고 있으며 서버를 위한 버전도 제공한다. 아래의 우분투 홈페이지에서 자세한 정보를 확인할 수 있다.

우분투 홈페이지　　　　http://www.ubuntu.com

우분투 데스크톱을 설치하기 위해서는 다음의 우분투 홈페이지에서 배포판 iso 파일을 다운받아 DVD 혹은 USB 스틱 형태로 구운 후에 설치하면 된다.

우분투 데스크탑 다운로드　　　　http://www.ubuntu.com/download/desktop

배포판 파일을 빈 DVD에 복사하는 과정을 디스크 굽기(Burning)라고 한다. 보통 MS 윈도우에서는 배포판 파일을 다운받아 디스크 이미지 버너(isoburn) 프로그램을 이용하여 그림 1.10과 같이 설치 디스크를 만들 수 있다.

또한 DVD 대신에 USB 메모리에 설치 디스크를 만들 수도 있다. MS 윈도우에서 USB 설치 디스크를 만들 수 있는 소프트웨어는 여러 가지가 있는데 이중 많이 사용되는 유니버설 USB

인스톨러(Universal USB Installer)는 다음 웹페이지에서 다운받아 설치할 수 있다.

https://www.pendrivelinux.com/universal-usb-installer-easy-as-1-2-3/

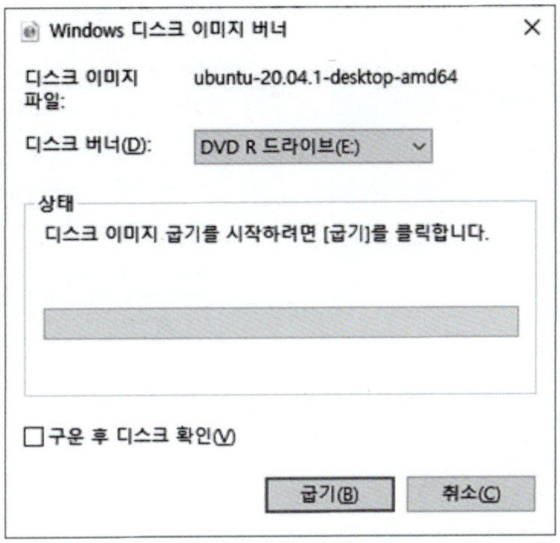

그림 1.10 디스크 이미지 굽기

이제 설치 디스크를 이용하여 우분투 데스크톱을 설치할 수 있다. 기존의 MS 윈도우를 유지하여 듀얼 모드로 부팅할 수도 있고 이를 완전히 대체할 수도 있는데 듀얼 모드 부팅을 위해서는 리눅스를 위한 별도의 파티션을 만들어야 한다. 우분투 데스크톱 배포판의 최신 버전에 대한 자세한 설치 과정은 다음 홈페이지에서 확인할 수 있다.

우분투 데스크탑 설치 과정 http://www.ubuntu.com/download/desktop/install-ubuntu-desktop

DVD 설치 디스크를 만들어 설치하는 일은 초보자들에게는 번거로울 수도 있다. DVD 설치 디스크 없이 우분투 리눅스를 설치하는 가장 간단한 방법은 Wubi(Windows-based Ubuntu Installer)를 사용하여 설치하는 것이다. Wubi는 기존의 MS 윈도우 운영체제를 그대로 유지하면서 우분투 리눅스를 새로 설치할 수 있다. 아래의 웹 페이지에서 원하는 배포판의 Wubi를 다운받아 설치를 시작할 수 있다. Wubi 시작화면은 그림 1.11과 같으며 이를 이용하면 거의 모든 설치 과정이 자동으로 이루어진다.

다양한 Wubi 배포판 http://github.com/hakuna-m/wubiuefi/releases

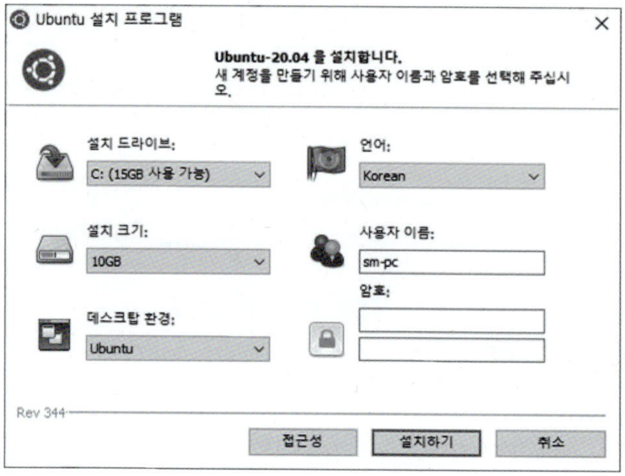

그림 1.11 Wubi 시작화면

리눅스에서는 X-윈도우 시스템을 표준 윈도우 시스템으로 사용한다. X-윈도우 시스템 상에서 통합된 그래픽 사용자 인터페이스를 제공하는 데스크톱 환경(Desktop Environment)으로는 GNOME, KDE, Unity 등이 있다. 최근 우분투 배포판은 X-윈도우의 데스크톱 환경으로 GNOME을 기본으로 설치한다. 우분투 리눅스에 로그인 한 후의 데스크톱 시작화면은 그림 1.12와 같다.

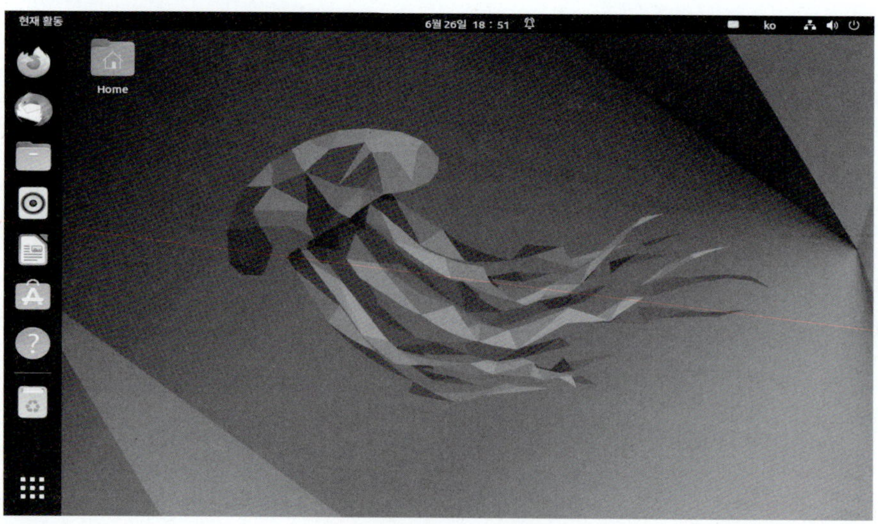

그림 1.12 우분투 시작화면

QnA Ubuntu 무슨 뜻인가요?

우분투라는 이름을 아프리카의 전통적인 사상인 우분투 정신에서 가져왔다. 우분투는 옮겨 쓰기에는 어려울 정도로 다양한 뜻이 있는데 "네가 있으니 내가 있다" 혹은 "다른 사람을 위한 인간애"("humanity towards others") 정도의 의미를 갖고 있다.

레드햇 리눅스와 CentOS

레드햇 리눅스(Red Hat Linux)는 미국에 본부를 둔 레드햇사가 개발한 리눅스 배포판으로 현재는 레드햇사가 유료로 기술지원을 하는 기업용 레드햇 엔터프라이즈 리눅스와 페도라 프로젝트에서 개발하고 있는 페도라로 나뉘어 있다. 레드햇은 무료 리눅스 배포판은 페도라로 독립시키고 기업용 유료 리눅스 배포판인 레드햇 엔터프라이즈 리눅스(RHEL)의 개발과 지원에만 전념하고 있다.

CentOS(Community ENTerprise Operating System)는 레드햇 엔터프라이즈 배포판을 기반으로 하는 무료 운영체제로 엔터프라이즈 컴퓨팅 플랫폼 제공을 목적으로 한다. CentOS는 웹 서버용 리눅스로 가장 많이 사용되고 있을 뿐만 아니라 데스크톱용, 워크스테이션용 등도 제공한다.

CentOS 홈페이지에서 배포판 iso 파일을 다운받아 DVD 또는 USB 메모리 형태로 구운 후에 설치할 수 있다. 현재 64비트(x86_64) 버전을 제공하며 최신 버전은 CentOS 8이다. 64비트 버전의 경우 다음과 같은 형태로 제공된다. 다운로드에서는 다양한 배포판을 제공하는데 DVD 배포판을 다운받아 설치하면 된다.

CentOS 다운로드 https://www.centos.org/centos-linux/
DVD 버전(권장) CentOS-8.4.2105-x86_64-dvd1.iso

DVD 버전을 이용하여 설치할 때 설치 선택 옵션에 따라 서버, 워크스테이션, 최소 등을 선택할 수 있다. 이 책에서는 워크스테이션을 선택하여 설치하였다고 가정하고 설명한다. 자세한 설치 과정은 이 교재 웹 페이지에서 제공하는 보조자료를 참고하기 바란다. 워크스테이션을 설치한 후에 로그인한 데스크톱 초기 화면은 그림 1.13과 같다.

그림 1.13 CentOS 8 시작화면

가상 머신에 리눅스 설치

가상 머신(Virtual Machine)은 컴퓨터 하드웨어(CPU, MEMORY, DISK 등)를 추상화하여, 마치 실제 하드웨어가 존재하는 것과 같은 환경을 소프트웨어로 만들어 제공한다. 사용 중인 MS 윈도우 위에 가상 머신을 사용하여 새로운 리눅스(예를 들어 Ubuntu) 운영체제를 설치하면 두 가지 운영체제를 동시에 사용할 수 있다. 이 경우에 MS 윈도우는 호스트 운영체제라고 하고 Ubuntu 리눅스는 게스트 운영체제라고 한다.

대표적인 가상 머신 소프트웨어로는 VirtualBox(virtualbox.org)와 VMWare(vmware.com)가 있다. VirtualBox는 Oracle 사에서 제공하는 무료 소프트웨어이며 VMware Workstation Player는 유료 소프트웨어이나 비상업적 개인 용도로는 무료로 사용할 수 있다. MS 윈도우 환경에서 Oracle VirtualBox 가상 머신을 이용해 리눅스를 설치하는 방법을 살펴보자. 우분투 리눅스 설치 iso 파일은 이미 다운로드 했다고 가정한다.

VirtualBox 다운로드 및 설치

VirtualBox 다운로드 페이지(www.virtualbox.org/wiki/Downloads)에서 VirtualBox 설치 파일을 다운받아 설치한다.

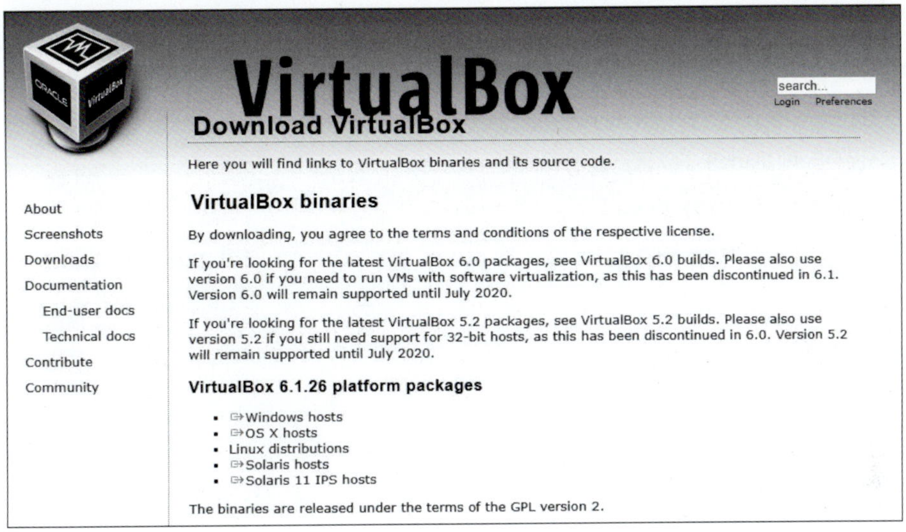

그림 1.14 VirtualBox 다운로드 페이지

VirtualBox 설치 후에 실행하면 VirtualBox 관리자는 그림 1.15와 같다.

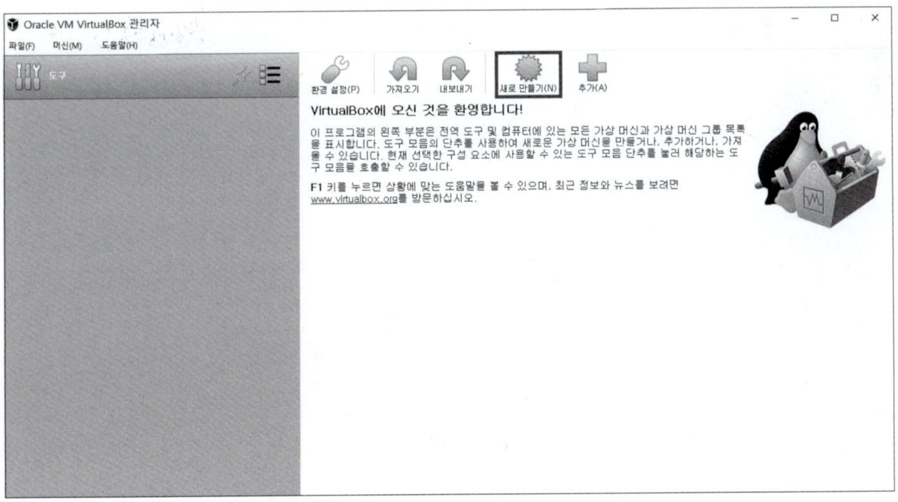

그림 1.15 VirtualBox 관리자

VirturlBox에 우분투 리눅스 설치

1. 그림 1.15의 [새로 만들기]를 눌러 다음과 같이 설정하여 새로운 가상 머신을 만든다.
   다음과 같이 새로 만든 가상 머신의 이름 및 설치할 운영체제를 선택하고, 메모리 크기와 가상 하드디스크 설정한다.

- 가상 머신의 이름과 머신 폴더를 선택하고 설치할 운영체제의 종류와 버전을 선택한다.
- 사용할 메모리의 크기를 설정한다.
- 가상 하드디스크를 만든다.

2. 그림 1.16의 [설정(S)] 탭으로 이동하여 다운받았던 우분투 설치 ISO 파일을 저장소에서 선택한다.
3. 그림 1.16의 [시작]을 누르면 우분투 설치 ISO 파일을 이용하여 우분투로 부팅이 진행된다.
4. [Ubuntu 설치]를 선택하여 우분투 설치를 시작한다.

   우분투 설치 과정은 교재 홈페이지에서 제공하는 보조 교재를 참고하기 바란다.
5. 우분투 설치 후에 [시작]을 선택하여 설치된 우분투를 실행할 수 있다.

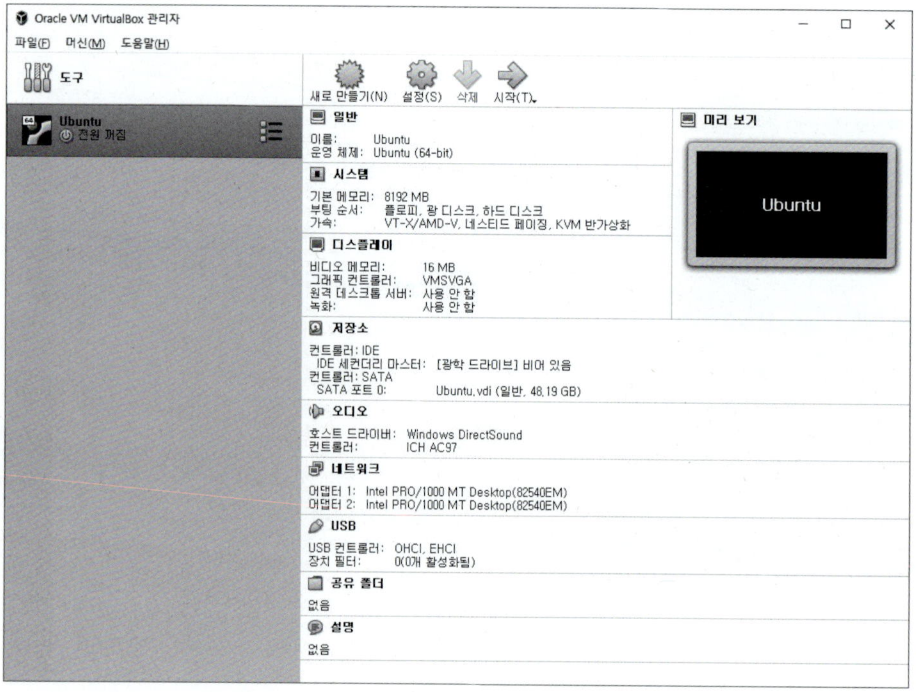

그림 1.16 우분투 설치 후에 시작

1.5 우분투의 데스크톱 환경

우분투 리눅스는 18.04 버전부터 기본 데스크톱 환경으로 GNOME을 사용한다. GNOME은 GNU에서 개발한 X 윈도우를 위한 편리한 데스크톱 환경으로 가장 많이 사용되고 있다(자세한 사항은 GNOME의 홈페이지 http://www.gnome.org 참조). 이제 레드햇, CentOS, 우분투 리눅스 모두 데스크톱 환경으로 GNOME을 사용한다. 이들은 기본적으로 유사하나 운영체제의 세팅에 따라 약간 차이가 있다.

데스크톱 시작

우분투 리눅스에서 GNOME 데스크톱은 그림 1.17과 같이 바탕화면과 왼쪽 사이드바 그리고 상단 바로 구성된다. 바탕화면에는 홈 폴더의 파일 관리자와 휴지통이 있다.

그림 1.17 데크톱 시작화면

상단 바는 좌에서 우로 다음과 같이 구성된다.

- 현재 활동(Activities) 버튼: 이 버튼을 클릭하면 대시보드가 뜨며 현재 데스크톱 화면에서 실행되고 있는 프로그램들을 보여준다.
- 알림 영역(Notification area): 현재 날짜와 시간을 표시하고 일정 알림을 하는 영역

이다.

- 한영 입력 아이콘: 이 아이콘을 클릭하여 한글 혹은 영어 입력을 선택할 수 있다.
- 상태 영역(System status area): 네트워크, 볼륨, 전원 스위치 등을 표시한다.

왼쪽 사이드바에는 즐겨찾기로 등록된 프로그램의 실행 아이콘들이 나열되어 있으며 이를 클릭하여 실행할 수 있다. 그림 1.17의 사이드바 메뉴는 파이어폭스(웹 브라우저), 썬더버드(메일 관리), 파일 관리자, 리듬박스(오디오 플레이어), LibreOffice Writer(워드 프로세서), 우분투 소프트웨어 센터, 도움말, 프로그램 표시 아이콘 등으로 구성되어 있다. 예를 들어, 파이어폭스 아이콘을 클릭하여 그림 1.18과 같이 실행할 수 있다.

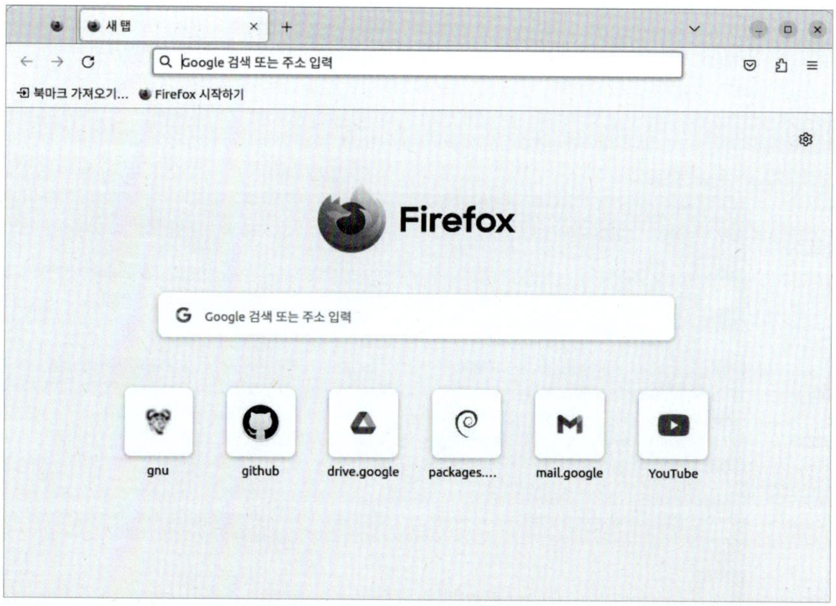

그림 1.18 Firefox 웹 브라우저 시작

우측상단의 [상태 영역]을 클릭하면 그림 1.19와 같이 [네트워크 연결], [설정], [잠그기], [컴퓨터 끄기/로그아웃] 등의 메뉴가 나타나며 이 중에서 원하는 것을 선택할 수 있다. 예를 들어 [컴퓨터 끄기/로그아웃]를 선택하여 컴퓨터를 끄거나 로그아웃 할 수 있다.

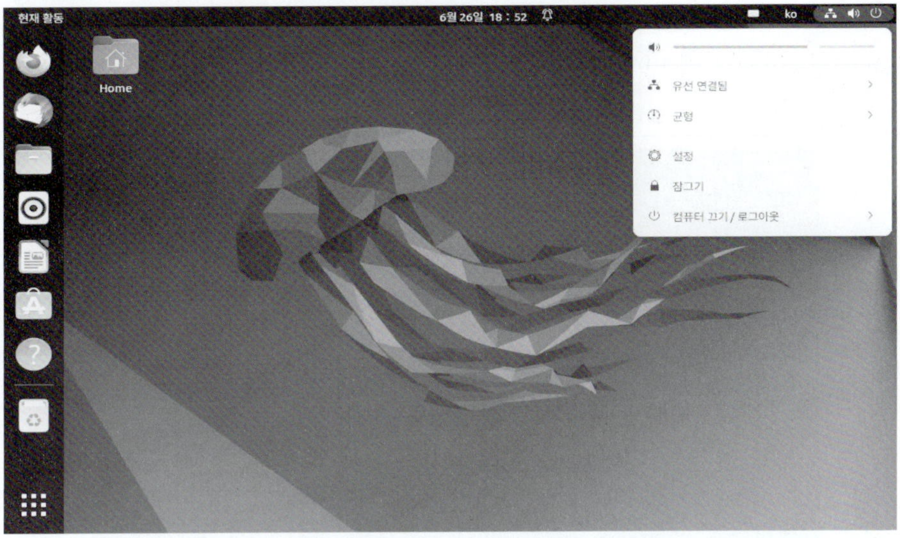

그림 1.19 상태 영역

바탕화면

바탕화면에는 홈 폴더와 휴지통이 있다. 홈 폴더를 클릭하면 파일 관리자가 실행되어 홈 폴더의 내용을 보여준다(그림 1.24 참조). 바탕화면에서 오른쪽 버튼을 클릭하면 그림 1.20 처럼 바탕화면 메뉴를 보여주며 원하는 것을 선택해서 바로 실행할 수 있다. [새 폴더(New Folder)]를 클릭하면 바탕화면에 새로운 폴더를 만들어 준다.

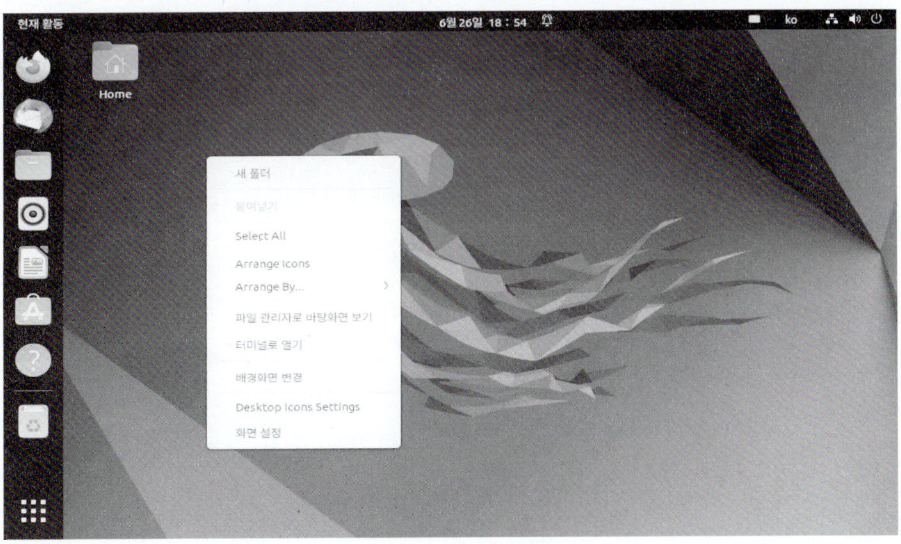

그림 1.20 바탕화면 메뉴

바탕화면 메뉴에서 [터미널로 열기(Open in Terminal)]를 선택하면 그림 1.21처럼 터미널이 생성된다. 명령어 사용에 대해서는 2장에서 자세히 살펴본다.

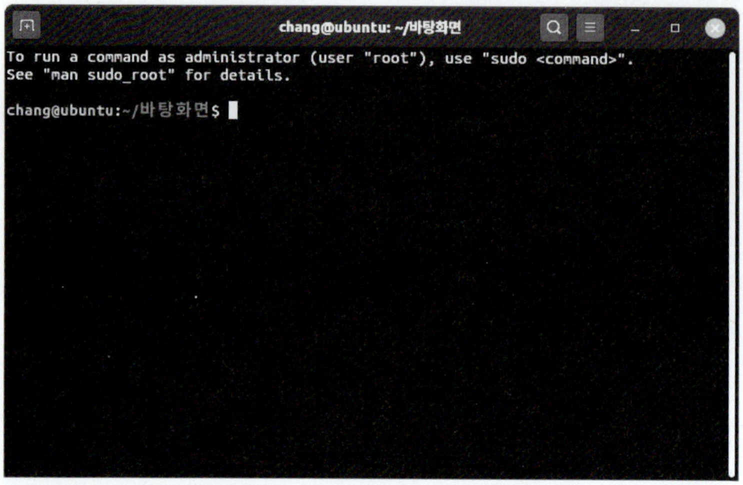

그림 1.21 우분투 리눅스 터미널 화면

현재 활동과 프로그램 표시

[현재 활동] 버튼을 클릭하면 대시보드가 뜨며, 대시보드는 현재 데스크톱에서 실행중인 프로그램들을 보여준다. 상단의 검색 바에서는 원하는 프로그램을 키워드로 검색하여 실행시킬 수 있다.

또한 좌측 하단의 [프로그램 표시] 아이콘을 클릭하면 그림 1.22와 같이 설치된 모든 프로그램을 표시해주며 이 중 원하는 것(예를 들어 텍스트편집기)을 클릭하여 실행시킬 수 있다. 또한 원하는 프로그램의 오른쪽 마우스 버튼을 클릭하여 [즐겨찾기에 추가]를 선택하여 그 프로그램을 사이드바에 추가하는 것도 가능하다.

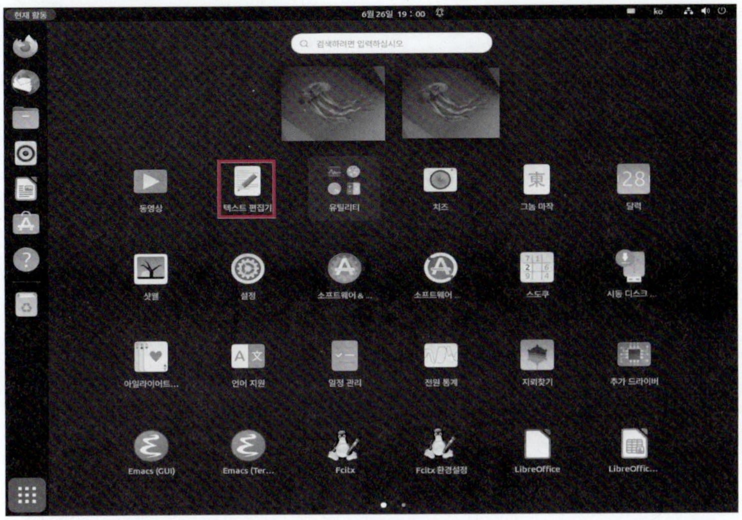

그림 1.22 프로그램 표시

예를 들어 이 검색 바에서 검색하거나 표시된 프로그램에서 선택하여 텍스트 편집기(gedit) 프로그램을 실행하면 그림 1.23과 같이 실행된다. 이 텍스트 편집기는 GNOME, MS 윈도우, 맥 OS X 용으로 개발된 자유 소프트웨어이며 GNOME 환경에서는 기본으로 제공된다. 이 텍스트 편집기는 일반적인 텍스트뿐만 아니라 프로그램 코드, 마크업 언어와 같은 구조화된 텍스트 문서를 편집하는 용도에도 적합하다(자세한 사용법은 2.6절 참조). GNOME의 철학에 따라 깔끔하고 단순한 GUI가 특징이며 직관적으로 사용할 수 있다.

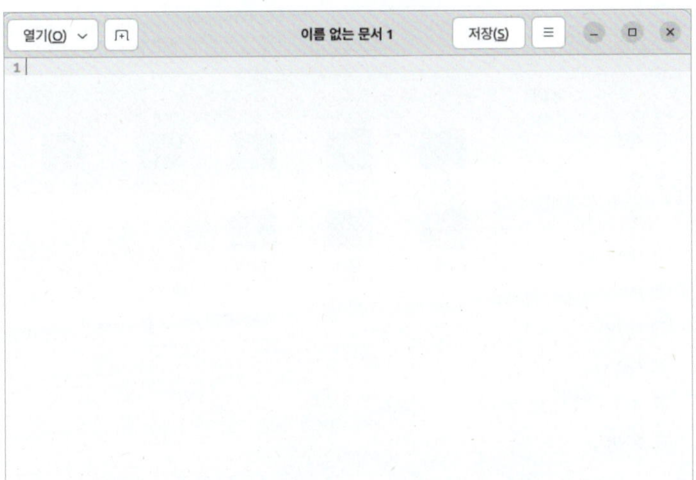

그림 1.23 gedit 텍스트 편집기 실행

파일 관리자

왼쪽 사이드바에서 [파일 관리자] 아이콘을 클릭해서 파일 관리자를 실행시키면 그림 1.24와 같이 사용자의 홈 폴더의 내용을 보여준다. 이 폴더 내에는 몇 개의 하위 폴더가 있는데 [다운로드], [문서], [사진], [바탕화면] 등은 사용자 계정을 만들면 시스템이 자동으로 만들어 주며, 하위 폴더 아이콘을 클릭하여 해당 폴더로 바로 이동할 수 있다.

그림 1.24 파일 관리자

또한 사용자는 필요에 따라 홈 폴더 내에 원하는 서브폴더를 만들 수 있는데 그림 1.25와 같이 오른쪽 버튼을 클릭하여 자신이 원하는 새 폴더를 만들면 된다.

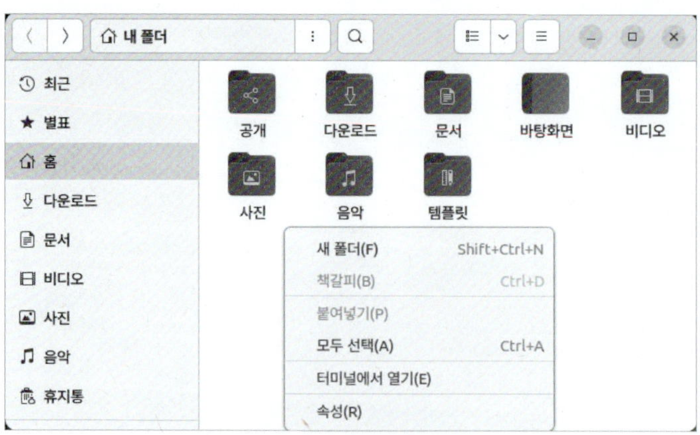

그림 1.25 새 폴더 만들기

파일이나 디렉터리 아이콘 위에서 마우스 오른쪽 버튼을 클릭하면 그림 1.26과 같이 [열기], [잘라내기], [복사], [이동], [이름 바꾸기], [휴지통에 버리기], [속성] 등의 관련 메뉴를 보여주고 이를 선택하여 원하는 작업을 할 수 있다. 예를 들어 [이름 바꾸기]를 선택하여 파일 이름을 바꿀 수 있으며 [속성]을 선택하여 접근권한과 같은 파일의 속성을 볼 수도 있다.

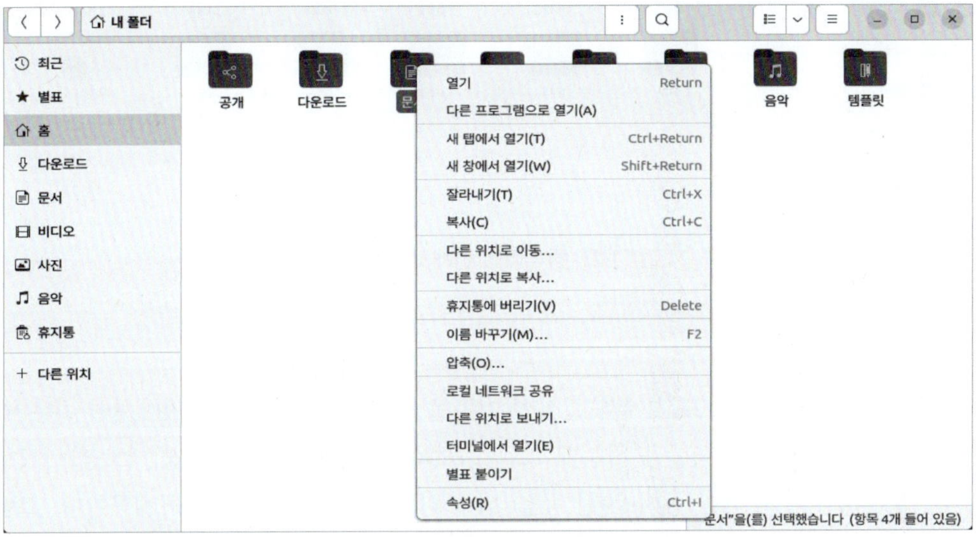

그림 1.26 파일 관련 메뉴

이번에는 그림 1.27의 좌측 하단의 [다른 위치] 메뉴에서 [컴퓨터]를 선택해 보자. 이것은 전체 파일 시스템을 보여주는 것으로 그림 1.27과 같이 시스템의 가장 상위 폴더인 루트 폴더의 내용을 보여준다. 루트 폴더 내의 각 하위 폴더는 각각 특정한 목적을 갖고 있다(2장 참조). 예를 들어 /bin 폴더는 기본 명령어의 실행파일을 저장하기 위한 곳이다.

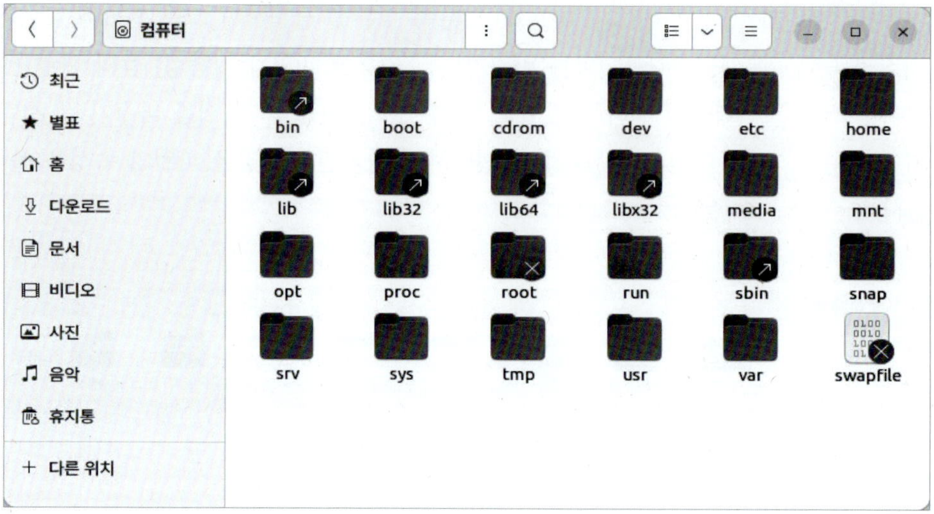

그림 1.27 컴퓨터의 전체 파일 시스템

설정

시스템 설정은 [프로그램 표시]에서 설정 아이콘을 클릭하여 실행할 수 있다. [설정]은 MS 윈도우의 제어판과 같은 역할을 하는데 그림 1.28(A)처럼 [네트워크], [배경], [모양], [프로그램], [전원], [디스플레이], [사용자] 등을 위한 다양한 설정 프로그램을 제공한다. 그림 1.28(A)는 [배경]을 선택했을 때의 모습이다. 주요 설정 기능은 다음과 같다.

- [네트워크]는 네트워크 연결 설정한다.
- [배경]은 배경 화면을 설정하고 [모양]은 화면의 색과 모양을 설정한다.
- [프로그램]은 소프트웨어를 설치하고 업데이트 한다.
- [전원]은 절전 및 대기모드 관련한 설정을 한다.
- [디스플레이]는 화면 해상도 조정한다.
- [날짜 및 시간]은 현재 날짜 및 시간을 설정한다.
- [사용자]는 사용자를 추가 또는 제거한다(1.7절 참조).
- [지역 및 언어]는 사용 지역 및 입력 언어를 설정한다.

예를 들어, 바탕화면의 배경은 그림 1.28(A)처럼 원하는 배경을 선택하여 설정할 수 있다.

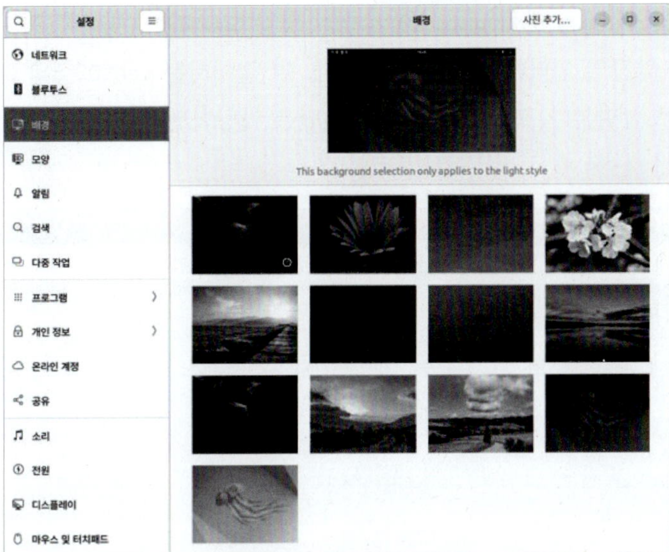

그림 1.28(A) 시스템 설정

또한, 디스플레이 해상도는 그림 1.28(B)처럼 해상도를 조정하여 설정할 수 있다.

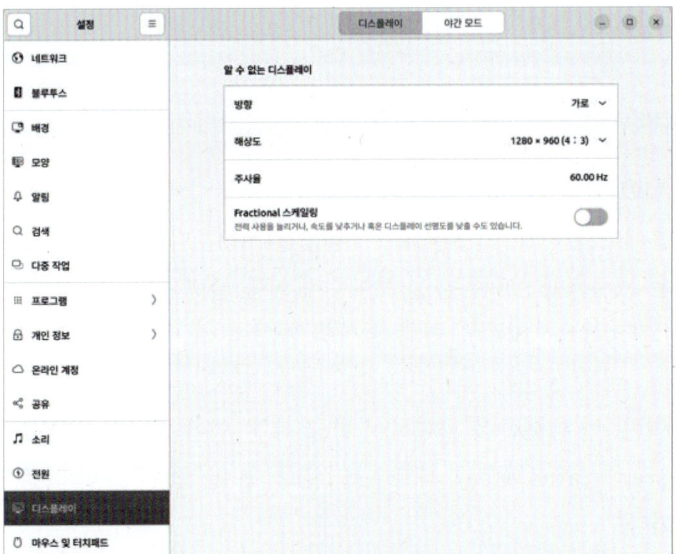

그림 1.28(B) 시스템 설정

1.6 CentOS 데스크톱 환경

현재 리눅스 버전(CentOS 8, Ubuntu 20)에서는 모두 GNOME3을 채택하고 있으며 운영체제의 설정에 따라 약간의 인터페이스 차이가 있다. 이 절에서는 CentOS 8의 GNOME 데스크톱 환경을 중심으로 살펴본다. 그림 1.29의 시작화면은 바탕화면과 상단 바를 보여준다.

그림 1.29 데스크톱 시작화면

상단 바

그림 1.30은 GNOME 데스크톱 시작화면으로 상단 바는 좌에서 우로 다음과 같이 구성된다.

- 현재 활동(Activities) 버튼: 일종의 메인 메뉴로 이 버튼을 클릭하면 대시보드가 뜨며, 현재 데스크톱에서 실행되고 있는 프로그램들을 보여준다(그림 1.32). 사이드바는 즐겨찾기에 등록된 프로그램 아이콘들을 보여주며 이를 클릭하여 실행시킬 수 있다.
- 알림 영역(Notification area): 현재 날짜와 시간을 표시하고 일정 알림을 하는 영역이다.
- 한영 입력 아이콘: 이 아이콘을 클릭하여 한글 혹은 영어 입력을 선택할 수 있다.
- 상태 영역(System status area): 네트워크 상태, 볼륨, 전원 스위치 등을 표시한 가장 오른쪽 영역이다.

[상태 영역]은 그림 1.30처럼 [네트워크 연결], [사용자] 등의 서브메뉴와 [설정 버튼], [잠금 버튼], [전원버튼] 등을 갖고 있다. [네트워크 연결] 메뉴를 선택하여 네트워크의 현재 연결 상태를 확인하거나 네트워크를 설정할 수 있다. [사용자] 메뉴를 클릭해서 로그아웃 할 수 있다. [설정 버튼]을 클릭하면 그림 1.41과 같은 시스템 설정 화면이 나타난다. [잠금 버튼]을 클릭하여 화면 잠금을 할 수 있고 [전원 버튼]은 클릭하여 시스템을 종료할 수 있다.

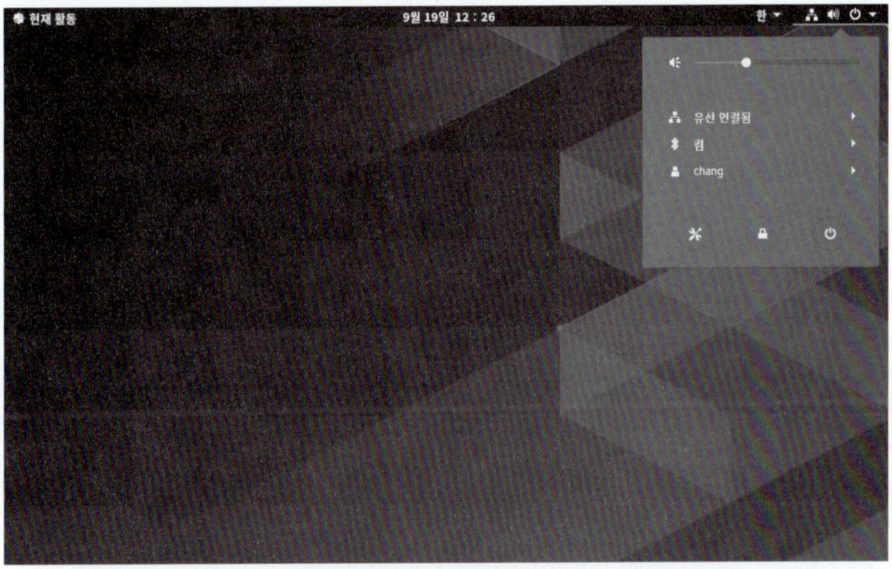

그림 1.30 상태 영역

바탕화면에서 오른쪽 버튼을 클릭하면 그림 1.31과 같은 바탕화면 메뉴가 나타난다. 이 메뉴는 이 그림처럼 몇 개의 설정 메뉴를 보여주며 원하는 것을 선택해서 바로 실행할 수 있다. 예를 들어, [배경 바꾸기]는 바탕화면의 배경을 바꿀 수 있다. [설정] 메뉴를 클릭하면 그림 1.41과 같은 시스템 설정 화면이 나타난다.

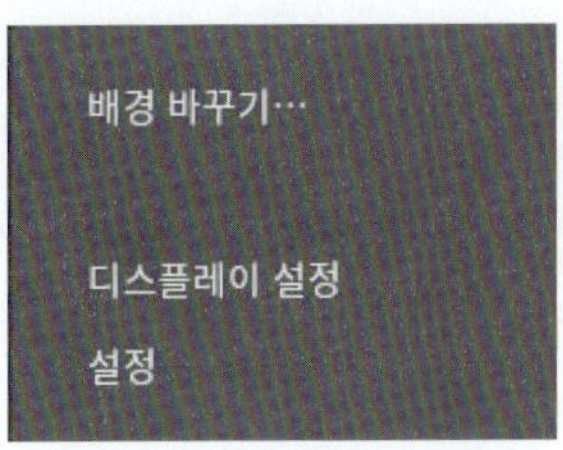

그림 1.31 바탕화면 메뉴

현재 활동

왼쪽 위의 [현재 활동] 버튼은 프로그램 실행을 위한 시작메뉴로 시스템 내의 모든 응용 프로그램 실행의 시작점이라고 할 수 있다. 그림 1.32는 [현재 활동] 버튼을 클릭한 후의 화면으로 다음과 같이 구성된다.

- 사이드바 메뉴: 이 메뉴는 즐겨찾기에 등록된 프로그램 아이콘들을 보여주며 이를 클릭하여 실행할 수 있다. 그림 1.32의 사이드바 메뉴는 파이어폭스(웹 브라우저), 에볼루션(메일 관리), 리듬박스(오디어 플레이어), 파일 관리자, 소프트웨어 관리자, 도움말, 프로그램 표시 아이콘으로 구성되어 있다.
- 검색 바: 상단의 검색 바에서 실행하고자 하는 프로그램을 이름으로 검색하여 실행할 수 있다.
- 대시보드: 현재 데스크톱에서 실행되고 있는 프로그램들을 보여준다. 그림 1.32는 실행 중인 프로그램은 없으므로 대시보드에는 아무 것도 없다.
- 작업 공간 리스트: 대시보드의 오른쪽에 보이는 작업공간 리스트는 각각의 가상 데스크톱 화면을 나타낸다.

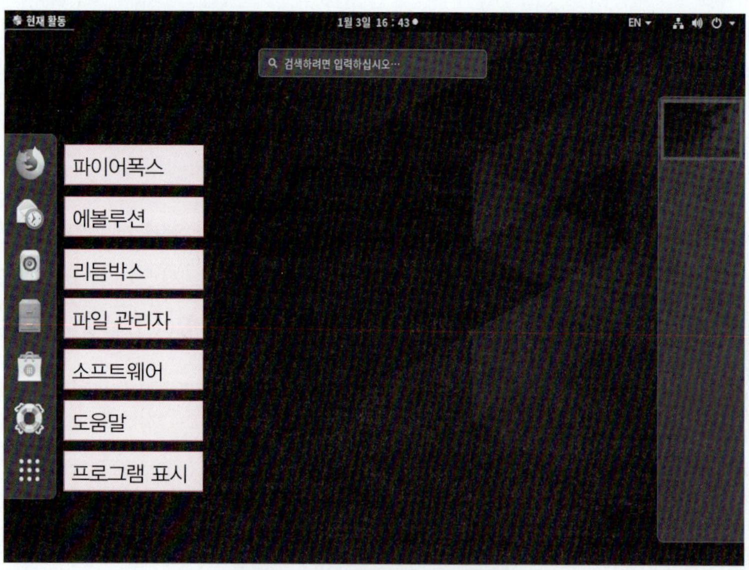

그림 1.32 데스크톱의 현재 활동

사이드바에 있는 실행 아이콘을 클릭하여 원하는 프로그램을 실행할 수 있다. 예를 들어,

그림 1.32의 메뉴에서 [파이어폭스] 아이콘을 클릭하면 그림 1.33과 같이 파이어폭스 웹 브라우저가 실행되어 CentOS 소개 화면이 뜬다.

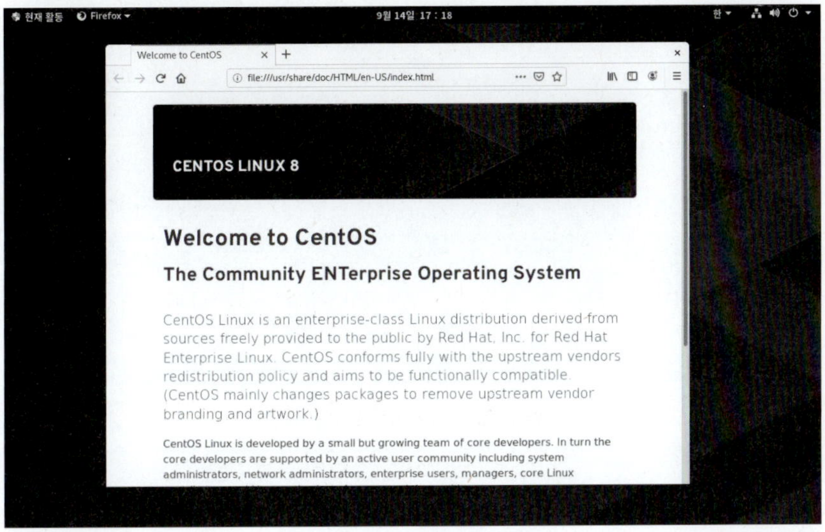

그림 1.33 파이어폭스 실행

또한 상단에 있는 [검색]에서 실행하고자 하는 프로그램을 키워드로 검색하여 실행할 수 있다. 예를 들어 터미널 프로그램을 검색하면 그림 1.34와 같이 해당 프로그램을 보여준다. 이 터미널을 선택하여 실행하면 그림 1.35와 같은 터미널이 생성된다. 터미널에서 사용할 수 있는 명령어에 대해서는 2장에서 다룰 것이다.

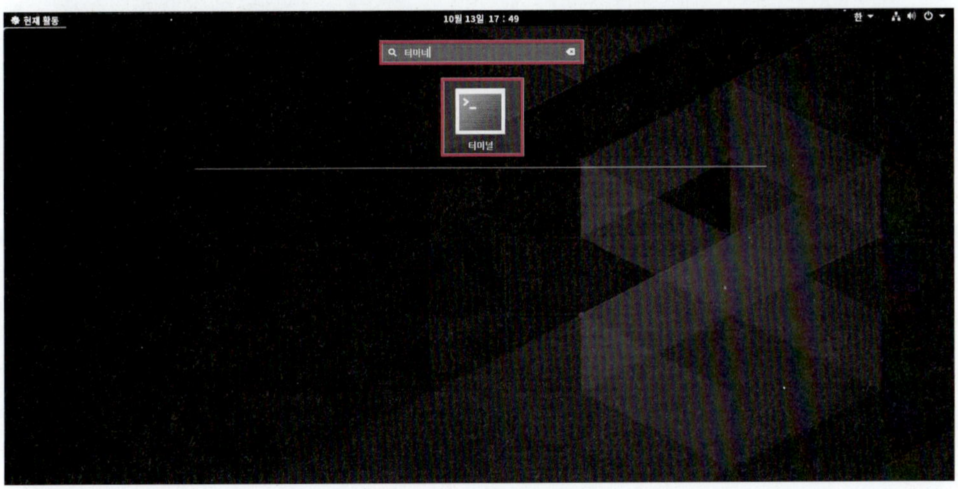

그림 1.34 검색 바 사용

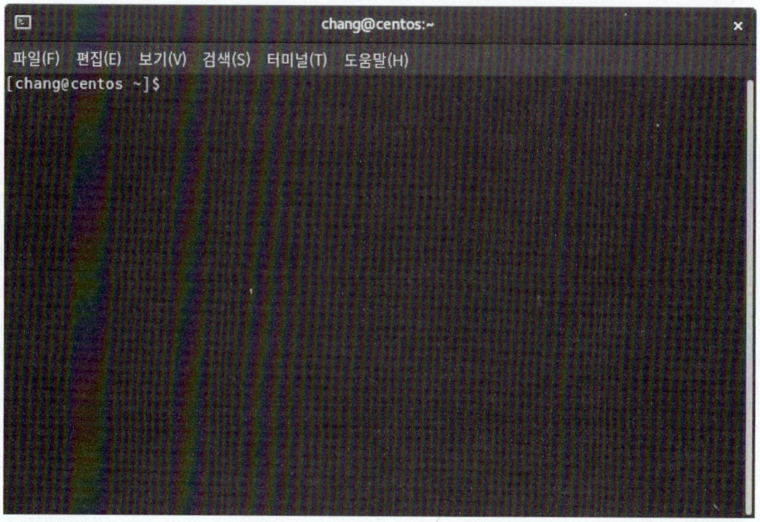

그림 1.35 CentOS 터미널 화면

또한 사이드바 하단의 [프로그램 표시]를 클릭하면 그림 1.36과 같이 설치된 프로그램들을 모두 보여주는데 여기서 원하는 프로그램을 클릭하여 실행시킬 수 있다. 예를 들어 그림 1.36과 같이 텍스트 편집기를 선택하여 실행할 수 있다(텍스트 편집기 사용은 2.6절 참조).

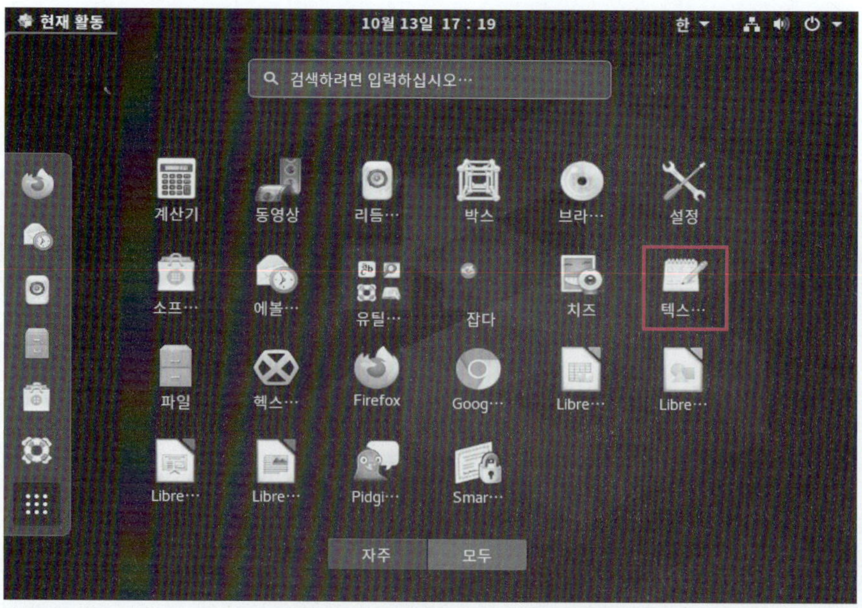

그림 1.36 현재 활동의 프로그램 표시

원하는 프로그램을 사이드바에 추가하려면 그 프로그램에서 마우스 오른쪽 버튼을 클릭하여 [즐겨찾기에 추가]를 선택하면 된다. 예를 들어 크롬 웹 브라우저를 즐겨찾기에 추가해보자.

파일 관리자

[현재 활동]의 사이드 메뉴에서 파일 관리자를 선택하여 시작할 수 있다. 그림 1.37처럼 사용자의 홈 폴더의 내용을 보여준다. 즉 [다운로드], [문서], [비디오], [사진], [음악] 등의 하위 폴더들을 보여주며 여기에서 하위 폴더를 클릭하여 해당 폴더로 바로 이동할 수 있다. 이 하위 폴더들은 사용자 계정을 만들면 시스템이 자동으로 만들어 준다.

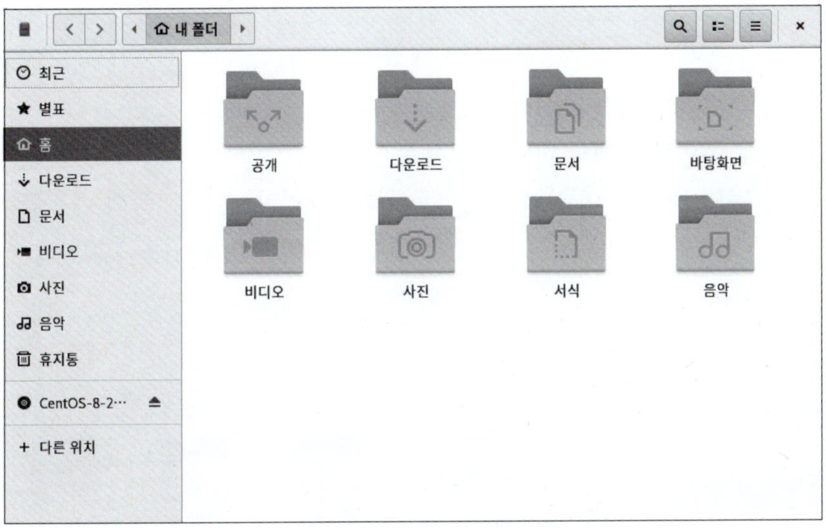

그림 1.37 파일 관리자

또한 사용자는 필요에 따라 홈 폴더 내에 원하는 서브폴더를 만들 수 있는데 그림 1.38과 같이 오른쪽 버튼을 클릭하여 자신이 원하는 새 폴더를 만들면 된다.

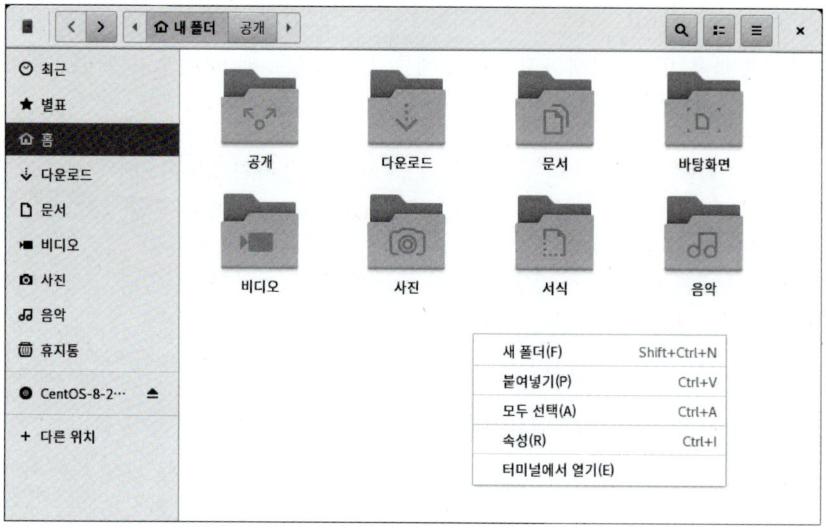

그림 1.38 새 폴더 만들기

파일 또는 폴더 아이콘 위에서 마우스 오른쪽 버튼을 클릭하면 그림 1.39와 같이 [열기], [잘라내기], [복사], [이동], [이름 바꾸기], [휴지통에 버리기], [속성] 등의 메뉴를 보여주며 이를 선택하여 원하는 작업을 할 수 있다. 예를 들어, [이름 바꾸기]를 선택하여 파일 이름을 바꿀 수 있으며 [속성]을 선택하여 파일의 속성을 확인할 수 있다.

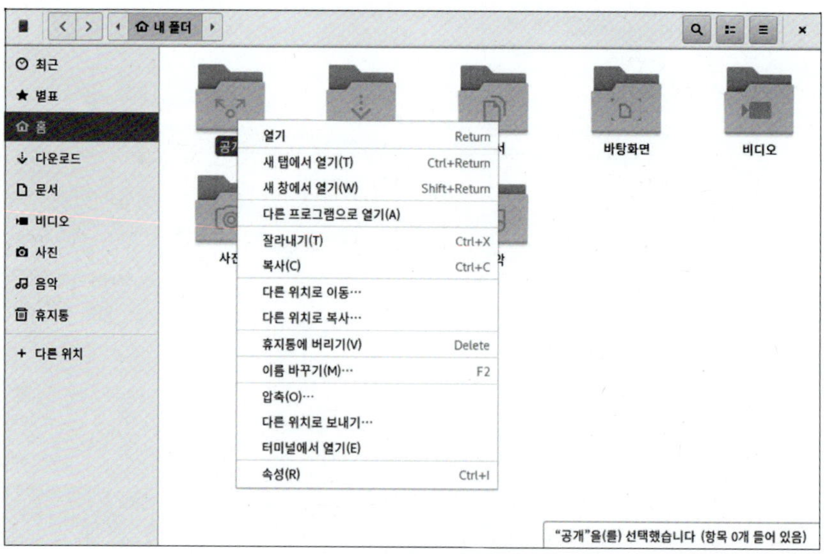

그림 1.39 파일 관련 메뉴

[다른 위치] 메뉴에서 [컴퓨터]를 선택하면 전체 파일 시스템을 보여주는데 그림 1.40과 같이 시스템의 가장 상위 폴더인 루트 폴더의 내용을 보여준다. 루트 폴더 내의 각 하위 폴더는 각각 특정한 목적을 갖고 있다. 예를 들어 /bin 폴더는 기본 명령어의 실행파일을 저장하기 위한 곳이다. 각 폴더에 대해서는 2장에서 보다 자세히 설명할 것이다.

그림 1.40 컴퓨터의 전체 파일 시스템

설정

시스템 설정은 앞에서 살펴본 것처럼 상태 영역을 클릭하여 [설정] 아이콘을 선택하여 실행하거나, 바탕화면에서 오른쪽 버튼을 클릭하면 나타나는 [설정] 메뉴를 통해 실행할 수 있다. [설정]은 MS 윈도우의 제어판처럼 [와이파이], [배경], [지역 및 언어], [공유], [전원], [네트워크], [장치] 등을 위한 다양한 설정 프로그램을 제공한다. 그림 1.41의 시스템 설정 중에서 몇 가지 설정에 대해서 살펴보자.

- [와이파이]는 무선랜 와이파이 설정을 위한 기능이다.
- [배경]은 배경 화면을 설정하기 위한 것이다.
- [지역 및 언어]에서는 사용 언어 및 입력 소스를 설정한다.
- [공유]에서는 화면 공유, 원격 로그인 등을 설정 또는 해제할 수 있다.
- [전원]에서는 절전 및 대기모드를 설정할 수 있다.
- [네트워크]는 네트워크 연결을 위한 설정을 한다.

• [장치]는 디스플레이, 키보드, 마우스 등의 장치를 설정하기 위한 것이다. 디스플레이는 화면 해상도 조정을 위한 것이다.

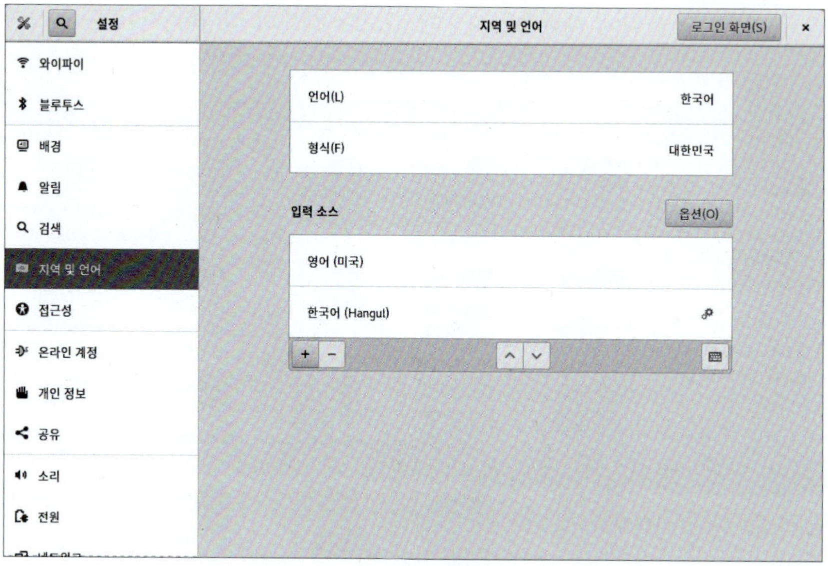

그림 1.41 시스템 설정

1.7 사용자 계정 관리

이 절에서는 리눅스 시스템을 사용하기 위해서 가장 먼저 필요한 사용자 계정 관리에 대해서 살펴본다. 리눅스는 하나의 시스템을 여러 명의 사용자가 사용할 수 있으며 시스템 관리자가 사용자 계정을 추가할 수 있다. 보통 설치 과정에서 관리자 계정을 만든다.

사용자 계정 추가

우분투의 GNOME 데스크톱 환경에서 [설정] → [사용자]를 선택해서 그림 1.42의 사용자 관리 도구를 사용하여 사용자를 추가 혹은 삭제할 수 있다. 그림 1.42는 이미 만들어진 사용자 계정을 보여주고 있으며 새로운 사용자 계정을 추가하기 위해서는 우측상단에 있는 [사용자 추가]를 클릭하고 그림 1.43과 같이 새로운 사용자에 대한 정보를 입력한다.

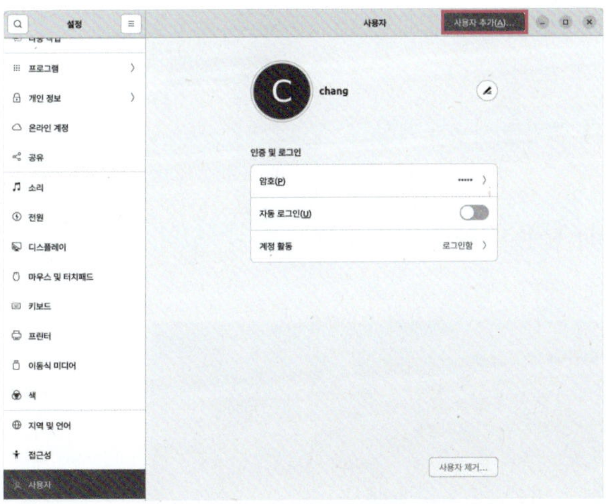

그림 1.42 GNOME 사용자 관리 도구

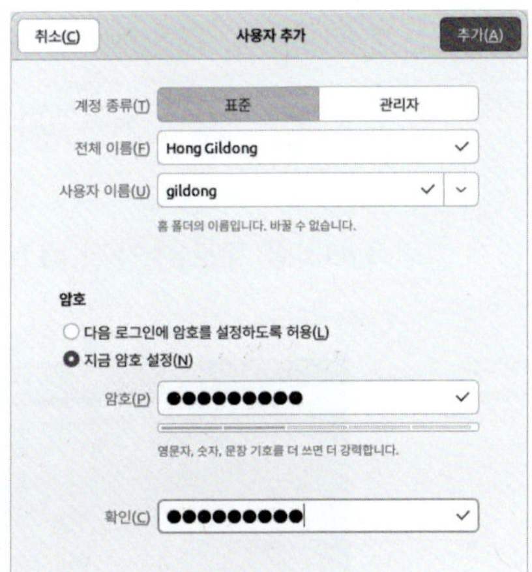

그림 1.43 사용자 계정 추가

예를 들어, 그림 1.43과 같이 `gildong`이라는 이름의 사용자 계정을 추가하고 바로 암호를 설정할 수 있으며, 다음 로그인에 암호를 설정하도록 할 수도 있다. 그림 1.44와 같이 사용자 계정이 추가된 것을 확인할 수 있다.

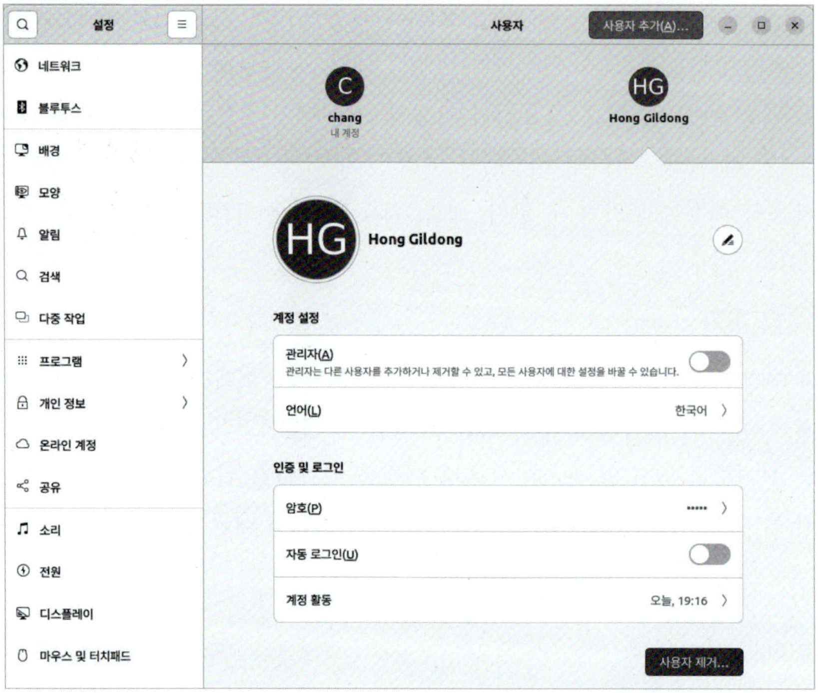

그림 1.44 추가된 사용자 계정

이제 그림 1.45처럼 새로 추가된 gildong 사용자 계정으로 로그인 할 수 있다.

그림 1.45 사용자 계정으로 로그인

슈퍼 유저

슈퍼유저가 사용하는 계정이 root이다. 슈퍼유저는 root 계정으로 로그인하여 사용자 계정을 추가 및 삭제하고 사용자 패스워드를 변경할 수 있을 뿐만 아니라 소프트웨어의 설치, 로그 파일의 검사 등의 시스템 관리의 모든 측면을 수행할 수 있다. 그러나 root 계정은 사용이나 보안상의 어떠한 제약도 받지 않기 때문에 매우 조심해서 사용해야 한다. 결국 시스템은 root가 요청하는 대로 모든 일을 실행하게 되며 만일 명령어를 잘못 입력하여 실수를 하게 되면 시스템에 큰 문제를 야기할 수도 있다.

리눅스에서는 root 계정으로 로그인하지 않고 다음과 같이 일반 사용자가 sudo (superuser do) 명령어를 이용하여 원하는 명령어를 관리자 권한으로 실행할 수 있다. 이렇게 하기 위해서는 일반 사용자 계정을 생성할 때 계정 종류를 관리자로 선택해야 한다 (그림 1.43 참조).

```
$ sudo 명령어
```

예를 들어 다음과 같이 관리자 권한으로 패키지 설치 명령어 apt install을 이용하여 C 컴파일러인 gcc를 설치할 수 있다.

```
$ sudo apt install gcc
```

또한 다음과 같이 sudo 명령어를 이용하여 root 계정의 암호를 설정한 후에 root 계정을 이용하는 것도 가능하다.

```
$ sudo passwd root
[sudo] chang의 암호:
새 암호:
새 암호 재입력:
passwd: 암호를 성공적으로 업데이트했습니다
```

슈퍼유저로 로그인하기 위해서는 직접 root 계정으로 로그인하면 된다. 또한 일반 사용자 계정으로 로그인한 경우에는 다음과 같이 su(switch user) 명령어를 사용하여 root 계정으로 다시 로그인할 수도 있다.

```
$ su
암호:
#
```

사용자 계정 추가 명령어

명령어를 사용하여 사용자 계정을 생성하는 것도 가능하다. useradd 명령어를 사용하여 새로운 사용자 계정을 생성할 수 있다. 이 명령어는 슈퍼유저만 사용할 수 있다. 사용자 계정을 생성할 때 표 1.1의 옵션을 사용할 수 있다. 초보자의 경우에는 옵션을 사용하지 않고 사용자명으로만 계정을 생성할 수 있다.

> # useradd [옵션] 사용자명
> 새로운 사용자 계정을 생성한다.

표 1.1 useradd 명령어 옵션

옵션	설명
-c 코멘트	임의의 코멘트를 표시할 수 있으며 주로 사용자의 성명을 표시함
-d 디렉터리	홈 디렉터리 위치
-e 날짜	계정의 유효기간
-s 쉘	사용자의 로그인 쉘 경로
-u uid	사용자 ID(사용자를 나타내는 번호) 지정
-g 그룹	속하게 될 그룹 ID 혹은 그룹 이름
-m	사용자의 홈 디렉터리 자동 생성(기본값은 /home/사용자명)

이 명령어를 이용하여 사용자 계정을 추가해보자. 예를 들어 다음과 같이 gildong이라는 사용자 계정을 만들 수 있다. 이 경우에는 사용자 혼자서 하나의 그룹이 된다.

```
# useradd –m gildong
```

기존의 그룹 예를 들어 cs 그룹에 속하도록 다음과 같이 gildong이라는 사용자 계정을 만들 수도 있다.

```
# useradd –m -g cs gildong
```

또한 다음과 같이 passwd 명령어를 이용하여 사용자의 패스워드를 설정할 수 있다.

```
# passwd gildong
새 암호:
```

```
새 암호 재입력:
passwd: 암호를 성공적으로 업데이트 되었습니다
```

새로 추가된 사용자 계정에 대한 정보는 실제로 어떻게 저장될까? 다음과 같이 /etc/passwd 파일에 계정 이름과 홈 디렉터리, 로그인 셸 등의 정보를 포함한 한 줄이 추가된다.

```
gildong:x:501:502::/home/gildong:/bin/sh
```

패스워드는 /etc/shadow 파일에 다음과 같이 암호화되어 저장된다.

```
gildong:$6$2M53.BE.$Pgob0x.g8BfHxfn2B5h58.kMcUDxvimBLh8eUQVCB9qap.V0ThBXJ8WJsocYIesxLV
9Sb3sWQIBnlWoZWS.Yw1:15432:0:99999:7:::
```

이와 같이 사용자 계정이 생성되면 해당 계정의 홈 디렉터리가 생성되는데 일반적으로 /home/사용자명 형식으로 생성된다. 해당 홈 디렉터리의 내용을 살펴보면 다음과 같다.

```
# ls -asl /home/gildong
합계 20
4 drwxr-x--- 2 gildong cs   4096  9월 14 14:26 .
4 drwxr-xr-x 5 root    root 4096  9월 14 14:26 ..
4 -rw-r--r-- 1 gildong cs    220  3월 20 01:02 .bash_logout
4 -rw-r--r-- 1 gildong cs   3771  3월 20 01:02 .bashrc
4 -rw-r--r-- 1 gildong cs    807  3월 20 01:02 .profile
```

userdel 명령어는 사용자 계정을 삭제한다. -r 옵션을 사용하면 사용자의 홈 디렉터리 아래에 있는 모든 파일도 삭제한다.

> # userdel [-r] 사용자명
> 사용자 계정을 삭제한다. -r 옵션을 사용하면 사용자의 홈 디렉터리도 삭제한다.

그룹 추가

유닉스/리눅스에서 사용자는 하나 이상의 그룹에 속하게 된다. 사용자 계정을 추가하는 것과 비슷하게 groupadd 명령어를 이용하여 필요한 그룹을 추가할 수 있다. -g 옵션을 사용하여 그룹 ID(그룹을 나타내는 번호)를 지정할 수도 있다. 또한 기존 그룹을 groupdel 명령어를 이용하여 삭제할 수도 있다.

```
# groupadd [-g gid] 그룹명
```
그룹을 추가한다. -g 옵션을 사용하여 추가할 그룹의 그룹 ID를 지정할 수도 있다.
```
# groupdel 그룹명
```
지정된 기존 그룹을 삭제한다.

예를 들어 다음과 같이 cs라는 새로운 그룹을 추가할 수 있다. 그룹이 추가되면 해당 그룹에 대한 정보가 /etc/group 파일에 추가된다.

```
# groupadd cs
```

| 핵심 개념 |

- 유닉스 시스템의 대표적인 설계 철학은 단순성과 이식성과 개방성이다.
- 운영체제는 컴퓨터의 하드웨어 자원을 운영 관리하고 프로그램을 실행할 수 있는 환경을 제공한다.
- 커널은 하드웨어를 운영 관리하여 프로세스, 파일, 메모리, 통신, 주변장치 등을 관리하는 서비스를 제공한다.

| 실습 문제 |

1.1 이용 가능한 PC 또는 가상 머신(Virtual Box 또는 VMware)에 원하는 리눅스 시스템을 설치해보자.

- 우분투는 우부투 데스크탑 다운로드 http://www.ubuntu.com/download/desktop 페이지에서 다운로드해서 설치한다.
- CentOS 리눅스는 CentOS 홈페이지 http://www.centos.org/에서 다운로드해서 설치한다.

1.2 새로 설치된 리눅스 시스템에 새로운 사용자 계정을 만들어 로그인 해보자.

1.3 MS 윈도우에서 리눅스 서버에 원격 로그인: 윈도우 10에서는 리눅스 서버에 원격 접속을 위해 다음과 같이 OpenSSH 클라이언트를 추가 설치할 수 있다.

[설정] → [앱] → [앱 및 기능] → [선택적 기능] → [OpenSSH 클라이언트] 설치

이 소프트웨어를 추가하면 다음과 같이 명령어 창에서 ssh 명령어를 바로 사용하여 로그인 할 수 있다.

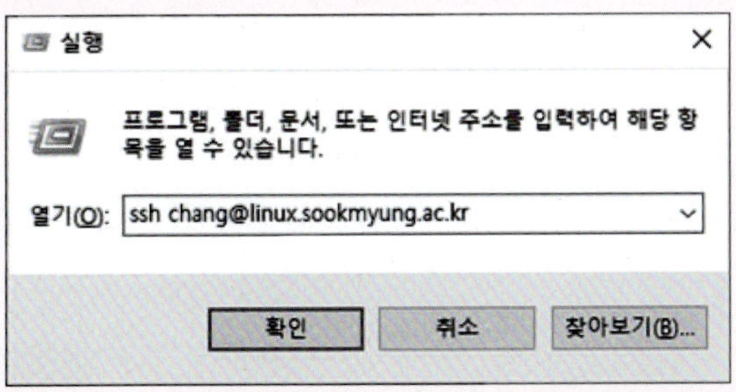

| 연습 문제 |

1.1 X-윈도우 시스템에 대해 조사하여 설명하시오.

1.2 GNOME 데스크톱 환경에 대해 조사하여 설명하시오.

1.3 KDE 데스크톱 환경에 대해 조사하여 설명하시오.

1.4 가상 데스크톱 환경에 대해 조사하여 설명하시오.

CHAPTER 02

리눅스 사용

contents

02 리눅스 사용

이 장에서는 유닉스나 리눅스를 처음 사용하는 초보자로서 알아야 할 기본적인 기능과 관련 명령어 등에 대해서 리눅스를 중심으로 살펴본다. 또한 파일 속성, 입출력 재지정, 프로세스 등에 관한 보다 고급 기능에 대해서도 살펴본다.

2.1 기본 명령어

기본 명령어 사용

● 날짜 및 시간 확인

로그인한 후에 일단 터미널을 열어 가장 간단한 명령어부터 시도해 보자. 먼저 다음과 같이 date 명령어를 사용하여 현재 날짜 및 시간을 확인할 수 있다.

```
$ date
2022. 01. 01. (토) 12:26:10 KST
```

● 시스템 정보 확인

이제 내가 사용하고 있는 시스템에 대한 정보를 알아보자. hostname 명령어를 사용하여 다음과 같이 내가 사용하고 있는 호스트 이름을 확인할 수 있다.

```
$ hostname
linux
```

또한 uname 명령어를 사용하여 현재 사용하고 있는 운영체제를 확인할 수 있다.

```
$ uname
Linux
```

다음과 같이 uname 명령어를 -a 옵션과 함께 실행하면 운영체제뿐만 아니라 호스트 이름, 시스템 사양(커널 버전, 시스템 아키텍쳐 등)을 함께 보여준다.

```
$ uname -a
Linux Ubuntu 5.11.0-31-generic #33-Ubuntu SMP Wed Aug 11 13:19:04 UTC 2021 x86_64 x86_64
x86_64 GNU/Linux
```

● 사용자 정보 확인

이제 사용자에 대한 정보를 알아보자. 다음과 같이 whoami 명령어를 실행하면 현재 로그인 한 사용자의 아이디를 보여준다.

```
$ whoami
chang
```

리눅스 시스템은 다중 사용자 시스템이다. 따라서 리눅스 시스템 내에 여러 사용자가 동시에 로그인되어 있을 수 있다. who 명령어를 이용하여 리눅스 시스템 내에 로그인되어 있는 사용자들을 확인할 수 있다. 이 명령어의 실행결과를 보면 어떤 사용자가 언제 어디서 로그인하였는지 확인할 수 있다.

```
$ who
chang  :0  2022-01-01 12:29 (:0)
```

● 디렉터리 내용 확인

이제 리눅스 시스템에 로그인한 후에 현재 작업하고 있는 디렉터리의 내용을 확인해보자. ls 명령어를 이용하여 현재 디렉터리 내의 파일 혹은 서브디렉터리 목록을 확인할 수 있다. 이 명령어 사용법에 대해서는 다음 절에서 보다 자세히 기술할 것이다.

```
$ ls
공개   다운로드   문서   바탕화면    비디오    사진   음악   템플릿
```

● 패스워드 변경

리눅스 시스템에 로그인하여 가장 먼저 해야 할 일 중의 하나는 필요에 따라 사용자 계정의 패스워드를 보다 안전한 패스워드를 변경하는 것이다. passwd 명령어를 이용하면 패스워드를 변경할 수 있는데, 다음과 같이 먼저 현재 패스워드를 입력하고 새로운 패스워드를

두 번 입력함으로써 패스워드를 변경할 수 있다.

```
$ passwd
chang에 대한 암호 변경 중
현재 비밀번호:
새 암호:
새 암호 재입력:
passwd: 암호를 성공적으로 업데이트했습니다
```

● 화면 정리

명령어들을 실행하다 보면 명령어 실행결과가 나타난 터미널 화면을 깨끗하게 정리할 필요가 있다. clear 명령어는 화면을 깨끗이 하고 화면의 첫째 줄에 프롬프트를 표시한다.

```
$ clear
```

온라인 매뉴얼

리눅스 시스템은 다양한 명령어들을 제공하는데 이들을 모두 정확히 기억할 수는 없다. 따라서 명령어에 대한 온라인 매뉴얼을 제공한다. 명령어 man을 이용하여 명령어에 대한 매뉴얼을 볼 수 있다. 예를 들어 date 명령어에 대해 자세히 알고 싶으면 다음과 같이 man을 이용하면 된다.

```
$ man date
User Commands                    DATE(1)
NAME
   date - print or set the system date and time
SYNOPSIS
   date [OPTION]... [+FORMAT]
   date [-u|--utc|--universal] [MMDDhhmm[[CC]YY][.ss]]
DESCRIPTION
   Display the current time in the given FORMAT, or set the system date. Mandatory
   arguments to long options are mandatory for short options too.
   ...
```

2.2 디렉터리

리눅스에서는 데이터를 읽을 수 있는 자원 또는 데이터를 쓸 수 있는 대상은 모두 파일로 간주되며 따라서 디스크에 저장된 파일 뿐만 아니라 입출력 장치들도 모두 파일처럼 사용할 수 있다.

파일의 종류

리눅스에는 일반 파일, 디렉터리, 장치 파일, 심볼릭 링크 파일 등 여러 종류의 파일이 있는데 각 파일 종류에 대한 보다 자세한 설명은 다음과 같다.

● 일반 파일

일반 파일(ordinary file)은 데이터를 가지고 있으면서 디스크에 저장되는 파일이다. 텍스트 파일 혹은 이진 파일과 같은 파일은 모두 일반 파일이다. 텍스트 파일(text file)은 파일 내용이 문자들로 이루어진 파일이다. 텍스트 파일은 보통 텍스트 편집기를 이용하여 작성할 수 있다. 예를 들어, vi나 gedit와 같은 텍스트 편집기로 작성한 파일이나 C 프로그램의 소스 코드 등은 모두 텍스트 파일이다. gedit를 이용한 텍스트 파일 작성에 대해서는 2.6절을 참고하기 바란다.

이진 파일(binary file)은 파일의 내용이 텍스트가 아닌 파일이며 실행 파일(executable file)이나 이미지, 동영상 등을 저장하는 파일 등이 모두 이진 파일이다. 보통 이진 파일은 특정 소프트웨어를 이용해서 만들거나 그 내용을 볼 수 있다. 예를 들어, C 프로그램을 컴파일하여 얻은 실행 파일이나, 파워포인트 파일, 그림을 저장하는 jpeg 파일 등은 모두 이진 파일이다.

● 디렉터리

디렉터리는 파일들을 계층적으로 조직화하는 데 사용되는 일종의 특수 파일이며, 디렉터리의 내용은 그 디렉터리 내에 있는 파일이나 서브디렉토리 이름들이다. 디렉터리에 대해서는 이어서 보다 자세히 설명한다.

● 장치 파일

장치 파일은 시스템에 부착된 주변 장치를 나타내는 특수 파일이다. 리눅스 시스템은 하드 디스크, DVD 드라이브, 프린터 등 시스템에 부착된 대부분의 장치를 장치 파일 형태로 관리한다. 이와 같은 장치 파일들은 주로 /dev 디렉터리 아래에 있으며, 장치의 종류에 따라 문자 장치 파일과 블록 장치 파일이 있다.

● 심볼릭 링크 파일

심볼릭 링크는 어떤 파일을 가리키는 또 하나의 경로명을 저장하는 파일로 기존 파일을 가리키는 포인터와 같은 역할을 하는 파일이다.

디렉터리 계층구조

디렉터리(폴더) 자체도 하나의 파일로 한 디렉터리는 다른 디렉터리들을 포함함으로써 계층 구조를 이룬다. 부모 디렉터리는 다른 디렉터리들을 서브디렉터리로 가지고 있다. 리눅스 파일 시스템은 루트(root) 디렉터리부터 시작하여 하위 디렉터리들이 형성된다. 리눅스의 종류 및 버전에 따라 약간의 차이가 있을 수 있지만 일반적으로 루트의 서브디렉터리는 그림 2.1과 같다.

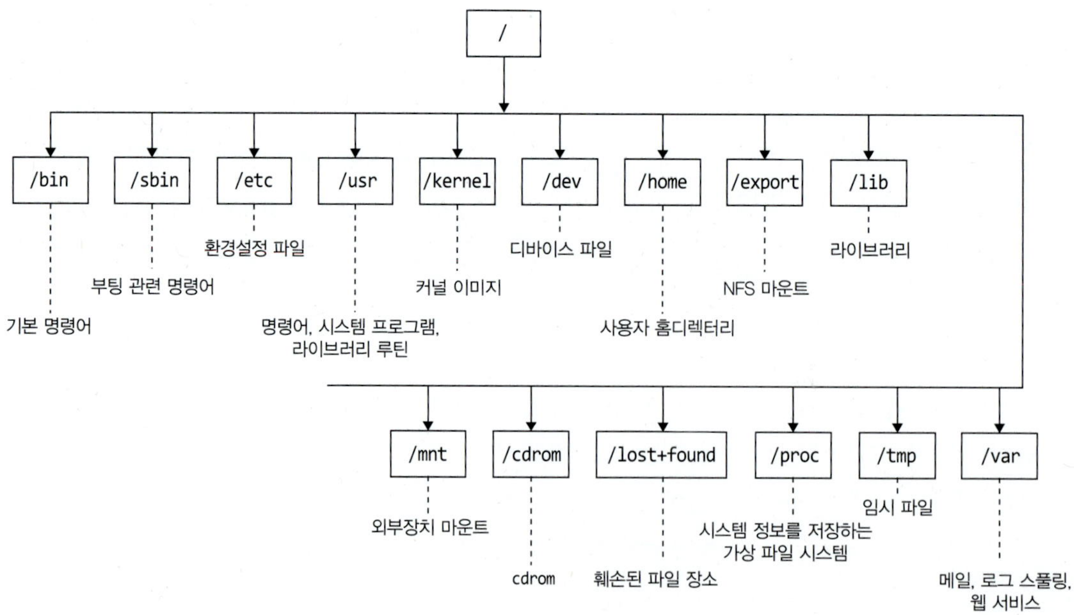

그림 2.1 리눅스 주요 디렉터리

| 핵심 개념 |

리눅스의 디렉터리는 루트로부터 시작하여 계층구조를 이룬다.

또한 각 서브디렉터리는 다음과 같은 용도의 파일들을 저장하는 데 사용된다.

/bin	기본 명령어
/sbin	부팅 관련 명령어
/etc	시스템 관리를 위한 명령어 및 파일
/boot	커널 이미지
/dev	물리적인 장치를 가리키는 특수파일
/home	사용자 홈 디렉터리
/root	관리자 홈 디렉터리
/lib	프로그램의 라이브러리
/var	메일, 로그 스풀링, 웹 서비스
/tmp	임시 저장용으로 사용(시스템 시동 시, 내용이 모두 삭제됨)
/usr	명령어, 시스템 프로그램, 라이브러리 등

/usr 디렉터리는 명령어, 시스템 프로그램, 라이브러리 등을 저장하는 데 주로 사용되며 그 내에 다시 다음과 같은 서브디렉터리가 있어 각각이 다음과 같은 용도로 사용된다.

/usr/bin	명령어
/usr/include	프로그램에서 사용하는 include 파일
/usr/lib	프로그램의 라이브러리
/usr/local	시스템 관리자가 소프트웨어 설치 등을 위해 사용
/usr/man	온라인 매뉴얼

디렉터리 사용

리눅스 시스템은 다중 사용자 시스템이기 때문에 각 사용자마다 별도의 **홈 디렉터리**(home directory)가 있다. 각 사용자의 홈 디렉터리는 계정을 만들 때 관리자에 의해 정해진다. 사용자가 로그인하면 미리 설정된 홈 디렉터리에서 작업을 시작하게 된다. 홈 디렉터리 이름은 일반적으로 사용자명과 같으며 로그인할 때, 환경 변수 $HOME은 사용자의 홈 디렉터리의 이름으로 설정된다.

현재 작업 중인 디렉터리를 **현재 작업 디렉터리**(current working directory)라고 한다.

로그인 하면 일단은 홈 디렉터리가 현재 작업 디렉터리가 된다. 디렉터리 관련 명령어들을 살펴보자.

● pwd(print working directory)

pwd 명령어는 현재 작업 디렉터리를 출력한다.

```
$ pwd
현재 작업 디렉터리의 절대 경로명을 출력한다.
```

pwd 명령어를 이용하여 현재 작업 디렉터리를 확인해보자.

```
$ pwd
/home/chang
```

● mkdir(make directory)

mkdir 명령어는 새 디렉터리를 만드는 명령어이다. + 표시는 한 개 이상을 의미한다.

```
$ mkdir [-p] 디렉터리+
디렉터리(들)을 새로 만든다.
```

예를 들어 다음 명령은 현재 디렉터리 밑에 서브디렉터리 test를 만든다.

```
$ mkdir test
```

● cd(change directory)

cd 명령어를 이용하여 필요에 따라 현재 작업 디렉터리를 이동할 수 있다. 아래 명령어 사용법에서 [ ] 표시는 디렉터리 이름은 옵션이라는 의미이며 디렉터리 이름을 지정하지 않으면 홈 디렉터리로 이동한다.

```
$ cd [디렉터리]
현재 작업 디렉터리를 지정된 디렉터리로 이동한다. 디렉터리를 지정하지 않으면 홈 디렉터리로 이동
한다.
```

예를 들어 다음 명령은 현재 작업 디렉터리를 서브디렉터리 test로 이동한다.

```
$ cd test
$ pwd
/home/chang/test
```

또한 디렉터리를 지정하지 않으면 다음과 같이 홈 디렉터리로 이동한다.

```
$ cd
$ pwd
/home/chang
```

경로명

경로명(pathname)은 파일이나 디렉터리에 대한 정확한 이름으로 두 종류의 경로명을 사용할 수 있다. **절대 경로명**(absolute pathname)은 대상 파일이나 디렉터리까지의 경로 이름을 루트 디렉터리로부터 시작하여 정확하게 적는 것이다.

예를 들어 그림 2.2에서 보는 것처럼 test 디렉터리 내의 cs1.txt 파일의 절대경로명은 다음과 같다.

```
/home/chang/test/cs1.txt
```

이 절대 경로명은 정확하고 확실한 이름이지만 너무 길기 때문에 불편하다. 이러한 문제점을 보완하기 위해 **상대 경로명**(relative path name)을 사용할 수 있다. 상대 경로명은

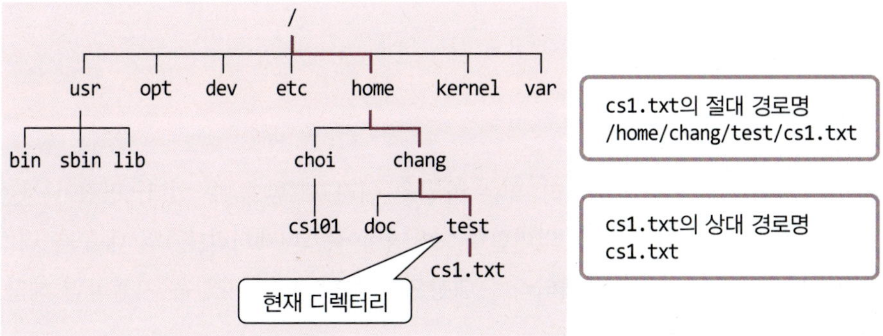

그림 2.2 절대 경로와 상대 경로

대상 파일이나 디렉터리의 경로 이름을 현재 작업 디렉터리부터 시작해서 기술한다. 예를 들어 test가 현재 작업 디렉터리이면 위 파일은 간단히 cs1.txt라는 이름으로 사용할 수 있다.

| 핵심 개념 |

절대 경로명은 루트 디렉터리부터 시작하고 상대 경로명은 현재 디렉터리부터 시작한다.

또한 필요하면 다음 기호를 이용하여 홈 디렉터리, 현재 디렉터리, 부모 디렉터리를 지정할 수 있다.

~ : 홈 디렉터리
. : 현재 디렉터리
.. : 부모 드렉토리

예를 들어 cd .. 를 사용하면 부모(상위) 디렉터리로 이동한다. 또한 cd ~를 사용하면 홈 디렉터리로 이동한다.

디렉터리 리스트

● ls(list)

ls 명령어는 주로 디렉터리의 내용을 리스트하는 데 사용된다. 예를 들어 다음과 같이 사용하면 현재 디렉터리의 내용을 리스트한다(현재 디렉터리에 cs1.txt라는 파일 하나만 있다고 가정하자).

```
$ ls
cs1.txt
```

ls 명령어는 명령줄 인수로 디렉터리 혹은 파일을 여러 개 받을 수 있다. 명령어 사용법에서 * 표시는 0 혹은 그 이상 개를 의미한다. 이 명령어는 디렉터리(들)의 내용을 리스트하며 명령줄 인수가 없으면 현재 디렉터리를 대상으로 한다. 또한 파일을 지정하면 해당 파일만을 리스트 한다.

> $ ls(혹은 dir) [-aslFR] 디렉터리* 파일*
> 지정된 디렉터리의 내용을 리스트 한다. 디렉터리를 지정하지 않으면 현재 디렉터리 내용을 리스트 한다. 또한 파일을 지정하면 해당 파일만을 리스트 한다.

ls 명령어는 다양한 옵션이 있는데 주요 옵션들은 표 2.1과 같다.

표 2.1 ls 명령어의 주요 옵션

옵션	기능
-a	숨겨진 파일을 포함하여 모든 파일을 리스트한다.
-s	파일의 크기를 K 바이트 단위로 출력한다.
-l	파일의 상세 정보를 출력한다.
-F	파일의 종류를 표시하여 출력한다.
-R	모든 하위 디렉터리들을 리스트한다.

-s(size) 옵션을 사용하면 파일의 이름과 블록 크기를 함께 리스트한다.

```
$ ls -s
합계 4
4 cs1.txt
```

ls 명령어는 -a 옵션을 사용하지 않으면 숨겨진 파일("."으로 시작하는 파일)은 리스트하지 않는다. -a(all) 옵션을 사용하면 숨겨진 파일들을 포함하여 모든 파일과 서브디렉터리들을 리스트 한다. 다음 실행결과에서 "."은 현재 디렉터리를 ".."은 부모 디렉터리를 나타내는 이름이다.

```
$ ls -a
.       ..      cs1.txt
```

● ls -l

-l(long) 옵션을 이용하면 파일의 접근권한, 소유자, 그룹, 크기, 날짜 등의 파일에 대한 정보를 자세히 보여준다. 다음 실행결과에서 rw-rw-r--는 파일의 접근권한을 나타낸다. 다음은 소유자 정보로 파일의 소유자 및 그룹을 나타낸다. 2088은 파일의 크기(바이트 수)

를 나타낸다. 4월 16 13:37은 파일의 수정 시간으로 파일을 생성 혹은 최후로 수정한 시간을 나타낸다. 마지막이 파일 이름이다.

```
$ ls -l
합계 4
-rw-rw-r--   1 chang   chang   2088  4월 16  13:37 cs1.txt
```

이번에는 지금까지 나온 모든 옵션을 사용하여 리스트 해보자. 현재 디렉터리 내의 모든 파일에 대해서 자세한 정보를 보여준다.

```
$ ls -asl
합계 12
4 drwxr-xr-x  2 chang   chang  4096  4월 16  13:37 .
4 drwxr-xr-x  3 chang   chang  4096  4월 16  13:37 ..
4 -rw-rw-r--  1 chang   chang  2088  4월 16  13:37 cs1.txt
```

● ls -F

-F 옵션을 사용하면 다음과 같은 기호로 파일의 종류를 표시해 준다.

*: 실행파일, /: 디렉터리, @:심볼릭 링크

예를 들어 다음과 같이 루트 디렉터리를 -F 옵션으로 리스트 해보자. 이 디렉터리 내의 서브디렉터리 이름 뒤에 / 표시가 된 것을 확인할 수 있으며 일부 파일은 심볼릭 링크(다른 파일이나 디렉터리에 대한 참조를 포함하고 있는 특수 파일)로 @로 표시되어 있다.

```
$ ls -F /
bin@   dev/  home/  lib64@ mnt/  proc/  run/   srv/  tmp/  var/
boot/  etc/  lib@   media/  opt/  root/  sbin@  sys/  usr/
```

● ls -R

-R(Recursive) 옵션을 사용하면 모든 하위 디렉터리 내용을 리스트 한다. 예를 들어, 다음과 같이 현재 디렉터리를 -R 옵션으로 리스트하면 현재 디렉터리 아래에 있는 모든 하위 디렉터리들의 내용을 리스트할 것이다.

```
$ ls -R
```

또한 다음과 같이 루트 디렉터리를 -R 옵션으로 리스트하면 루트 디렉터리 아래에 있는 모든 하위 디렉터리들의 내용을 리스트하며 이것은 사실상 파일 시스템 내의 모든 파일들을 리스트하게 된다.

```
$ ls -R /
```

지금까지 살펴본 디렉터리 관련 명령어를 표 2.2와 같이 요약 정리할 수 있다.

표 2.2 디렉터리 관련 명령어

명령어	의미
ls	파일 및 디렉터리 리스트
ls -a	모든 파일과 디렉터리 리스트
ls -asl	모든 파일 자세히 리스트
mkdir	디렉터리 만들기
cd 디렉터리	디렉터리로 이동
cd	홈 디렉터리로 이동
cd ~	홈 디렉터리로 이동
cd ..	부모 디렉터리로 이동
pwd	현재 작업 디렉터리 프린트

2.3 파일 관련 명령어

파일 내용 출력 명령어

파일 내용 출력과 관련된 다음 명령어들(cat, more, head, tail, wc 등)은 모두 다음과 같은 형태로 명령줄 인수로 받은 파일에 대해서 해당 명령어를 수행한다.

$ 명령어 파일

명령줄 인수로 여러 개의 파일 이름을 받은 경우에는 각 파일에 대해서 명령어를 수행하며 파일 이름을 받지 않은 경우에는 보통 키보드로부터 입력된 내용에 대해 명령어를 수행한다. 명령어 사용법에서 * 표시는 0개 이상을 의미한다.

$ 명령어 파일*

먼저 예제 파일을 하나 만들어 보자. 리눅스에서는 여러 방법으로 파일을 만들 수 있다. 가장 대표적인 방법은 편집기(vi, gedit 등)를 사용하는 것인데 아직 편집기를 배우지 않았다. 편집기를 사용하지 않고 다음과 같이 cat 명령어와 출력 재지정(2.5절에서 소개)을 이용하여 간단한 파일을 만들 수 있다.

$ cat > 파일
표준입력 내용을 모두 파일에 저장한다. 파일이 없으면 새로 만든다.

예를 들어 다음과 같이 사용하면 cs1.txt 파일이 생성되고 키보드로 입력한 내용이 cs1.txt 파일에 저장된다. ^D(Ctrl-D)는 입력끝을 나타낸다.

```
$ cat > cs1.txt
...

^D
```

다음 명령어들은 예제 파일인 cs1.txt를 중심으로 간단히 설명한다.

파일 내용 보기: cat

cat 명령어는 파일 내용을 그대로 화면에 출력한다. 이 명령어는 0개 이상의 파일 이름을 받을 수 있으며 각 파일의 내용을 화면에 순차적으로 출력한다.

> $ cat [-n] 파일*
> 파일(들)의 내용을 그대로 화면에 출력한다. 파일을 지정하지 않으면 표준입력 내용을 그대로 화면에 출력한다. -n 옵션은 줄번호와 함께 출력한다.

예를 들어 다음 명령은 cs1.txt 파일의 내용을 출력한다. 파일 내용이 화면 크기(1 페이지)보다 크면 자동으로 스크롤 된다.

```
$ cat cs1.txt
```

cat 명령어는 인수가 없는 경우에는 키보드로부터 입력을 받아 그 내용을 그대로 출력한다.

```
$ cat

...

^D
```

페이지 단위로 파일 내용 보기: more

more 명령어는 파일의 내용을 페이지 단위로 화면에 출력한다. 이 명령어는 하나 이상의 파일 이름을 받을 수 있으며 이를 다음과 같이 $^+$ 기호를 이용하여 표시한다.

> $ more 파일$^+$
> 파일(들)의 내용을 페이지 단위로 화면에 출력한다.

다음 페이지를 보려면 [스페이스 바]를 치고 보기를 종료하려면 q를 치면 된다. 이 명령어는 긴 파일을 보는데 주로 사용된다.

```
$ more cs1.txt
```

```
Unix is a multitasking, multi-user computer operating system originally
developed in 1969 by a group of AT&T employees at Bell Labs, including
Ken Thompson, Dennis Ritchie, Brian Kernighan, Douglas McIlroy,
and Joe Ossanna.

The Unix operating system was first developed in assembly language,
but by 1973 had been almost entirely recoded in C, greatly facilitating
its further development and porting to other hardware.
Today's Unix system evolution is split into various branches,
developed over time by AT&T as well as various commercial vendors,
universities (such as University of California, Berkeley's BSD),
and non-profit organizations.

The Open Group, an industry standards consortium, owns the UNIX trademark.
Only systems fully compliant with and certified according to the Single
UNIX Specification are qualified to use the trademark;
others might be called Unix system-like or Unix-like,
although the Open Group disapproves[1] of this term.
However, the term Unix is often used informally to denote any operating
system that closely resembles the trademarked system.

During the late 1970s and early 1980s, the influence of Unix in academic
circles led to large-scale adoption of Unix(particularly of the BSD variant,
--계속--(59%)
```

파일 앞부분, 뒷부분 보기: head, tail

● head

head 명령어는 파일의 앞부분(10줄)을 출력한다.

> $ head [-n] 파일*
> 파일(들)의 앞부분을 화면에 출력한다. 파일을 지정하지 않으면 표준입력 내용을 대상으로 한다.

예를 들어, 다음과 같이 cs1.txt 파일의 앞부분만을 출력할 수 있다.

```
$ head cs1.txt
Unix is a multitasking, multi-user computer operating system originally
```

```
developed in 1969 by a group of AT&T employees at Bell Labs, including
Ken Thompson, Dennis Ritchie, Brian Kernighan, Douglas McIlroy,
and Joe Ossanna.

The Unix operating system was first developed in assembly language,
but by 1973 had been almost entirely recoded in C, greatly facilitating
its further development and porting to other hardware.
Today's Unix system evolution is split into various branches,
developed over time by AT&T as well as various commercial vendors,
```

필요하면 다음과 같이 보여줄 앞부분의 줄 수(5)를 명시할 수 있다.

```
$ head -5 cs1.txt
Unix is a multitasking, multi-user computer operating system originally
developed in 1969 by a group of AT&T employees at Bell Labs, including
Ken Thompson, Dennis Ritchie, Brian Kernighan, Douglas McIlroy,
and Joe Ossanna.
```

● tail

tail 명령어는 파일의 뒷부분(10줄)을 출력한다.

> $ tail [-n] 파일*
> 파일(들)의 뒷부분을 화면에 출력한다. 파일을 지정하지 않으면 표준입력 내용을 대상으로 한다.

예를 들어, 다음과 같이 cs1.txt 파일의 뒷부분만을 출력할 수 있다.

```
$ tail cs1.txt
Linux, which is used to power data centers, desktops, mobile phones,
and embedded devices such as routers, set-top boxes or e-book readers.
Today, in addition to certified Unix systems such as those already
mentioned, Unix-like operating systems such as MINIX, Linux, Android,
and BSD descendants (FreeBSD, NetBSD, OpenBSD, and DragonFly BSD) are
commonly encountered.

The term traditional Unix may be used to describe a Unix or
an operating system that has the characteristics of either Version 7
Unix or UNIX System V.
```

필요하면 다음과 같이 보여줄 뒷부분의 줄 수(5)를 옵션으로 명시할 수 있다.

```
$ tail -5 cs1.txt
```

단어 세기: wc(word count)

wc 명령어는 파일에 저장된 줄, 단어, 문자의 개수를 세서 출력한다. 이 명령어는 파일의 크기를 빨리 확인하고자 할 때 매우 유용하다.

> $ wc [-lwc] 파일*
> 파일에 저장된 줄, 단어, 문자의 개수를 세서 출력한다. 파일을 지정하지 않으면 표준입력 내용을 대상으로 한다.

예를 들어 cs1.txt 파일은 38개 줄, 318개 단어, 2088개 문자로 구성되어 있다.

```
$ wc cs1.txt
  38   318   2088 cs1.txt
```

또한 옵션을 사용하면 줄 수(-l), 단어 수(-w), 문자 수(-c)를 선택해서 출력할 수 있다. 다음 명령은 줄 수만을 출력한다.

```
$ wc -l cs1.txt
  38 cs1.txt
```

이 명령어는 해당 파일의 크기를 빨리 확인하고자 할 때 매우 유용하다.

파일 복사: cp(copy)

cp 명령어는 파일 복사를 위한 명령어로, 그림 2.3과 같이 기존 파일인 **파일1**을 복사하여 새로운 복사본 파일인 **파일2**를 만든다.

> $ cp [-i] 파일1 파일2
> 파일1을 파일2에 복사한다. -i는 대화형 옵션이다.

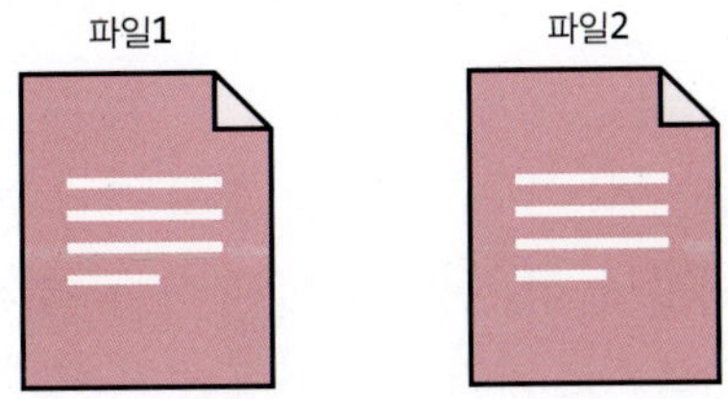

그림 2.3 파일 복사

예를 들어 다음 명령은 cs1.txt의 복사본 cs2.txt를 만든다. 따라서 현재 디렉터리 내에는 내용이 똑같은 두 개의 파일 cs1.txt와 cs2.txt가 존재한다.

```
$ cp cs1.txt  cs2.txt
```

ls -l 명령어를 이용하여 cs1.txt와 똑 같은 cs2.txt가 생성된 것을 확인할 수 있다.

```
$ ls -l cs1.txt cs2.txt
-rw-rw-r--  1 chang   chang   2088  4월 16  13:37 cs1.txt
-rw-rw-r--  1 chang   chang   2088  4월 16  13:45 cs2.txt
```

또한 다음과 같이 두 번째 인수로 디렉터리 이름을 사용하면 파일의 복사본을 디렉터리에 같은 이름으로 만든다.

> **$ cp 파일⁺ 디렉터리**
> 파일을 지정된 디렉터리에 복사한다.

예를 들어 다음 명령은 cs1.txt의 복사본을 /tmp 디렉터리에 같은 이름으로 만든다.

```
$ cp cs1.txt /tmp
```

ls -l 명령어를 이용하여 cs1.txt와 똑같은 파일이 /tmp/cs1.txt라는 이름으로 생성된 것을 확인할 수 있다.

```
$ ls -l /tmp/cs1.txt
-rw-rw-r--  1 chang   chang  2088  4월 16  14:31 /tmp/cs1.txt
```

● 대화형 옵션: -i

만약에 cp 명령어에서 복사하려는 파일(사용법에서 파일2)과 똑 같은 이름의 파일이 이미 존재하면 어떻게 될까? 이 경우에는 아무 메시지 없이 해당 파일을 덮어쓰기(overwrite) 해버리므로 주의해야 한다. 예를 들어, 위와 같이 복사할 때 cs2.txt 파일이 이미 존재하면 이 파일에 덮어쓰기를 해버리므로 기존 파일 내용은 완전히 사라지게 된다.

따라서 이 명령어를 보다 안전하게 사용하는 방법은 대화형 -i(interactive) 옵션을 사용하는 것이다. 다음과 같이 -i 옵션을 사용하면 복사하려는 파일 cs2.txt가 이미 존재하면 덮어쓰기 할 것인지 미리 물어본다. "y"로 답하면 덮어쓰기를 하고, "n"으로 답하면 하지 않는다.

```
$ cp -i  cs1.txt  cs2.txt
cp: overwrite 'cs2.txt'? n
```

이러한 대화형 옵션은 cp 뿐만 아니라 파일을 덮어쓰기 하거나 지울 수 있는 mv, rm 등에서도 사용된다.

파일 이동: mv(move)

mv 명령어는 파일 이름 변경 혹은 파일 이동을 위한 명령어로, 다음과 같이 사용하면 그림 2.4와 같이 **파일1**의 이름을 **파일2**로 변경한다.

> $ mv [-i] 파일1 파일2
> **파일1의 이름을 파일2로 변경한다. -i는 대화형 옵션이다.**

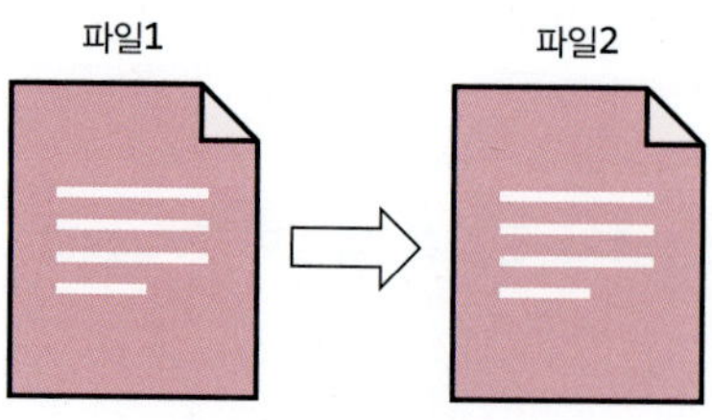

그림 2.4 파일 이동

예를 들어 다음 명령은 cs2.txt 파일의 이름을 cs3.txt로 변경하므로 cs2.txt 파일은 더 이상 존재하지 않게 된다.

```
$ mv cs2.txt cs3.txt
```

ls 명령어를 이용하여 cs2.txt 파일이 cs3.txt로 이름이 변경된 것을 확인할 수 있다.

```
$ ls -l
-rw-rw-r--  1 chang   chang   2088  4월 16  13:37 cs1.txt
-rw-rw-r--  1 chang   chang   2088  4월 16  13:56 cs3.txt
```

또한 다음과 같이 두 번째 인수로 디렉터리 이름을 사용하면 파일을 해당 디렉터리로 이동한다.

> $ mv 파일+ 디렉터리
> 파일을 지정된 디렉터리로 이동한다.

예를 들어 다음 명령은 cs3.txt 파일을 /tmp 디렉터리로 이동한다.

```
$ mv cs3.txt /tmp
```

ls -l 명령어를 이용하여 cs3.txt 파일이 /tmp/cs3.txt로 이동된 것을 확인할 수 있다.

```
$ ls -l /tmp/cs3.txt
-rw-rw-r--  1 chang   chang   2088  4월 16  13:56 /tmp/cs3.txt
```

파일 및 디렉터리 삭제: rm(remove), rmdir

● rm (remove)

rm 명령어는 명령줄 인수로 받은 파일(들)을 지운다.

> $ rm [-i] 파일+
> 파일(들)을 삭제한다. -i는 대화형 옵션이다. -r은 리커전 옵션으로 디렉터리 아래의 모든 것을 삭제한다.

예를 들어 다음 명령은 기존의 파일 cs1.txt를 지워버린다.

```
$ rm cs1.txt
```

rm 명령어는 파일을 지워서 없애버리므로 매우 위험하다. 이 명령어를 보다 안전하게 사용하는 방법은 -i 대화형 옵션을 사용하는 것이다. 이 옵션을 사용하면 해당 파일을 삭제하기 전에 삭제 여부를 미리 물어본다. "y"로 답하면 삭제하고, "n"으로 답하면 삭제하지 않는다.

```
$ rm -i cs1.txt
rm: remove 'cs1.txt'? n
```

● rmdir (remove directory)

rmdir 명령어는 명령줄 인수로 받은 디렉터리(들)을 삭제한다.

> $ rmdir 디렉터리+
> 디렉터리(들)을 삭제한다.

한 가지 주의할 점은 디렉터리를 지우기 위해서는 디렉터리 내에 아무 것도 없어야 한다는 점이다. 따라서 미리 디렉터리 내의 파일이나 서브디렉터리를 지운 후에 해당 디렉터리를 지울 수 있다. 예를 들어 test 디렉터리가 비어 있으면 다음과 같이 디렉터리를 지울 수 있다.

```
$ rmdir test
```

디렉터리 내의 모든 것을 단번에 지우려면 rm -r 옵션을 사용하면 된다. 이 명령어는 해당 디렉터리 내의 모든 파일 및 하위 디렉터리의 모든 내용을 단번에 지워버리므로 매우 주의해서 사용해야 한다.

> $ rm [-ri] 디렉터리
> -r은 리커전 옵션으로 디렉터리 아래의 모든 것을 삭제한다. -i는 대화형 옵션이다.

이 명령어를 보다 주의해서 사용하는 방법은 다음과 같이 -i 옵션을 함께 사용하는 것이다. 다음과 같이 사용하면 하나씩 정말 삭제할 것인지 묻고 "y"로 답하면 삭제하고 "n"으로 답하면 그냥 지나간다.

```
$ rm -ri 디렉터리
```

링크

링크는 기존 파일에 대한 또 하나의 새로운 이름이라고 할 수 있다. ln 명령어는 링크를 만들기 위한 명령어로, 이 명령어의 첫 번째 사용법은 **파일1**에 대한 새로운 이름(링크)으로 **파일2**를 만든다.

```
$ ln [-s] 파일1 파일2
```
파일1에 대한 새로운 이름(링크)로 파일2를 만들어 준다. -s 옵션은 심볼릭 링크를 나타낸다.
```
$ ln [-s] 파일1 디렉터리
```
파일1에 대한 링크를 지정된 디렉터리에 같은 이름으로 만들어 준다.

이 명령어를 실행하면 그림 2.5와 같이 **파일1**에 대한 새로운 이름(링크)으로 **파일2**가 만들어진다. 링크에는 하드 링크와 심볼릭 링크 두 종류가 있으며 심볼릭 링크는 -s 옵션을 이용하여 만들 수 있다.

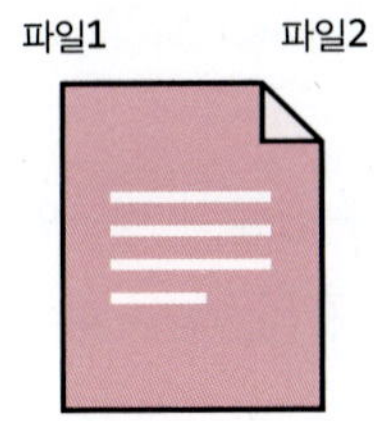

그림 2.5 하드 링크

| 핵심 개념 |

링크는 기존의 파일에 대한 또 하나의 새로운 이름으로 하드 링크와 심볼릭(소프트) 링크가 있다.

● 하드 링크

하드 링크(hard link)는 기존 파일에 대한 새로운 이름이라고 생각할 수 있다. 예를 들어, 다음 명령은 기존 파일 hello.txt에 대한 새로운 링크로 hi.txt를 만들어 준다. 이제 hi.txt는 hello.txt의 또 다른 이름이다.

```
$ ln hello.txt hi.txt
```

다음과 같이 원본 파일과 하드 링크를 확인해 보자. 마치 두 개의 다른 파일처럼 보이는데 실제로는 하나의 파일에 대한 두 개의 이름이다. 이 중에 한 파일의 내용을 수정하고 다른 이름(링크)의 파일을 확인해 보아도 똑 같이 수정되어 있는 것을 확인할 수 있다. 이는 이 두 개의 이름이 실제로는 별도의 파일이 아니라 하나의 파일에 대한 링크이기 때문이다.

```
$ ls -l
-rw-------   2 chang      chang      15 11월  7  15:31 hello.txt
-rw-------   2 chang      chang      15 11월  7  15:31 hi.txt
```

하드 링크는 기존 파일을 대표하는 i-노드를 가리켜 구현하므로 한 파일 시스템 내에서만 사용 가능하다는 단점이 있다. 그러나 리눅스 내에는 여러 개의 파일 시스템이 존재하며 이러한 경우에 다른 파일 시스템 내에 있는 파일은 하드 링크로는 링크할 수 없다(링크 구현에 대한 자세한 사항은 6.5절 참조).

● 심볼릭 링크

이러한 문제점을 해결하기 위한 링크가 심볼릭 링크인데 **심볼릭 링크**(symbolic link)는 실제 파일의 경로명을 저장하고 있는 일종의 특수 파일이다(그림 2.6 참조). 이 경로명이 다른 파일에 대한 간접적인 포인터 역할을 하므로 다른 파일 시스템에 있는 파일도 링크가 가능하다.

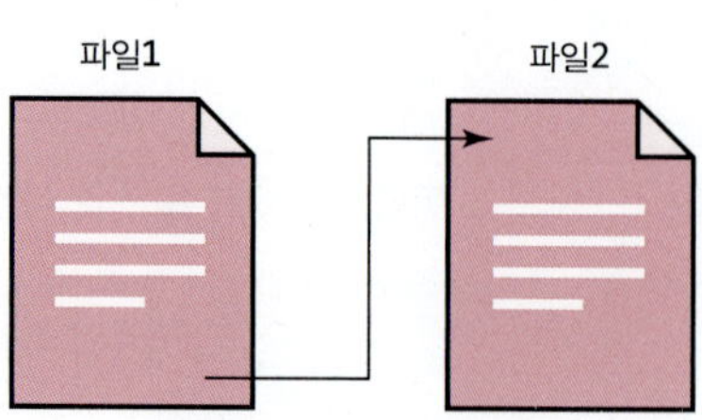

그림 2.6 심볼릭 링크

예를 들어, 다음 명령을 이용해서 hi.txt라는 심볼릭 링크 파일을 만들게 되며 이 링크 파일은 단지 hello.txt 파일의 위치를 나타내는 경로 정보만을 가지고 있다.

```
$ ln -s hello.txt hi.txt
```

ls -l 명령어를 이용하여 원본 파일과 심볼릭 링크를 확인해 보자. 실행결과에서 -> 기호로 심볼릭 링크가 원본 파일을 가리키는 것을 표시한다. 사용자가 심볼릭 링크를 사용하면, 자동적으로 심볼릭 링크가 가리키고 있는 파일을 참조하여 사용하게 된다.

```
$ ls -l
-rw-------   1 chang    chang  15 11월  7  15:31 hello.txt
lrwxrwxrwx   1 chang    chang   9  1월 24  12:56 hi.txt -> hello.txt
```

또한 다음과 같이 다른 디렉터리에 있는 파일에 대한 심볼릭 링크도 만들 수 있다.

```
$ ln –s /usr/bin/gcc cc
$ ls –l cc
lrwxrwxrwx.  1 chang chang   12  7월 21 20:09 cc -> /usr/bin/gcc
```

지금까지 살펴본 파일 관련 주요 명령어들은 표 2.3과 같이 요약 정리할 수 있다.

표 2.3 파일 관련 명령어

명령어	의미
cat 파일*	파일 내용 출력
more 파일+	페이지 단위로 파일 내용 출력
head 파일*	파일의 앞부분 출력
tail 파일*	파일의 뒷부분 출력
wc 파일*	줄/단어/문자 수 세기
cp 파일1 파일2	파일1을 파일2로 복사
mv 파일1 파일2	파일1을 파일2로 이름 변경
rm 파일+	파일 삭제
rmdir 디렉터리+	디렉터리 삭제
ln 파일1 파일2	링크 만들기

2.4 파일 속성

파일 속성

파일은 이름, 타입, 크기, 소유자, 접근권한, 수정 시간 등의 **파일 속성(file attribute)**을 갖는다. 예를 들어 다음과 같이 실행 파일인 cs1.txt의 속성을 알아보자.

```
$ ls -sl cs1.txt
4 -rw-rw-r--  1 chang   chang    2088  4월 16  13:37 cs1.txt
```

첫 번째는 블록 수로 파일을 구성하는 블록의 개수를 KB 단위로 나타낸다. 두 번째는 파일 타입과 접근권한을 나타내는데 -는 일반 파일을 나타낸다. 디렉터리는 d로 표시된다. 이어서 나오는 rw-rw-r--는 접근권한을 나타낸다. 다음은 소유자 정보로 파일의 소유자 및 소유자가 속한 그룹을 나타낸다. 2088은 파일의 바이트 수를 나타낸다. 4월 16 13:37은 파일의 수정 시간으로 파일을 생성 혹은 최후로 수정한 시간을 나타낸다. 마지막이 파일 이름이다. 이들 파일 속성을 표 2.4와 같이 요약 정리할 수 있다.

표 2.4 파일의 속성

파일 속성	의미
블록 수	파일을 구성하는 블록의 개수(KB 단위)
파일 종류	일반 파일(-), 디렉터리(d), 링크(l), 파이프(p), 소켓(s), 디바이스(b 혹은 c) 등의 파일 종류를 나타낸다.
접근권한	파일에 대한 소유자, 그룹, 기타 사용자의 읽기(r)/쓰기(w)/실행(x) 권한
하드 링크 수	파일에 대한 하드 링크 개수
소유자 및 그룹	파일의 소유자 ID 및 소유자가 속한 그룹
파일 크기	파일의 크기(바이트 단위)
최종 수정 시간	파일을 생성 혹은 최후로 수정한 시간

접근권한

리눅스는 다중 사용자 시스템이므로 시스템 내에 여러 사용자가 있다. 각 사용자는 사용자명과 사용자 ID(사용자를 나타내는 번호)를 갖는다. 사용자 중에는 슈퍼유저라고 불리는 시스템 관리자도 있는데 슈퍼유저의 사용자명은 root이다. 시스템 관리자는 보안 관리를 위해 동일한 성격의 사용자들을 하나의 그룹으로 묶어서 관리한다. 예를 들어 같은 클래스, 같은 학년, 조교 등을 하나의 그룹으로 만들 수 있다. 사용자는 하나 이상의 그룹에 속한다.

파일의 **접근권한**(permission mode)은 읽기(r), 쓰기(w), 실행(x) 권한을 의미하는데 읽기, 쓰기, 실행 권한은 표 2.5와 같이 대상 파일의 종류에 따라 약간 다른 의미를 갖는다.

표 2.5 파일의 접근권한

권한	파일	디렉터리
r	파일에 대한 읽기 권한	디렉터리 내에 있는 파일명을 읽을 수 있는 권한
w	파일에 대한 쓰기 권한	디렉터리 내에 파일을 생성하거나 삭제할 수 있는 권한
w	파일에 대한 실행 권한	디렉터리 내로 탐색을 위해 이동할 수 있는 권한

리눅스에서는 파일의 보안을 위해 파일의 소유자(owner), 그룹(group), 기타(others)로 구분하여 파일의 접근권한을 관리한다. 파일의 소유자는 파일의 주인으로 보통 그 파일을 만든 사용자다. 그룹은 소유자가 속한 그룹 내의 사용자들을 의미하고 기타는 소유자도 아니고 그룹에도 속하지 않는 나머지 사용자들을 의미한다.

예를 들어 위의 rw-rw-r--는 다음과 같이 소유자, 그룹, 기타의 접근권한을 나타내며 소유자와 같은 그룹은 읽기, 쓰기가 모두 가능하고 다른 사용자는 읽기만 가능함을 의미한다.

```
소유자 그룹  기타
 rw-   rw-   r--
```

| 핵심 개념 |

파일의 접근권한은 소유자, 그룹, 기타로 구분하여 관리한다.

X 윈도우의 GNOME 데스크톱을 사용하는 경우 파일 위에서 오른쪽 버튼을 클릭하여 속성을 선택하면 다음과 같이 파일의 속성을 확인할 수 있다. 그림 2.7의 화면은 파일에 대한 기본적인 속성을 보여주고 있으며 그림 2.8의 화면은 파일의 접근권한을 보여주고 있다.

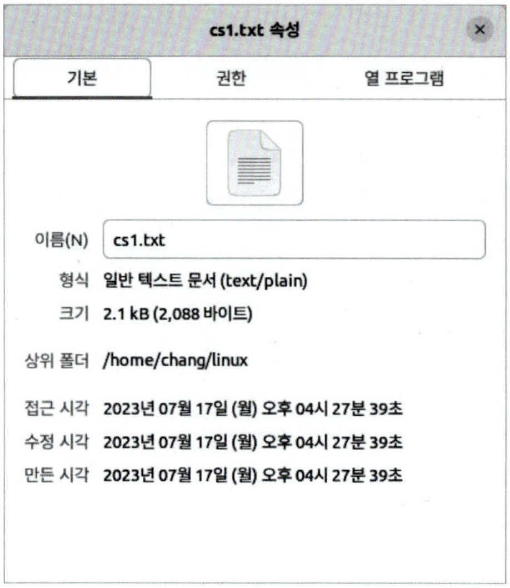

그림 2.7 기본 속성

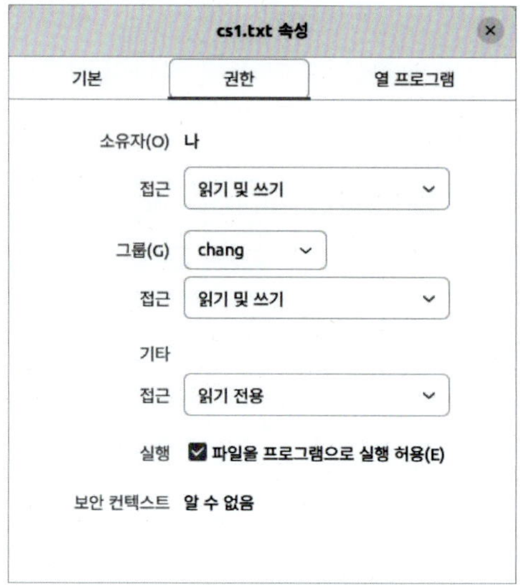

그림 2.8 접근권한

접근권한 변경: chmod(change mode)

chmod는 파일 혹은 디렉터리의 접근권한을 변경하는 명령어로 다음과 같이 사용할 수 있다. -R 옵션은 디렉터리에 대해 사용할 수 있는데 디렉터리 내의 모든 파일과 모든 하위 디렉터리에 대해서도 이 명령어를 적용한다는 것을 의미한다.

> $ chmod [-R] 접근권한 파일 혹은 디렉터리
> 파일 혹은 디렉터리의 접근권한을 변경한다. -R 옵션을 사용하면 지정된 디렉터리 아래의 모든 파일과 하위 디렉터리에 대해서도 접근권한을 변경한다.

접근권한을 어떻게 표시할 수 있을까? 8진수를 이용하는 방법과 기호를 이용하는 방법 두 가지가 있다.

첫 번째 방법은 접근권한을 8진수로 표시하는 것이다. 소유자의 읽기, 쓰기, 실행 각 권한에 대해 1 비트를 할당하여 권한이 있으면 1 없으면 0으로 표시하면 소유자의 권한을 8진수로 표시할 수 있다. 그룹 및 기타 사용자에 대해서도 이렇게 할 수 있다.

예를 들어 접근권한 rwx r-x r-x는 그림 2.9와 같이 8진수로 755로 표시할 수 있으며 이는 이 파일의 소유자는 이 파일을 읽고, 쓰고, 실행하는 것이 가능하며 그룹 및 기타 사용자

들은 읽기와 실행만 가능하다는 것을 나타낸다.

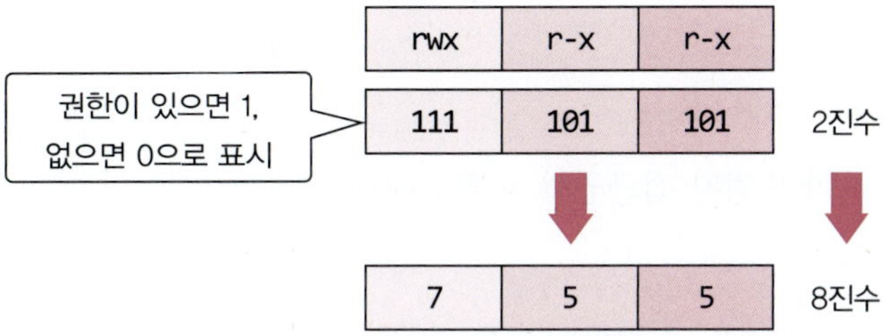

그림 2.9 접근권한 8진수 표현

실제로 많이 사용되는 접근 권한을 8진수로 표현하면 표 2.6과 같다.

표 2.6 접근권한의 8진수 표현 예

접근권한	8진수
rwxrwxrwx	777
rwxr-xr-x	755
rw-rw-r--	664
rw-r--r--	644
rw-r-----	640
rwx------	700

예를 들어, cs1.txt의 접근권한을 그림 2.10과 같이 rw- r-- r--로 바꾸고자 한다면 이 새로운 권한은 644로 표시할 수 있다.

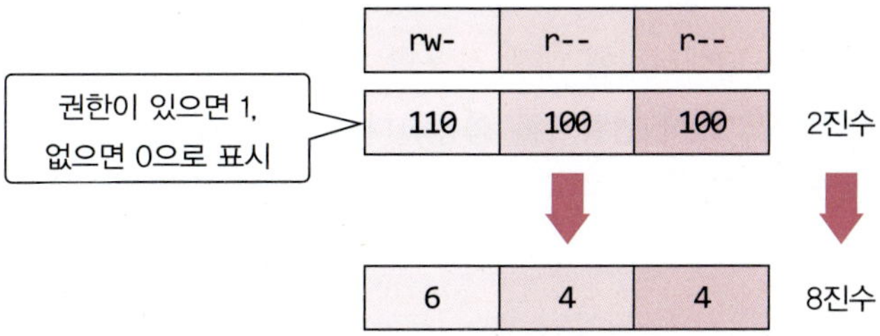

그림 2.10 접근권한 8진수 표현

다음 명령은 대상 파일 cs1.txt의 소유자 및 그룹에게는 읽기, 쓰기 권한을 주고 기타 사용자에 대해서 읽기 권한을 준다.

```
$ chmod 644 cs1.txt
```

다음 명령을 이용하여 변경된 접근권한을 확인해보자.

```
$ ls -l cs1.txt
-rw-r--r--  1 chang   chang    2088  2월 20  13:37 cs1.txt
```

두 번째 방법은 아래와 같은 기호를 이용하여 접근권한을 기술하는 것으로 사용자 범위(u,g,o,a)에 대해 원하는 접근권한(r,w,x)을 추가(+), 제거(-), 혹은 지정(=)하는 방식이다. | 기호는 OR의 의미이고 + 기호는 한 번 이상 반복할 수 있다는 의미이다.

```
[u|g|o|a]+[+|-|=][r|w|x]+
u(user), g(group), o(other), a(all)
연산자: +(추가), -(제거), =(지정)
권한: r(읽기), w(쓰기), x(실행)
```

예를 들어 cs1.txt 파일의 접근권한을 644에서 664로 변경하려면 다음과 같이 cs1.txt 파일의 그룹에 w(쓰기) 권한을 추가함으로써 할 수 있다.

```
$ chmod g+w cs1.txt
```

소유자 및 그룹 변경 : chown, chgrp

chown(chang owner) 명령어는 파일이나 디렉터리의 소유자를 변경할 때 사용한다. 따라서 이 명령어는 매우 위험한 명령어이다. 보통 시스템 보안을 위해 슈퍼유저만 이 명령어를 사용할 수 있다. -R 옵션은 디렉터리에 대해 사용할 수 있는데 디렉터리 내의 모든 파일과 모든 하위디렉터리에 대해서도 이 명령어를 적용한다는 것을 의미한다.

```
$ chown 사용자 파일
$ chown [-R] 사용자 디렉터리
```
파일 혹은 디렉터리의 소유자를 지정된 사용자로 변경한다. -R 옵션을 사용하면 지정된 디렉터리 아래의 모든 파일과 하위 디렉터리에 대해서도 소유자를 변경한다.

chgrp(change group) 명령어를 이용하여 파일의 그룹을 변경할 수 있다. 이 명령어 역시 사용에 제한이 있다. 파일의 소유자는 해당 파일의 그룹을 소유자가 속한 다른 그룹으로만 변경할 수 있다. 또한 슈퍼유저는 이 명령어를 자유롭게 사용할 수 있다. -R 옵션은 디렉터리에 대해 사용할 수 있는데 디렉터리 내의 모든 파일과 모든 하위디렉터리에 대해서도 이 명령어를 적용한다는 것을 의미한다.

```
$ chgrp 그룹 파일
$ chgrp [-R] 그룹 디렉터리
```

파일 혹은 디렉터리의 그룹을 지정된 그룹으로 변경한다. -R 옵션을 사용하면 지정된 디렉터리 아래의 모든 파일과 하위 디렉터리에 대해서도 그룹을 변경한다.

2.5 입출력 재지정 및 파이프

출력 재지정

출력 재지정(output redirection)을 이용하면 그림 2.11과 같이 명령어의 표준출력 내용을 모니터에 출력하는 대신에 파일에 저장할 수 있다. 다음과 같이 출력 재지정 기호 >을 사용하면 명령어의 표준출력 내용은 파일에 저장된다.

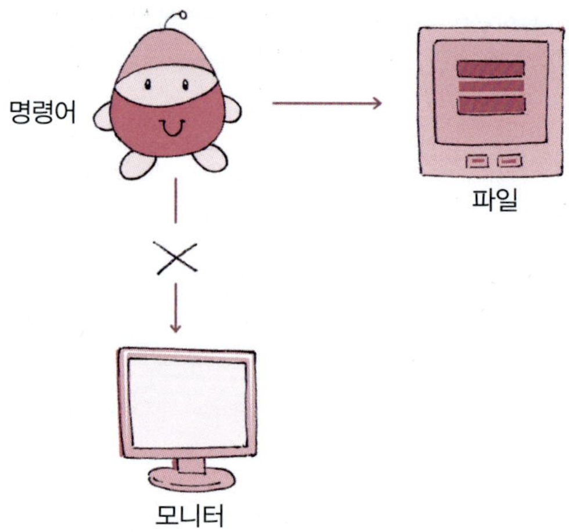

그림 2.11 출력 재지정

$ 명령어 > 파일
명령어의 표준출력을 모니터 대신에 파일에 저장한다.

예를 들어 다음 명령은 ls의 결과를 모니터에 출력하지 않고 모두 파일 ls.txt에 저장한다. 이어서 cat 명령어를 이용하여 저장된 출력을 확인해보자.

```
$ ls -asl > ls.txt
$ cat ls.txt
```

cat 명령어와 출력 재지정을 이용하면 간단하게 파일을 만들 수 있다. cat 명령어는 명령줄 인수가 없으면 표준 입력으로부터 받은 내용을 출력하는데 예를 들어 다음 명령들은 각각 키보드로부터 받은 입력을 모두 출력 재지정된 파일 list1.txt과 list2.txt에 저장한다.

```
$ cat > list1.txt
Hi !
This is the first list.
^D

$ cat > list2.txt
Hello !
This is the second list.
^D
```

또한 출력 재지정을 이용하면 다음과 같이 두 개의 파일을 연결하여 새로운 파일을 만들 수 있다.

```
$ cat list1.txt list2.txt > list3.txt
```

이제 list3.txt 내용을 확인해보자.

```
$ cat list3.txt
Hi !
This is the first list.
Hello !
This is the second list.
```

출력 추가

다음과 같이 추가(append) 기호 >>을 이용하면 명령어의 표준출력 내용을 모니터에 출력하는 대신에 기존 파일에 추가할 수 있다.

> $ 명령어 >> 파일
> 명령어의 표준출력을 모니터 대신에 파일에 추가한다.

예를 들어 다음 명령은 키보드로부터 받은 입력을 모두 파일 list1.txt에 추가한다.

```
$ cat >> list1.txt
Bye !
```

```
This is the end of the first list.
^D
```

이제 추가된 list1.txt 내용을 확인해보자.

```
$ cat list1.txt
Hi !
This is the first list.
Bye !
This is the end of the first list.
```

입력 재지정

입력 재지정(input redirection)을 이용하면 그림 2.12와 같이 명령어의 표준입력을 키보드에서 받는 대신에 파일에서 받을 수 있다. 다음과 같이 입력 재지정 기호 < 을 이용하면 키보드 대신에 파일에서 표준입력을 받아 명령어를 실행한다.

$ 명령어 < 파일 명령어의 표준입력을 키보드 대신에 파일에서 받는다.

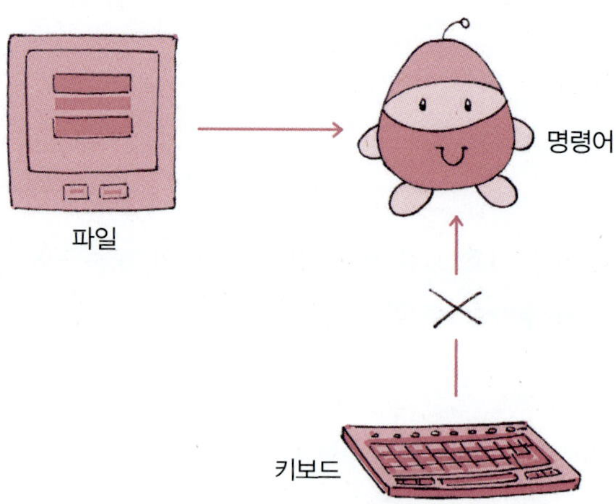

그림 2.12 입력 재지정

예를 들어 다음 명령에서 wc는 list1.txt 파일로부터 표준입력을 받아 그 내용을 카운트

해서 출력한다.

```
$ wc < list1.txt
4    17    71 list1.txt
```

원래 wc 명령어가 다음과 같이 표준입력으로부터 입력을 받을 수 있으며 위 명령은 표준입력 대신에 파일 list1.txt로부터 입력을 받았다는 점을 유의하자.

```
$ wc
...
^D
```

명령어를 실행할 때 입력을 문서(보통 스크립트) 내에서 받을 수 있는데 이러한 기능을 문서 내 입력(here document)이라고 한다. 다음과 같이 문서 내 입력 기호 <<을 사용하면 이 명령어는 << 기호 다음의 단어가 다시 나타날 때까지의 내용을 입력으로 받는다.

```
$ 명령어 << 단어
   . . .
단어
```

명령어의 표준입력을 키보드 대신에 단어와 단어 사이의 입력 내용으로 받는다.

예를 들어 다음과 같이 사용하면 end가 나타날 때까지의 입력 내용이 wc의 입력이 된다.

```
$ wc << end
hello !
word count
end
2  4  20
```

| 핵심 개념 |

출력 재지정은 표준출력 내용을 파일에 저장하고 입력 재지정은 표준입력을 파일에서 받는다.

파이프

예를 들어 현재 디렉터리 내의 파일 이름들을 sort -r 명령어를 사용해서 내림차순으로 정렬해서 보여주려고 한다. 앞에서 배운 입출력 재지정 기능을 이용하면 다음과 같이 하면 될 것이다.

```
$ ls > ls.txt
$ sort -r < ls.txt
```

그러나 재지정을 이용한 이 방법은 꽤 번거롭다. 이 문제는 파이프를 이용하면 간단하게 해결할 수 있다.

파이프를 이용하면 그림 2.13과 같이 한 명령어의 표준출력을 다른 명령어의 표준입력으로 바로 받을 수 있다. 다음과 같이 파이프 기호 | 를 사용하면 명령어1의 표준출력은 바로 명령어2의 표준입력이 된다.

> $ 명령어1 | 명령어2
> 명령어1의 표준출력이 파이프를 통해 명령어2의 표준입력이 된다.

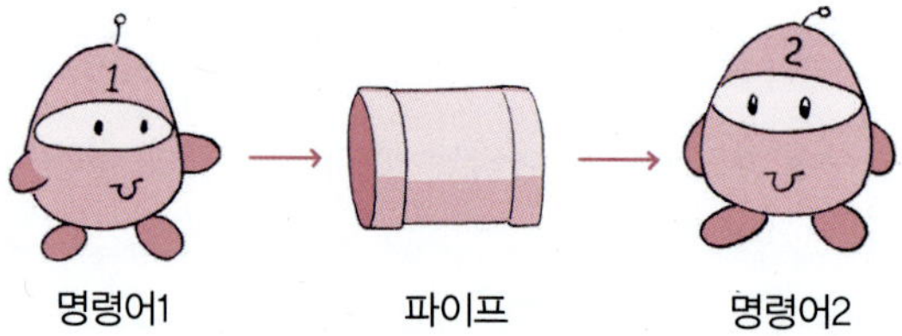

그림 2.13 파이프

예를 들어 다음과 같은 명령을 수행하면 현재 디렉터리 내의 파일 이름들을 내림차순으로 정렬해서 출력할 수 있다.

```
$ ls | sort -r
ls.txt
list3.txt
list2.txt
list1.txt
cs1.txt
```

또한 다음과 같이 파이프와 wc를 이용하면 로그인된 사용자 수를 출력할 수 있다.

```
$ ls | wc -l
5
```

입출력 재지정 관련 명령어는 표 2.6과 같이 요약 정리할 수 있다.

표 2.6 입출력 재지정 관련 명령어

명령어	의미
명령어 > 파일	표준 출력을 파일로 재지정
명령어 >> 파일	표준 출력을 파일에 추가
명령어 < 파일	표준 입력을 파일로 재지정
명령어1 | 명령어2	명령어1의 표준출력이 파이프를 통해 명령어2의 표준입력이 됨
cat 파일1 파일2 > 파일3	파일1과 파일2를 연결하여 파일3 만듬

2.6 텍스트 편집기

유닉스의 가장 대표적인 텍스트 편집기는 vi 에디터이다. 그러나 vi 에디터는 텍스트 기반 에디터로 배우는데 상당한 시간이 소요된다. 따라서 이 책에서는 대부분의 리눅스 시스템에서 지원되고 쉽게 사용할 수 있는 GUI 기반 텍스트 편집기 gedit를 소개한다.

텍스트 편집기

텍스트 편집기 gedit은 GNOME 데스크톱 환경, MS 윈도우, 맥 OS X 용으로 개발된 문서 편집기로 자유 소프트웨어이며 GNOME 환경에서 기본으로 제공된다. 이 편집기는 일반적인 텍스트뿐만 아니라 프로그램 코드, 마크업 언어와 같은 구조화된 텍스트 문서를 편집하는 용도에도 적합하다. GNOME의 철학에 따라 깔끔하고 단순한 GUI가 특징이며 직관적으로 사용할 수 있다.

텍스트 편집기를 실행시키는 방법은 크게 4가지가 있다.

- [프로그램 표시] 메뉴에서 텍스트 편집기를 선택하여 실행한다.
- [현재 활동]의 검색 바에서 텍스트 편집기를 검색하여 실행한다.
- 터미널에서 다음과 같이 명령어를 입력하여 실행한다(파일 이름은 옵션).
  $ gedit [파일 이름]
- 파일 관리자에서 텍스트 파일을 클릭하면 자동으로 실행된다.

gedit 텍스트 편집기 시작화면은 그림 2.14와 같다.

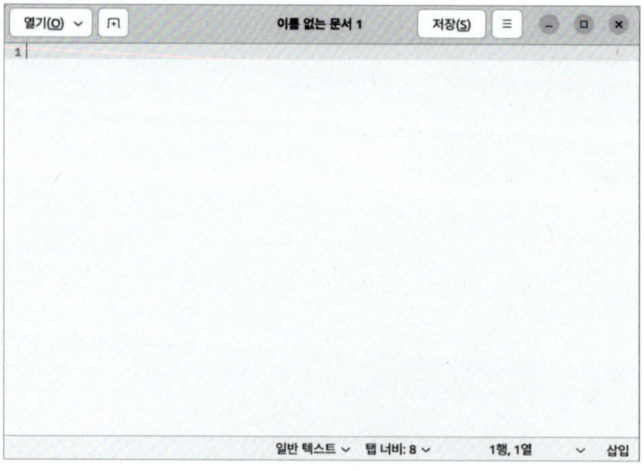

그림 2.14 gedit 텍스트 편집기 시작화면

텍스트 편집기를 사용하여 새로운 파일을 만들거나 기존 파일을 열 수 있으며 편집한 내용을 파일에 저장하거나 인쇄할 수 있다. 기존 파일을 열기 위해서는 텍스트 편집기를 실행하고 파일 열기를 사용하여 그림 2.15와 같이 원하는 파일을 선택하여 열 수 있다.

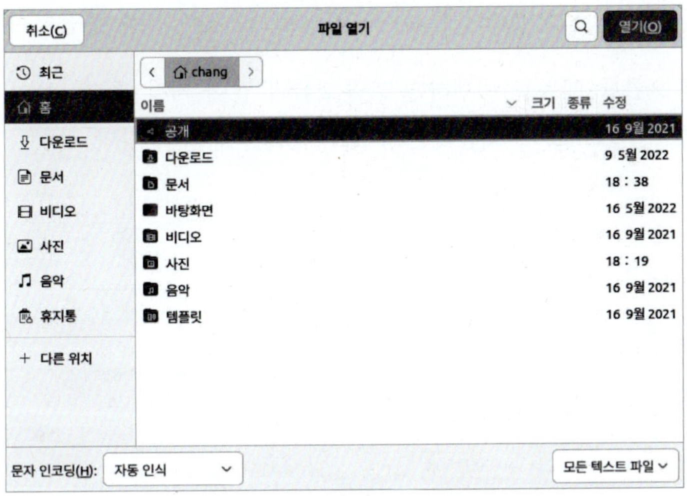

그림 2.15 텍스트 편집기 파일 열기

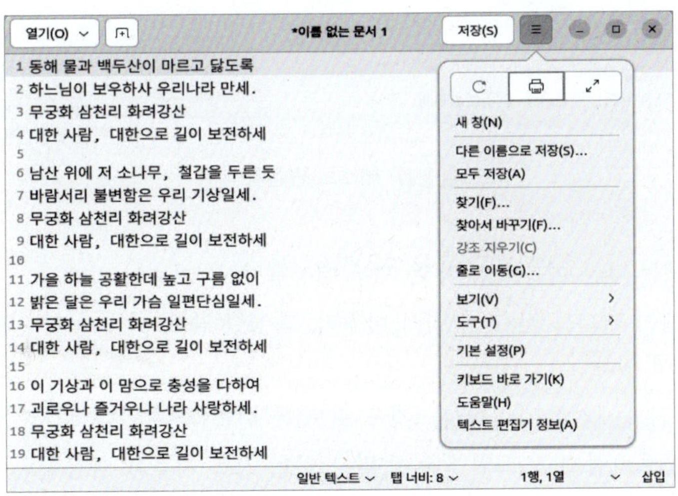

그림 2.16 새로운 파일 만들기

새로운 파일을 만들려면 텍스트 편집기를 실행하고 바로 텍스트를 입력하고 이를 저장함으로써 만들 수 있다. 예를 들어 새로운 파일에 애국가 가사를 입력하면 그림 2.16과 같다. 편집을 위해 모두 선택(Ctrl-A), 복사(Ctrl-C), 잘라내기(Ctrl-X), 붙여넣기Ctrl-V), 실행 취소(Ctrl-Z) 등의 단축키를 사용할 수 있다. 또한 멀티탭 기능(상단 두 번째 아이콘)을 사용하여 여러 개의 파일을 분리하여 편집하는 것도 가능하다. 뿐만 아니라 이 편집기는 파일 관리자와의 사이에서 드래그 앤 드롭이 가능하다. 즉 파일 관리자에서 파일을 선택하여 이 편집기로 드래그 앤 드롭을 하면 자동적으로 탭이 열려 편집할 수 있다.

텍스트 편집기 오른쪽 메뉴를 선택하면 그림 2.17과 같이 저장, 찾기, 보기, 도구 등의 서브메뉴가 있다. 각 서브메뉴가 제공하는 주요 기능들은 다음과 같다.

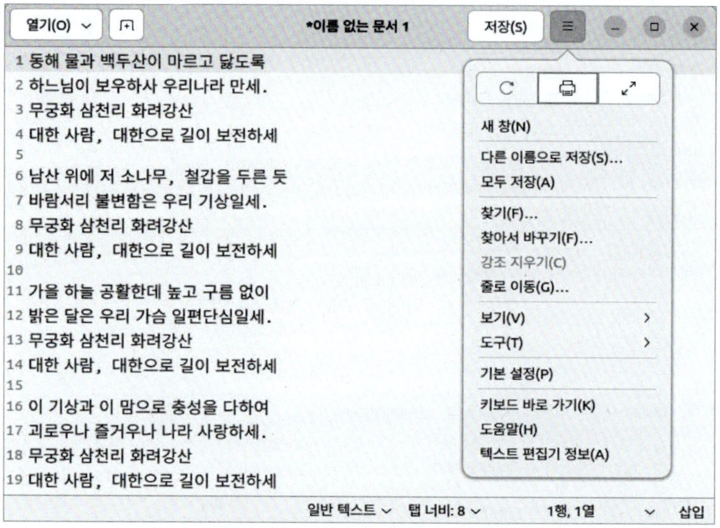

그림 2.17 텍스트 편집기 메뉴

- [저장] 메뉴에는 다른 이름으로 저장, 모두 저장을 위한 기능이 있다.
- [찾기] 메뉴에는 텍스트 찾기, 찾아서 바꾸기, 특정한 줄로 이동 등의 일반적인 검색 기능이 포함되어 있다.
- [보기] 메뉴에서는 [가장자리 창]과 [강조 모드]를 선택할 수 있다. [강조 모드]를 선택하여 다양한 프로그램 및 마크업 언어에 맞춘 구문 강조 기능을 사용할 수 있다. 또한 이 구문 강조 모드는 하단 패널에서 텍스트의 종류를 선택함으로써 설정할 수도 있다
- [도구] 메뉴에는 맞춤법 검사, 오타가 있는 단어 강조, 언어 설정, 문서 통계 등의 기능이 있는데 문서 통계는 문서의 줄, 단어, 글자 수 등을 보여준다.
- [기본 설정] 메뉴에서는 보기, 편집기, 글꼴 및 색 등과 관련된 설정을 할 수 있다.

| 핵심 개념 |

- 유닉스의 디렉터리는 루트로부터 시작하여 계층구조를 이룬다.
- 절대 경로명은 루트 디렉터리부터 시작하고 상대 경로명은 현재 디렉터리부터 시작한다.
- 링크는 기존의 파일에 대한 또 하나의 새로운 이름으로 하드 링크와 심볼릭(소프트) 링크가 있다.
- 파일의 접근권한은 소유자, 그룹, 기타로 구분하여 관리한다.
- 출력 재지정은 표준출력 내용을 파일에 저장하고 입력 재지정은 표준입력을 파일에서 받는다.

| 실습 문제 |

2.1 디렉터리 명령어 실습

(1) 실습 디렉터리 만들기

```
$ cd
$ pwd
$ mkdir linux
```

(2) 실습 디렉터리로 이동하여 경로 확인하기

```
$ cd linux
$ pwd
$ ls -asl
```

(3) 파일을 만들고 확인하기

```
$ gedit 혹은 cat   // 테스트 파일 만들기
$ ls -l
```

(4) 부모 디렉터리로 이동하면서 경로 확인하기

```
$ cd ..
$ ls
$ cd ..
$ ls
```

2.2 파일 명령어 실습

(1) /etc/services 파일을 살펴보자.

```
$ ls -sl /etc/services
```

(2) 이 파일의 내용을 다음과 같이 출력하고 그 차이점을 설명한다.

```
$ cat /etc/services
$ more /etc/services
$ head /etc/services
$ tail /etc/services
```

(3) 이 파일의 단어를 세서 출력한다.

```
$ wc /etc/services
```

2.3 파일 복사/이동/삭제 명령어 실습

(1) 새로운 디렉터리 temp1을 만들어 그곳에 /etc/services 파일을 복사한다. 디렉터리를 리스트해서 복사된 파일을 확인한다.

(2) temp1 디렉터리를 temp2 디렉터리에 복사한 후 이를 확인한다.

```
$ cp temp1 temp2   // 오류
$ cp -r temp1 temp2
$ ls -sl
```

(3) temp1 디렉터리 내의 모든 파일을 삭제한 후 이 디렉터리를 삭제한다.

```
$ rmdir temp1   // 오류
...  // temp1 디렉터리 내의 모든 파일을 삭제

$ rmdir temp1
$ ls -sl
```

(4) temp2 디렉터리를 단번에 삭제한 후 이를 확인한다.

```
$ rm -r temp2
$ ls –sl
```

2.4 링크 명령어 실습

(1) test.txt 파일을 만든다.

```
$ touch test.txt
```

(2) 이 파일에 대해서 하드 링크와 실볼릭 링크를 만든다.

```
$ ln test.txt hlink.txt
$ ln –s test.txt slink.txt
```

(3) 이 파일을 복사하여 새로운 파일을 만든다.

```
$ cp test.txt copy.txt
```

(4) 이들을 상세 리스트하여 비교한다.

```
$ ls -sl *.txt
```

2.5 파일 속성 실습

(1) ls -sl 명령어를 사용하고 그 출력 결과를 설명하시오.

(2) 여러 종류의 파일에 대해서 file 명령어 사용하고 그 출력 결과를 설명하시오.

(3) test.txt 파일을 만들어 다음과 같이 chmod 명령어를 사용하여 파일 접근권한을 변경하고 그 결과를 설명하시오.

```
$ ls -l
$ chmod go+w test.txt
$ ls -l
$ chmod 644 test.txt
$ ls -l
$ chmod 666 test.txt
$ ls -l
$ chmod 400 test.txt
$ ls -l
```

| 연습 문제 |

2.1 다음 괄호 안에 알맞은 말을 넣으시오.

> 리눅스의 디렉터리는 (　　　)로부터 시작하여 (　　　)형태의 (　　　)를 이룬다.

2.2 다음 괄호 안에 알맞은 말을 넣으시오.

> 절대 경로명은 (　　　)부터 시작하고 상대 경로명은 (　　　)부터 시작한다.

2.3 다음 기호가 나타내는 디렉터리는 무엇인가?

~ :

. :

.. :

2.4 다음 중 디렉터리 관련 명령어가 아닌 것은?

① pwd　② mkdir　③ rmdir

④ cd　⑤ more

2.5 현재 작업 디렉터리를 출력하려고 한다. 어떤 명령어를 사용하여야 하는가?

① pwd　② mkdir　③ rmdir

④ cd　⑤ more

2.6 다음은 ls 명령어의 옵션이다. 각 옵션의 기능을 설명하시오.

옵션	기능
-a	
-s	
-l	
-F	
-R	

2.7 다음 명령어의 옵션에 대해서 설명하시오.

(1) cat -n

(2) mkdir -p

(3) wc -l

(4) ls -R

2.8 다음과 같이 디렉터리 삭제를 시도했을 때 오류메시지가 나오는 이유는 무엇인가? 이 디렉터리를 삭제하기 위해서는 어떻게 해야 하는가?

```
$ rmdir test
rmdir: failed to remove 'test': Directory not empty
```

2.9 ls -F 명령어를 사용하면 파일명 뒤에 *, /, @ 기호로 파일의 종류를 표시해 준다. 각각이 나타내는 파일의 종류는 무엇인가?

2.10 다음 ls 명령의 출력의 각 부분에 대해서 설명하시오.

```
$ ls -sl cs1.txt
4 - rw-rw-r--  1    chang    chang    2088  4월 16 13:37  cs1.txt
```

2.11 다음 중 리눅스의 파일 종류가 아닌 것은?

① 일반 파일 ② 디렉터리 ③ 소켓

④ FIFO 파일 ⑤ 가상 파일

2.12 다음 중 파일 속성이 아닌 것은?

① 파일 크기 ② 소유자 ③ 접근권한

④ 파일 위치 ⑤ 수정 시간

2.13 다음 중 파일의 최종 수정시간을 현재시간으로 변경하는 명령어는 무엇인가?

① chmod ② touch ③ chown

④ cd ⑤ date

2.14 다음 괄호 안에 알맞은 말을 넣으시오.

> 리눅스에서는 파일의 보안을 위해 파일의 (   ), (   ), (   )로 구분하여 파일의 접근권한을 관리한다.

2.15 다음 접근권한에서 소유자, 그룹, 기타 사용자가 할 수 있는 권한을 설명하시오.

접근권한	소유자	그룹	기타 사용자
rw-rw-r--			
rwxr-xr-x			
rw-r--r--			
rw-r-----			

2.16 다음 접근권한을 8진수로 표현하시오.

① rw-rw-r-- ② rwxr-xr-x

③ rw-r--r-- ④ rw-r-----

2.17 이들 파일을 중심으로 하드 링크와 심볼릭 링크, 그리고 복사 파일의 차이점에 대해서 설명하시오.

2.18 다음은 파일 종류를 설명한 표이다. 빈칸을 채우시오.

파일 종류	표시	설명
일반 파일		데이터를 갖고 있는 텍스트 파일 또는 이진 파일
디렉터리 파일	d	
문자 장치 파일		문자 단위로 데이터를 전송하는 장치를 나타내는 파일
블록 장치 파일	b	
FIFO 파일		프로세스 간 통신에 사용되는 이름 있는 파이프
소켓	s	
심볼릭 링크		다른 파일을 가리키는 포인터와 같은 역할을 하는 파일

2.19 다음은 일반 파일에 대한 접근권한을 설명한 것이다. 디렉터리에 대한 접근권한을 설명하시오.

권한	일반 파일	디렉터리
r	파일에 대한 읽기 권한	
w	파일에 대한 쓰기 권한	
w	파일에 대한 실행 권한	

CHAPTER 03

C 프로그래밍 환경

contents

03 C 프로그래밍 환경

리눅스를 포함한 대부분의 유닉스 계열 운영체제의 유틸리티와 상용 프로그램들은 C 언어로 작성되어 있으며 유닉스 자체가 C 언어로 작성되어 있다. 이렇게 유닉스 시스템은 C 언어와 매우 밀접하게 연관되어 있으며 유닉스 시스템을 깊이 있게 이해하기 위해서는 반드시 C 언어를 알아야 한다. 이 장에서는 유닉스나 리눅스 상에서 C 프로그래밍 하는데 필요한 기본적인 도구들에 대해서 살펴본다.

3.1 C 언어 요약

C 프로그램 구성

C 프로그램은 여러 개의 .c 파일로 구성된다. 하나의 .c 파일은 다음과 같이 `#include` 지시문, `#define` 지시문, 전역 변수 선언, 함수 정의로 구성된다. `#include` 지시문은 헤더 파일을 소스 파일에 추가하고 `#define` 지시문은 상수를 정의한다. 그리고 전역 변수들을 선언할 수 있고 함수들을 정의할 수 있다.

```
#include ...

#define ...

전역 변수 선언

함수 정의
```

예를 들어 프로그램 3.1의 C 프로그램을 살펴보자. 이 프로그램은 팩토리얼을 계산하는 `fact` 함수와 이를 호출하는 `main` 함수로 구성된다.

▸▸ 프로그램 3.1 fact.c

```c
#include <stdio.h>
int fact(int n);        // 함수 선언

int global = 10;        // 전역 변수 선언

int main() {
   int a = 4, b;        // 지역 변수 선언
   b = fact(a);
   printf("b=%d", b);
   global = global + b;
}

int fact(int n) {       // 함수 정의
   int result = 1;
   for (int i = 1; i <= n; i++)
      result = result * i;
   return result;
}
```

함수 외부에서 **전역 변수**(global variable)를 선언할 수 있으며 전역 변수는 프로그램 내에 어디서나 사용될 수 있다. 이 예제에서는 global이라는 이름의 전역 변수를 선언하고 10으로 초기화하였다.

함수

하나의 C 프로그램은 여러 개의 함수들로 구성된다. 함수 정의, 함수 호출, 리턴에 대해서 살펴보자.

● 함수 정의

함수를 정의하는 일반적인 형식은 다음과 같다. 함수 헤더는 리턴타입, 함수명 그리고 매개변수 선언 순으로 작성하고 함수의 본체 부분을 작성한다.

```
리턴타입 함수명(매개변수 선언) {
    함수 본체
}
```

예를 들어 다음과 같이 fact 함수를 정의할 수 있으며 이 함수의 매개변수는 n이고 리턴 타입은 int이다.

```
int fact(int n)
{
   int result  = 1;
   ...
}
```

함수 내부에서 result와 같은 지역 변수를 선언할 수 있으며 **지역 변수**(local variable)는 선언된 함수 내에서만 사용될 수 있다.

● 함수 호출

함수를 호출하면 인수(argument)의 값을 매개변수(parameter)에 전달하는데 이를 매개변수 전달이라고 한다. C 언어에서는 인수의 값을 전달하는 값전달(pass by value) 방법을 사용한다. 따라서 다음 함수 호출에서는 인수 a의 값 4가 매개변수 x에 전달된다.

```
fact(a);
```

● 함수 리턴

함수가 호출된 후에 return 문을 사용하여 호출자 함수로 리턴할 수 있다. return 문의 일반적인 형식은 다음과 같으며 이 문장은 수식의 값을 호출자 함수에 리턴한다. 이 문장의 리턴값은 리턴타입(return type)과 일치해야 한다.

```
return 수식;
```

예를 들어 fact 함수는 매개변수로 받은 값의 팩토리얼 값을 계산하여 그 값을 리턴한다.

배열

배열은 같은 자료형을 가지는 일련의 변수들을 하나로 묶은 것으로 메모리에 연속적으로 저장된다. 배열은 다음과 같이 선언한다.

> 자료형 배열명[N];
> **크기가 N인 일차원 배열을 선언한다.**

예를 들어 다음 선언에서 a는 배열명으로 실제로는 배열의 시작주소를 나타내는 상수이다. 크기 5는 배열의 원소가 5개라는 것을 의미한다.

```
int a[5];
```

배열의 원소는 인덱스를 이용하여 접근할 수 있다. C 배열의 인덱스는 항상 0부터 시작한다. 따라서 그림 3.1과 같이 배열 a의 인덱스는 0부터 4까지이다.

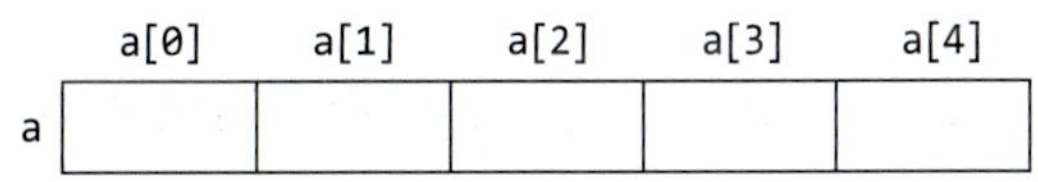

그림 3.1 크기가 5인 배열

배열 원소를 차례로 처리할 경우에는 for 문이 제격이다. 예를 들어 크기 N인 배열 a의 원소를 다음과 같이 차례로 접근하여 더할 수 있다.

```
int a[N], sum = 0;
for(int i= 0; i< N; ++i) {
   sum = sum + a[i];
}
```

예를 들어 배열을 사용하는 프로그램 3.2를 살펴보자. 이 프로그램에서는 배열의 원소의 값을 짝수들로 초기화한 후에 그 값들을 더하여 출력한다.

▸▸ 프로그램 3.2 array.c

```
#include <stdio.h>
#define N 5

int main()
{
   int sum = 0;
   int a[N];

   for(int i=0; i < N; i++)
      a[i] = i*2;

   for(int i=0; i < N; i++)
        sum += a[i];

   printf("배열 a[]의 합=%d\n", sum);
}
```

또한 다음과 같이 배열을 선언할 때 초기화할 수도 있다. 배열을 초기화할 때는 배열 크기는 생략할 수 있으며 이 경우에 배열 크기는 초기화 리스트에 의해 결정된다.

```
int a[]={0,2,4,6,8};
```

이차원 배열

이차원 배열은 배열의 원소가 일차원 배열인 배열이다. 다음과 같이 이차원 배열을 선언할 수 있다. N은 행의 크기를 나타내고 M은 열의 크기를 나타낸다.

자료형 배열명[N][M]; 크기가 N × M인 이차원 배열을 선언한다.

예를 들어 다음과 같이 이차원 배열을 선언할 수 있다. 이 배열은 그림 3.2와 같이 int x[3]짜리 일차원 배열 2개로 이루어진 배열이다.

```
int  x[2][3];
```

x는 이차원 배열의 시작주소이고 x[0]은 첫 번째 x[3]짜리 일차원 배열의 시작 주소이고 x[1]은 두 번째 x[3]짜리 일차원 배열의 시작 주소이다.

또한 이차원 배열을 선언할 때 다음과 같이 초기화하면 그림 3.2와 같이 초기화된다.

```
int y[2][3] = {{1,3,5}, {2,4,6}};
```

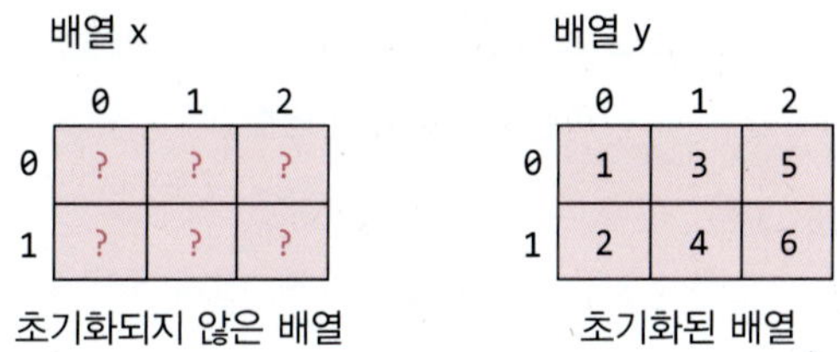

그림 3.2 이차원 배열

이차원 배열의 원소를 차례로 처리할 경우에는 중첩 for 문이 제격이다. 예를 들어 크기 N × M인 이차원 배열 a의 원소를 다음과 같이 첫 번째 행부터 차례로 접근하여 더할 수 있다.

```
int a[N][M], sum = 0;
for(int i=0; i < N; i++) {
   for(int j=0; j <  M; j++) {
      sum = sum + a[i][j];
   }
   ...
}
```

포인터와 포인터 변수

포인터란 메모리 공간의 주소이다. 따라서 포인터 상수는 메모리 주소 값이다. 포인터 변수는 주소 값(포인터)을 저장할 수 있는 변수로 다른 메모리 공간을 가리킨다.

| 핵심 개념 |

포인터 변수는 주소 값(포인터)을 저장할 수 있는 변수로 다른 메모리 공간을 가리킨다.

다음과 같이 선언하면 p는 정수형 변수를 가리키는 포인터 변수로 선언되고 변수 a의 주소 값으로 초기화된다. &는 번지(address-of) 연산자로 변수의 주소를 나타낸다.

```
int a=10;
int *p = &a;
```

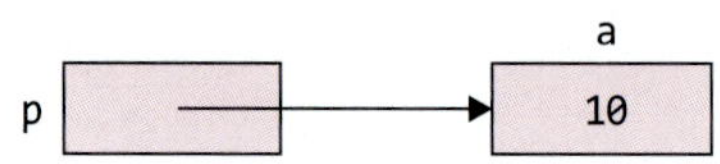

그림 3.3 포인터 변수

포인터를 테스트하는 프로그램 3.3을 살펴보자. 가장 먼저 a의 주소와 a의 값을 출력해보자. p는 주소를 저장하는 포인터 변수이다. 따라서 p의 값을 출력하면 주소 값 정확히는 a의 주소를 출력한다. *p는 포인터 p가 가리키는 곳을 따라가 데이터가 저장된 공간을 참조하는 것으로 이를 **주소참조**(dereferencing)라고 한다. 이 예에서 *p는 변수 a를 주소참조하므로 *p의 값을 출력하면 변수 a의 값이 출력된다.

또한 다음 문장은 *p가 a를 주소참조하므로 결과적으로 a의 값을 10 증가시킨다.

```
*p = *p + 10;
```

a 또는 *p의 값을 출력하여 이를 확인할 수 있다. 또한 변수 a의 값을 30으로 변경한 후에 a 또는 *p의 값을 출력하여 변경된 값을 확인할 수 있다.

▸▸ 프로그램 3.3 pointer.c

```
#include <stdio.h>
int main()
{
   int a = 10;
   int *p = &a;
   printf("%lu : %d\n", &a, a);
   printf("%lu : %d\n", p, *p);
   *p = *p + 10;   // a = a + 10과 동일한 효과
   printf("%lu : %d\n", &a, a);
   printf("%lu : %d\n", p, *p);
```

```
    a = 30; // *p = 30과 동일
    printf("%lu : %d\n", &a, a);
    printf("%lu : %d\n", p, *p);
}
```

실행결과

```
16054516 : 10
16054516 : 10
16054516 : 20
16054516 : 20
16054516 : 30
16054516 : 30
```

포인터 변수도 일종의 변수이므로 함수의 매개변수로도 사용될 수 있다. 두 변수의 값을 상호 교환하는 swap 함수는 포인터 변수 px와 py를 매개변수로 선언하였다.

```
void swap(int *px; int *py)
{
   int t;
   t = *px;
   *px= *py;
   *py= t;
}
```

이 함수를 호출할 때는 포인터(주소)를 인수로 전달해야 한다. 예를 들어 다음과 같이 변수 a와 b의 주소(포인터)를 인수로 전달하면 이 함수는 포인터 매개변수 px와 py를 통해 전달받은 포인터를 주소참조하여 해당 변수 a, b의 값을 상호교환 한다. 함수 호출 후에 변수 a, b의 값을 출력하여 이를 확인할 수 있다.

```
int a = 10, b = 20;
swap(&a, &b);
printf("%d %d", a, b);
```

배열과 포인터

배열 이름은 실제로는 배열의 시작주소를 나타내는 상수 즉 포인터 상수이다. 따라서 포인터 변수에 배열 이름을 대입할 수 있다. 이 경우에 포인터 변수는 배열의 시작을 가리키게 된다.

| 핵심 개념 |

배열 이름은 실제로는 배열의 시작주소를 나타내는 상수 즉 포인터 상수이다.

예를 들어 프로그램 3.4와 같이 포인터 변수 p에 배열 이름 a를 대입하면 포인터 변수 p는 그림 3.4와 같이 배열 a의 시작부분을 가리킨다. 따라서 *p는 배열 a의 첫 번째 원소를 나타낸다. p+1은 p가 가리키는 배열 a에서 다음 원소의 주소를 나타낸다는 점을 유의하자. 따라서 *(p+1)은 p가 가리키는 배열 a에서 다음 원소를 접근하게 된다. p[1]는 *(p+1)에 대한 일종의 단축 표현으로 같은 원소를 접근한다. *(p+2)와 p[2]도 비슷하게 이해할 수 있다.

▸▸ 프로그램 3.4 arraypointer.c

```c
#include <stdio.h>
int main()
{
   int *p, a[4] = {10,20,30,40};

   printf("%d %d %d %d\n", a[0], a[1], a[2], a[3]);
   p=a;
   printf("%d %d %d %d %d\n", *p, *(p+1), p[1], *(p+2), p[2]);
}
```

실행결과

```
10 20 30 40
10 20 20 30 30
```

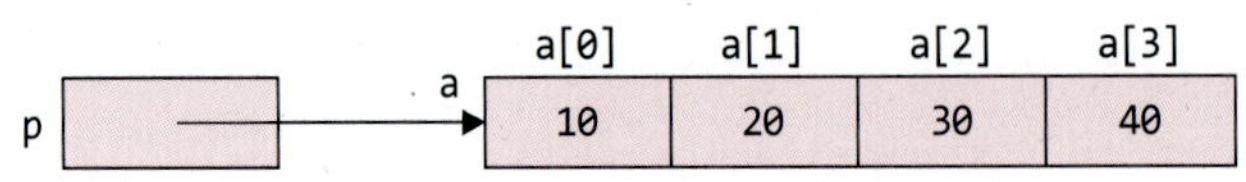

그림 3.4 배열과 포인터

문자열과 포인터

문자열은 문자형(char) 배열(array)이라고 할 수 있다. 앞서 살펴본 것처럼 포인터 변수가 배열을 가리킬 수 있다. 따라서 char 포인터 변수를 사용하여 문자열을 가리킬 수 있으며 일반적으로 다음과 같이 선언할 수 있다.

> char *변수명 [= "문자열"];
> char 포인터 변수는 문자열을 가리킨다.

문자열과 포인터를 사용하는 프로그램 3.5를 살펴보자. 이 프로그램에서 포인터 변수 p는 "Hello" 문자열을 가리키고, m은 문자 배열로 "world"로 초기화 되도록 선언하였다.(그림 3.5 참조). printf 함수의 문자열 포맷인 %s를 사용해서 p와 m의 문자열을 출력할 수 있다.

```
char *p = "Hello";
char m[]= "world";
```

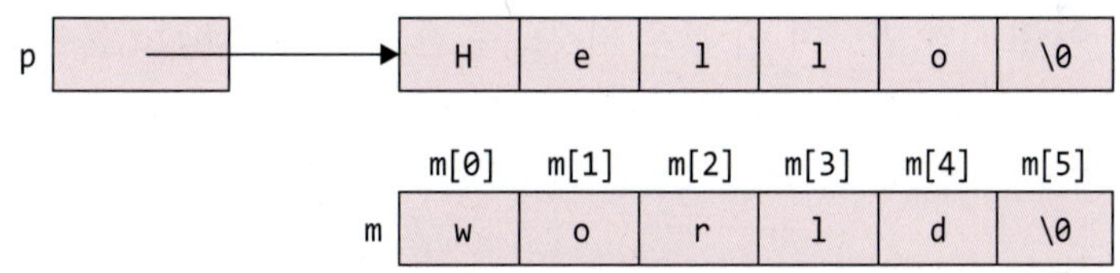

그림 3.5 포인터와 문자 배열

▸▸ 프로그램 3.5 string.c

```
#include <stdio.h>
int main()
{
    char *p = "Hello";
    char m[]= "world";

    printf("%s %s\n", p, m);
    p = m;
    printf("%s\n", p);
```

```
    while (*p)
        putchar(*p++);
}
```

다음으로 포인터 변수 p에 문자 배열 m을 대입하면 그림 3.6과 같이 p가 배열 m을 가리키게 된다. 따라서 포인터 변수 p를 사용하여 m의 문자열 "world"를 출력할 수 있다.

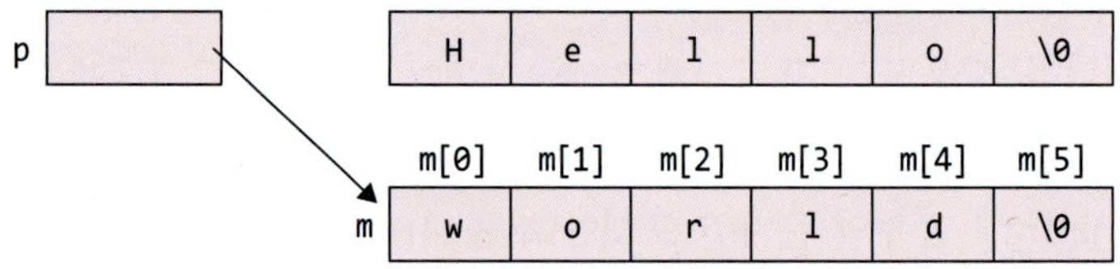

그림 3.6 p = m 수행 후 문자 배열에 대한 포인터

다음 while 문은 포인터 변수 p를 1씩 증가시키면서 문자 배열 m 내의 문자를 하나씩 접근하여 "world"를 출력한다. 문자열의 끝에는 문자열 끝표시('\0')가 있다. while 문에서 *p는 마지막으로 이 표시를 만나며 이 값은 거짓으로 간주되므로 while 문이 끝나게 된다.

여러 개의 문자열 저장

여러 개의 문자열들을 저장하는 방법을 생각해보자.

● 문자형의 이차원 배열

가장 간단한 방법으로 다음과 같이 문자형의 이차원 배열을 사용하고 문자열로 초기화한다(그림 3.7 참조).

```
char colors[3][10]= {"red", "blue", "white"};
```

● 포인터 배열

다음과 같이 배열의 각원소가 char 포인터인 포인터 배열 ptr을 사용한다. 이 포인터 배열 ptr의 각 원소는 문자열을 가리키는 포인터이다(그림 3.7 참조).

```
char *ptr[3] = {"red", "cian", "black"};
```

● 포인터의 포인터

포인터의 대상이 char 포인터인 포인터 변수를 사용할 수 있다. char 포인터의 포인터 변수 p는 포인터 배열 ptr의 시작 주소를 대입하여 포인터 배열 ptr을 가리킬 수 있다(그림 3.7 참조).

```
char **p = ptr;
```

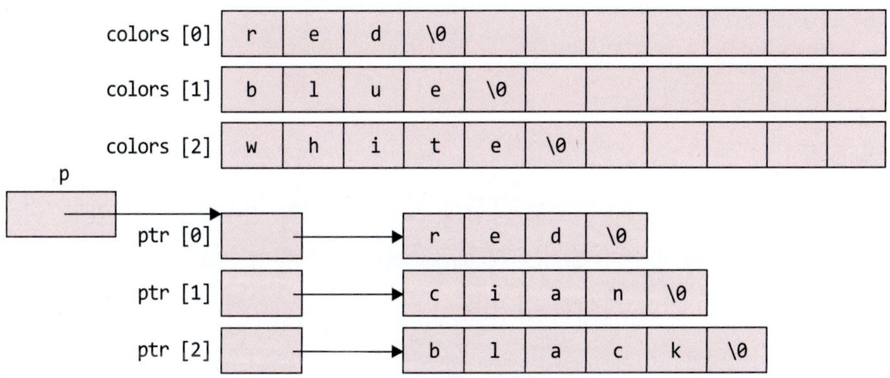

그림 3.7 이차원 배열과 포인터 배열

구조체

구조체를 이용하여 서로 다른 자료형의 변수들을 묶어서 하나의 새로운 자료형을 정의할 수 있다. 예를 들어, 학생들의 정보를 관리하는 프로그램을 생각해 보자. 이 프로그램에서는 각 학생에 대한 기록(record), 즉 자료들을 한 곳에 모아서 관리하면 편리할 것이다. 한 학생에 대한 기록은 이름, 학번, 학점, 나이, 전화번호, 전공 등이 될 수 있을 것이다. 이러한 서로 다른 종류의 데이터를 저장하기 위한 여러 자료형 변수들의 집합체를 구조체(struct)라고 한다. 구조체를 구성하는 변수들을 멤버 변수(member variable) 혹은 필드 변수(field variable)라고 한다.

일반적으로 다음과 같이 구조체를 정의할 수 있다. 새로운 구조체를 정의하면서 구조체 변수를 함께 선언할 수도 있고 이를 초기화할 수도 있다. 대괄호 []은 옵션을 나타낸다.

```
struct 구조체명 {
  자료형1 멤버변수1;
  자료형2 멤버변수2;
     ...
} [변수명 [= {초기값, ...}]];
```

또는 구조체 선언 후에 다음과 같이 구조체 변수를 별도로 선언할 수도 있다.

```
struct 구조체명 변수명 [= {초기값, ...}];
```

구조체 예제 1

프로그램 3.6에서는 struct my 구조체 타입의 변수 x는 전역 변수로 선언하였고, y는 지역 변수로 선언하였다. 구조체 변수를 선언할 때 각 멤버 변수를 초기화하였다. 이 후에 각 멤버 변수를 출력하여 그 값을 확인할 수 있다.

▸▸ 프로그램 3.6 struct.c

```c
#include <stdio.h>
struct my {
   int a;
   char b;
   float c;
} x = {1,'a',1.5};

int main()
{
   struct my y = {3,'c',3.5};
   printf("\n x.a=%d x.b=%d x.c=%3.1f", x.a, x.b, x.c);
   printf("\n y.a=%d y.b=%d y.c=%3.1f", y.a, y.b, y.c);
}
```

구조체 예제 2

프로그램 3.7에서는 student 구조체 타입의 배열 man[3]과 포인터 변수 p를 선언하였다. 이 프로그램에서는 이름과 나이를 입력받아서 man 배열을 초기화한 후에 다음과 같은 3가지 방법으로 이 구조체 배열을 접근한다. p = man을 대입하여 포인터 변수 p가 배열의 시작 부분을 가리키도록 한다. 또한 p++를 할 때마다 p가 가리키는 구조체 배열에서 다음 구조체를 가리키게 된다는 점을 유의하자.

(1) man[i].name, man[i].age

(2) (*p).name, (*p).age

(3) p->name, p->age

▸▸ 프로그램 3.7 student.c

```
#include <stdio.h>
struct student {
   char name[10];
   int age;
} man[3], *p;

void main() {
   int i;

   for (i=0; i<3; i++ ) {
      printf("이름: ");
      scanf("%s", man[i].name);
      printf("나이: ");
      scanf("%d", &man[i].age);
   }

  for (i=0; i<3; i++)
     printf("\n이름=%10s 나이=%3d", man[i].name, man[i].age);

  for (i=0; p=man; i<3; i++, p++)
     printf("\n이름=%10s 나이=%3d", (*p).name, (*p).age);

  for (i=0; p=man; i<3; i++, p++)
     printf("\n이름=%10s 나이=%3d", p->name, p->age);
}
```

3.2 C 컴파일러

리눅스에서는 C 컴파일러로 gcc(GNU cc) 컴파일러가 널리 사용되고 있다. gcc 컴파일러는 대부분의 리눅스 배포판에 포함되어 있으며 필요한 경우에 http://gcc.gnu.org에서 다운받아 설치할 수 있다. 이 절에서는 단일 모듈 프로그램과 다중 모듈 프로그램을 중심으로 컴파일하는 방법을 살펴본다.

프로그램 편집

프로그램도 일종의 텍스트 파일이다. 따라서 프로그램도 다른 텍스트처럼 텍스트 편집기를 사용하여 작성할 수 있다. 여기서는 C 프로그램을 작성하기 위해서 테스트 편집기 gedit를 사용한다. 개인적인 선호도에 따라 vi, emacs 등의 다른 편집기를 사용하는 것도 가능하다. gedit를 사용하여 C 프로그램을 편집할 때는 먼저 C 언어 강조모드를 선택하는 것이 좋다. 그림 3.8과 같이 하단에서 텍스트의 종류를 C로 선택하거나 [보기] 메뉴에서 C 언어 강조 모드를 선택할 수 있다. C 언어 강조모드를 사용하면 작성한 C 프로그램 코드를 키워드를 중심으로 색으로 강조한다.

그림 3.8 C 프로그램 편집

그림 3.9는 gedit의 C 구문 강조 기능을 설정하고 프로그램(프로그램 3.8)을 편집하는 화면이다. #include 같은 전처리 지시자는 황색, 주석은 파란색, int와 같은 자료형 이름은 초록색, if나 while 같은 문장 키워드는 브라운 색으로 강조하고 있다.

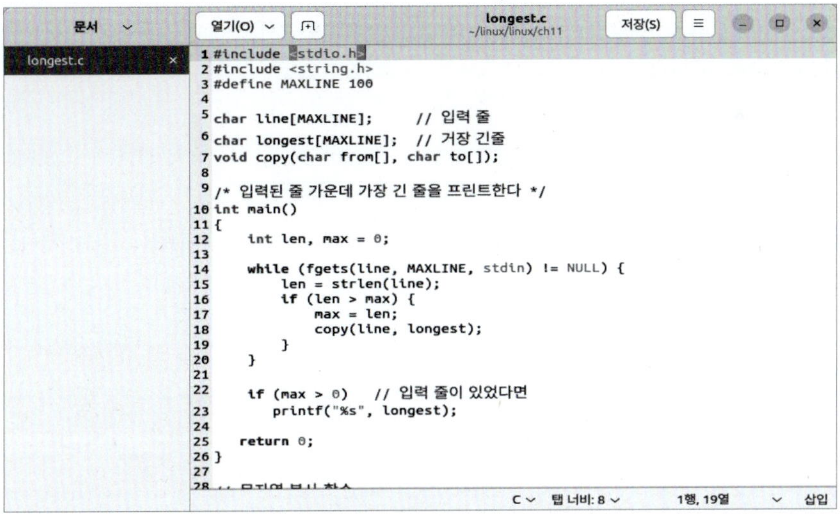

그림 3.9 C 프로그램 편집

단일 모듈 프로그램

단일 모듈 프로그램은 하나의 파일로 이루어진 C 프로그램으로 간단한 프로그램인 경우에 하나의 모듈(파일)로 작성할 수 있다. 예를 들어 프로그램 3.8은 입력을 받으면서 입력된 줄 중에서 가장 긴 줄을 longest[] 배열에 복사한다. 최종적으로 입력된 모든 줄 중에서 가장 긴 줄을 프린트한다.

▸▸ 프로그램 3.8 longest.c

```
#include <stdio.h>
#include <string.h>
#define MAXLINE 100

char line[MAXLINE];     // 입력 줄
char longest[MAXLINE]; // 가장 긴 줄
void copy(char from[], char to[]);
```

```
/* 입력된 줄 가운데 가장 긴 줄을 프린트한다. */
int main()
{
   int len, max = 0;

   while (fgets(line, MAXLINE, stdin) != NULL) {
      len = strlen(line);
      if (len > max) {
         max = len;
         copy(line, longest);
      }
   }

   if (max > 0)   // 입력 줄이 있었다면
     printf("%s", longest);

  return 0;
}

/* copy: from을 to에 복사; to가 충분히 크다고 가정*/
void copy(char from[], char to[])
{
  int i;

  i = 0;
  while ((to[i] = from[i]) != '\0')
     ++i;
}
```

단일 모듈 프로그램 컴파일

단일 모듈 프로그램을 컴파일하기 위한 C 컴파일러 사용법은 다음과 같다.

> $ gcc [-옵션] 파일
> C 프로그램을 컴파일한다. 옵션을 사용하지 않으면 실행 파일 a.out를 생성한다.

가장 간단한 사용법은 옵션을 사용하지 않고 컴파일하는 것이다. 예를 들어 longest.c를 컴파일하면 **실행 파일**(executable file)로서 a.out를 만든다. 실행 파일 a.out를 입력하여 프로그램을 실행할 수 있다.

```
$ gcc longest.c
$ a.out
```

다음과 같은 gcc 컴파일러의 옵션을 사용하여 목적 파일을 생성하거나 실행 파일의 이름을 지정할 수 있다.

- -c 옵션: 이 옵션을 사용하여 목적 파일을 만들 수 있다. 목적 파일(object file)은 컴파일은 되었지만 링크되지 않아 아직 실행될 수 없는 파일이다. 예를 들어 이 옵션을 사용하여 longest.c를 컴파일하면 목적 파일인 longest.o를 만들어 준다.

```
$ gcc -c longest.c
```

- -o 옵션: 이 옵션을 사용하여 실행 파일(executable file) 이름을 지정하여 만들 수 있다. 예를 들어, 다음과 같이 목적 파일로부터 지정한 이름의 실행 파일을 만들 수 있고

```
$ gcc -o longest longest.o
$ longest
```

원시 파일로부터 바로 실행 파일을 만들 수도 있다.

```
$ gcc -o longest longest.c
```

- -S 옵션: 이 옵션을 사용하여 어셈블리어 프로그램 longest.s 파일을 생성할 수 있다.

```
$ gcc -S longest.c
```

- -l 옵션: 이 옵션을 사용하여 특정 라이브러리를 링크할 수 있다. -lxxx는 (보통 /usr/lib 디렉토리에 있는) 라이브러리 libxxx.a를 링크하라는 의미이다. 예를 들어 test.c 프로그램이 수학 라이브러리(libm.a)를 사용한다면 다음과 같이 –lm 옵션을 이용하여 libm.a을 링크할 수 있다.

```
$ gcc -o test -lm test.c
```

다중 모듈 프로그램

단일 모듈 프로그램의 문제점은 코드의 재사용(reuse)이 어렵고, 여러 사람이 참여하는

프로그래밍이 어렵다는 것이다. 예를 들어 위 프로그램의 문제점은 다른 프로그램에서 copy 함수를 사용하기 힘들다는 점이다. 다른 프로그램에서 이 함수를 사용하고자 할 경우에는 이 부분을 자르고 원하는 프로그램에 붙여서 사용해야 할 것이다.

이러한 문제점을 해결하기 위해 그림 3.10과 같이 여러 개의 .c 파일들로 이루어진 다중 모듈 C 프로그램을 작성할 수 있다. 일반적으로 큰 프로그램인 경우에 다중 모듈 프로그램으로 작성한다.

그림 3.10 다중 모듈 프로그램

예를 들어 프로그램 3.8의 copy 함수를 공유하는 방법은 main 프로그램에서 해당 함수를 따로 분리하여 별도 파일로 작성한 후, 해당 파일을 컴파일한 후 원하는 프로그램에 링크하여 사용하는 것이다. 이러한 기법은 많은 다른 프로그램들이 이 함수를 재사용할 수 있게 한다. 재사용할 수 있는 함수를 준비하기 위해서는,

(1) 함수의 소스 코드를 포함하는 소스 코드 파일과
(2) 함수의 프로토타입을 포함하는 헤더 파일을 함께 작성해야 한다.

헤더 파일은 .h 확장자를 갖는다. 일반적으로 헤더 파일은 함수의 프로토타입 선언, 상수에 대한 정의, 전역 변수 선언 등을 포함할 수 있다. 예를 들어 copy.h에는 copy() 함수에 대한 프로토타입과 상수 MAXLINE이 정의되어 있다.

프로그램 3.9는 프로그램 3.8을 다중 모듈 프로그램으로 재작성한 것이다.

▸▸ 프로그램 3.9 main.c

```
#include <stdio.h>
#include <string.h>
#include "copy.h"
```

```
char line[MAXLINE];        // 입력 줄
char longest[MAXLINE];     // 가장 긴 줄

/* 입력 줄 가운데 가장 긴 줄을 프린트한다. */
int main()
{
   int len, max = 0;

   while (fgets(line, MAXLINE, stdin) != NULL) {
      len = strlen(line);
      if (len > max) {
         max = len;
         copy(line, longest);
      }
   }

   if (max > 0)   // 입력 줄이 있었다면
     printf("%s", longest);

  return 0;
}
```

```
copy.h
#define MAXLINE 100
void copy(char from[], char to[]);
```

```
copy.c
#include <stdio.h>
#include "copy.h"

/* copy: from을 to에 복사; to가 충분히 크다고 가정*/
void copy(char from[], char to[])
{
  int i;
```

```
    i = 0;
    while ((to[i] = from[i]) != '\0')
        ++i;
}
```

다중 모듈 프로그램 컴파일

다중 모듈 프로그램은 어떻게 컴파일해야 할까? 가장 기본적인 방법은 각 소스 파일을 각각 컴파일하고 그들을 링크하여 실행 파일을 만드는 것이다. 각 소스 코드 파일을 개별적으로 컴파일하기 위해서는 gcc의 -c 옵션을 사용하면 되는데 각 소스 코드 파일에 대해 .o 확장자를 갖는 목적 파일이 생성된다. 생성된 목적 파일들을 gcc의 -o 옵션을 이용하여 링크하여 실행 파일을 생성하면 된다.

```
$ gcc -c main.c
$ gcc -c copy.c
$ gcc -o main main.o copy.o
```

혹은 위의 과정을 다음과 같이 단번에 하고 실행할 수도 있다.

```
$ gcc -o main main.c copy.c
$ main
```

3.3 자동 빌드 도구

make 시스템

다중 모듈 프로그램을 컴파일하여 실행 파일을 만드는 작업을 보통 빌드라고 한다. 많은 파일로 구성된 다중 모듈 프로그램을 빌드하는 작업은 매우 번거롭다. 뿐만 아니라 일부 파일이 변경된 경우에는 변경된 파일만 컴파일하고, 파일들의 의존 관계(dependency)에 따라서 필요한 파일만 다시 컴파일하여 실행 파일을 만드는 것이 효과적이다.

예를 들어, copy.c 소스 코드를 수정한다면, 이 파일을 컴파일하여 목적 파일 copy.o를 생성하고 이 목적 파일을 사용한 다른 목적 파일과 다시 링크하여 실행파일을 생성해야 한다. 이러한 작업은 간단한 프로그램에 대해서는 쉽지만, 많은 소스 파일들로 구성된 대규모 프로그램의 경우에는 헤더, 소스 파일, 목적 파일, 실행 파일의 모든 관계를 기억하고 관리하는 것은 매우 힘든 작업이다. make 시스템을 이용하면 이러한 작업을 보다 효과적으로 할 수 있다.

make 시스템을 사용하여 실행 파일을 관리하기 위해서는 먼저 메이크파일을 만들어야 하는데 이 파일에 실행 파일을 만들기 위해 필요한 파일들과 그들 사이의 의존 관계, 만드는 방법 등을 기술한다. make 시스템은 메이크파일을 이용하여 파일의 상호 의존 관계를 파악하여 실행 파일을 쉽게 다시 만들 수 있다.

다음과 같이 make 시스템을 실행하면 메이크파일 내의 일련의 의존 규칙들에 근거하여 실행 파일을 최신 버전으로 개정한다. -f 옵션을 이용하여 make 시스템의 대상(입력)이 되는 메이크파일 이름을 명시할 수 있으며 별도로 명시하지 않으면 Makefile 혹은 makefile을 사용한다.

> $ make [-f 메이크파일]
> make 시스템은 메이크파일(makefile 혹은 Makefile)을 이용하여 보통 실행 파일을 빌드한다. 옵션을 사용하여 별도의 메이크파일을 지정할 수 있다.

메이크파일

메이크파일은 실행 파일을 만들기 위해서 사용되는 파일들 사이에 상호 의존 관계 및 실행 파일을 만드는 방법 등을 기술한다. 이 파일은 어떠한 이름이라도 가질 수 있지만 보통

Makefile 혹은 makefile이라는 이름으로 만든다. 메이크파일의 일반적인 구성 형식은 다음과 같다.

```
목표(target): 의존리스트(dependencies)
              명령리스트(commands)
```

목표는 생성하고자 하는 목표 파일(일반적으로 목적 파일 혹은 실행 파일)들이고, 의존리스트는 목표 파일들을 생성하기 위해 필요한 파일들이며, 명령리스트는 목표 파일을 생성하기 위한 명령들이다. 명령 리스트 줄은 탭(tab) 문자에 의해서 시작되어야 한다.

예를 들어, 다음 Makefile은 실행파일 main을 만들기 위해서는 main.o와 copy.o가 필요하며 만드는 방법은 gcc -o main main.o copy.o 명령이라는 점을 나타내고 있다. 또한 main.o을 만들기 위해서는 main.c와 copy.h가 필요하며 만드는 방법은 gcc -c main.c 명령이며 copy.o을 만들기 위해서는 copy.c가 필요하며 만드는 방법은 gcc -c copy.c 명령이라는 점을 나타내고 있다.

Makefile

```
main: main.o  copy.o
	gcc -o main main.o copy.o
main.o: main.c copy.h
	gcc -c main.c
copy.o: copy.c
	gcc -c copy.c
```

예제 Makefile의 파일 의존 관계를 그래프로 그리면 그림 3.11과 같다. 실행파일 main를 생성하기 위해서는 main.o와 copy.o가 필요하며 main.o를 생성하기 위해서는 main.c와 copy.h가 필요하다. 또한 copy.o를 생성하기 위해서는 copy.c가 필요하다.

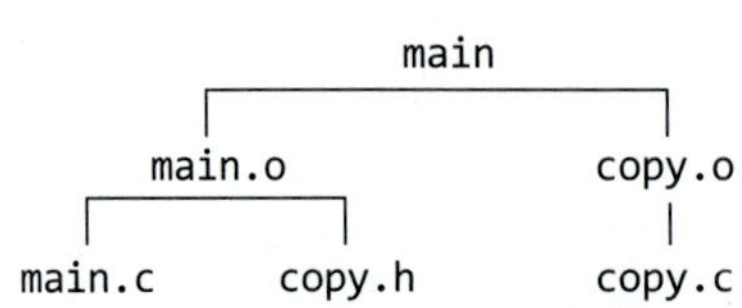

그림 3.11 파일 의존 그래프

이제 다음과 같이 make 시스템을 실행시키면 Makefile를 이용하여 실행파일 main를 생성하게 되는데 Makefile에 기술된 의존 관계에 따라 먼저 main.o와 copy.o를 생성한 후에 실행파일 main를 최종적으로 생성한다.

```
$ make   혹은  $ make main
gcc -c main.c
gcc -c copy.c
gcc -o main main.o copy.o
```

만일 copy.c 파일이 변경된 후에 다시 make 시스템을 실행시키면 make 시스템은 파일 사이의 의존 관계를 파악하여 이번에는 copy.o만을 새로 생성하고 이를 이용하여 실행 파일 main을 다시 생성한다.

```
$ make
gcc -c copy.c
gcc -o main main.o copy.o
```

3.4 gdb 디버거

유닉스/리눅스 시스템에서 프로그램을 디버깅하기 위한 가장 대표적인 디버거로 GNU 디버거 gdb가 있다. gdb는 다양한 유닉스 기반의 시스템에서 동작하는 이식성 있는 디버거로, Ada, C, C++, 포트란 등의 여러 프로그래밍 언어를 지원한다. gdb는 1988년에서 리처드 스톨만이 처음 작성한 것으로, 무료로 사용할 수 있는 자유 소프트웨어이다.

gdb 사용

gdb 디버거를 이용하여 다음과 같은 일을 할 수 있으며 이를 통해 디버깅을 훨씬 쉽게 할 수 있다.

- 정지점(breakpoint) 설정
- 한 줄씩 실행
- 변수 접근 및 수정
- 함수 탐색
- 추적(tracing)

gdb 디버거를 사용하여 디버깅하기 위해서는 먼저 -g 옵션을 이용하여 컴파일해야 한다. 이렇게 컴파일하면 목적 파일 내에 여러 디버깅 정보를 포함하게 된다. 예를 들어 단일 모듈 프로그램인 경우에는 다음과 같이 컴파일하고

```
$ gcc -g -o longest longest.c
```

다중 모듈 프로그램인 경우에는 다음과 같이 컴파일할 수 있다.

```
$ gcc -g -o main main.c copy.c
```

이제 다음과 같이 실행파일을 이용하여 gdb 디버거를 실행할 수 있다.

> $ gdb [실행파일]
> gdb 디버거는 실행파일을 이용하여 디버깅 모드로 실행한다.

gdb 기능

gdb 기능은 소스 보기, 정지점 설정, 프로그램 수행, 변수 값 프린트 등으로 구분할 수 있다. 각각에 대한 사용법을 다음과 같이 정리할 수 있다.

● 소스보기: l(ist)

l [줄번호]	지정된 줄을 프린트
l [파일명]:[함수명]	지정된 함수를 프린트
set listsize n	출력되는 줄의 수를 n으로 변경

● 정지점: b(reak), clear, d(elete)

b [파일:]함수	파일의 함수 시작 부분에 정지점을 설정
b n	n번 줄에 정지점을 설정
b +n	현재 줄에서 n개 줄 이후 지점에 정지점 설정
b -n	현재 줄에서 n개 줄 이전 지점에 정지점 설정
info b	현재 설정된 정지점을 출력
clear 줄번호	해당 정지점을 삭제
d	모든 정지점을 삭제

● 프로그램 수행

r(un) 인수	명령줄 인수를 받아 프로그램 수행
k(ill)	프로그램 수행 강제 종료
n(ext)	멈춘 지점에서 다음 줄을 수행하고 멈춤
s(tep)	n과 같은 기능이나 함수 호출 시 함수 내부로 들어감
c(ontinue)	정지점을 만날 때까지 계속 수행
u	반복문에서 빠져나옴
finish	현재 수행하는 함수의 끝으로 이동
return	현재 수행중인 함수를 빠져나옴

● 변수 값 프린트: p(rint)

p /[출력형식] [변수명]	해당 변수 값 프린트

출력형식: t(2진수), o(8진수), d(10진수), u(부호 없는 10진수), x(16진수), c(최초 1바이트를 문자형), f(부동 소수점 값 형식)

p 파일명::[변수명]	특정 파일의 전역변수 프린트
p [함수명]::[변수명]	특정 함수의 정적 변수 프린트
info locals	현재 상태의 지역변수 리스트

- 종료: quit

gdb를 이용한 디버깅

gdb를 이용하여 디버깅하는 가장 전형적인 방법은 정지점을 설정한 후 프로그램을 실행시켜 프로그램의 실행 과정을 추적하는 것이다. 예를 들어 gdb를 이용하여 main 프로그램을 실행시킨 후에 copy 함수에 정지하여 실행 과정을 추적해 보자.

```
$ gdb main
GNU gdb (Ubuntu 10.1-2ubuntu2) 10.1.90.20210411-git
Copyright (C) 2021 Free Software Foundation, Inc.
License GPLv3+: GNU GPL version 3 <http://gnu.org/licenses/gpl.html>
This is free software: you are free to change and redistribute it.
There is NO WARRANTY, to the extent permitted by law.
...
Reading symbols from /home/chang/바탕화면/src/main...done.
```

먼저 l(ist) 명령어를 이용하여 copy 함수를 리스트해 보자.

```
(gdb) l copy
1       #include <stdio.h>
2       #include "copy.h"
3
4       /* copy: copy 'from' into 'to'; assume to is big enough */
5       void copy(char from[], char to[])
6       {
7         int i;
8
9         i = 0;
10        while ((to[i] = from[i]) != '\0')
```

copy 함수에 정지점을 설정하고 info b 명령을 이용하여 정지점에 대한 정보를 확인한 후에 프로그램을 실행시켜 보자. 입력으로 "Merry X-mas"를 입력하면 프로그램 실행이 1번 정지점인 copy 함수에서 멈추는 것을 확인할 수 있다.

```
(gdb) b copy
Breakpoint 1 at 0x804842a: file copy.c, line 9.
(gdb) info b
```

```
Num    Type         Disp Enb Address    What
1     breakpoint    keep y  0x0804842a in copy at copy.c:9
(gdb) r
Starting program: /home/chang/바탕화면/src/main
Merry X-mas !

Breakpoint 1, copy (from=0x8049b60 "Merry X-mas !", to=0x8049760 "")
   at copy.c:9
9     i = 0;
```

이 상태에서 형식 매개변수인 from 배열의 값을 프린트해 확인해 보자. n(ext) 명령어를 이용하여 한 줄씩 두 번 실행한 후에 to 배열의 값을 프린트해 보자. 첫 번째 글자인 "M"이 복사되었음을 확인할 수 있다.

```
(gdb) p from
$1 = 0x8049b60 "Merry X-mas !"
(gdb) n
10    while ((to[i] = from[i]) != '\0')
(gdb) n
11       ++i;
(gdb) p to
$2 = 0x8049760 "M"
```

이어서 c(ontinue) 명령어를 이용하여 계속 실행시키면 복사가 완료되고 다음 입력 "Happy New Year"을 받게 된다. 이 상태에서 다시 형식 매개변수인 from 배열의 값을 프린트해 확인해 보자. 다시 n(ext) 명령어를 이용하여 한 줄씩 두 번 실행한 후에 to 배열의 값을 프린트하면 to 배열이 가지고 있는 이전 문자열에 "H"가 복사되었음을 확인할 수 있다.

```
(gdb) c
Continuing.
Happy New Year !

Breakpoint 1, copy (from=0x8049b60 "Happy New Year !",
   to=0x8049760 "Merry X-mas !") at copy.c:9
9     i = 0;
(gdb) p from
```

```
$3 = 0x8049b60 "Happy New Year !"
(gdb) n
10    while ((to[i] = from[i]) != '\0')
(gdb) n
11        ++i;
(gdb) p to
$4 = 0x8049760 "Herry X-mas !"
```

c(ontinue) 명령어를 이용하여 계속 실행시키면 복사가 완료되고 다음 입력을 받게 된다. 다음 입력으로 입력끝를 표시하는 Ctrl-D를 입력하면 가장 긴 줄 "Happy New Year"을 프린트하고 프로그램 실행이 끝난다.

```
(gdb) c
Continuing.
Happy New Year !
Program exited normally.
```

3.5 이클립스 통합개발환경

이클립스(Eclipse)는 윈도우, 리눅스, 맥 등의 다양한 플랫폼에서 사용할 수 있는 다양한 언어(C/C++, Java 등)를 지원하는 통합개발환경(IDE)이며 자유 소프트웨어이지만 막강한 기능을 자랑하며 언어에 따라 배포판이 존재한다.

C/C++ 프로그램 개발을 위해서는 이클립스 홈페이지(https://www.eclipse.org/)에서 C/C++ 개발자를 위한 리눅스용 이클립스(Eclipse IDE for C/C++ Developers)를 다운받아 설치하면 된다. 이클립스가 제대로 동작하기 위해서는 사전에 make 시스템과 g++ 컴파일러 등이 설치되어야 하는데 설치되어 있지 않은 경우에는 패키지 설치 명령어인 apt install 명령어를 이용하여 이들을 간단하게 설치할 수 있다.

이 책에서는 이클립스의 자세한 사용법을 설명하지는 않으며 간단하게 설명할 것이다. 이미 윈도우즈 환경 등에서 사용해 본 사용자들은 쉽게 사용할 수 있을 것이다. 이클립스가 시작되면 그림 3.12와 같은 시작화면이 나타나는데 이 화면에 있는 각 아이콘을 선택하면, 처음 시작하는 사용자를 위한 설명을 볼 수 있다.

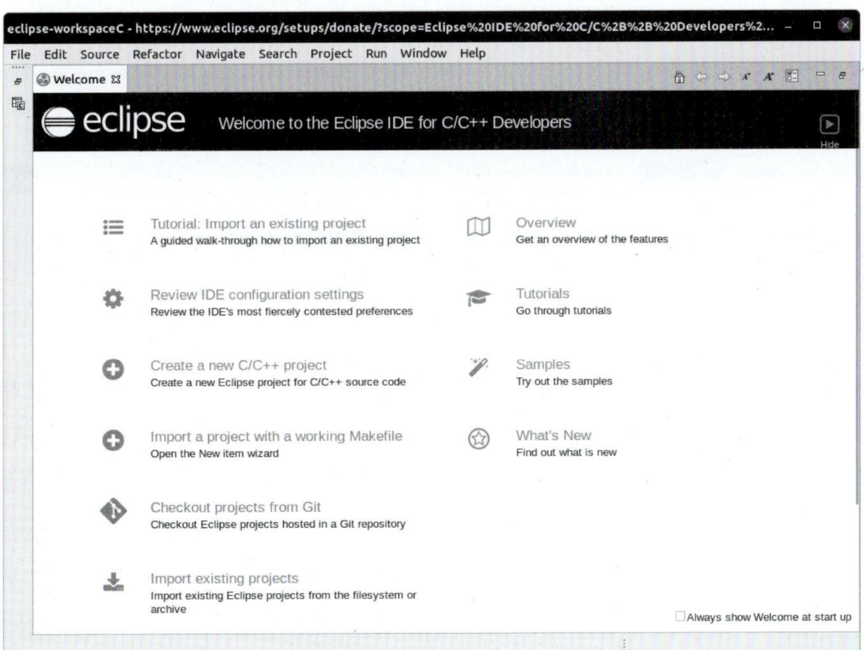

그림 3.12 이클립스 시작화면

새로운 C 프로젝트를 생성하기 위해서는 그림 3.12의 시작화면에서 [Create a new C/C++ project]를 선택하거나 메뉴에서 [File] → [New] → [C/C++ Projects]를 선택하면 된다. 이어서 그림 3.13처럼 프로젝트 선택 화면에서 [C Managed Build]를 선택하고 C 프로젝트 생성 화면에서 프로젝트 이름을 지정하고 프로젝트 타입으로 [Hello World ANSI C Project]를 선택하고 사용할 컴파일러를 선택한 후에 [Finish] 버튼을 클릭하면 된다.

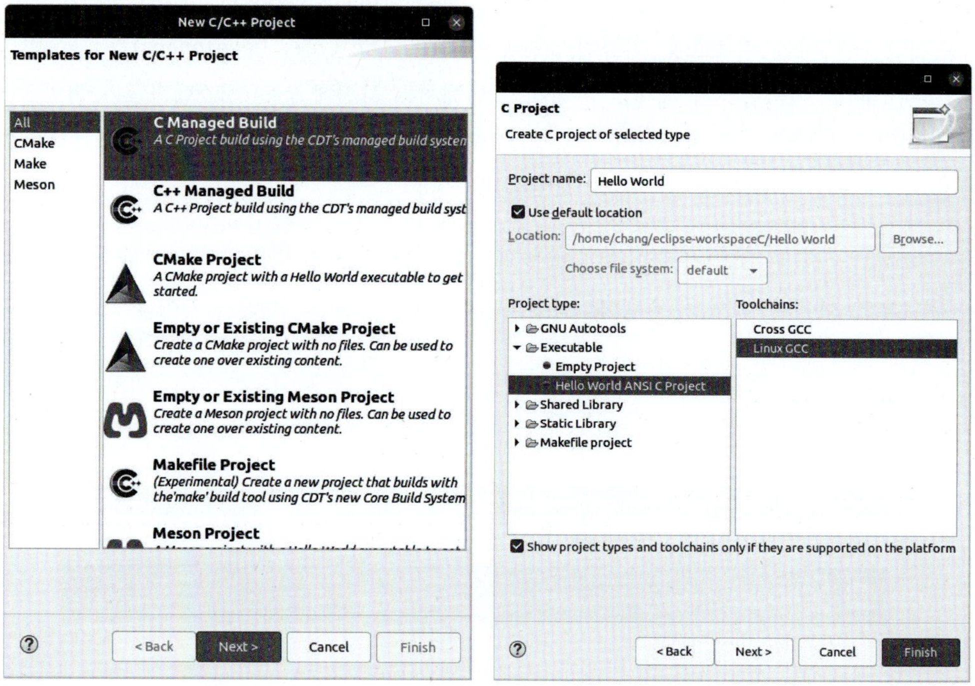

그림 3.13 프로젝트 선택과 프로젝트 생성

이후 그림 3.14와 같은 간단한 'HelloWorld.c' 프로그램이 자동으로 생성된다. 만약 프로젝트 타입으로 [Empty Project]를 선택하면 빈 프로젝트가 생성될 것이다. 그림 3.14 메인 화면의 좌측 [Project Explorer] 탐색 창에서 새로 생성된 프로젝트를 확인하고 프로젝트 및 파일들을 탐색할 수 있다. 소스 파일은 src 폴더에 헤더 파일은 include 폴더에 저장된다. 중앙의 창은 소스 파일 등을 편집할 수 있는 창이다. 우측 창의 [Outline] 탭은 이 프로그램에서 사용하는 소스 파일들을 리스트하며 해당 파일을 선택하여 파일 내용을 확인하거나 편집할 수 있다. 하단은 C 파일을 컴파일 혹은 실행한 결과를 보여주는 창들이다.

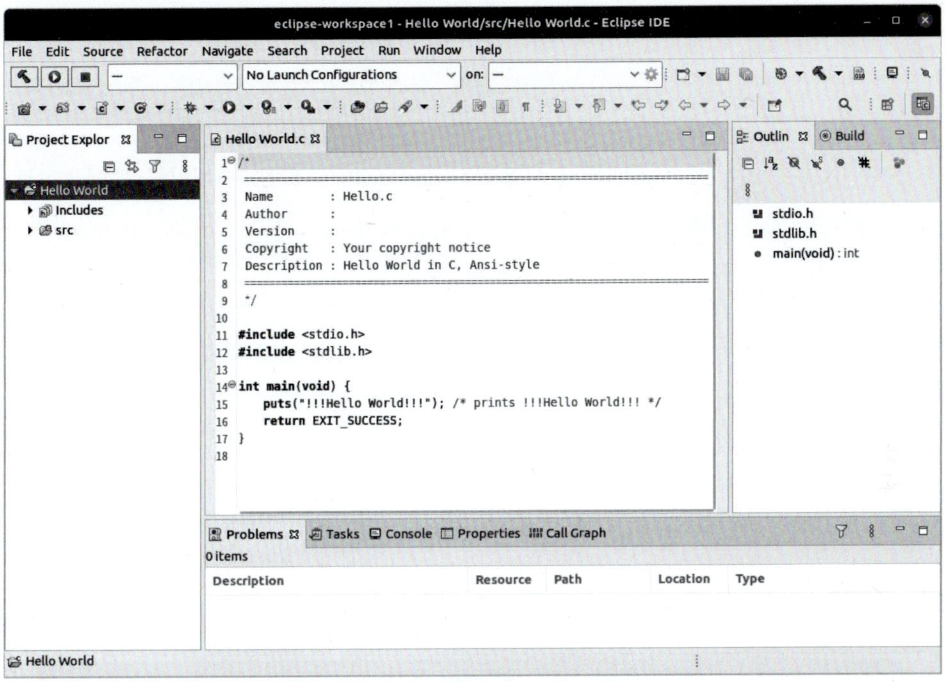

그림 3.14 이클립스 메인화면

작성한 프로그램의 컴파일은 그림 3.14의 메뉴에서 [Project] → [Build Project] 혹은 [Project] → [Build Automatically] 선택하여 할 수 있다. 컴파일 관련 오류가 있는 경우에는 하단의 [Problems] 탭에 표시된다. 제대로 컴파일 된 프로그램은 그림 3.14의 메뉴에서 [Run] 메뉴를 선택하여 실행할 수 있으며 실행결과는 하단의 [Console] 탭에 출력된다.

3.6 vi 에디터

시작

vi는 모든 유닉스/리눅스 시스템에서 사용할 수 있는 기본 텍스트 에디터로 매우 강력한 기능을 가지고 있으나 배우는 데 상당한 시간과 노력이 필요하다. 다음과 같이 vi를 시작할 수 있다. 최근에는 향상된 vi인 vim를 보통 사용한다.

```
$ vi 파일*
```

터미널에서 vi를 시작할 때 파일을 나타내는 명령줄 인수 없이 시작할 수도 있다. 이 경우에는 그림 3.15와 같은 화면으로 시작되는데 vi에 대한 기본적인 정보를 보여준다. 파일 이름 없이 시작하면 편집이 끝난 후에 편집 내용을 저장할 때 저장할 파일 이름을 지정하여 저장하면 된다.

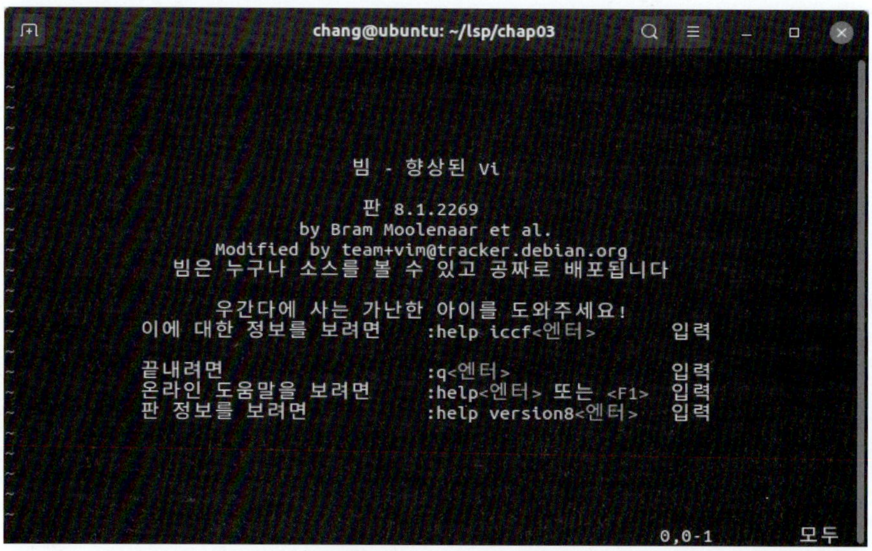

그림 3.15 vi 시작 화면

명령줄 인수로 파일 이름을 주고 시작하면 해당 파일을 열어서 보여준다. 해당 파일이 없으면 새로운 파일을 생성하게 된다. 예를 들어, 이미 작성한 C 예제 파일 longest.c를 열면 그림 3.16과 같다.

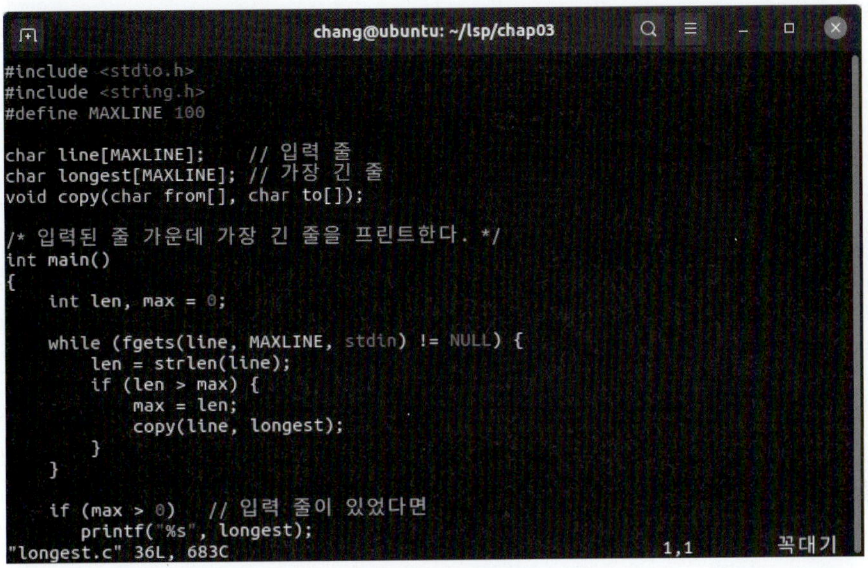

그림 3.16 vi 화면

명령 모드와 입력 모드

vi 에디터의 가장 큰 특징은 **명령 모드**(command mode)와 **입력 모드**(input mode)가 구분되어 있다는 점이다. 명령 모드는 다양한 vi 명령어를 사용할 수 있는 상태이며 입력 모드는 말 그대로 텍스트를 입력할 수 있는 상태이다. vi는 시작되면 바로 명령 모드가 된다. 이 점은 시작하면 바로 입력 모드가 되는 GUI 기반 에디터와 크게 다른 점으로 주의해야 한다.

명령 모드에서는 입력하는 모든 것이 vi 명령어로 해석된다. vi 명령어는 커서를 움직이는 명령, 입력 모드로 전환하는 명령, 수정 삭제 명령 등이 있다. 입력 모드에서는 입력하는 모든 것이 입력 텍스트가 된다. 자신이 입력하는 내용이 화면에 보이고, 그 입력 내용은 편집 버퍼에 저장된다.

텍스트를 입력하기 위해서 명령 모드에서 텍스트를 입력하고자 하는 곳으로 커서를 옮긴 후 입력 모드 전환 명령어(i, I, o, O, a, A 등)를 이용하여 입력 모드로 전환하고 텍스트 입력 후에 ESC 키를 이용하여 다시 명령 모드로 되돌아온다. 보통 이러한 과정을 반복적으로 수행하면서 편집을 하게 된다. 그림 3.14는 명령 모드와 입력 모드 사이의 이러한 과정을 보여주고 있다. 입력 모드 전환에 대해서는 vi 명령어에 대한 부분에서 자세히 설명할 것이다.

편집을 완료한 후에 명령모드에서 다음 명령어를 입력하면 에디터의 마지막 줄로 이동하고 에디터를 종료할 수 있다. 그림 3.17은 명령 모드와 마지막 줄 모드 사이의 이러한 관계를 보여주고 있다.

```
ZZ     작업 내용을 저장하고 종료
:wq    작업 내용을 저장하고 종료 (ZZ와 동일한 기능)
```

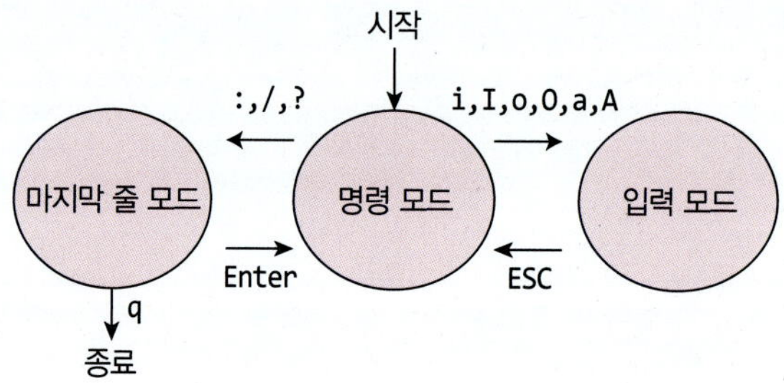

그림 3.17 vi의 모드

| 핵심 개념 |

vi 에디터는 명령 모드와 입력 모드가 구분되어 있으며 시작하면 명령 모드이다.

vi 명령 모드에서 사용할 수 있는 명령어는 다음과 같이 크게 5 가지로 분류할 수 있다.

(1) 원하는 위치로 이동하는 명령어
(2) 입력모드로 전환하는 명령어
(3) 수정 혹은 삭제 명령어
(4) 복사 및 붙이기
(5) 기타 명령어

각각에 대해 자세히 살펴보자.

원하는 위치로 이동

편집하기 위해서는 일단 원하는 위치로 커서 혹은 화면을 이동할 수 있어야 한다. 다양한 방법으로 원하는 위치로 이동할 수 있는데 이와 관련된 명령어는 다음과 같이 커서 이동,

화면 이동, 특정 줄로 이동, 탐색 등으로 분류할 수 있다.

● 커서 이동

h, ←	한 칸 왼쪽
j, ↓	한 칸 아래쪽
k, ↑	한 칸 위쪽
l, →	한 칸 오른쪽으로 이동
BACKSPACE	왼쪽으로 한 칸
SPACE	오른쪽으로 한 칸
-	이전 줄의 처음
+	다음 줄의 처음
RETURN	다음 줄의 처음
0	현재 줄의 맨 앞
$	현재 줄의 끝
^	현재 줄의 첫 글자
w	다음단어의 첫 글자
b	이전단어의 첫 글자

● 화면 이동

^F	한 화면 아래로
^B	한 화면 위로
^D	반 화면 아래로
^U	반 화면 위로

● 특정 줄로 이동

nG	n번째 줄로 이동
1G	첫 줄로 이동하기
G	마지막 줄로 이동하기
:n	n번째 줄로 이동

● 탐색(search)

/ 혹은 ? 기호를 사용하여 단어나 문장을 찾을 수 있다. / 혹은 ? 기호를 입력하면 마지막 줄 모드로 이동한다. 이때 원하는 탐색패턴을 입력하고 엔터키를 치면 검색을 수행하여 해당 위치로 커서 이동한다.

/탐색패턴　　커서 이후에 대해 검색을 수행하여 해당 위치로 커서 이동
?탐색패턴　　커서 이전에 대해 검색을 수행하여 해당 위치로 커서 이동

입력모드로 전환하는 명령어

입력을 하기 위해서는 입력을 원하는 위치로 이동한 후 다음 키를 사용하여 명령 모드에서 입력 모드로 전환해야 한다. 각 키에 대한 설명은 다음과 같다.

```
i  : 커서 위치 앞에 삽입(insert)
a  : 커서 위치 뒤에 삽입(append)
I  : 현재 줄의 앞에 삽입(Insert)
A  : 현재 줄의 뒤에 삽입(Append)
o  : 현재 줄의 아래에 전개
O  : 현재 줄의 위에 전개
```

입력이 끝나면 ESC 키를 처서 입력모드에서 명령모드로 돌아와야 한다는 점을 주의해야 한다.

예를 들어, 새 파일을 열어서 i 명령어를 사용하여 입력 모드로 전환하면 그림 3.18과 같이 좌측 하단에 "-- 끼워넣기 --"라고 표시하여 입력 모드임을 나타낸다. 또한 우측 하단에 현재 커서의 위치가 "1,1"처럼 표시되어 커서가 1행1열에 있음을 나타낸다.

그림 3.18 vi 입력 모드

예를 들어, 그림 3.19와 같이 예제 파일을 열어서 `while` 문 앞에서 `i` 명령어를 사용하여 끼워넣기 입력 모드로 전환하여 "//한 줄씩 입력"이라는 주석을 추가해 보자. 추가 후에 명령어 모드로 돌아가기 위해서는 ESC 키를 사용해야 한다.

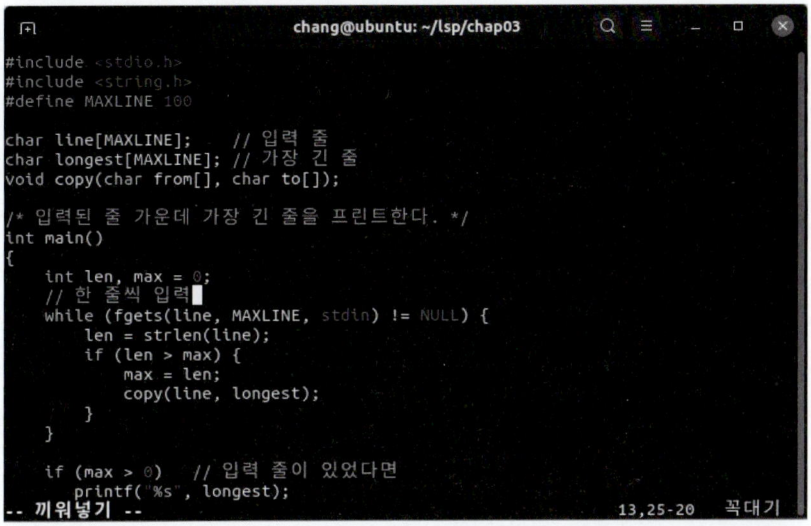

그림 3.19 vi 키워넣기 입력 모드로 주석 입력

수정 혹은 삭제 명령어

파일 내용을 수정 혹은 삭제하는 것은 에디터의 기본 기능이다. 수정 및 삭제와 관련된 명령은 크게 현재 커서를 중심으로 수정하는 명령, 대치 명령, 삭제 명령 등으로 구분할 수 있다.

● 현재 커서를 중심으로 수정

이 명령들은 현재 커서를 중심으로 현재 단어(cw), 현재 줄(cc 혹은 C), 현재 글자(r) 등을 수정하는 데 사용된다. r을 제외하고는 명령 수행 후 바로 입력 모드로 변경된다. 따라서 수정한 후에는 ESC 키를 쳐서 다시 명령 모드로 복귀해야 한다.

`cw` 현재 단어를 삭제하고 삽입 상태로 변경
`cc` 현재 줄 전체를 삽입에 의해 변경
`C` 커서의 위치로부터 줄 끝까지 삽입에 의한 변경
`r` 현재 글자를 r 다음에 입력한 한 글자로 변경(입력 모드로 바뀌지 않음)
`R` 입력하는 대로 겹쳐 써서 변경
`s` 현재 글자를 삭제하고 삽입 상태로 변경

● 대치

대치 명령 s는 특정 패턴을 원하는 스트링으로 대치할 때 사용된다. 명령 모드에서 사용하며, 수행 후에도 명령 모드로 남는다. 다음과 같이 대치 명령 s를 사용하면 각 줄의 해당되는 첫 번째 단어에 대해서만 대치를 수행한다.

```
:s/패턴/스트링          현재 줄에서 대치
:n,m s/패턴/스트링      지정된 줄 범위(n부터 m까지)에서 대치
:n s/패턴/스트링        지정된 줄(n)에서 대치
```

또한 대치할 때 "/g"를 추가하여 "s/패턴/스트링/g" 형태를 사용하면 각 줄의 해당되는 모든 단어에 대해서 대치를 수행한다.

줄 범위는 줄번호를 이용하거나 현재 줄(.)을 기준으로 상대 범위를 지정할 수 있다. $는 마지막 줄을 의미한다. 예를 들면 다음과 같이 줄 범위를 지정할 수 있다.

```
3,100     세 번째 줄부터 100번째 줄까지
1,$       첫 번째 줄부터 마지막 줄까지
.,.+10    현재 줄 이후 10개 줄을 범위로 지정
.,$       현재 줄부터 마지막 줄까지를 범위로 지정
```

예를 들어, 다음과 같이 대치를 수행하면 파일 시작에서 끝까지 "line"를 "LINE"으로 모두 대치한다.

```
1,$ s/line/LINE/g
```

● 수행취소/재수행

이 명령들은 방금 전에 수행했던 내용을 취소하거나 반복하는데 사용된다.

```
u         방금 전에 수행했던 내용을 취소(Undo)
U         현재 줄에서 수행했던 모든 내용을 취소
.         방금 전에 수행했던 내용을 반복하여 수행(Redo)
```

● 삭제

이 명령들은 현재 커서를 중심으로 현재 줄(dd 혹은 D), 현재 문자(x), 특정 줄들을 지우는 데 사용된다.

x	커서가 있는 문자 지우기
X	커서의 왼쪽 문자 지우기
D	커서부터 줄의 끝까지 지우기
dw	현재 단어 지우기
dd	현재 줄의 전체를 지우기
:n,m d	n번째 줄에서 m번째 줄까지 모두 지우기

삭제한 내용은 편집기의 버퍼에 저장되며, 추후 실행취소, 재시도, 복사 등을 위하여 사용될 수 있다.

복사 및 붙이기

삭제하거나 복사한 내용을 원하는 위치로 가서 다시 붙이기 할 수 있다. 이를 위해서는 보통 다음과 같이 줄 내용을 복사한 후세

nY	현재 줄에서부터 n개의 줄을 복사
:n,m y	n번째 줄에서 m번째 줄까지를 버퍼에 복사함

원하는 위치로 이동한 후 다음과 같이 삭제 혹은 복사한 내용을 붙인다.

p	버퍼 내용을 커서의 뒤(혹은 아래)에 삽입
P	버퍼 내용을 커서의 앞(혹은 위)에 삽입

파일에 저장 및 끝내기

일반적으로 편집한 후에는 편집한 내용을 파일에 저장하고 에디터를 끝내게 된다. 각각을 위한 명령어를 살펴보자.

● 파일에 저장

현재까지 편집한 내용을 다음과 같이 파일에 저장(write)한다.

:w	현재 파일에 저장한다.
:w 파일이름	지정된 파일에 저장한다.

● 파일에 저장하고 종료

:wq	현재 파일에 저장하고 종료한다(그림 3.20 참조).
ZZ	현재 파일에 저장하고 종료한다.

● 저장하지 않고 종료

:q　　아무런 작업을 하지 않은 경우의 종료

:q!　　작업 내용을 저장하지 않고 종료
위험한 명령어로 작업 내용을 미리 저장했는지 꼭 확인할 것

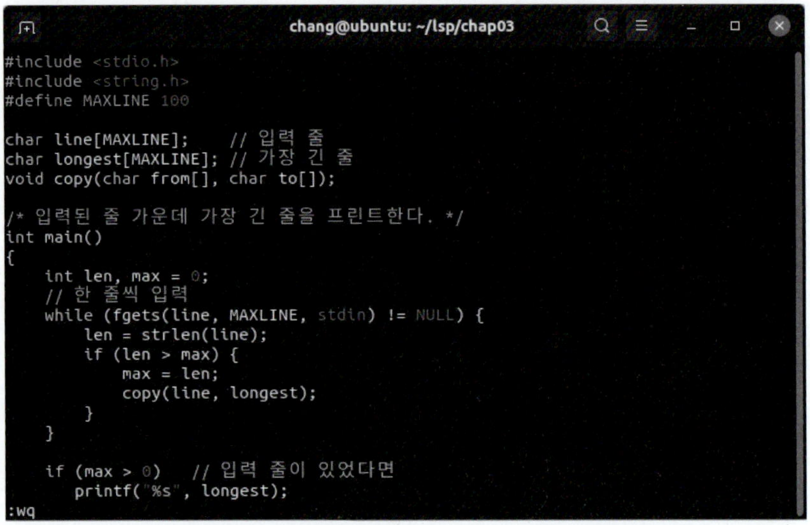

```
#include <stdio.h>
#include <string.h>
#define MAXLINE 100

char line[MAXLINE];    // 입력 줄
char longest[MAXLINE]; // 가장 긴 줄
void copy(char from[], char to[]);

/* 입력된 줄 가운데 가장 긴 줄을 프린트한다. */
int main()
{
    int len, max = 0;
    // 한 줄씩 입력
    while (fgets(line, MAXLINE, stdin) != NULL) {
        len = strlen(line);
        if (len > max) {
            max = len;
            copy(line, longest);
        }
    }

    if (max > 0)   // 입력 줄이 있었다면
       printf("%s", longest);
:wq
```

그림 3.20 수정한 내용을 파일에 저장하고 종료

기타 기능

기타 유용한 기능으로 파일에 저장, 다른 파일 편집, 줄번호 붙이기, 쉘 명령어 수행 등의 기능을 제공한다.

● 다른 파일 편집

현재 편집하고 있던 파일 대신에, 다른 파일을 불러서 편집을 수행한다.

:e 파일이름　　현재 파일 대신에 주어진 파일을 연다.

:e#　　편집했던 이전 파일을 다시 연다.

● 줄 번호 붙이기

줄 번호를 붙이거나 없앨 수 있다.

:set number　　줄번호 붙이기

:se nu　　줄번호 붙이기

```
:set nonumber    줄번호 없애기
:se non          줄번호 없애기
```

● 쉘 명령어 수행

vi 편집기 내에서 쉘 명령어를 수행할 수 있는데 다음과 같이 :! 다음에 쉘 명령어를 입력하여 수행할 수 있다. 명령어를 수행한 후에 Enter 키를 치면 vi 편집기로 복귀한다.

```
:!ls             쉘로 돌아가 ls 명령을 수행한다.
:!cat test.c     쉘로 돌아가 cat test.c 명령을 수행한다.
```

| 핵심 개념 |

- gedit는 GNU가 제공하는 대표적인 텍스트 편집기이다.
- gcc 컴파일러는 C 프로그램을 컴파일한다. 옵션을 사용하지 않으면 실행파일 a.out를 생성한다.
- make 시스템은 메이크파일(makefile 혹은 Makefile)을 이용하여 보통 실행 파일을 빌드한다.
- gdb 디버거는 실행파일을 이용하여 디버깅 모드로 실행한다.
- vi 에디터는 명령 모드와 입력 모드가 구분되어 있으며 시작하면 명령 모드이다.

| 실습 문제 |

3.1 명령줄 인수로 받은 텍스트 파일에 대해서 파일 내용과 단어 수 등을 출력하는 프로그램을 다음과 같이 세 개의 파일로 작성한다.

- print.c: 파일이름을 매개변수로 받고 fopen(), fgets() 함수 등을 이용하여 그 파일 내용을 표준출력에 프린트하는 함수 printfile()를 작성한다.
- word.c: 파일이름을 매개변수로 받고 fopen(), getc() 함수 등을 이용하여 그 파일의 문자의 개수, 단어의 개수, 줄의 개수를 계산하여 출력하는 함수 wc()를 작성한다.
- main.c: 파일이름을 명령줄 인수로 받아 그 파일에 대해서 printfile()과 wc() 함수들을 호출하는 main() 함수를 작성한다.

3.2 gcc를 이용하여 이 프로그램을 컴파일하고 실행한다.

3.3 gdb를 이용하여 이 프로그램을 디버깅 한다.

3.4 이 프로그램을 위한 메이크파일을 작성하고 이를 테스트한다.

| 연습 문제 |

3.1 자신이 사용하는 리눅스 버전에 맞는 이클립스 통합개발환경을 설치하여 실습 문제 1번의 프로그램을 실행해본다.

CHAPTER 04

C 표준 파일 입출력

contents

04 C 표준 파일 입출력

C 언어에서는 파일 입출력을 위한 표준 라이브러리를 제공한다. 이 장에서는 C 언어에서 제공하는 표준 라이브러리를 중심으로 파일 입출력에 대해서 살펴본다.

4.1 파일 및 파일 포인터

파일을 사용하기 위해서 응용 프로그램은 그림 4.1처럼 시스템 호출을 통해 필요할 때마다 커널에 서비스를 요청할 수 있다(5.1절 참조). 하지만 파일을 보다 쉽게 사용하는 방법은 C 언어가 제공하는 표준 라이브러리 함수를 사용하는 것이다. 이 절에서는 C 표준 라이브러리에서 제공하는 입출력 함수들을 중심으로 파일 입출력에 대해서 살펴본다.

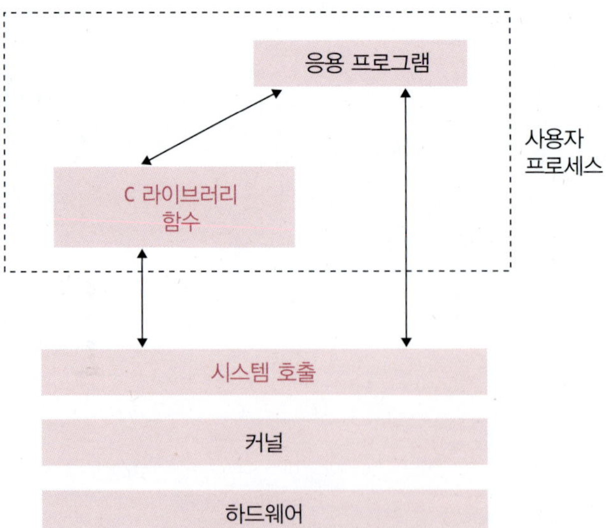

그림 4.1 C 라이브러리 함수

파일

C 언어가 제공하는 파일 입출력을 이해하기 위해서는 먼저 C 파일에 대한 이해가 필요하다. C 파일은 그림 4.2처럼 모든 데이터를 연속된 바이트 형태로 저장하는데 저장된 데이터에 따라 텍스트 파일과 이진 파일로 구분할 수 있다.

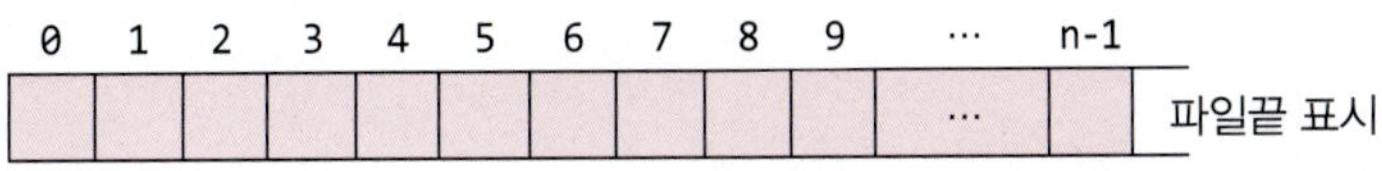

그림 4.2 C의 파일

| 핵심 개념 |

파일은 모든 데이터를 연속된 바이트 형태로 저장한다.

텍스트 파일(text file)은 문자들만으로 이루어진 파일로 한글, 영문, 숫자 등의 문자들을 포함하고 있다. 텍스트 파일은 여러 개의 줄로 이루어지며 매 줄마다 줄의 끝을 나타내는 새줄문자('\n')를 포함하고 있다. **이진 파일**(binary file)은 모든 데이터를 컴퓨터 내부의 이진수 표현 그대로 저장한 파일로 이미지 파일이나 실행 파일 등이 이진 파일이다. 또한 이진 파일을 이용하여 메모리에 저장된 변수 값을 이진수 표현 그대로 파일에 저장할 수도 있다.

이제 C 언어의 파일 입출력에 대해서 살펴보자. C 언어의 파일 입출력은 보통 다음과 같은 과정으로 이루어진다.

1. 파일 열기: fopen( ) 함수 사용
2. 파일 입출력: 다양한 파일 입출력 함수 사용
3. 파일 닫기: fclose( ) 함수 사용

파일 열기와 FILE 포인터

C 언어에서 파일을 사용하기 위해서는 반드시 fopen()을 사용하여 파일 열기를 해야 한다. 파일 열기를 하는 것은 시스템에게 이제부터 이 파일을 사용하겠으니 준비해달라고 요청하는 것이다. 파일을 열지 않고서는 그 파일에 접근할 수 없다. 또한 파일을 사용한 후에

는 fclose()를 사용하여 파일 닫기를 해야 한다.

| 핵심 개념 |

파일을 사용하기 위해서는 반드시 fopen()을 사용하여 파일 열기를 해야 하며 파일 열기를 하면 FILE 구조체에 대한 포인터가 반환된다.

어떤 파일에 대해서 파일 열기 fopen()을 하면 그림 4.3과 같이 열린 파일에 대한 정보가 FILE 구조체 형태로 저장되고 이 FILE 구조체에 대한 포인터가 반환된다. 이 FILE 구조체에 대한 포인터는 열린 파일을 가리키는 포인터로 간단히 **FILE 포인터**(FILE pointer)라고 한다.

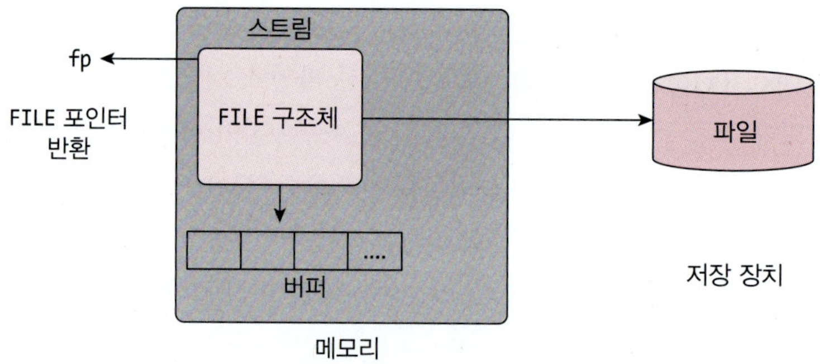

그림 4.3 파일 열기와 FILE 포인터

| 핵심 개념 |

FILE 포인터는 열린 파일을 가리키는 포인터이다.

FILE 구조체는 <stdio.h>에 정의되어 있으며 FILE 구조체 안에는 열린 파일을 위한 여러 필드 변수들이 선언되어 있다. 특히 파일 입출력에 사용되는 버퍼에 관련된 변수들이 선언되어 있다. 파일 입출력 함수들은 보통 입출력 최적화를 위해서 버퍼를 사용하는데 이 버퍼는 입출력의 중간에서 입출력하는 데이터를 모아두었다가 일정한 크기가 되면 한꺼번에 보내주는 역할을 한다.

FILE 구조체는 다음과 같이 정의되어 있는데 주로 버퍼에 대한 정보와 파일 접근 모드, 열린 파일의 식별 번호를 나타내는 파일 디스크립터 등을 포함한다. FILE 구조체의 필드들은 사용하는 운영체제의 종류나 버전에 따라 조금씩 다르며 여기에서는 이해를 위해 단순화하여 표현하였다. 실제 FILE 구조체는 꽤 복잡하지만 FILE 구조체 내의 변수들의 용도를 다 알지 못해도 별 문제 없이 프로그래밍 할 수 있다.

```
typedef struct {
   int cnt;                // 버퍼의 남은 문자 수
   unsigned char *base;    // 버퍼 시작
   unsigned char *ptr;     // 버퍼의 현재 포인터
   unsinged flag;          // 파일 접근 모드
   int fd;                 // 파일 디스크립터
} FILE;                    // FILE 구조체
```

파일 열기 함수 fopen()

파일 열기 함수 fopen()은 다음과 같다. 다른 입출력 함수들과 마찬가지로 fopen()을 사용하려면 <stdio.h> 헤더 파일을 포함해야 한다.

> `FILE *fopen(const char *filename, const char *mode);`
> filename이 나타내는 파일에 대해 파일 입출력 모드 mode로 파일을 연다. 성공하면 열린 파일을 나타내는 FILE 포인터를 실패하면 NULL을 반환한다.

첫 번째 매개변수 filename은 파일 이름을 나타내고 두 번째 매개변수 mode는 파일을 여는 형식 즉 파일 입출력 모드를 나타낸다. 표 4.1은 텍스트 파일에 대해 사용할 수 있는 다양한 입출력 모드를 보여준다. 이 함수는 파일을 열고 열린 파일에 대한 정보를 FILE 구조체에 채운 다음 FILE 포인터를 반환한다. 파일을 열 때 오류가 발생하면 NULL을 반환한다. 이제 프로그램 내에서 열린 파일을 나타낼 때는 파일 이름 대신 이 FILE 포인터를 사용한다.

표 4.1 텍스트 파일 입출력 모드

모드	의미	파일이 없으면	파일이 있으면
"r"	읽기 전용(read)	NULL 반환	정상 동작
"w"	쓰기 전용(write)	새로 생성	기존 내용 삭제
"a"	추가 쓰기(append)	새로 생성	기존 내용 뒤에 추가
"r+"	읽기와 쓰기	NULL 반환	정상 동작
"w+"	읽기와 쓰기	새로 생성	기존 내용 삭제
"a+"	추가를 위한 읽기와 쓰기	새로 생성	기존 내용 뒤에 추가

파일을 열기 위해서는 다음과 같이 FILE 포인터 변수를 미리 선언하고 fopen() 함수를 호출해야 한다.

● 읽기 전용으로 열기

읽기 전용으로 파일을 여는 경우에는 fopen() 함수는 대상 파일이 없으면 NULL를 반환하므로 fopen() 함수 호출 후에 다음과 같이 파일이 정상적으로 열렸는지 검사하는 것이 좋다. 이후에는 fp가 열린 파일을 나타낸다.

```
FILE *fp;

fp = fopen("~/sp/text.txt", "r");
if (fp == NULL) {
    printf("파일 열기 오류\n");
}
```

● 쓰기 전용으로 열기

다음과 같이 쓰기 전용으로 파일을 열 때는 파일이 이미 존재하면 존재하는 파일을 열고 기존 파일 내용을 삭제한다. 파일이 존재하지 않으면, 해당 파일을 새로 생성한다. 따라서 다음과 같이 쓰기 전용으로 파일을 열 때는 fopen() 함수의 호출 결과를 따로 검사하지 않는 것이 일반적이다.

```
fp = fopen("out.txt", "w");
```

● 추가 모드로 열기

다음과 같이 추가(append) 모드로 파일을 열 때는 파일이 이미 존재하면, 기존 파일의 끝에 붙여서 쓴다. 파일이 존재하지 않으면, 파일을 새로 생성하므로 이 경우에도 다음과 같이 fopen() 함수의 호출 결과를 따로 검사하지 않는 것이 일반적이다.

```
fp = fopen("out.txt", "a");
```

● 수정 모드로 열기

표 4.1에는 텍스트 파일에 대해 가능한 입출력 모드를 모두 보여주고 있다. "r+", "w+", "a+"는 기본적으로 수정(읽기와 쓰기)을 위한 입출력 모드로 대상 파일이 있을 때나 없을 때의 동작은 각각 "r", "w", "a" 모드와 같다. "r"과 "r+" 모드의 경우에는 대상 파일이 존재하지 않으면 fopen() 함수가 NULL를 반환하므로 반환값을 검사하여 적절한 오류 메시지를 내는 것이 좋다. 나머지 입출력 모드의 경우에는 대상 파일이 없으면 새로 생성하므로 꼭 그렇게 할 필요는 없다.

스트림

fopen()에 의해서 파일이 열리면 이를 **스트림**(stream)이라고 하는데 스트림은 버퍼형 파일 입출력을 위한 논리적 인터페이스라고 할 수 있다. 파일 열기를 하면 스트림이 생성되고 스트림에 대한 정보는 FILE 구조체에 저장되며 이 FILE 구조체에 대한 포인터가 반환된다. 결국 FILE 포인터가 열린 파일 즉 스트림을 나타낸다.

표준 헤더 파일 <stdio.h>에는 표준 입출력을 위한 3개의 스트림 stdin, stdout, stderr가 정의되어 있는데 각각 표준입력, 표준출력, 표준오류를 위한 스트림으로 이들은 모두 FILE 포인터이다. 이들은 C 프로그램이 실행되면 자동적으로 열리고 프로그램이 종료될 때 자동으로 닫힌다.

표 4.2 표준 입출력 스트림

표준 입출력 스트림	설명	가리키는 장치
stdin	표준입력에 대한 FILE 포인터	키보드
stdout	표준출력에 대한 FILE 포인터	모니터
stderr	표준오류에 대한 FILE 포인터	모니터

파일 닫기

파일을 열어서 사용한 후에 더 이상 사용하지 않으면 파일을 닫아야 한다. 파일 닫기 함수 fclose()는 다음과 같다.

```
int fclose(FILE *fp );
```
fp가 가리키는 파일을 닫는다. 성공하면 0, 오류이면 -1을 반환한다.

fclose() 함수의 인자는 fopen() 호출에서 반환받은 FILE 포인터이며 닫기에 성공하면 0, 실패하면 -1을 반환한다. 앞에서 열었던 name.txt 파일을 닫으려면 다음과 같이 해야 한다.

```
fclose(fp);
```

프로그래머가 파일을 닫지 않으면 C 프로그램은 종료될 때 자동적으로 열린 파일을 모두 닫는다. 그렇지만, 대부분의 시스템들이 한 번에 열 수 있는 파일 수를 제한하고 있기 때문에 더 이상 필요 없는 경우에는 파일을 닫아주는 것이 좋다.

4.2 텍스트 파일

C 언어는 표준 입출력 함수와 비슷하게 텍스트 파일에 입출력하기 위한 파일 입출력 함수들을 표 4.3과 같이 제공한다. 각 입출력 함수에 대해 자세히 살펴보자.

표 4.3 파일 입출력 함수

표준 입출력 함수	파일 입출력 함수	기능
getchar()	fgetc(), getc()	문자단위로 입력하는 함수
putchar()	fputc(), putc()	문자단위로 출력하는 함수
gets()	fgets()	문자열을 입력하는 함수
puts()	fputs()	문자열을 출력하는 함수
scanf()	fscanf()	자료형에 따라 자료를 입력하는 함수
printf()	fprintf()	자료형에 따라 자료를 출력하는 함수

문자 단위 입출력

텍스트 파일은 모든 데이터를 연속된 문자 형태로 저장한다. 따라서 파일에 대한 모든 입출력 함수들도 데이터를 문자 혹은 문자열 형태로 읽거나 쓴다. 가장 간단한 파일 입출력 방법은 한 문자씩 입출력하는 것이다. **fgetc()** 함수와 **fputc()** 함수를 사용하여 파일에 문자 단위로 입출력 할 수 있다. 각 함수에 대한 설명은 다음과 같다.

```
int fgetc(FILE *fp);
```
fp가 가리키는 파일에서 한 문자를 읽어서 반환한다.
파일끝에 도달했을 경우에는 EOF(-1)를 반환한다.

```
int fputc(int c, FILE *fp);
```
fp가 가리키는 파일에 한 문자씩 출력하고 출력된 문자를 반환한다.
출력 시 오류가 발생하면 EOF(-1)를 반환한다.

| 핵심 개념 |

fgetc() 함수와 **fputc()** 함수를 사용하여 파일에 문자 단위로 입출력 할 수 있다.

C 언어는 fgetc() 함수와 같은 기능을 하는 함수로서 getc() 함수를 fputc() 함수와 같은 기능을 하는 함수로서 putc() 함수를 제공한다. 사실 C 프로그램에서 많이 사용되는 표준 입출력 함수 getchar(), putchar() 함수는 다음과 같이 매크로 함수로 정의된다.

```
#define getchar()  getc(stdin)
#define putchar(x)  putc((x), stdout)
```

파일에서 입력을 받아 표준출력(모니터)에 출력하는 cat 명령어 프로그램을 getc() 함수와 putc() 함수를 이용하여 작성해보자.

C 프로그램은 프로그램을 실행할 때 명령줄 인수로 파일 이름들을 받을 수 있다. 명령줄 인수 리스트를 나타내는 포인터 배열 argv의 구성은 그림 4.4와 같으며 argv[0]는 실행 파일 이름을, argv[1]은 첫 번째 명령줄 인수를, argv[argc-1]은 마지막 명령줄 인수를 가리킨다. argc는 실행 파일 이름을 포함한 명령줄 인수의 개수로 명령줄 인수가 한 개이면 이 값은 2이다.

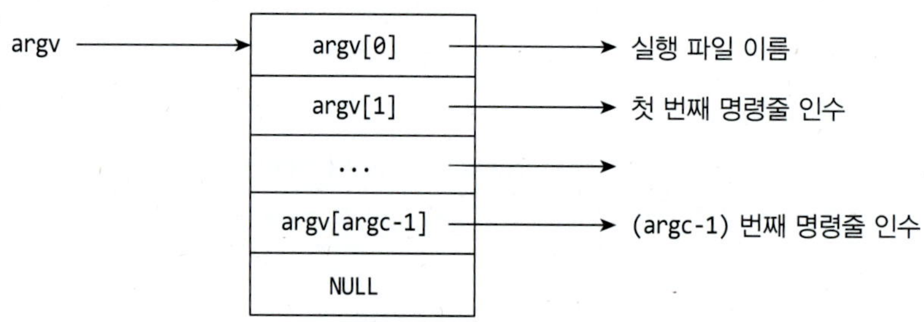

그림 4.4 명령줄 인수 리스트 argv 구성

파일 내용 출력 예제

프로그램 4.1은 명령줄 인수로 받은 파일의 내용을 표준출력에 출력한다. 명령줄 인수가 없는 경우에는 표준입력으로부터 입력받은 내용을 표준출력에 출력한다. 이 프로그램은 다음과 같이 진행한다.

- 먼저 9번 줄에서 명령줄 인수의 개수(argc)를 확인하고 12번 줄에서 명령줄 인수(argv[1])로 받은 파일을 읽기 전용으로 연다.
- 명령줄 인수가 없는 경우에는 표준입력을 사용한다(10번 줄).

- 이후에 14~17번 줄에서 getc(fp)를 호출하여 이 파일로부터 한 문자씩 입력받아 읽은 문자를 putc(c, stdout)를 호출하여 표준출력에 출력한다.
- 이 과정을 파일끝(EOF)을 만날 때까지 반복한다(15번 줄).

▸▸ 프로그램 4.1 cat.c

```
1  #include <stdio.h>
2  
3  /* 텍스트 파일 내용을 표준출력에 프린트 */
4  int main(int argc, char *argv[])
5  {
6     FILE *fp;
7     int c;
8  
9     if (argc < 2)
10       fp = stdin;                      // 명령줄 인수가 없으면 표준입력 사용
11    else
12       fp = fopen(argv[1],"r");         // 읽기 전용으로 파일 열기
13 
14    c = getc(fp);                       // 파일로부터 문자 읽기
15    while (c != EOF) {                  // 파일끝이 아니면
16        putc(c, stdout);                // 읽은 문자를 표준출력에 출력
17        c = getc(fp);                   // 파일로부터 문자 읽기
18    }
19    fclose(fp);
20    return 0;
21 }
```

파일 복사 예제

프로그램 4.1을 확장해서 파일을 복사하는 프로그램을 작성해보자. 프로그램 4.2는 명령줄 인수로 두 개의 파일 이름을 받아 다음과 같이 진행한다.

- 14,20번 줄에서 첫 번째 파일(argv[1])은 읽기 전용으로 두 번째 파일(argv[2])은 쓰기 전용으로 연다.
- 첫 번째 파일을 읽기 전용으로 열 때는 15번 줄에서 반환값이 NULL이면 오류 메시지를 출력한다.

• 두 개의 파일이 정상적으로 열린 후에는 21,22번 줄에서 fgetc(fp1) 함수를 호출하여 첫 번째 파일로부터 한 문자씩 읽어서 읽은 문자를 fputc(c,fp2)를 이용하여 두 번째 파일에 쓴다.
• 이 과정을 파일끝까지 반복하면서 첫 번째 파일 내용을 모두 두 번째 파일에 복사한다.

▸▸ 프로그램 4.2 copy.c

```
1  #include <stdio.h>
2
3  /* 파일 복사 프로그램 */
4  int main(int argc, char *argv[])
5  {
6    char c;
7    FILE *fp1, *fp2;
8
9    if (argc !=3) {
10      fprintf(stderr, "사용법: %s 파일1 파일2\n", argv[0]);
11      return 1;
12   }
13
14   fp1 = fopen(argv[1], "r");
15   if (fp1 == NULL) {
16      fprintf(stderr, "파일 %s 열기 오류\n", argv[1]);
17      return 2;
18   }
19
20   fp2 = fopen(argv[2], "w");
21   while ((c = fgetc(fp1)) != EOF)
22      fputc(c, fp2);
23
24   fclose(fp1);
25   fclose(fp2);
26   return 0;
27 }
```

실행결과

```
$ copy your.txt my.txt
```

기타 파일 관련 함수로 파일끝에 도달했는지 알려주는 **feof()** 함수, 방금 읽은 문자를 입력 스트림에 반납하는 **ungetc()** 함수 등이 있다. 각각에 대한 설명은 다음과 같다.

```
int feof(FILE *fp)
```
fp가 가리키는 파일의 끝에 도달하면 0이 아닌 값을 반환하고 그렇지 않으면 0을 반환한다.

```
int ungetc(int c, FILE *p)
```
c에 저장된 문자를 입력 스트림에 반납한다. 마치 문자를 읽지 않은 것처럼 파일 위치 포인터를 1 감소시킨다.

줄 단위 입출력

텍스트 파일은 텍스트 문자들을 저장하는 파일로 여러 개의 줄로 구성된다. **gets()** 함수는 표준입력인 키보드로부터 한 줄씩 읽는 함수이다. 비슷하게 **fgets()** 함수는 텍스트 파일로부터 한 줄씩 읽어 들인다. **gets()** 함수는 엔터키를 쳐서 입력을 끝내면 새줄문자('\n')는 포함하지 않고 널문자('\0')만을 붙여주는데 **fgets()** 함수는 새줄문자('\n')를 읽으면 새줄문자를 포함하여 그 뒤에 널문자를 붙여준다.

fgets() 함수는 새줄문자('\n')나 EOF를 만날 때까지 최대 n-1 개의 문자를 읽고 읽어온 데이터의 끝에는 널문자를 붙여준다. 파일을 읽는 중 오류가 발생하면 NULL 포인터를 반환한다.

```
char* fgets(char *s, int n, FILE *fp);
```
fp가 가리키는 파일로부터 한 줄을 읽어서 문자열 포인터 s에 저장하고 s를 반환한다.

fputs() 함수는 텍스트 파일에서 한 줄씩 출력하며 문자열 끝을 나타내는 널문자는 출력하지 않는다. 성공적으로 출력한 경우에는 출력한 바이트 수를 반환하고 오류가 발생하면 EOF 값을 반환한다.

```
int fputs(const char *s, FILE *fp);
```
문자열 s를 fp가 가리키는 파일에 출력한다. 성공하면 출력한 바이트 수를 실패하면 EOF 값을 반환한다.

| 핵심 개념 |

fgets() 함수와 fputs() 함수를 이용하여 텍스트 파일에서 한 줄씩 읽거나 쓸 수 있다.

파일 내용과 줄번호 출력 예제

프로그램 4.3은 명령줄 인수로 받은 텍스트 파일의 내용을 줄번호를 붙여 출력한다. 이 프로그램은 다음과 같이 진행한다.

- 먼저 11번 줄에서 명령줄 인수 개수를 확인하고 16번 줄에서 첫 번째 명령줄 인수로 받은 파일을 읽기 전용으로 연다.
- 21번 줄에서 fgets() 함수를 이용하여 이 파일로부터 한 줄씩 읽는다.
- 22,23번 줄에서 한 줄을 읽을 때마다 줄번호(line)를 증가시키고 읽은 줄을 줄번호와 함께 프린트한다.
- 이 과정을 파일끝을 만날 때까지 반복한다.

읽은 줄이 새줄문자를 포함하고 있으므로 printf() 함수로 프린트할 때 새줄문자를 사용하지 않았다. 이 프로그램을 이 프로그램 소스 파일에 대해서 실행하면 아래와 같이 모든 줄 앞에 줄번호가 함께 출력된다.

▸▸ 프로그램 4.3 line.c

```
1  #include <stdio.h>
2  #define MAXLINE 80
3
4  /* 텍스트 파일에 줄 번호 붙여 프린트한다. */
5  int main(int argc, char *argv[])
6  {
7     FILE *fp;
8     int line = 0;
9     char buffer[MAXLINE];
10
11    if (argc != 2) {
12       fprintf(stderr, "사용법:line 파일이름\n");
```

```
        return 1;
    }

    if ( (fp = fopen(argv[1],"r")) == NULL) {
        fprintf(stderr, "파일 열기 오류\n");
        return 2;
    }

    while (fgets(buffer, MAXLINE, fp) != NULL) {  // 한 줄 읽기
        line++;
        printf("%3d %s", line, buffer); // 줄번호와 함께 프린트
    }
    return 0;
}
```

실행결과

```
$ line line.c
```

포맷 입출력

텍스트 파일에 포맷을 정해서 입출력 하는 것도 가능하다. fprintf() 함수를 이용하여 파일에 데이터를 지정한 포맷대로 출력할 수 있다. printf() 함수는 표준출력(stdout)에 출력하는 반면에 fprintf() 함수는 파일에 출력한다는 점만 다를 뿐 두 함수의 사용법은 거의 같다. fscanf() 함수를 이용하여 scanf() 함수와 같은 방법으로 파일로부터 데이터를 읽어 들일 수 있다. scanf() 함수는 표준입력(stdin)으로부터 입력을 받는 반면에 fscanf() 함수는 파일로부터 입력을 받는다는 점만 다르다. 이들 사이의 관계는 다음과 같이 표시할 수 있다.

```
printf(char *format, ...) ≡ fprintf(stdout, char *format, ...)
scanff(char *format, ...) ≡ fscanf(stdin, char *format, ...)
```

물론 fscanf() 함수나 fprintf() 함수를 사용하려면 먼저 해당 파일을 읽기 혹은 쓰기 모드로 열어야 한다. 각 함수에 대한 설명은 다음과 같다.

```
int fprintf(FILE *fp, const char *format, ...);
```
fp는 출력할 파일을 가리키는 FILE 포인터이고 두 번째부터의 인자는 printf 함수와 동일하다.

```
int fscanf(FILE *fp, const char *format, ...);
```
fp는 입력받을 파일을 가리키는 FILE 포인터이고 두 번째부터의 인자는 scanf 함수와 동일하다. 읽은 개수를 반환한다.

예를 들어, 다음 문장은 FILE 포인터 fp가 가리키는 파일로부터 하나의 정수를 읽어 들여 정수형 변수 i에 저장한다.

```
fscanf(fp, "%d", &i);
```

이와 유사하게 일단 파일을 쓰기 모드로 연 후에는, fprintf() 함수를 이용하여 파일에 데이터를 쓸 수 있다. 다음 문장은 fp가 가리키는 파일에 정수 i 값을 출력한다.

```
fprintf(fp, "%d", i);
```

학생 정보를 읽어 텍스트 파일에 저장하는 예제

프로그램 4.4는 키보드로부터 학생 정보를 입력받아 이를 fprintf() 함수를 이용하여 텍스트 파일에 저장한다. 이 프로그램은 다음과 같이 진행한다.

- 15번 줄에서 명령줄 인수로 받은 파일을 쓰기 전용으로 연다.
- 18번 줄에서 키보드로부터 scanf() 함수를 이용하여 학번, 이름, 점수를 입력받고
- 19번 줄에서 이를 fprintf() 함수를 이용하여 파일에 저장한다.

scanf() 함수를 사용할 때 반환값으로 받은 입력 개수를 확인하여 입력이 정상적으로 이루어졌는지 확인한다.

▸▸ 프로그램 4.4 fprint.c

```
1  #include <stdio.h>
2  #include "student.h"
3
4  /* 학생 정보를 읽어 텍스트 파일에 저장한다. */
```

```
5 int main(int argc, char* argv[])
6 {
7   struct student rec;
8   FILE *fp;
9
10  if (argc != 2) {
11     fprintf(stderr, "사용법: %s 파일이름\n", argv[0]);
12     return 1;
13  }
14
15  fp = fopen(argv[1], "w");
16  printf("%-9s %-7s %-4s\n", "학번",  "이름",  "점수");
17
18  while (scanf("%d %s %d", &rec.id, rec.name, &rec.score)==3)
19     fprintf(fp, "%d %s %d ", rec.id, rec.name, rec.score);
20
21  fclose(fp);
22  return 0;
23 }
```

실행결과

```
$ fprint stud.txt
학번     이름   점수
1001001 박연아 96
1001003 김태환 85
1001006 김현진 88
1001009 장샛별 75
^D
```

텍스트 파일로부터 학생 레코드를 읽어 출력하는 예제

프로그램 4.5는 반대로 명령줄 인수로 받은 텍스트 파일에 저장된 학생 레코드를 읽어 모니터에 출력한다. 이 프로그램은 다음과 같이 진행한다.

- 15번 줄에서 명령줄 인수로 받은 파일을 읽기 전용으로 연다.
- 18번 줄에서 이 파일에 저장된 학생 레코드를 `fscanf()` 함수를 이용하여 읽고
- 19번 줄에서 이 레코드의 정보를 모니터에 출력한다.

fscanf() 함수를 사용할 때 반환값으로 받은 입력 개수를 확인하여 입력이 정상적으로 이루어졌는지 확인한다. 실행결과를 보면 텍스트 파일에 저장된 학생 레코드가 정상적으로 출력된 것을 확인할 수 있다.

▸▸ 프로그램 4.5 **fscan.c**

```c
#include <stdio.h>
#include "student.h"

/* 텍스트 파일에서 학생 정보를 읽어 프린트한다. */
int main(int argc, char* argv[])
{
  struct student rec;
  FILE *fp;

  if (argc != 2) {
     fprintf(stderr, "사용법: %s 파일이름\n", argv[0]);
     return 1;
  }

  fp = fopen(argv[1], "r");
  printf("%-9s %-7s %-4s\n", "학번",  "이름",  "점수");

  while (fscanf(fp,"%d %s %d", &rec.id,rec.name,&rec.score)==3)
     printf("%d %s %d\n", rec.id, rec.name, rec.score);

  fclose(fp);
  return 0;
}
```

실행결과

```
$ fscan stud.txt
학번      이름   점수
1001001 박연아 96
1001003 김태환 85
1001006 김현진 88
1001009 장샛별 75
```

4.3 이진 파일

이진 파일과 블록 단위 입출력

텍스트 파일은 파일 내용이 모두 문자로만 이루어진 반면에 **이진 파일**(binary file)은 모든 데이터를 컴퓨터 내부의 이진수 표현 그대로 저장한 파일로 이미지 파일이나 실행 파일 등이 이진 파일이다. 또한 이진 파일을 이용하여 메모리에 저장된 변수 값을 이진수 표현 그대로 파일에 저장할 수도 있다.

이진 파일로부터 입출력을 하기 위해서는 먼저 이진 파일을 열어야 하는데 이를 위해 표 4.2의 이진 파일 입출력 모드를 사용하여 fopen() 호출을 하여야 한다. 각 모드의 의미와 동작은 이진 파일이라는 점을 제외하고는 텍스트 파일의 그것과 같다.

표 4.2 이진 파일 입출력 모드

모드	의미	파일이 없으면	파일이 있으면
"rb"	읽기 전용(read)	NULL 반환	정상 동작
"wb"	쓰기 전용(write)	새로 생성	기존 내용 삭제
"ab"	추가 쓰기(append)	새로 생성	기존 내용 뒤에 추가
"rb+"	읽기와 쓰기	NULL 반환	정상 동작
"wb+"	읽기와 쓰기	새로 생성	기존 내용 삭제
"ab+"	추가를 위한 읽기와 쓰기	새로 생성	기존 내용 뒤에 추가

이진 파일에는 한꺼번에 일정한 크기의 연속된 데이터(블록)를 읽거나 쓸 수 있다. 예를 들어 한 번에 100 바이트씩 읽거나 쓸 수 있으며, 필요하면 한 번에 하나의 레코드 크기만큼 읽거나 쓰는 것도 가능하다. fread() 함수와 fwrite() 함수는 한 번에 일정한 크기의 연속된 데이터(블록)를 이진 파일에서 읽거나 이진 파일에 쓰기 위한 함수이다. 각 함수에 대한 설명은 다음과 같다. 이 두 함수는 size 크기의 블록을 n개 읽거나 쓰며 실제 읽거나 쓴 블록의 개수를 반환한다는 점에 주의해야 한다. 또한 fread() 함수를 사용할 때 주의할 점은 buf가 가리키는 버퍼의 크기가 읽어 올 데이터의 크기와 같거나 커야 한다는 점이다.

```
int fread(void *buf, int size, int n, FILE *fp);
```
fp가 가리키는 파일에서 size 크기의 블록을 n개 읽어서 포인터 buf가 가리키는 곳에 저장한다. 읽어온 블록의 개수를 반환한다.

```
int fwrite(const void *buf, int size, int n, FILE *fp);
```
파일 포인터 fp가 가리키는 파일에 buf에 저장되어 있는 size 크기의 블록을 n개 기록한다. 성공적으로 출력한 블록 개수를 반환한다.

| 핵심 개념 |

fread()와 **fwrite()** 함수는 한 번에 일정한 크기의 데이터를 파일에 읽거나 쓴다.

fwrite() 함수도 기본적으로 연속된 바이트를 파일에 쓰는 함수이고 첫 번째 매개변수로 연속된 바이트에 대한 시작주소(포인터)를 받는다. 어떤 자료형의 데이터이던지 그 데이터를 연속된 바이트로 해석해서 파일에 저장한다. 이진 파일에 저장된 데이터로부터 원래 데이터를 복원하기 위해서는 **fread()** 함수를 이용하여 파일에 저장된 데이터를 연속된 바이트 형태로 읽어서 원래 자료형 변수에 순서대로 저장하면 원래 데이터를 그대로 복원할 수 있다.

예를 들어 학생 레코드를 파일에 저장하려면 학생 레코드(**rec**)의 시작주소와 함께 **fwrite()** 함수를 호출하면 이 함수는 그림 4.5와 같이 학생 레코드를 연속된 바이트로 간주하여 그 내용을 파일에 순서대로 저장한다.

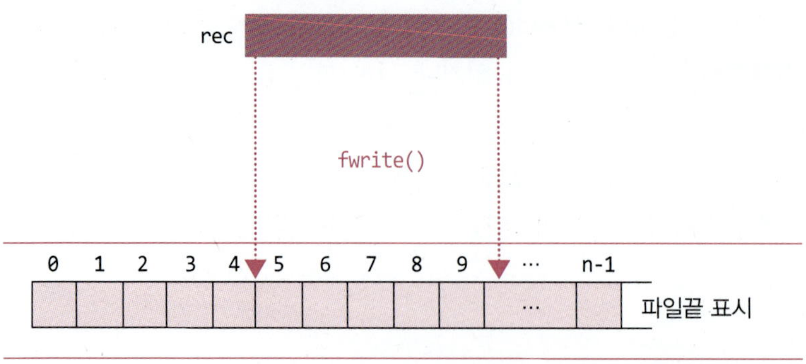

그림 4.5 파일에 rec 구조체 쓰기

학생 레코드를 파일에 저장하는 예제

프로그램 4.6은 구조체를 이용하여 학생 레코드(학번, 이름, 점수)를 파일에 저장한다. 이 프로그램은 다음과 같이 진행한다.

- 15번 줄에서 명령줄 인수로 받은 파일을 이진 파일 쓰기 전용으로 연다.
- 17번 줄에서 학생 레코드를 rec 구조체에 입력받은 후에
- 18번 줄에서 이 구조체의 시작주소(&rec)와 함께 fwrite() 함수를 호출한다.
- 이 함수는 rec 구조체를 연속된 바이트로 간주하여 그 내용을 파일에 순서대로 저장한다.

▸▸ 프로그램 4.6 student.h

```
#define START_ID 1001001
struct student {
   int id;
   char name[20];
   short score;
};
```

stcreate1.c

```
1  #include <stdio.h>
2  #include "student.h"
3
4  /* 구조체를 이용하여 학생 레코드를 파일에 저장한다.  */
5  int main(int argc, char* argv[])
6  {
7     struct student rec;
8     FILE *fp;
9
10    if (argc != 2) {
11       fprintf(stderr, "사용법: %s 파일이름\n", argv[0]);
12       return 1;
13    }
14
15    fp = fopen(argv[1], "wb");
```

```
    printf("%-9s %-7s %-4s\n", "학번", "이름", "점수");
    while (scanf("%d %s %d", &rec.id, rec.name, &rec.score)==3)
        fwrite(&rec, sizeof(rec), 1, fp);

    fclose(fp);
    return 0;
}
```

실행결과

```
$ stcreate1 stdb1
학번      이름    점수
1001001 박연아 96
1001003 김태환 85
1001006 김현진 88
1001009 장샛별 75
^D
```

학생 레코드를 읽어서 출력하는 예제

프로그램 4.7은 파일에 저장된 학생 레코드를 순서대로 읽어서 출력한다. 이 프로그램은 다음과 같이 진행한다.

- 15번 줄에서 명령줄 인수로 받은 파일을 이진 파일 읽기 전용으로 연다.
- 24번 줄에서 fread() 함수를 이용하여 파일로부터 학생 레코드를 하나씩 읽어서 그림 4.6과 같이 읽은 내용을 rec 구조체의 시작 주소(&rec)에서부터 연속적으로 저장한다. 이렇게 하면 파일에 연속된 바이트 형태로 저장된 원래 레코드가 rec 구조체에 그대로 복원된다.
- 이제 26번 줄에서 읽은 레코드를 출력하면 된다.

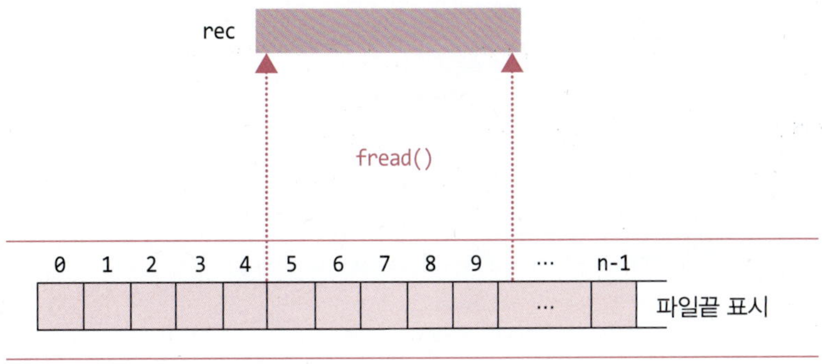

그림 4.6 파일로부터 레코드 읽기

▸▸ 프로그램 4.7 stprint.c

```
#include <stdio.h>
#include "student.h"

/* 파일에 저장된 모든 학생 레코드를 읽어서 출력한다. */
int main(int argc, char* argv[])
{
   struct student rec;
   FILE *fp;

   if (argc != 2) {
      fprintf(stderr, "사용법: %s 파일이름\n", argv[0]);
      return 1;
   }

   if ((fp = fopen(argv[1], "rb")) == NULL ) {
      fprintf(stderr, "파일 열기 오류\n");
      return 2;
   }

   printf("-----------------------------------\n");
   printf("%12s %8s %8s\n", "학번", "이름", "점수");
   printf("-----------------------------------\n");

   while (fread(&rec, sizeof(rec), 1, fp) > 0)
      if (rec.id != 0)
```

```
        printf("%10d %6s %6d\n", rec.id, rec.name, rec.score);

    printf("-----------------------------------\n");
    fclose(fp);
    return 0;
}
```

실행결과

```
$ stprint stdb1
-----------------------------------
      학번   이름  점수
-----------------------------------
  1001001 박연아    96
  1001003 김태환    85
  1001006 김현진    88
  1001009 장샛별    75
-----------------------------------
```

4.4 임의 접근

지금까지 살펴본 입출력 함수들은 모두 파일의 처음부터 끝까지 순차적으로(sequentially) 진행하면서 데이터를 읽거나 쓴다. 읽어 들이는 바이트 수만큼 현재 파일 위치는 자동으로 증가하고 파일끝(EOF)을 만나면 동작을 멈추는 방식이었다. 그러나 파일의 크기가 매우 크고 원하는 데이터가 파일 중간 중간에 있을 때 이러한 **순차 접근**(sequential access) 방법은 매우 불편하고 자료 추출에 많은 시간을 낭비한다.

따라서 사용자가 원하는 자료가 있는 곳을 직접 **임의 접근**(random access) 할 수 있는 방법이 필요하다. 임의 접근 방법은 파일 내의 위치에 관계없이 fseek() 함수를 사용하여 입출력할 위치로 바로 이동하여 입출력하는 방식이다. 임의 접근을 위해서는 파일의 종류와 관계없이 이진 파일로 열기를 해야 함을 주의해야 한다.

임의 접근 fseek()

파일에 대한 임의 접근을 이해하기 위해서는 현재 파일 위치를 이해해야 한다. 열린 파일에서 다음 읽거나 쓸 파일 내 위치를 **현재 파일 위치**(current file position)라고 하며 시스템 내에 **파일 위치 포인터**(file position pointer)가 그림 4.7처럼 그 파일의 현재 파일 위치를 가리키고 있다. fseek() 함수는 현재 파일 위치를 원하는 곳으로 설정할 수 있다.

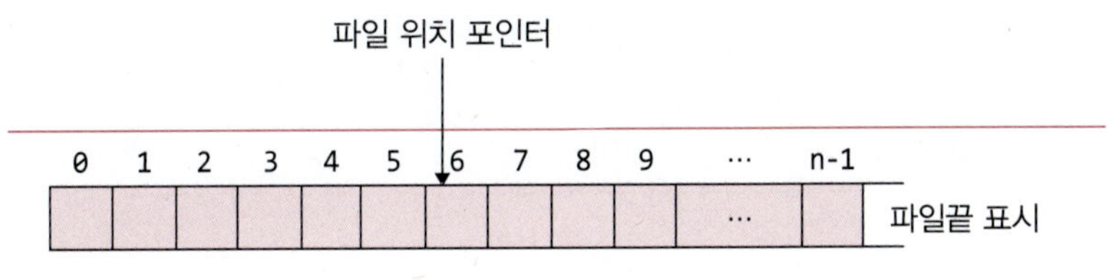

그림 4.7 현재 파일 위치

| 핵심 개념 |

열린 파일에서 다음 읽거나 쓸 파일 내 위치를 현재 파일 위치라고 하며 파일 위치 포인터가 그 파일의 현재 파일 위치를 가리키고 있다.

C 표준 라이브러리는 현재 파일 위치를 조정하기 위한 **fseek()** 함수, 현재 파일 위치를 파일 시작점으로 이동시키는 **rewind()** 함수, 현재 파일 위치를 알려주는 **ftell()** 함수 등을 제공한다. 각 함수에 대한 설명은 다음과 같다.

```
# incldue <stdio.h>
fseek(FILE *fp, long offset, int mode);
fp가 가리키는 파일의 현재 파일 위치를 기준점 mode을 기준으로 offset만큼 이동시킨다.
```

```
# incldue <stdio.h>
rewind(FILE *fp);
fp가 가리키는 파일의 현재 파일 위치를 파일 시작점으로 이동시킨다.
```

```
# incldue <stdio.h>
ftell(FILE *fp);
fp가 가리키는 파일의 현재 파일 위치를 반환한다.
```

fseek() 함수는 그림 4.8에서 보는 것처럼 파일의 현재 파일 위치를 기준점 **mode**을 기준으로 **offset** 만큼 이동시킨다.

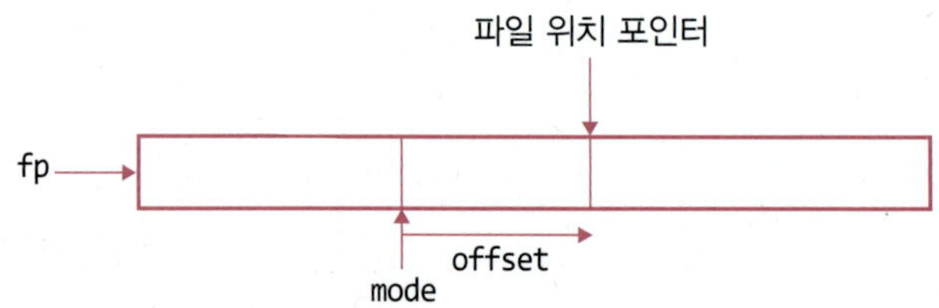

그림 4.8 fseek() 함수의 역할

기준점 mode는 표 4.4에 있는 것처럼 파일 시작(SEEK_SET), 현재 파일 위치(SEEK_CUR), 파일 끝(SEEK_END)을 기준으로 할 수 있는데 이 모드 상수는 <stdio.h>에 각각 0, 1, 2로 정의되어 있다.

표 4.4 fseek() 함수의 모드

기호	값	의미
SEEK_SET	0	파일 시작
SEEK_CUR	1	현재 파일 위치
SEEK_END	2	파일 끝

| 핵심 개념 |

fseek() 함수는 현재 파일 위치를 지정한 위치로 이동시킨다.

fseek() 함수 사용 예

fseek() 함수를 사용하여 다음과 같이 다양하게 현재 파일 위치를 이동시킬 수 있다.

- fseek(fp, 0L, SEEK_SET); 파일 시작으로 이동(rewind)
- fseek(fp, 100L, SEEK_SET); 파일 시작에서 100바이트 위치로 이동
- fseek(fp, 0L, SEEK_END); 파일 끝으로 이동(append)

일련의 레코드를 저장하고 있는 파일에 대해 다음과 같이 현재 파일 위치를 조정할 수 있다. rec는 레코드를 저장하기 위한 구조체 변수라고 가정하자.

- fseek(fp, n * sizeof(rec), SEEK_SET); n+1번째 레코드 시작위치로 이동
- fseek(fp, sizeof(rec), SEEK_CUR); 다음 레코드 시작위치로 이동
- fseek(fp, -sizeof(rec), SEEK_CUR); 전 레코드 시작위치로 이동

또한 필요하면 다음과 같이 파일끝 이후로도 이동할 수 있으며 이 경우에 한 레코드 크기만큼의 빈공간(hole)이 만들어진다.

- fseek(fp, sizeof(rec), SEEK_END); 파일끝에서 한 레코드 다음 위치로 이동

예를 들어 파일에 2개의 레코드를 순서대로 저장한 후에 위와 같이 fseek() 함수를 호출하여 하나의 빈공간을 만들고 다시 1개의 레코드를 저장한다면 파일의 내용은 그림 4.9와 같다.

```
fwrite(&rec1, sizeof(rec), 1, fp);
fwrite(&rec2, sizeof(rec), 1, fp);
fseek(fp, sizeof(rec), SEEK_END);
fwrite(&rec3, sizeof(rec), 1, fp);
```

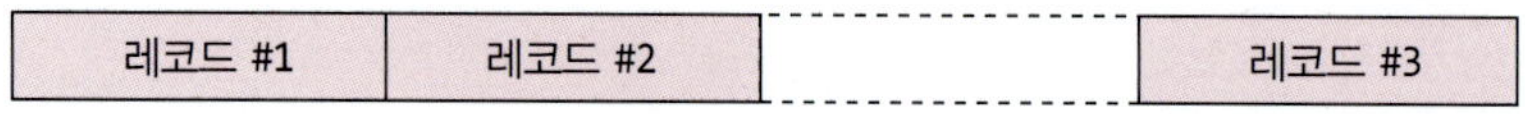

그림 4.9 파일 내 레코드 저장 예

이 예와 같이 파일끝을 지나서 자유롭게 현재 파일 위치를 이동시킬 수 있는 기능은 레코드를 파일끝에 관계없이 계산된 위치에 저장하는 데 매우 유용하다. 다음 예제 프로그램에서도 이러한 기능을 사용할 것이다.

앞에서 살펴본 학생 레코드 예제 프로그램 4.4는 학생 레코드를 텍스트 파일 형태로 저장하였으며 예제 프로그램 4.6은 이진 파일 형태로 저장하였다. 그러나 이 프로그램들은 학생 레코드를 입력된 순서대로 순차적으로 저장하기 때문에 특정 학생 레코드를 검색하기 어렵다. 특정 학생을 검색하기 위해서는 학생 레코드를 처음부터 하나씩 읽으면서 해당 학생인지 검사해야 하는데 최악의 경우 파일 내의 모든 학생의 레코드를 다 읽어 보아야 한다.

임의 접근을 이용한 학생 레코드 저장

프로그램 4.8은 학생 정보를 입력받아 레코드 형태로 파일에 저장하여 간단한 학생 데이터베이스를 만드는 프로그램으로 블록 입출력과 임의 접근 기능을 이용하여 특정 학생을 학번을 이용하여 바로 검색할 수 있도록 한다.

이 프로그램은 다음과 같이 진행한다.

- 15번 줄에서 명령줄 인수로 받은 파일을 쓰기 전용으로 열고 18번 줄에서 학생의 레코드인 학번, 이름, 점수를 입력 받는다.
- 19번 줄에서 학번 검색의 편의를 위하여 입력받은 학생 레코드의 파일 내 저장할 위치를 그림 4.10과 같이 학번(rec.id)을 이용하여 시작학번(START_ID)에 대한 상대위치로 결정하고 fseek() 함수를 이용하여 이 위치로 이동한다.

```
(rec.id - START_ID)*sizeof(rec)
|---------------....--------------->
[  ][  ][  ][  ][  ][  ][  ]...[  ][  ][  ][  ][  ]
```

그림 4.10 학생 레코드의 시작 위치 계산

- 20번 줄에서 fwrite() 함수를 이용해서 해당 레코드를 파일에 쓴다. fwrite() 함수는 파일에 저장할 rec 구조체의 시작 주소(&rec)를 받아 이 주소부터 시작하여 rec 내의 데이터를 그림 4.11과 같이 파일에 쓴다.

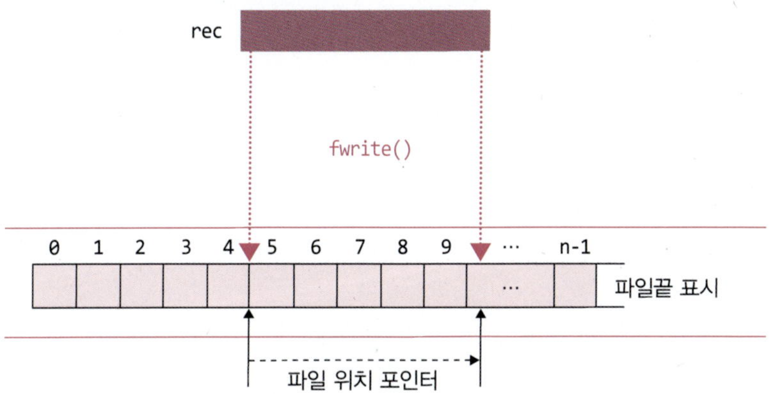

그림 4.11 레코드 쓰기

▸▸ 프로그램 4.8 stcreate2.c

```
1 #include <stdio.h>
2 #include "student.h"
3
4 /* 구조체를 이용하여 학생 레코드를 파일에 저장한다. */
5 int main(int argc, char* argv[])
6 {
7    struct student rec;
8    FILE *fp;
9
10   if (argc != 2) {
11      fprintf(stderr, "사용법: %s 파일이름\n", argv[0]);
```

```
        return 1;
    }

    fp = fopen(argv[1], "wb");

    printf("%-9s %-7s %-4s\n", "학번", "이름", "점수");
    while (scanf("%d %s %d",&rec.id, rec.name, &rec.score)==3) {
        fseek(fp, (rec.id - STARTID)*sizeof(rec), SEEK_SET);
        fwrite(&rec, sizeof(rec), 1, fp);
    }

    fclose(fp);
    return 0;
}
```

실행결과

```
$ stcreate2 stdb2
학번     이름   점수
1001001 박연아 96
1001003 김태환 85
1001006 김현진 88
1001009 장샛별 75
^D
```

임의 접근을 이용한 학생 레코드 검색

프로그램 4.6에서는 파일에 저장된 학생 레코드를 순차적으로 모두 읽어서 출력하였다. 이번에는 임의 접근 기능을 이용해서 원하는 학생의 레코드만을 읽어서 출력하는 프로그램을 작성해보자.

이 프로그램은 다음과 같이 진행한다.

- 이 프로그램은 17번 줄에서 명령줄 인수로 받은 파일을 이진 파일 읽기 전용으로 열고,
- 24번 줄에서 검색할 학번(id)을 입력받아
- 25번 줄에서 해당 레코드의 위치를 다음과 같이 시작학번의 상대위치로 계산한다.

```
(id - START_ID) * sizeof(rec)
```

예를 들어 학번이 1001001부터 시작한다고 가정하면 학번이 1001003인 학생의 레코드의 위치는 파일 시작으로부터 2개의 레코드 바로 뒤가 될 것이다. 이제 `fseek()` 함수를 이용하여 해당 위치로 현재 파일 위치를 이동한다.

- 26번 줄에서 `fread()` 함수를 이용하여 해당 레코드를 읽는다. 한 가지 주의할 점은 파일 내에 학생 레코드는 학번에 따라 지정된 위치에 저장됨으로 중간 중간에 빈공간이 있을 수 있다는 점이다. 따라서 읽은 학생 레코드가 빈 레코드가 아니면(`rec.id != 0`) 그 내용을 출력한다.
- 33,34번 줄에서 계속 여부를 물은 후에 입력에 따라 계속 진행하거나 끝낸다.

실행결과에서 학번을 입력하면 원하는 학생의 레코드가 출력됨을 확인할 수 있다.

▸▸ 프로그램 4.9 **stquery.c**

```
1  #include <stdio.h>
2  #include "student.h"
3
4  /* 파일에 저장된 특정 학생의 정보를 검색해서 출력한다. */
5  int main(int argc, char *argv[])
6  {
7     struct student rec;
8     char c;
9     int id;
10    FILE *fp;
11
12    if (argc != 2) {
13       fprintf(stderr, "사용법: %s 파일이름\n", argv[0]);
14       return 1;
15    }
16
17    if ((fp = fopen(argv[1], "rb")) == NULL ) {
18       fprintf(stderr, "파일 열기 오류\n");
19       return 2;
20    }
21
22    do {
```

```
        printf("검색할 학생의 학번 입력: ");
        if (scanf("%d", &id) == 1) {
            fseek(fp, (id - START_ID) * sizeof(rec), SEEK_SET);
            if ((fread(&rec,sizeof(rec),1,fp)>0) && (rec.id!=0))
                printf("학번: %8d 이름: %4s 점수: %4d\n",
                        rec.id, rec.name, rec.score);
            else printf("레코드 %d 없음\n", id);
        }
        else printf("입력 오류");

        printf("계속하겠습니까?(Y/N)");
        scanf(" %c", &c);
    } while (c == 'Y');

    fclose(fp);
    return 0;
}
```

실행결과

```
$ stquery stdb2
검색할 학생의 학번 입력: 1001003
학번:  1001003 이름: 김태환 점수:   85
계속하겠습니까?(Y/N)Y
검색할 학생의 학번 입력: 1001006
학번:  1001006 이름: 김현진 점수:   88
계속하겠습니까?(Y/N)N
```

임의 접근을 이용한 레코드 수정

이번에는 학생의 점수를 수정하는 경우처럼 파일에 저장되어 있는 학생의 레코드를 수정하는 경우를 생각해보자. 파일에 저장된 레코드를 수정하려면 다음 과정을 거쳐야 한다.

(1) 파일로부터 해당 레코드를 읽어서

(2) 이 레코드를 수정한 후에

(3) 수정된 레코드를 다시 파일 내의 원래 위치에 써야 한다.

이때 주의해야 할 점은 파일로부터 레코드를 읽으면 현재 파일 위치가 그림 4.12처럼 다음 레코드의 시작 위치로 이동한다는 점이다. 따라서 파일로부터 레코드를 읽은 후에 레코드를 수정하고 수정된 레코드를 파일에 쓰기 전에 반드시 파일 위치를 그림 4.13처럼 레코드 크기만큼 뒤로 이동해야 한다. 이 후에 수정된 레코드를 그림 4.14처럼 파일에 쓰면 최종적으로 파일에 저장된 레코드가 수정된다.

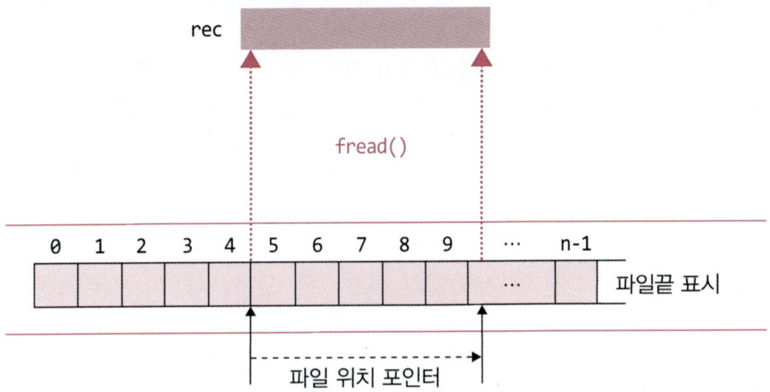

그림 4.12 레코드 읽기

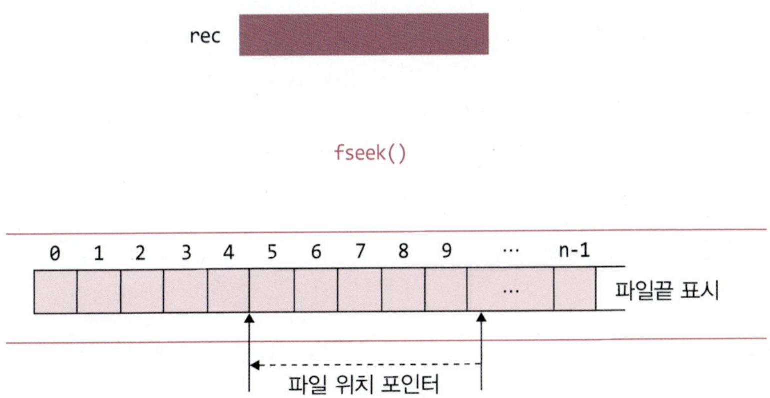

그림 4.13 파일 위치 재조정

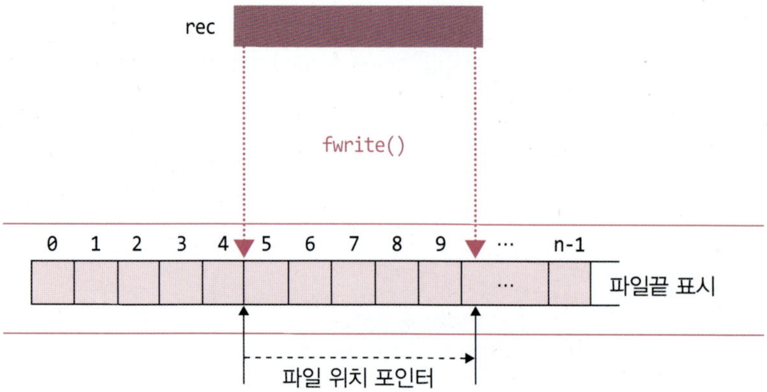

그림 4.14 레코드 쓰기

임의 접근을 이용한 학생 레코드 수정 예제

프로그램 4.10은 파일에 저장된 해당 학생의 레코드를 수정한다. 이 프로그램은 다음과 같이 진행한다.

- 먼저 17번 줄에서 명령줄 인수로 받은 파일을 이진 파일 읽기 쓰기 전용으로 열고,
- 24번 줄에서 수정할 학생의 학번을 입력받아 25번 줄에서 fseek() 함수를 이용하여 해당 학생의 레코드 위치로 이동한다.
- 26번 줄에서 fread() 함수를 이용하여 해당 레코드를 읽어 27번 줄에서 학생의 정보를 출력한 후에 30번 줄에서 새로운 점수를 입력받는다.
- 31번 줄에서 수정된 레코드를 파일에 쓰기 전에 반드시 파일 위치를 다음 코드처럼 레코드 하나 크기만큼 뒤로 이동한다.

```
fseek(fp, -sizeof(rec), SEEK_CUR);
```

- 이제 32번 줄에서 새로운 점수를 포함하는 수정된 레코드를 fwrite() 함수를 이용하여 파일에 다시 씀으로써 파일에 저장된 학생 레코드를 수정한다.
- 39번 줄에서 계속 여부를 입력받아 계속 진행하거나 끝낸다.

실행결과를 보면 학번을 이용하여 해당 학생의 정보를 확인하고 점수를 수정하는 과정을 확인할 수 있다.

▸▸ 프로그램 4.10 stupdate.c

```c
#include <stdio.h>
#include "student.h"

/* 파일에 저장된 학생 레코드를 수정한다. */
int main(int argc, char *argv[])
{
   struct student rec;
   int id;
   char c;
   FILE *fp;

   if (argc != 2) {
      fprintf(stderr, "사용법: %s 파일이름\n", argv[0]);
      return 1;
   }

   if ((fp = fopen(argv[1], "rb+")) == NULL) {
      fprintf(stderr, "파일 열기 오류\n");
      return 2;
   }

   do {
      printf("수정할 학생의 학번 입력: ");
      if (scanf("%d", &id) == 1) {
         fseek(fp, (id - START_ID) * sizeof(rec), SEEK_SET);
         if ((fread(&rec,sizeof(rec),1,fp)>0) && (rec.id!=0)) {
            printf("학번: %8d 이름: %4s 점수: %4d\n",
                     rec.id, rec.name, rec.score);
            printf("새로운 점수 입력: ");
            scanf("%d", &rec.score);
            fseek(fp, -sizeof(rec), SEEK_CUR);
            fwrite(&rec, sizeof(rec), 1, fp);
         }
         else printf("레코드 %d 없음\n", id);
      }
      else printf("입력오류\n");

```

```
        printf("계속하겠습니까?(Y/N)");
        scanf(" %c",&c);
    } while (c == 'Y');
    fclose(fp);
    return 0;
}
```

실행결과

```
$ stupdate stdb2
수정할 학생의 학번 입력: 1001009
학번:  1001009 이름: 장샛별 점수:   75
새로운 점수 입력: 85
계속하겠습니까?(Y/N)N
```

4.5 버퍼 입출력

버퍼의 필요성

C 표준 입출력 라이브러리에서는 입출력 최적화를 위해 버퍼를 할당하여 사용한다. 버퍼를 사용하는 목적은 실제 디스크에 입출력하는 read (), write ()와 같은 시스템 호출 횟수를 최소화함으로써 시간이 오래 걸리는 디스크 입출력을 최소화하여 입출력 시스템 성능을 향상시키는 것이다.

예를 들어 fputc() 함수는 한 번에 한 글자씩 파일에 출력한다. 그러나 한 글자씩 출력할 때마다 파일에 직접 write() 시스템 호출을 하는 것은 매우 비효율적이다. 따라서 그림 4.15에서처럼 fputc() 호출을 할 때마다 직접 파일에 쓰지 않고 그 내용을 버퍼에 저장한다. 이 과정을 반복하여 버퍼가 꽉 차게 되면 그때 한 번에 write() 시스템 호출을 하여 버퍼에 저장된 내용을 모두 디스크에 저장한다. 이렇게 함으로써 디스크 입출력을 최소화 할 수 있다.

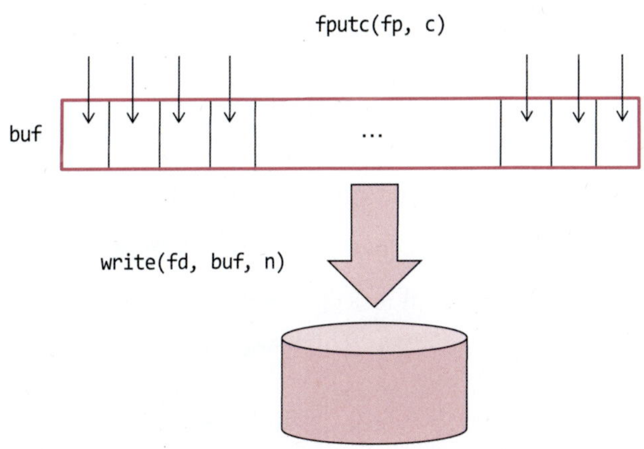

그림 4.15 버퍼링의 원리

버퍼 방식

C 표준 입출력 라이브러리에서 사용하는 버퍼 방식은 다음과 같이 3가지가 있다.

● 완전 버퍼(fully buffered) 방식

버퍼를 이용하여 디스크 입출력을 수행하는 방식으로 파일 입출력에 주로 사용된다. 파일 입출력의 경우에는 시스템 성능 향상을 위해서 가능하면 실제 디스크 입출력 횟수를 최소화 하여야 한다. 따라서 출력의 경우 보통 버퍼가 꽉 찰 때까지는 출력 내용을 버퍼에 저장하고 버퍼가 꽉 찼을 때 write()를 사용하여 한 번에 디스크에 쓴다. 보통 버퍼의 크기는 한 번의 디스크 입출력이 이루어지는 단위인 한 블록으로 설정된다.

● 줄 버퍼(line buffered) 방식

새줄문자('\n')를 만나면 실제 입출력을 수행하는 방식으로 터미널을 통한 표준 입출력(stdin과 stdout)에서 주로 사용된다. 보통 표준입력의 경우에는 사용자가 표준입력을 통해 한 줄을 입력하고 엔터키를 치면 한 줄의 끝으로 인식하여 그 때 실제 입력이 이루어진다.

● 버퍼 미사용(unbuffered) 방식

입출력에서 버퍼를 사용하지 않는 방식으로 표준오류(stderr)에서 주로 사용된다. 표준오류를 통한 오류 메시지의 경우에는 시급하게 출력되어야 하므로 일반적으로 버퍼를 사용하지 않는다.

버퍼 방식 조사 예제

프로그램 4.11은 명령줄 인수로 받은 파일의 버퍼 사용 방식을 조사하여 출력한다. 이 프로그램은 명령줄 인수로 "stdin", "stdout", "stderr" 혹은 해당 파일 이름을 받을 수 있으며 명령줄 인수에 따라 표준입력, 표준출력, 표준오류, 혹은 파일의 버퍼 사용 방식을 조사하여 출력한다. 이 프로그램은 다음과 같이 진행한다.

- 먼저 11, 16, 18번 줄에서 명령줄 인수가 "stdin", "stdout", "stderr"인지 조사하고 fp를 해당 파일 포인터로 설정한다.
- 20번 줄은 명령줄 인수가 파일 이름인 경우이므로 파일 열기를 수행하고 fp를 반환된 파일 포인터로 설정한다.
- 이제 해당 스트림(열린 파일)의 버퍼 사용 방식을 조사하여 출력한다. 스트림의 버퍼 사용 방식은 FILE 구조체의 플래그 필드에 저장되므로 버퍼 사용 방식을 파악하기 위해서 FILE 구조체의 플래그 필드(fp->_flags)를 버퍼 사용 방식을 나타내는 비트 패턴과 비교하여 조사한다.
- 예를 들어 버퍼 미사용 방식의 경우에는 27번 줄에서 버퍼 미사용 방식을 나타내는 비

트 패턴 _IO_UNBUFFERED와 이 플래그 필드를 비트 &(AND) 연산하여 조사한다.

- 줄 사용 방식의 경우에도 29번 줄에서 비슷하게 조사하며 이 두 가지 경우가 아니면 완전 버퍼 방식이다.
- 또한 34번 줄에서 버퍼의 크기(fp->_IO_buf_end - fp->_IO_buf_base)를 계산하여 출력한다.

실행결과를 보면 표준입력과 표준출력은 줄 버퍼를 사용하고 크기는 1024 바이트이며 표준오류는 버퍼를 사용하지 않으며 파일의 경우에는 완전 버퍼를 사용하고 크기는 4096 바이트임을 확인할 수 있다.

▸▸ 프로그램 4.11 **buffer.c**

```
1  #include <stdio.h>
2  #include <stdlib.h>
3  #include <string.h>
4  #define _IO_UNBUFFERED 0x0002   // gcc version 9.3.0(우분투)에서 필요함
5  #define _IO_LINE_BUF 0x0200     // gcc version 9.3.0(우분투)에서 필요함
6
7  int main(int argc, char *argv[])
8  {
9    FILE *fp;
10
11   if (!strcmp(argv[1], "stdin")) {
12      fp = stdin;
13      printf("한 글자 입력:");
14      if (getchar() == EOF) perror("getchar");
15   }
16   else if (!strcmp(argv[1], "stdout"))
17      fp = stdout;
18   else if (!strcmp(argv[1], "stderr"))
19      fp = stderr;
20   else if ((fp = fopen(argv[1], "r")) == NULL) {
21      perror("fopen");
22      exit(1);
23   }
24   else if (getc(fp) == EOF) perror("getc");
```

```

    printf("스트림 = %s, ", argv[1]);
    if (fp->_flags & _IO_UNBUFFERED)
        printf("버퍼 미사용");
    else if (fp->_flags & _IO_LINE_BUF)
        printf("줄 버퍼 사용");
    else
        printf("완전 버퍼 사용");

    printf(", 버퍼 크기 = %ld\n", fp->_IO_buf_end - fp->_IO_buf_base);
    exit(0);
}
```

실행결과

```
$ buffer stdin
한 글자 입력:x
스트림 = stdin, 줄 버퍼 사용, 버퍼 크기 = 1024
$ buffer stdout
스트림 = stdout, 줄 버퍼 사용, 버퍼 크기 = 1024
$ buffer stderr
스트림 = stderr, 버퍼 미사용, 버퍼 크기 = 1
$ buffer /etc/passwd
스트림 = /etc/passwd, 완전 버퍼 사용, 버퍼 크기 = 4096
```

버퍼 설정 함수 setbuf()

함수 setbuf()를 이용하여 버퍼 사용을 on/off 할 수 있다. fp는 열린 파일(즉 스트림)을 나타낸다. buf가 NULL이면 버퍼를 사용하지 않게 만든다. buf가 BUFSIZ(<stdio.h>에 정의되어 있는 버퍼의 크기) 크기의 공간을 가리키면 완전 버퍼 혹은 줄 버퍼 방식을 사용하는데 fp가 나타내는 스트림이 터미널 장치이면 줄 버퍼 방식을 사용하고 그렇지 않으면 완전 버퍼 방식을 사용한다.

```
# include <stdio.h>
void  setbuf (FILE *fp, char *buf );
```
fp가 나타내는 파일(스트림)의 버퍼 사용을 on/off 한다.

예를 들어 다음 프로그램 4.12는 버퍼를 사용했을 때와 그렇지 않을 때의 차이를 보여준다.

- 표준출력에 대해 버퍼를 사용하지 않았을 때는 5,6번 줄에서 프린트한 내용이 출력되지 않다가 7번 줄에서 새줄문자를 프린트할 때 비로소 출력된다.
- 그러나 9번 줄에서 setbuf() 함수를 사용하여 버퍼를 사용하지 않도록 설정한 후에는
- 10~12번 줄에서 프린트할 때마다 바로 바로 출력된다.

실행결과가 순서대로 출력되는 상황을 살펴보면 이를 확인할 수 있다.

▸▸ 프로그램 4.12 **setbuf.c**

```
1  #include <stdio.h>
2
3  int main()
4  {
5     printf("안녕하세요, "); sleep(1);
6     printf("리눅스입니다!"); sleep(1);
7     printf(" \n"); sleep(1);
8
9     setbuf(stdout, NULL);
10    printf("여러분, "); sleep(1);
11    printf("반갑습니다"); sleep(1);
12    printf("^^"); sleep(1);
13    printf(" \n"); sleep(1);
14 }
```

실행결과

```
$ setbuf
안녕하세요, 리눅스입니다!
여러분, 반갑습니다 ^^
```

버퍼 설정 함수 setvbuf()

setvbuf() 함수를 이용하면 스트림의 입출력 연산에 사용되는 버퍼의 사용 방식과 버퍼

의 크기를 보다 구체적으로 설정할 수 있다. fp는 스트림을 나타내고, buf는 사용할 버퍼의 이름을, size는 버퍼의 크기(바이트 수)를 나타낸다.

```
# incldue <stdio.h>
int  setvbuf (FILE *fp, char *buf,  int mode, size_t size );
fp가 나타내는 파일(스트림)의 버퍼 사용 방법을 변경한다.
성공하면 0을 반환하고, 실패하면 0이 아닌 값을 반환한다.
```

이 함수에서 mode는 다음 중에 한 값을 가질 수 있는데 이 값에 따라 버퍼 사용 방식이 변경된다.

- _IOFBF : 완전 버퍼
- _IOLBF : 줄 버퍼
- _IONBF : 버퍼 미사용

mode 값에 따라 다음과 같이 버퍼 사용 방식이 결정된다.

- mode == _IONBF
  buf와 size는 무시되고 버퍼를 사용하지 않는다.

- mode == _IOLBF 혹은 _IOFBF
  buf가 NULL이 아니면 buf에서 size만큼의 공간을 사용한다. buf가 NULL이면 라이브러리가 알아서 적당한 크기 버퍼를 할당하는데 보통 stat 구조체의 st_blksize 크기의 버퍼를 할당한다.

프로그램 4.13은 두 개의 파일(data1과 data2)에 대해서 버퍼 설정 함수인 setvbuf()를 이용한 버퍼 설정의 예를 보여준다. 이 프로그램은 다음과 같이 진행한다.

- 먼저 8,9번 줄에서 두 파일을 열어 스트림을 만든다.
- 11번 줄에서 setvbuf() 함수를 이용해서 첫 번째 스트림을 완전 버퍼 방식으로 설정한다.
- 16번 줄에서 두 번째 스트림에 대해서는 버퍼 미사용 방식으로 설정하였다.

실행결과를 통해서 이를 확인할 수 있다.

▸▸ 프로그램 4.13 setvbuf.c

```
#include <stdio.h>

int main( void )
{
  char buf[1024];
  FILE *fp1, *fp2;

  fp1 = fopen("data1", "a");
  fp2 = fopen("data2", "w");

  if(setvbuf(fp1, buf, _IOFBF, sizeof(buf)) != 0)
     printf("첫 번째 스트림: 잘못된 버퍼\n" );
  else
     printf("첫 번째 스트림: %ld 바이트 크기 버퍼 사용\n",
             fp1->_IO_buf_end - fp1->_IO_Buf.base);
  if(setvbuf(fp2, NULL, _IONBF, 0) != 0)
     printf("두 번째 스트림: 잘못된 버퍼\n" );
  else
     printf("두 번째 스트림: 버퍼 미사용\n" );
}
```

실행결과

```
$ setvbuf
첫 번째 스트림: 1024 바이트 크기 버퍼 사용
두 번째 스트림: 버퍼 미사용
```

버퍼 비우기

fflush() 함수는 스트림의 버퍼를 비우는 역할을 한다. 따라서 만일 fp가 나타내는 스트림의 출력 버퍼에 쓰지 않고 남아 있는 데이터가 있으면 모두 파일에 쓰게 된다. 만일 fp가 나타내는 스트림의 입력 버퍼에 남아 있는 데이터가 있으면 모두 비워버리다. 만일 fp가 NULL 포인터라면 모든 열린 스트림을 비운다.

```
# incldue <stdio.h>
int  fflush (FILE *fp);
```

fp가 나타내는 스트림의 버퍼를 비운다.

성공하면 0, 실패하면 EOF(-1)를 반환한다.

4.6 기타 함수

텍스트 파일은 문자들로 구성되어 있으며 텍스트를 처리하기 위해서는 다양한 문자 및 문자열 연산이 필요하다. C 표준 라이브러리는 이를 위해 문자 및 문자열 처리와 관련된 다양한 함수들을 제공한다. 이 절에서는 C 표준 라이브러리가 제공하는 주요 문자 및 문자열 처리 함수들을 요약 정리한다.

문자열 처리 함수

```
#include <string.h>
```

`char *strcpy(char *s, const char *t);`

널문자를 포함해서 문자열 t를 문자열 s에 복사하고 s를 반환한다.

`char *strncpy(char *s, const char *t, size_t n);`

최대 n개 문자의 문자열 t를 문자열 s에 복사하고 s를 반환한다. t의 길이가 n보다 작으면 널문자로 채운다. 만일 t의 처음 n 바이트 중 널문자가 없다면, s는 널문자-종료가 안 될 수 있다.

`char *strcat(char *s, const char *t);`

문자열 t를 문자열 s에 접합하고 s를 반환한다.

`char *strncat(char *s, const char *t, size_t n);`

최대 n개 문자의 문자열 t를 문자열 s에 접합한다. s를 널문자로 끝내고 반환한다.

`int strcmp(const char *s, const char *t);`

문자열 s를 문자열 t와 비교한다. s<t이면 음수 값, s==t이면 0, s>t이면 양수 값을 반환한다.

`int strncmp(const char *s, const char *t, size_t n);`

문자열 s의 최대 (처음) n개의 문자들을 문자열 t와 비교한다. s<t이면 음수 값, s==t이면 0, s>t이면 양수 값을 반환한다.

```c
char *strchr(const char *s, int c);
```

문자열 s 내에서 처음 나타난 문자 c에 대한 포인터를 반환한다. 없으면 NULL을 반환한다.

```c
char *strrchr(const char *s, int c);
```

문자열 s 내에서 마지막으로 나타난 문자 c에 대한 포인터를 반환한다. 없으면 NULL을 반환한다.

```c
char *strpbrk(const char *s, const char *t);
```

문자열 s 내에서 문자열 t 내의 문자가 처음 나타난 곳에 대한 포인터를 반환한다. 없으면 NULL을 반환한다.

```c
char *strstr(const char *s, const char *t);
```

문자열 s 내에서 부분문자열 t가 처음 나타난 곳에 대한 포인터를 반환한다. 없으면 NULL을 반환한다.

```c
size_t strlen(const char *s);
```

문자열 s의 길이를 반환한다.

```c
char *strerror(int n);
```

오류 n에 대응되는 (구현에 따라 정의된) 메시지에 대한 포인터를 반환한다.

```c
char *strtok(char *s, const char *t);
```

문자열 t 내의 문자들을 구분자로 사용하여 문자열 s를 토큰들로 나누어 준다. 첫 번째 호출할 때는 첫 번째 인자로 문자열 s를 주면 첫 번째 토큰을 구해서 문자열로 반환해주고, 다음 호출부터는 첫 번째 인자로 NULL을 주면 다음 토큰을 구해서 문자열로 반환해 준다. 토큰이 없으면 NULL이 반환된다.

문자 처리 함수

#include <ctype.h>	
int isalnum(int c);	isalpha(c) 혹은 isdigit(c)
int isalpha(int c);	isupper(c) 혹은 islower(c)
int iscntrl(int c);	제어 문자인가? ASCII 코드에서 제어 문자는 0x00(NUL)에서 0x1F(US)까지, 그리고 0x7F (DEL)
int isdigit(int c);	십진 숫자인가?
int isgraph(int c);	공백 문자가 아닌 인쇄 가능 문자인가?
int islower(int c);	소문자인가?
int isprint(int c);	공백 문자를 포함하여 인쇄 가능 문자인가?
int ispunct(int c);	공백문자, 문자, 숫자 이외의 인쇄가능 문자인가?
int isspace(int c);	공백문자, 폼피드, 새줄문자, 캐리지리턴, 탭, 수직 탭인가?
int isupper(int c);	대문자인가?
int isxdigit(int c);	16진수 숫자인가?
int tolower(int c);	상응하는 소문자를 반환한다.
int toupper(int c);	상응하는 대문자를 반환한다.

| 핵심 개념 |

- 파일은 모든 데이터를 연속된 바이트 형태로 저장한다.
- 파일을 사용하기 위해서는 반드시 파일 열기 fopen()를 먼저 해야 하며 파일 열기를 하면 FILE 구조체에 대한 포인터가 반환된다.
- FILE 포인터는 열린 파일을 나타낸다.
- fgetc() 함수와 fputc() 함수를 사용하여 파일에 문자 단위 입출력을 할 수 있다.
- fgets() 함수와 fputs() 함수를 이용하여 텍스트 파일에서 한 줄씩 읽거나 쓸 수 있다.
- fread()와 fwrite() 함수는 한 번에 일정한 크기의 데이터를 파일에 읽거나 쓴다.
- 열린 파일에서 다음 읽거나 쓸 파일 내 위치를 현재 파일 위치라고 하며 파일 위치 포인터가 그 파일의 현재 파일 위치를 가리키고 있다.
- fseek() 함수는 현재 파일 위치를 지정한 위치로 이동시킨다.

| 실습 문제 |

4.1 프로그램 4.1을 cat -n 옵션처럼 -n 옵션을 사용하도록 확장한다.

(1) -n 옵션을 사용한 경우에는 텍스트 파일의 각 줄을 줄번호와 함께 출력한다.

4.2 명령줄 인수로 받은 텍스트 파일 내에 있는 문자의 개수, 단어의 개수, 줄의 개수를 계산하여 출력하는 프로그램을 작성하시오.

(1) 명령줄 인수가 없는 경우에는 표준입력에서 받은 내용을 대상으로 한다.

(2) -l 옵션을 사용한 경우에는 줄의 수만 출력한다.

(3) -w 옵션을 사용한 경우에는 단어의 수만 출력한다.

(4) -c 옵션을 사용한 경우에는 문자의 수만 출력한다.

4.3 프로그램 4.10은 기존의 학생 레코드를 수정한다.

이 프로그램을 새로운 학생의 레코드를 추가할 수 있도록 확장하시오.

| 연습 문제 |

4.1 fseek() 함수를 사용하여 주어진 텍스트 파일의 내용을 거꾸로(마지막 줄이 첫줄이 되고 첫줄이 마지막 줄이 됨) 출력하는 프로그램을 작성하시오.

4.2 두 개의 파일을 비교하는 프로그램을 작성하여라. 파일 시작부터 비교하면서 달라지는 처음 줄을 출력하시오.

4.3 학생 레코드 텍스트 파일에 있는 학생의 이름을 오름차순으로 정렬하여 새로운 파일을 생성하는 프로그램을 작성하시오.

4.4 프로그램 4.2의 파일 복사 프로그램을 참고로 하여 파일 추가 프로그램 append를 작성하시오. 이 프로그램의 사용법은 다음과 같으며 file1의 내용을 file2의 내용 뒤에 덧붙인다.

```
$ append file1 file2
```

CHAPTER 05

파일 입출력

contents

05 파일 입출력

리눅스가 제공하는 가장 중요한 서비스 중의 하나가 파일을 관리하는 것이다. 또한 파일은 거의 모든 응용 프로그램에서 어떤 형태로든 사용하고 있을 만큼 매우 중요한 자원이다. 이 장에서는 시스템 호출에 대해서 소개하고 파일 관련 시스템 호출과 이를 이용한 프로그래밍에 대해서 살펴본다.

5.1 시스템 호출

컴퓨터 시스템 구조

컴퓨터 시스템의 구성에 대해 알아보자. 잘 아는 것처럼 컴퓨터는 하드웨어와 소프트웨어로 구성된다. 하드웨어는 CPU, 메모리(Memory), 저장장치(Storage), 주변장치(Peripherals) 등으로 구성된다.

운영체제는 이러한 하드웨어를 운영 관리하는 시스템 소프트웨어이며 유닉스/리눅스의 경우 그림 5.1처럼 **커널**(kernel)이 하드웨어를 운영 관리하여 다음과 같은 서비스를 제공한다.

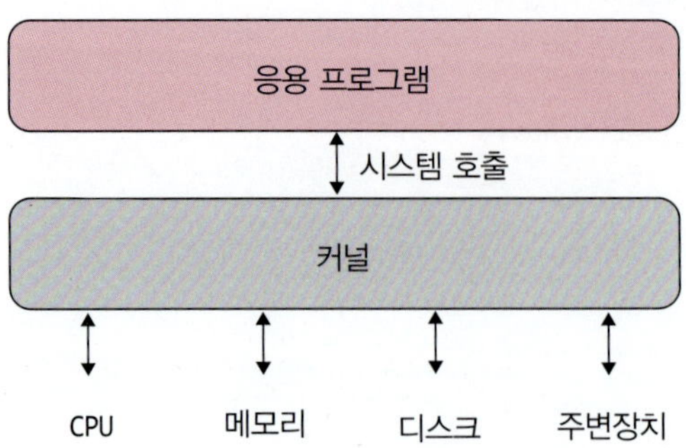

그림 5.1 컴퓨터 시스템 구조

- 프로세스 관리(Process management)
  여러 개의 응용 프로그램이 실행될 수 있도록 프로세스들을 스케줄링하여 마치 그들이 동시에 수행되는 것처럼 보이는 효과를 낸다.

- 파일 관리(File management)
  디스크와 같은 저장장치 상에 파일 시스템을 구성하여 파일을 관리한다.

- 메모리 관리(Memory management)
  메인 메모리가 효과적으로 사용될 수 있도록 관리한다.

- 통신 관리(Communication management)
  네트워크를 통해 정보를 주고받을 수 있도록 관리한다.

- 주변장치 관리(Device management)
  모니터, 키보드, 마우스와 같은 장치를 사용할 수 있도록 관리한다.

응용 프로그램은 실행하는 중에 운영체제의 서비스가 필요할 때마다 시스템 호출을 통하여 운영체제에 서비스를 요청한다.

시스템 호출

시스템 호출(system call)은 운영 체제가 제공하는 서비스에 대한 프로그래밍 인터페이스이다. 그림 5.2처럼 응용 프로그램은 시스템 호출을 통해 필요할 때마다 커널에 서비스를 요청할 수 있으며 결과적으로 시스템 호출은 응용 프로그램과 커널 사이의 인터페이스 역할을 한다.

예를 들어 응용 프로그램에서 파일을 사용하기 위해서는 파일에 직접 접근할 수 없으며 반드시 커널에 파일에 대한 서비스 예를 들면 파일 열기, 읽기, 쓰기 등을 요청해야 한다. 커널은 이러한 서비스 요청을 받으면 요청에 따라 파일 열기, 읽기, 쓰기 등을 수행한 후 결과를 응용 프로그램에 돌려준다.

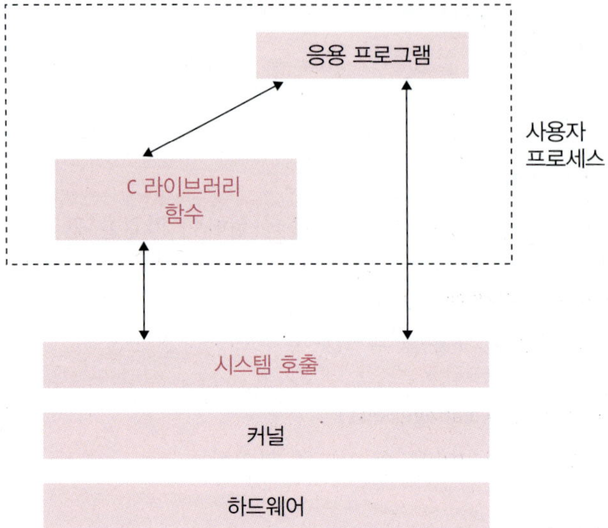

그림 5.2 시스템 호출

예를 들어, 파일을 사용하기 위해서는 먼저 open() 시스템 호출을 사용해서 파일을 열어야 한다. 파일은 기본적으로 커널이 관리하며 파일 입출력은 실제로는 상당히 복잡한 과정을 통해서 구현된다. 따라서 어떤 파일에 대해 입출력을 하기 위해서는 먼저 커널에 이 파일을 사용하겠다는 것을 알려줘야 준비를 할 수 있다. open() 시스템 호출은 커널에 이 파일을 사용하려고 하니 준비해달라고 요청하는 것이다.

C 프로그램의 경우에는 그림 5.2처럼 관련된 C 라이브러리 함수를 호출할 수도 있으나 사실은 라이브러리 함수도 함수 내에서 관련 시스템 호출을 한다. 예를 들어 파일 열기 함수인 fopen() 함수는 내부에서 open() 시스템 호출을 한다.

따라서 응용 프로그램은 사용자 모드(user mode)에서 실행하다가 시스템 호출을 하면 커널 모드(kernel mode)로 이동하여 커널 내의 코드를 실행한 후 다시 사용자 모드로 돌아온다. 사용자 모드에서는 실행할 수 있는 기계어 명령어에 제한이 있지만 커널 모드에서는 어떠한 기계어 명령어도 실행 가능하다.

| 핵심 개념 |

시스템 호출은 커널에 서비스를 요청하기 위한 프로그래밍 인터페이스로 응용 프로그램은 시스템 호출을 통해서 커널에 서비스를 요청할 수 있다.

시스템 호출 구현

이제 실제 시스템 호출이 이루어지는 과정을 구체적으로 살펴보자. 예를 들어 open() 시스템 호출을 살펴보자. 사용자 프로세스에서 open() 시스템 호출을 하면 그림 5.3에서처럼 C 실행시간 라이브러리(C runtime library)를 통해 커널 내의 해당 코드로 점프하게 된다. C 실행시간 라이브러리에서는 커널로 점프하기 위해 필요한 작업을 미리 하는데 가장 대표적인 일이 레지스터를 통해 매개변수를 전달하는 것이다. 그 후에 trap 명령어를 이용해 커널로 점프하고 각 시스템 호출의 시작 주소를 저장하고 있는 벡터 테이블을 통해 해당 시스템 호출의 커널 코드로 점프하게 된다. 이후 해당 커널 코드를 실행하고 이를 실행한 후에는 호출의 역순으로 리턴하게 된다.

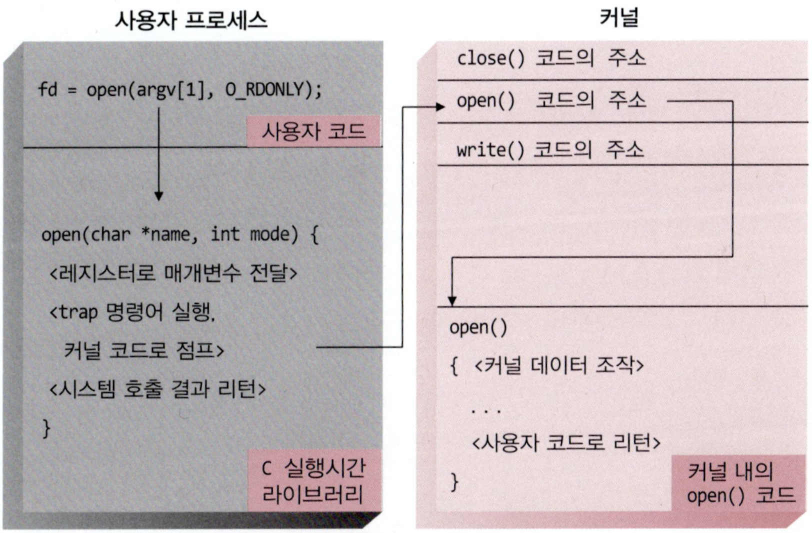

그림 5.3 시스템 호출 과정

시스템의 주요 자원인 파일, 프로세스, 메모리, 시그널, 통신과 관련된 주요 시스템 호출은 표 5.1과 같다. 이 중에서 메모리 관련 시스템 호출은 실제로는 라이브러리 함수 형태로 제공된 것들이다. 각 시스템 호출에 대해서는 이후의 해당 장에서 자세히 다룰 것이다.

표 5.1 주요 시스템 호출

주요 자원	시스템 호출
파일	open(), close(), read(), write(), dup(), lseek() 등
프로세스	fork(), exec(), exit(), wait(), getpid(), getppid() 등
메모리*	malloc(), calloc(), free() 등
시그널	signal(), alarm(), kill(), sleep() 등
프로세스 간 통신	pipe(), socket() 등

5.2 파일

파일 열기와 파일 디스크립터

리눅스에서 파일은 그림 5.4처럼 연속된 바이트의 나열(sequence of bytes)로서 특별한 다른 포맷을 정하지 않는다. 디스크 파일 내의 각 바이트는 주소를 갖는다. 파일은 또한 외부 장치에 대한 인터페이스로 사용되어 파일을 사용하는 방식으로 외부 장치도 사용할 수 있게 해준다.

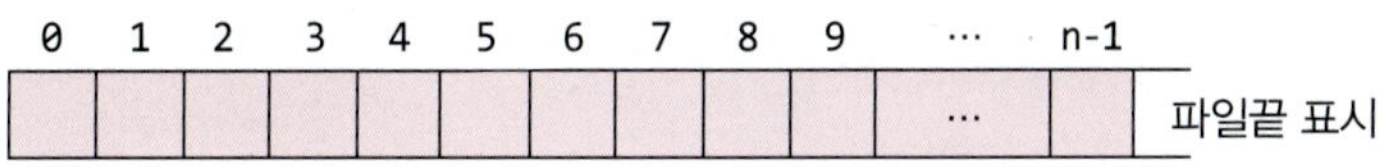

그림 5.4 리눅스 파일

| 핵심 개념 |

파일 디스크립터는 열린 파일을 나타내는 번호이다.

앞서 설명한 것처럼 파일을 사용하기 위해서는 먼저 open() 시스템 호출을 이용해서 파일을 열어야 한다. open() 시스템 호출은 path가 나타내는 파일을 연다. 해당 파일이 없으면 경우에 따라 새로 만들 수도 있다. 파일 열기에 성공하면 열린 파일을 나타내는 **파일 디스크립터**(file descriptor)를 반환하고 실패하면 -1을 반환한다. 파일 디스크립터는 실제로는 열린 파일을 나타내는 식별 번호로 향후 파일에 대한 입출력 연산에서 열린 파일을 나타낸다.

```
#include <sys/types.h>
#include <sys/stat.h>
#include <fcntl.h>
int open (const char *path, int oflag, [ mode_t mode ]);
```

path가 나타내는 파일을 연다.
성공하면 파일 디스크립터를 반환하고, 실패하면 -1을 반환한다.

두 번째 매개변수 oflag는 대상 파일의 입출력 모드를 지정하는데 표 5.2의 입출력 모드중 하나를 반드시 지정해주어야 한다.

표 5.2 입출력 모드

입출력 모드	설명
O_RDONLY	읽기 모드, read() 호출은 사용 가능하고 write() 호출은 사용할 수 없음
O_WRONLY	쓰기 모드, write() 호출은 사용 가능하고 read() 호출을 사용할 수 없음
O_RDWR	읽기쓰기 모드, read(), write() 호출 사용 가능

예를 들어 다음과 같이 파일을 열 수 있다. fd는 정수형 변수라고 가정하자.

- fd = open("account", O_RDONLY);
  "account" 파일을 읽기 전용으로 연다.
- fd = open(argv[1], O_RDWR);
  첫 번째 명령줄 인수 argv[1]이 나타내는 파일을 읽기쓰기 용도로 연다.

또한 oflag는 용도에 따라 표 5.3의 상수들을 선택적으로 사용하여 입출력 방식을 조정할 수 있다.

표 5.3 입출력 방식

입출력 방식	설명
O_APPEND	데이터를 쓰면 파일끝에 첨부된다.
O_CREAT	해당 파일이 없는 경우 파일을 생성하며 mode는 생성할 파일의 접근권한을 표시한다.
O_TRUNC	파일이 이미 있는 경우 내용을 지우고 파일 크기를 0으로 만든다.
O_EXCL	O_CREAT와 함께 사용되며 해당 파일이 이미 있으면 오류이다.
O_NONBLOCK	넌블로킹 모드로 입출력 하도록 한다.
O_SYNC	write() 시스템 호출을 하면 디스크에 물리적으로 쓴 후 반환된다.

세 번째 매개변수 mode는 새롭게 만드는 파일의 접근권한으로 새로운 파일을 만드는 경우(O_CREAT)에만 사용된다.

예를 들어 다음과 같이 여러 용도로 파일을 열 수 있다.

- fd = open(argv[1], O_RDWR | O_CREAT, 0600);

  argv[1]이 나타내는 파일을 읽기쓰기 용도로 열고 해당 파일이 없으면 새로 생성한다. 생성된 파일의 사용권한은 0600으로 한다.

- fd = open("tmpfile", O_WRONLY|O_CREAT|O_TRUNC, 0600);

  "tmpfile" 파일을 쓰기 전용으로 열고 기존 내용은 모두 지운다. 파일이 없으면 새로 생성하고 접근권한은 0600으로 한다.

- fd = open("/sys/log", O_WRONLY|O_APPEND|O_CREAT, 0600);

  "sys/log" 파일을 첨부 용도로 연다. 파일이 없으면 새로 생성하고 접근권한은 0600으로 한다.

- if ((fd = open("tmpfile", O_WRONLY|O_CREAT|O_EXCL, 0666))==-1)

  "tmpfile" 파일이 없는 경우에만 새로 생성하여 연다. 기존의 파일이 있으면 오류이다.

| 핵심 개념 |

open() 시스템 호출을 파일을 열고 열린 파일의 파일 디스크립터를 반환한다.

파일 열기 예제

프로그램 5.1은 10번 줄에서 명령줄 인수(argv[1])로 받은 파일을 읽기쓰기 용도로 열고 성공하면 메시지와 파일 디스크립터를 프린트하고 파일을 닫고 종료한다. 실패하면 시스템 오류 메시지를 프린트한다. 실행결과를 보면 명령줄 인수로 준 파일 stdb1 열기에 성공한 것을 확인할 수 있다.

▸▸ 프로그램 5.1 fopen.c

```
1  #include <stdio.h>
2  #include <stdlib.h>
3  #include <unistd.h>
4  #include <fcntl.h>
5
6  int main(int argc, char *argv[])
```

```
{
  int fd;

  if ((fd = open(argv[1], O_RDWR)) == -1)
    printf("파일 열기 오류\n");
  else printf("파일 %s 열기 성공:%d\n", argv[1], fd);

  close(fd);
  exit(0);
}
```

실행결과

```
$ fopen stdb1
파일 stdb1 열기 성공:3
```

파일 생성과 파일 닫기

creat() 시스템 호출은 path가 나타내는 파일을 생성하고 쓰기 전용으로 연다. 생성된 파일의 접근권한은 mode로 정한다. 기존 파일이 있는 경우에는 그 내용을 삭제하고 연다.

```
#include <sys/types.h>
#include <sys/stat.h>
#include <fcntl.h>
int creat (const char *path, mode_t mode );
```
path가 나타내는 파일을 생성하고 쓰기 전용으로 연다.
파일 생성에 성공하면 생성된 파일의 파일 디스크립터를 실패하면 -1을 반환한다.

사실 creat() 시스템 호출은 다음 open() 시스템 호출과 동일하다.

```
creat(path, mode) == open(path, WRONLY | O_CREAT | O_TRUNC, mode);
```

close() 시스템 호출은 fd가 나타내는 파일을 닫는다.

```
#include <unistd.h>
int close( int fd );
```
fd가 나타내는 파일을 닫는다. 성공하면 0, 실패하면 -1을 반환한다.

파일을 더 이상 사용하지 않는 경우에는 해당 파일을 닫는 것이 좋다. 만약 파일을 닫지 않은 상태에서 프로세스가 종료되면 모든 열려진 파일들은 자동적으로 닫힌다.

파일 읽기 read()

파일 열기를 한 후에는 이제 파일로부터 데이터를 읽거나 쓸 수 있다. read() 시스템 호출을 이용하여 파일로부터 원하는 만큼의 데이터를 읽을 수 있다. buf는 읽은 데이터를 저장할 메모리의 시작 주소이다. 이 시스템 호출은 fd가 나타내는 파일에서 nbytes 만큼의 데이터를 읽고 읽은 데이터는 buf에 저장한다.

```
#include <unistd.h>
ssize_t read ( int fd, void *buf, size_t nbytes );
```
fd가 나타내는 파일에서 nbytes 만큼의 데이터를 읽어 buf에 저장한다.
성공하면 읽은 바이트 수, 파일의 끝을 만나면 0, 실패하면 -1을 반환한다.

읽을 데이터가 충분하면 한 번에 nbytes만큼 읽는다. 읽을 데이터가 nbytes보다 적으면 있는 만큼만 읽는다. 파일끝을 만나면 0, 실패하면 -1를 반환한다는 것을 주의하자. size_t는 unsigned integer를 나타내고 ssize_t는 signed integer를 나타내는 타입 이름이다.

파일 크기 계산 예제

read() 시스템 호출을 이용하는 예제 프로그램으로 명령줄 인수로 받은 파일의 크기를 계산하여 출력하는 프로그램 5.2를 살펴보자. 이 프로그램은 파일의 끝에 도달할 때까지 반복해서 읽으면서 파일 크기를 계산한다. 이 프로그램은 다음과 같이 진행한다.

- 15번 줄에서 open() 시스템 호출을 이용해 읽기전용으로 파일 열기를 수행한다.
- 19,20번 줄에서 read() 시스템 호출을 이용해 파일 내용을 파일끝에 도달할 때까지 반복해서 읽으면서 읽은 바이트 수(nread)를 합산하는 방식으로 파일 크기(total)를 계산한다.
- 23번 줄에서 그 결과를 프린트한다.

실행결과를 보면 명령줄 인수로 준 파일 stdb1의 크기가 160 바이트인 것을 확인할 수 있다.

▸▸ 프로그램 5.2 fsize.c

```c
#include <stdio.h>
#include <stdlib.h>
#include <unistd.h>
#include <fcntl.h>
#define BUFSIZE 1024

/* 파일 크기를 계산 한다 */
int main(int argc, char *argv[])
{
  char buf[BUFSIZE];
  int fd;
  ssize_t nread;
  long total = 0;

  if ((fd = open(argv[1], O_RDONLY)) == -1)
     perror(argv[1]);

  /* 파일의 끝에 도달할 때까지 반복해서 읽으면서 파일 크기를 계산 */
  while( (nread = read(fd, buf, BUFSIZE)) > 0)
     total += nread;

  close(fd);
  printf ("%s 파일 크기 : %ld 바이트 \n", argv[1], total);
  exit(0);
}
```

실행결과

```
$ fsize stdb1
stdb1 파일 크기 : 160 바이트
```

파일 쓰기 write()

write() 시스템 호출을 이용하여 파일에 원하는 만큼의 데이터를 쓸 수 있다. buf는 쓸 데이터를 저장하고 있는 메모리의 시작주소(포인터)이다. 이 시스템 호출은 buf에 있는 nbytes 만큼의 데이터를 fd가 나타내는 파일에 쓴다.

```
#include <unistd.h>
ssize_t  write (int fd, void *buf, size_t nbytes);
```
buf에 있는 nbytes 만큼의 데이터를 fd가 나타내는 파일에 쓴다.
성공하면 실제 쓰여진 데이터의 바이트 수를 반환하고, 실패하면 -1을 반환한다.

| 핵심 개념 |

read() 시스템 호출은 지정된 파일에서 원하는 만큼의 데이터를 읽고 write() 시스템 호출은 지정된 파일에 원하는 만큼의 데이터를 쓴다.

파일 복사 예제

이제 read()와 write() 시스템 호출을 이용한 예제 프로그램으로 파일 복사 프로그램을 작성해보자. 프로그램 5.3은 명령줄 인수로 받은 파일을 복사하는데 다음과 같이 실행하면 a 파일의 내용을 b 파일에 복사한다.

```
$ copy a b
```

이 프로그램은 첫 번째 파일에서 read() 시스템 호출을 이용해서 데이터를 읽은 후에 이 데이터를 write() 시스템 호출을 이용해서 두 번째 파일에 그대로 쓰는 과정을 파일끝을 만날 때까지 반복한다.

이 프로그램은 다음과 같이 진행한다.

- 먼저 12번 줄에서 명령줄 인수 개수(argc)를 확인하고 17번 줄에서 첫 번째 명령줄 인수(argv[1])로 받은 파일을 읽기 전용으로 연다.
- 또한 22번 줄에서 두 번째 명령줄 인수(argv[2])로 받은 파일을 쓰기 전용으로 열고 기존의 내용이 있으면 모두 지운다. 해당 파일이 없으면 새로 생성한다.
- 그 후에 28,29번 줄에서 첫 번째 파일에서 read() 시스템 호출을 이용하여 버퍼의 크기만큼 읽고 읽은 내용을 write() 시스템 호출을 이용하여 두 번째 파일에 다시 쓴다. 이 과정을 while 문을 이용해서 파일끝을 만날 때까지 반복한다.

▸▸ 프로그램 5.3 **copy.c**

```
#include <stdio.h>
#include <stdlib.h>
#include <unistd.h>
#include <fcntl.h>

/* 파일 복사 프로그램 */
int main(int argc, char *argv[])
{
  int fd1, fd2, n;
  char buf[BUFSIZ];

  if (argc != 3) {
    fprintf(stderr,"사용법: %s file1 file2 \n",argv[0]);
    exit(1);
  }

  if ((fd1 = open(argv[1], O_RDONLY)) == -1) {
    perror(argv[1]);
    exit(2);
  }

  if ((fd2 = open(argv[2],O_WRONLY|O_CREAT|O_TRUNC 0644)) == -1)
  {
    perror(argv[2]);
    exit(3);
  }

  while ((n = read(fd1, buf, BUFSIZ)) > 0)        // 파일끝까지 반복
    write(fd2, buf, n);                            // 읽은 내용을 쓴다.
  exit(0);
}
```

파일에 블록 쓰기

`write()` 시스템 호출에서 한 가지 유의할 점은 이 시스템 호출을 이용하여 어떤 데이터든지 파일에 저장할 수 있다는 점이다. 이 시스템 호출은 어떤 타입의 데이터이든지 이를 연속된 바이트로 인식하여 그대로 파일에 저장한다. 따라서 두 번째 매개변수 `buf`는 어떤 타

입의 데이터이든지 상관없이 데이터를 저장하고 있는 곳의 시작주소(포인터)를 받을 수 있으며 세 번째 매개변수 nbytes는 그 데이터의 크기를 받는다. 예를 들어 다음과 같이 정수형 변수에 저장된 값을 그대로 파일에 저장할 수도 있으며, 구조체 변수의 값을 그대로 파일에 저장하는 것도 가능하다.

```
int i;
write(fd, &i, sizeof(int));

struct student record;
write(fd, &record, sizeof(record));
```

그러면 이렇게 파일에 연속된 바이트 형태로 저장된 변수의 값을 어떻게 그대로 복원할 수 있을까? read() 시스템 호출을 이용하여 파일에 저장된 데이터를 연속된 바이트 형태로 읽어서 원래 자료형 변수에 순서대로 저장하면 원래 데이터를 그대로 복원할 수 있다. 예를 들어 다음과 같이 파일에 저장된 정수형 변수의 값을 그대로 읽어 복원하는 것도 가능하고, 파일에 저장된 구조체 변수의 값을 그대로 읽어 복원하는 것도 가능하다. 앞으로 배울 프로그램 5.5와 5.6에서 이러한 것을 활용할 것이다.

```
int i;
read(fd, &i, sizeof(int));

struct student record;
read(fd, &record, sizeof(record));
```

파일 디스크립터 복제 dup()

dup() 혹은 dup2() 시스템 호출은 기존의 파일 디스크립터를 복제하는 데 사용된다. dup()는 파일 디스크립터 oldfd에 대한 복제본을 생성하여 반환한다. dup2()는 파일 디스크립터 oldfd을 newfd에 복제한다. 이렇게 되면 파일 디스크립터 oldfd와 복제된 새로운 디스크립터 newfd는 그림 5.5와 같이 열려있는 하나의 파일을 공유하여 사용하게 된다. 두 시스템 호출 모두 성공하면 복제된 새로운 디스크립터를 반환하다. 오류가 발생하면 -1을 반환한다.

```
#include <unistd.h>
int dup(int oldfd);
oldfd에 대한 복제본인 새로운 파일 디스크립터를 생성하여 반환한다.
실패하면 -1을 반환한다.

int dup2(int oldfd, int newfd);
oldfd을 newfd에 복제하고 복제된 새로운 파일 디스크립터를 반환한다.
실패하면 -1을 반환한다.
```

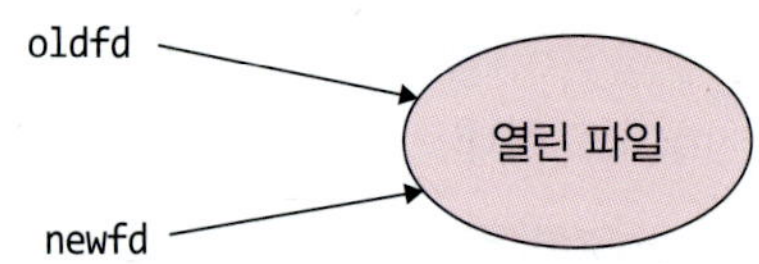

그림 5.5 파일 디스크립터 복제

파일 디스크립터 복제 예제

프로그램 5.4는 기존의 파일 디스크립터를 이용하여 파일에 쓰기를 수행한 후에 이 파일 디스크립터를 복제하고 복제된 파일 디스크립터를 통하여 파일에 다시 쓰기를 했을 때 기존의 파일을 공유함을 확인하기 위한 것이다. 이 프로그램은 다음과 같이 진행한다.

- 10번 줄에서 새로운 파일 myfile을 생성한다.
- 13번 줄에서 이 파일에 "Hello! Linux"라는 문자열을 쓴다.
- 14번 줄에서 이 파일 디스크립터를 복제한다.
- 15번 줄에서 복제된 파일 디스크립터를 이용하여 다시 "Bye! Linux" 문자열을 쓴다.

실행결과를 보면 이 파일에 두 문자열이 중첩되지 않고 연속하여 쓰여진 것을 확인할 수 있다.

▸▸ 프로그램 5.4 dup.c

```c
#include <unistd.h>
#include <fcntl.h>
#include <stdlib.h>
#include <stdio.h>

int main()
{
   int  fd, fd2;

   if((fd = creat("myfile", 0600)) == -1)
      perror("myfile");

   write(fd, "Hello! Linux", 12);
   fd2 = dup(fd);
   write(fd2, "Bye! Linux", 10);
   exit(0);
}
```

실행결과

```
$ dup
$ cat myfile
Hello! LinuxBye! Linux
```

dup() 시스템 호출을 이용한 파일 디스크립터 복제가 가장 유용하게 사용되는 곳은 입출력 재지정이다. 예를 들어 표준출력을 통해 나오는 출력을 dup() 시스템 호출을 이용하여 파일에 재지정하는 것이다. 이에 대해서는 9.3절에서 자세히 살펴본다.

5.3 임의 접근

임의 접근과 파일 위치 포인터

열린 파일은 **현재 파일 위치**(current file position)를 가리키는 **파일 위치 포인터**(file position pointer)를 가지고 있다. 현재 파일 위치는 그림 5.6과 같이 파일 내에 읽거나 쓸 위치를 나타내는데 보통 파일을 처음 열면 현재 파일 위치는 0 즉 파일의 시작이다. 파일에서 데이터를 읽거나 파일에 데이터를 쓰면 현재 파일 위치는 자동적으로 읽거나 쓴 바이트 수만큼 이동한다.

| 핵심 개념 |

파일 위치 포인터는 파일 내에 읽거나 쓸 위치인 현재 파일 위치를 가리킨다.

지금까지의 파일 관련 작업은 처음부터 읽어서 순서대로 출력하거나 혹은 파일끝에 데이터를 쓰는 것이었다. 그러나 이러한 작업만으로는 파일 관련된 모든 작업을 효율적으로 수행하기가 힘들다.

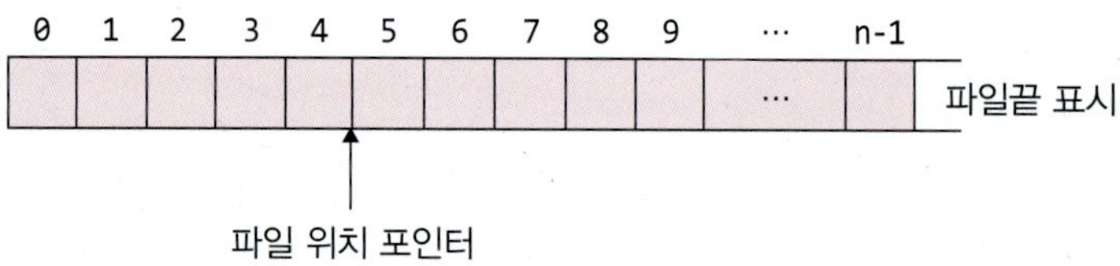

그림 5.6 파일 위치 포인터

예를 들어 간단한 데이터베이스 파일을 만든다고 가정해보자. 이럴 경우에는 단지 파일끝에 데이터를 쓰는 것 외에도, 특정 위치에 있는 데이터를 가져오거나, 특정 위치에 있는 데이터를 수정하는 등의 일을 해야 할 것이다. 물론 아주 단순한 방법을 사용할 수도 있다. 데이터베이스 파일의 데이터를 계속 읽어 들여서 원하는 레코드까지 찾아가는 것이다. 예를 들어 85번째 레코드를 찾으려면 처음부터 시작해서 85번 레코드를 읽은 식이다. 그러나 이 방법은 매우 단순하고 무식한 방법으로 매우 비효율적이다.

다행히 리눅스는 **임의 접근 파일**(random access file)을 지원한다. 따라서 파일 내의 원하는 지점으로 바로 이동하여 그곳에서 데이터를 읽거나 쓸 수 있다. 이와 같이 파일 내의 원하는 지점으로 파일 위치 포인터를 이동하는데 `lseek()` 시스템 호출을 사용한다.

임의 접근 lseek()

`lseek()` 시스템 호출은 그림 5.7과 같이 현재 파일 위치를 `whence`를 기준으로 `offset` 만큼 이동시킨다.

```
#include <unistd.h>
off_t lseek (int fd, off_t offset, int whence );
```

fd가 나타내는 파일의 현재 파일 위치를 whence를 기준으로 offset만큼 이동시킨다. 성공하면 갱신된 현재 파일 위치를 반환하고 실패하면 -1을 반환한다.

`whence`는 기준점으로 표 5.4의 기준점을 사용할 수 있다.

표 5.4 임의 접근의 기준점

whence 기준점	의미
SEEK_SET	파일의 시작점
SEEK_CUR	현재 파일 위치
SEEK_END	파일의 끝

`offset`은 기준점으로부터의 (바이트 단위) 거리로 양수일 때는 기준점에서부터 앞으로 음수일 때는 뒤로 이동하라는 의미이다.

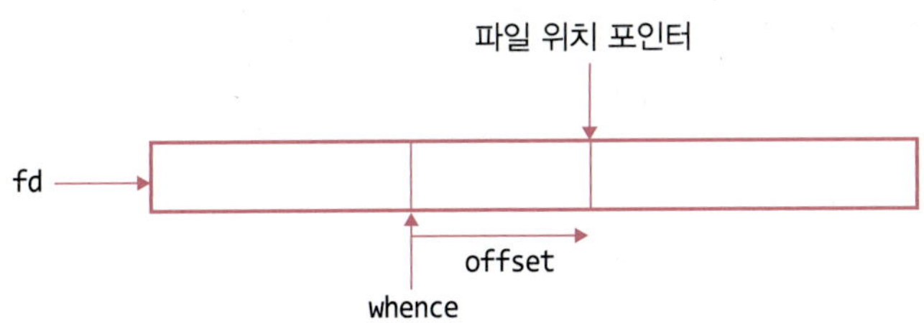

그림 5.7 lseek() 시스템 호출의 역할

| 핵심 개념 |

lseek() 시스템 호출은 지정된 파일의 현재 파일 위치를 원하는 위치로 이동시킨다.

예를 들어 다음과 같이 다양하게 현재 파일 위치를 이동시킬 수 있다. 0L 혹은 100L과 같이 숫자 뒤에 붙은 L은 이 숫자가 long 정수임을 나타낸다.

- lseek(fd, 0L, SEEK_SET); 파일 시작으로 이동(rewind)
- lseek(fd, 100L, SEEK_SET); 파일 시작에서 100바이트 위치로 이동
- lseek(fd, 0L, SEEK_END); 파일끝으로 이동(append)

일련의 레코드를 저장하고 있는 파일에 대해 다음과 같이 lseek()를 할 수 있다. record를 어떤 구조체 변수라고 가정하자.

- lseek(fd, n * sizeof(record), SEEK_SET); n+1번째 레코드 시작위치로 이동
- lseek(fd, sizeof(record), SEEK_CUR); 다음 레코드 시작위치로 이동
- lseek(fd, -sizeof(record), SEEK_CUR); 전 레코드 시작위치로 이동

또한 필요하면 다음과 같이 파일끝 이후로도 이동할 수 있으며 이 경우에 한 레코드 크기만큼 빈공간(hole)이 만들어 진다.

- lseek(fd, sizeof(record), SEEK_END); 파일끝에서 한 레코드 다음 위치로 이동

예를 들어 파일에 2개의 레코드를 순서대로 저장한 후에 위와 같이 lseek() 함수를 호출하여 하나의 빈공간을 만들고 다시 1개의 레코드를 저장한다면 파일의 내용은 그림 5.8과 같다.

```
write(fd, &record1, sizeof(record));
write(fd, &record2, sizeof(record));
lseek(fd, sizeof(record), SEEK_END);
write(fd, &record3, sizeof(record));
```

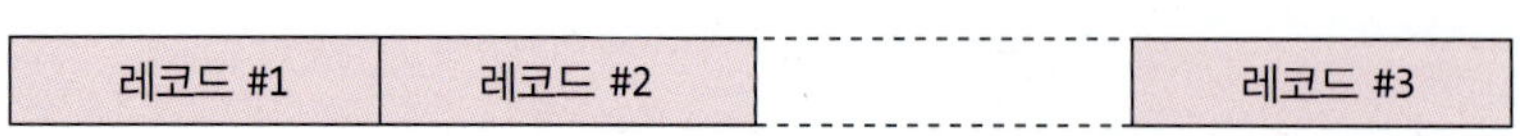

그림 5.8 파일 내 레코드 저장 예

이 예와 같이 파일끝을 지나서 자유롭게 현재 파일 위치를 이동시킬 수 있는 기능은 레코드를 파일끝에 관계없이 계산된 위치에 저장하는 데 매우 유용하다. 다음 예에서도 이러한 기능을 사용할 것이다.

임의 접근을 이용한 학생 레코드 저장 예제

이제 실제로 `lseek()` 시스템 호출을 사용하는 예제 프로그램을 살펴보자. 이 예제는 학생 데이터베이스 파일을 생성하는 프로그램과 학생 데이터베이스 파일에 대해서 질의하는 프로그램으로 구성된다. 학생 데이터베이스 파일을 생성하는 프로그램은 사용자로부터 학번, 이름, 점수를 입력받아 이를 파일에 레코드로 저장한다. 학생 데이터베이스 질의 프로그램은 사용자로부터 학번을 입력받아 학생 데이터베이스 파일에서 해당 레코드를 바로 찾아 학번, 이름, 점수를 프린트한다.

학생 데이터베이스 파일을 생성하는 프로그램 5.5을 살펴보자. 이 프로그램은 명령줄 인수로 생성할 데이터베이스 파일의 이름을 받는다. 이 프로그램은 다음과 같이 진행한다.

- 13번 줄에서 명령줄 인수의 개수를 확인한다.
- 18번 줄에서 `open()` 시스템 호출을 이용해 해당 파일을 생성하고 쓰기 전용으로 연다.
- 25번 줄에서 사용자로부터 학번, 이름, 점수를 입력받는다.
- 26번 줄에서 `lseek()` 시스템 호출을 이용해 해당 위치로 이동한다.
- 27번 줄에서 `write()` 시스템 호출을 이용해 학생 레코드를 파일에 쓴다.
- 입력끝을 만나면 프로그램은 종료한다.

이 프로그램은 `fseek()` 함수 대신에 `lseek()` 시스템 호출을 사용한다는 점을 제외하곤 4장에서 살펴본 프로그램 4.5와 거의 같다.

그렇다면 학생 레코드를 파일 내의 어디에 저장하여야 할까? 학생 데이터베이스 질의 프로그램에서 학번으로 해당 학생의 레코드 위치를 바로 검색하기 위해서는 학번에 따라 정해진 위치에 레코드를 저장하여야 한다. 이 프로그램에서는 그림 5.9와 같이 해당 학생의 학번이 시작 학번을 기준으로 몇 번째인지를 `(rec.id - START_ID)`로 계산하여 여기에 학생 레코드의 크기 `sizeof(rec)`를 곱한 위치에 해당 학생의 레코드를 저장한다.

```
(rec.id - START_ID)*sizeof(rec)
|--------------....--------------->
[   ][   ][   ][   ][   ][   ][   ]...[   ][   ][   ][   ][   ]
```

그림 5.9 레코드의 시작 위치 계산

이를 위해 26번 줄에서 다음 코드와 같이 파일 시작으로부터 그 만큼 현재 파일 위치를 이동하고 그 위치에 대상 레코드를 저장하였다.

```
lseek(fd, (rec.id - START_ID) * sizeof(rec), SEEK_SET);
```

▸▸ 프로그램 5.5 dbcreate.c

```
1  #include <stdio.h>
2  #include <stdlib.h>
3  #include <unistd.h>
4  #include <fcntl.h>
5  #include "student.h"
6
7  /* 학생 정보를 입력받아 데이터베이스 파일에 저장한다. */
8  int main(int argc, char *argv[])
9  {
10   int fd;
11   struct student rec;
12
13   if (argc < 2) {
14      fprintf(stderr, "사용법 : %s file\n", argv[0]);
15      exit(1);
16   }
17
18   if ((fd = open(argv[1], O_WRONLY|O_CREAT, 0640)) == -1)
19   {
20      perror(argv[1]);
21      exit(2);
22   }
23
24   printf("%-9s %-8s %-4s\n", "학번",  "이름",  "점수");
25   while (scanf("%d %s %d", &rec.id, rec.name, &rec.score) == 3) {
```

```
    lseek(fd, (rec.id - START_ID) * sizeof(rec), SEEK_SET);
    write(fd, &rec, sizeof(rec) );
  }

  close(fd);
  exit(0);
}
```

student.h

```
#define MAX 24
#define START_ID 1001001
struct student {
  char name[MAX];
  int id;
  int score;
};
```

실행결과

```
$ dbcreate stdb1
학번      이름    점수
1001001 박연아 96
1001003 김태환 85
1001006 김현진 88
1001009 장샛별 75
^D
```

임의 접근을 이용한 학생 레코드 검색 예제

프로그램 5.6은 학생 데이터베이스에 대해서 질의하는 프로그램으로 명령줄 인수로 사용할 학생 데이터베이스 파일 이름을 받는다. 이 프로그램은 다음과 같이 진행한다.

- 18번 줄에서 이 파일을 읽기 전용으로 연다.
- 25번 줄에서 사용자로부터 검색할 학생의 학번 id를 입력받아 해당 학생의 레코드의 위치를 (id - START_ID) * sizeof(rec)로 계산한다.
- 26번 줄에서 lseek() 시스템 호출을 이용하여 파일 내의 해당 레코드의 위치로 이동한다.

- 27번 줄에서 read() 시스템 호출을 이용해 그 레코드를 읽은 후에 28번 줄에서 학번, 이름, 점수를 프린트한다.
- 33,34번 줄에서 계속 여부를 입력받아 이러한 과정을 더 이상 원하지 않을 때까지 반복한다.

이 프로그램은 fseek() 함수 대신에 lseek() 시스템 호출을 사용한다는 점을 제외하곤 4장에서 살펴본 프로그램 4.6과 거의 같다.

▸▸ 프로그램 5.6 **dbquery.c**

```
1  #include <stdio.h>
2  #include <stdlib.h>
3  #include <unistd.h>
4  #include <fcntl.h>
5  #include "student.h"
6
7  /* 학번을 입력받아 해당 학생의 레코드를 파일에서 읽어 출력한다. */
8  int main(int argc, char *argv[])
9  {
10   int fd, id;
11   struct student rec;
12
13   if (argc < 2) {
14      fprintf(stderr, "사용법 : %s file\n", argv[0]);
15      exit(1);
16   }
17
18   if ((fd = open(argv[1], O_RDONLY)) == -1) {
19      perror(argv[1]);
20      exit(2);
21   }
22
23   do {
24      printf("\n검색할 학생의 학번 입력:");
25      if (scanf("%d", &id) == 1) {
26         lseek(fd, (id-START_ID)*sizeof(rec), SEEK_SET);
27         if ((read(fd, &rec, sizeof(rec)) > 0) && (rec.id != 0))
```

```
            printf("학번:%d\t 이름:%s\t 점수:%d\n", rec.id, rec.name, rec.score);
        else printf("레코드 %d 없음\n", id);
      }
      else printf("입력 오류");

      printf("계속하겠습니까?(Y/N)");
      scanf(" %c", &c);
   } while (c=='Y');

   close(fd);
   exit(0);
}
```

```
$ dbquery stdb1
검색할 학생의 학번 입력: 1001003
학번:  1001003 이름:  김태환 점수:   85
계속하겠습니까?(Y/N)Y
검색할 학생의 학번 입력: 1001006
학번:  1001006 이름:  김현진 점수:   88
계속하겠습니까?(Y/N)N
```

임의 접근을 이용한 레코드 수정

파일에 저장되어 있는 레코드를 수정하려면 어떻게 하여야 할까? 파일에 저장되어 있는 레코드 수정은 간단하지 않다. 파일에 저장된 레코드를 수정하려면 다음 과정을 거쳐야 한다.

(1) 파일로부터 해당 레코드를 읽어서
(2) 이 레코드를 수정한 후에
(3) 수정된 레코드를 다시 파일 내의 원래 위치에 써야 한다.

그런데 레코드를 읽으면 현재 파일 위치가 자동으로 그 만큼 이동한다는 점에 주의해야 한다(그림 5.10 참조). 따라서 수정된 레코드를 원 위치에 다시 쓰려면 레코드를 쓰기 전에 파일 위치 포인터를 레코드 크기만큼 뒤로 이동시켜야 한다(그림 5.11 참조). 그 후에 수정된 레코드를 파일에 쓰면 된다(그림 5.12 참조).

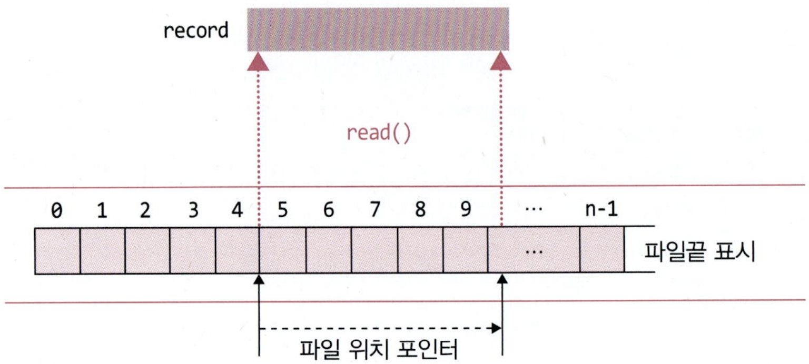

그림 5.10 레코드 읽기

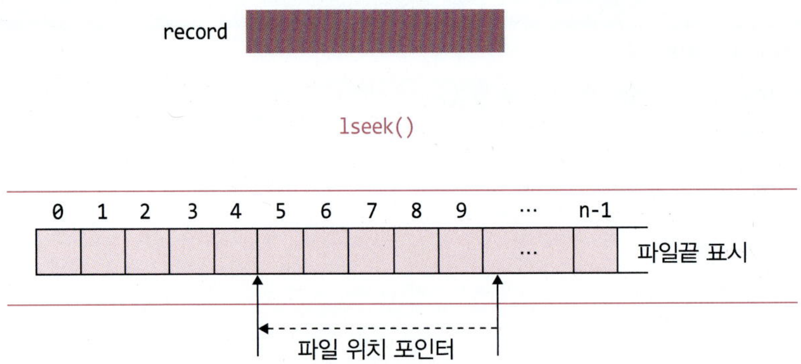

그림 5.11 파일 위치 재조정

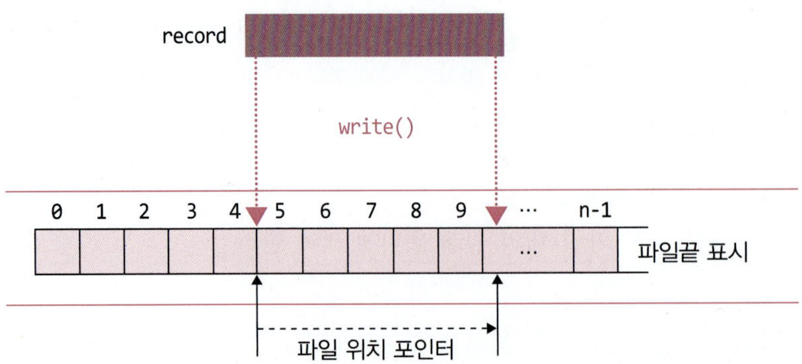

그림 5.12 레코드 쓰기

임의 접근을 이용한 학생 레코드 수정 예제

프로그램 5.7은 학번을 입력받아 해당 학생의 레코드(점수)를 수정하는 프로그램이다. 이 프로그램은 다음과 같이 진행한다.

- 먼저 26번 줄에서 수정한 학생의 학번을 입력받는다.
- 27번 줄에서 해당 학생 레코드의 시작위치로 파일 위치 포인터를 옮겨 28번 줄에서 그 레코드를 읽는다.
- 29번 줄에서 읽은 내용을 프린트한다.
- 31번 줄에서 사용자로부터 새로운 점수를 입력받아 읽은 레코드의 점수(score)를 수정한다.
- 32번 줄에서 현재 파일 위치를 다음과 같이 학생 레코드 크기만큼 뒤로 이동시킨 후

```
lseek(fd, (long) -sizeof(rec), SEEK_CUR);
```

- 33번 줄에서 수정된 레코드를 파일의 이동된 위치에 쓴다. 이러한 과정을 사용자가 더 이상 원하지 않을 때까지 반복한다.

실행결과를 보면 수정할 학생의 학번을 입력하여 해당 학생의 점수를 확인하고 이를 새로운 점수로 수정하는 것을 확인할 수 있다. 이 프로그램은 fseek() 함수 대신에 lseek() 시스템 호출을 사용한다는 점을 제외하고 4장에서 살펴본 프로그램 4.7과 거의 같다.

▸▸ 프로그램 5.7 dbupdate.c

```
1  #include <stdio.h>
2  #include <stdlib.h>
3  #include <unistd.h>
4  #include <fcntl.h>
5  #include "student.h"
6
7  /* 학번을 입력받아 해당 학생 레코드를 수정한다. */
8  int main(int argc, char *argv[])
9  {
10   int fd, id;
11   char c;
12   struct student rec;
```

```
    if (argc < 2) {
        fprintf(stderr,  "사용법 : %s file\n", argv[0]);
        exit(1);
    }

    if ((fd = open(argv[1], O_RDWR)) == -1) {
        perror(argv[1]);
        exit(2);
    }

    do {
        printf("수정할 학생의 학번 입력: ");
        if (scanf("%d", &id) == 1) {
            lseek(fd, (long) (id-START_ID)*sizeof(rec), SEEK_SET);
            if ((read(fd, &rec, sizeof(rec)) > 0) && (rec.id !=0)) {
                printf("학번:%8d\t 이름:%4s\t 점수:%4d\n", rec.id, rec.name, rec.score);
                printf("새로운 점수: ");
                scanf("%d", &rec.score);
                lseek(fd, (long) -sizeof(rec), SEEK_CUR);
                write(fd, &rec, sizeof(rec));
            }
            else printf("레코드 %d 없음\n", id);
        }
        else printf("입력오류\n");
        printf("계속하겠습니까?(Y/N)");
        scanf(" %c",&c);
    } while (c == 'Y');

    close(fd);
    exit(0);
}
```

실행결과

```
$ dbupdate stdb1
수정할 학생의 학번 입력: 1001009
학번:  1001009 이름: 장샛별 점수:   75
새로운 점수 입력: 85
계속하겠습니까?(Y/N)N
```

| 핵심 개념 |

- 시스템 호출은 커널에 서비스를 요청하기 위한 프로그래밍 인터페이스로 응용 프로그램은 시스템 호출을 통해서 커널에 서비스를 요청할 수 있다.
- 파일 디스크립터는 열린 파일을 나타낸다.
- open() 시스템 호출을 파일을 열고 열린 파일의 파일 디스크립터를 반환한다.
- read() 시스템 호출은 지정된 파일에서 원하는 만큼의 데이터를 읽고 write() 시스템 호출은 지정된 파일에 원하는 만큼의 데이터를 쓴다.
- 파일 위치 포인터는 파일 내에 읽거나 쓸 위치인 현재 파일 위치를 가리킨다.
- lseek() 시스템 호출은 지정된 파일의 현재 파일 위치를 원하는 위치로 이동시킨다.

| 실습 문제 |

5.1 텍스트 파일을 검사하여 사용자가 원하는 줄을 출력하는 프로그램을 작성하시오.

(1) 이 프로그램은 시작하면 프롬프트를 내주며 사용자가 원하는 줄 번호를 입력받아 해당 줄을 줄번호와 함께 출력한다.

(2) 줄 번호는 다음과 같은 다양한 형태로 입력할 수 있다.

n	한 줄 번호
n, ..., m	줄 번호 리스트
n-m	줄의 범위
*	모든 줄

힌트 먼저 파일 내의 각 줄의 시작 위치와 길이를 저장하는 테이블을 만들고 이를 이용해서 해당 줄을 찾아서 읽는다.

5.2 은행 계좌의 입출금 관리 프로그램을 작성하시오.

(1) 은행 계좌에 필요한 정보를 설계하고 계좌를 생성하면 이를 파일에 저장한다.

(2) 계좌 정보를 파일에 저장할 때 계좌번호에 따라 지정된 위치에 저장하여 임의접근 할 수 있도록 한다.

(3) 입금, 출금, 잔액조회 등의 기능을 파일에 저장된 계좌 정보를 임의접근하여 구현한다.

| 연습 문제 |

5.1 read(), write(), open(), close() 호출을 이용하여 cat 명령어를 구현하시오. 첫 번째 명령줄 인수가 없는 경우에는 표준입력에서 받은 내용을 대상으로 한다.

5.2 read() 시스템 호출을 이용하여 getchar() 함수를 구현하시오. 버퍼를 사용하여 read() 시스템 호출 횟수를 최소화 하도록 한다.

5.3 fseek() 함수 lseek() 함수의 차이점을 설명하시오.

5.4 두 개의 파일을 처음부터 비교하여 처음으로 달라지는 위치를 출력하는 프로그램을 작성하시오.

CHAPTER 06

파일 시스템

contents

06 파일 시스템

파일 시스템(File system)은 컴퓨터에서 파일이나 자료를 쉽게 찾고 접근할 수 있도록 보관 또는 조직하는 체계이다. 운영체제가 파일들을 일정한 규칙을 사용하여 저장장치의 파티션 상에 저장하게 되면 저장장치 내에서 파일을 저장하는 것이 용이해지고 파일을 효율적으로 검색하고 관리할 수 있다. 리눅스는 ext 파일 시스템을 주로 사용하는데 현재 리눅스는 ext4 파일 시스템을 사용하고 있다.

6.1 파일 시스템

파일 시스템 구조

표준 유닉스 파일 시스템의 전체적인 구조는 그림 6.1과 같으며 크게 부트 블록, 슈퍼 블록, i-리스트, 데이터 블록 부분으로 구성된다. 리눅스는 표준 유닉스 파일 시스템을 확장한 ext 파일 시스템이라는 고유의 파일 시스템을 사용한다. 여기서는 리눅스 파일 시스템의 핵심인 부트 블록, 슈퍼 블록, i-리스트, 데이터 블록 등을 중심으로 설명한다.

현재 리눅스에서 사용되는 ext4 파일 시스템은 1EB(엑사바이트, 1EB=1024 × 1024TB) 이상의 볼륨과 16TB 이상의 파일을 지원한다. 한 블록의 크기는 보통 4KB이다. ext4 파일 시스템은 디스크를 효율적으로 사용하기 위해 저장장치를 블록 그룹으로 구분하며 그림 6.1의 파일 시스템 구조에 그룹 디스크립터, 데이터 블록 비트맵, i-노드 비트맵 등이 추가되었다. 그룹 디스크립터는 슈퍼블록의 확장으로 파일 시스템에 대한 다양한 정보가 저장되며 데이터 블록 비트맵과 i-노드 비트맵은 각각 데이터 블록과 i-노드의 사용 여부를 표시한다.

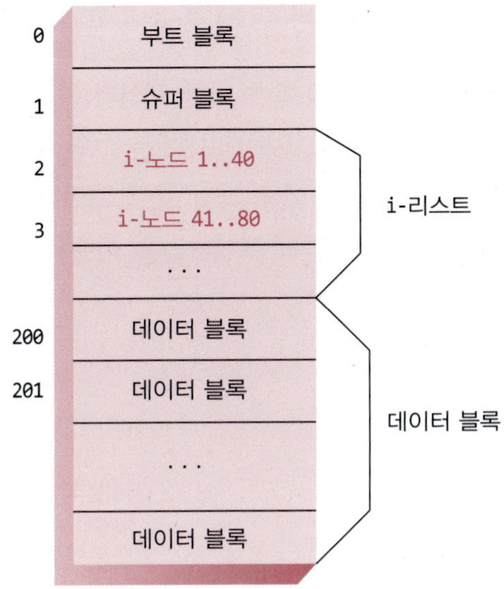

그림 6.1 파일 시스템의 구조

- **부트 블록**(Boot block)
  파일 시스템 시작부에 위치하고 일반적으로 첫 번째 섹터를 차지한다. 유닉스/리눅스가 처음 시작될 때 사용되는 부트스트랩 코드가 저장되는 블록이다.

- **슈퍼 블록**(Super block)
  전체 파일 시스템에 대한 정보를 저장한다. 이 정보는 파일 시스템 내의 총 블록 수, 사용가능한 **i**-노드 개수, 사용 가능한 블록들을 나타내는 비트 맵, 블록의 크기, 사용 중인 블록 수, 사용 가능한 블록 수 등을 포함한다.

- **i-리스트**(i-list)
  각각의 파일을 나타내는 모든 **i**-노드들의 리스트로 한 블록은 약 **40**개 정도의 **i**-노드를 포함한다.

- **데이터 블록**(Data block)
  파일의 내용(데이터)을 저장하기 위한 블록들이다.

i-노드와 블록 포인터

리눅스 파일 시스템에서 각 파일은 **i-노드**(i-node)라고 불리는 구조에 의해서 표현된다. 각 **i**-노드는 파일에 대한 거의 모든 정보 즉 파일 타입, 접근권한, 소유자, 접근 및 갱신 시간, 파일 크기, 데이터 블록에 대한 포인터(주소) 등을 갖고 있다.

i-노드 내에 있는 블록 포인터(데이터 블록에 대한 포인터)는 파일의 내용을 저장하기 위해 할당된 데이터 블록의 주소로 하나의 i-노드 내에는 그림 6.2에서 보는 것처럼 직접 블록 포인터 12개, 간접 블록 포인터 1개, 이중 간접 블록 포인터 1개, 삼중 간접 블록 포인터 1개가 존재한다. 그림 6.2는 이러한 블록 포인터들을 이용하여 데이터 블록들을 접근하는 구조를 보여준다.

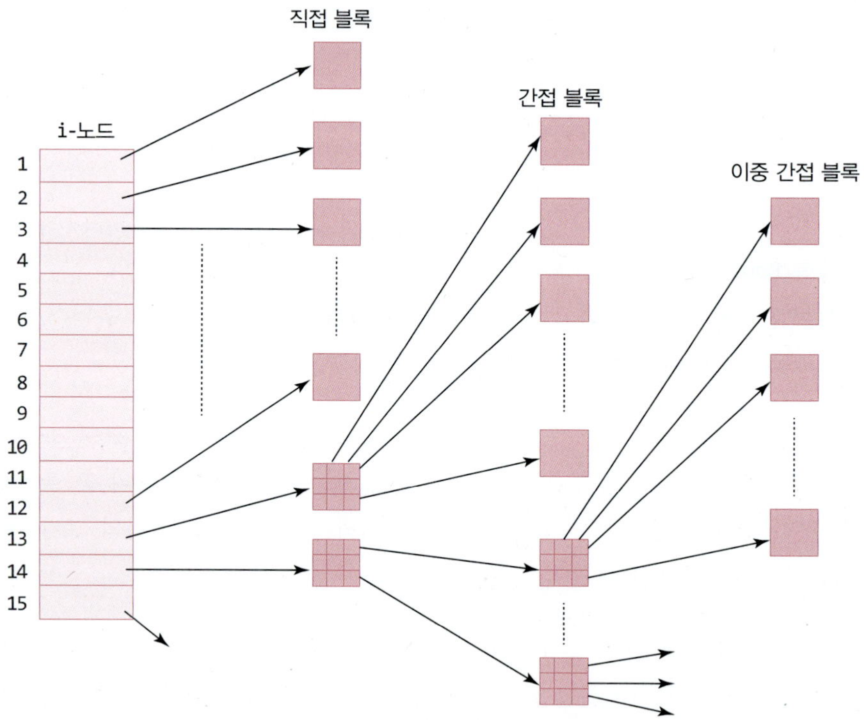

그림 6.2 i-노드 내의 블록 포인터

> **| 핵심 개념 |**
>
> 표준 유닉스 파일 시스템은 부트 블록, 슈퍼 블록, i-리스트, 데이터 블록 부분으로 구성된다.

직접 블록 포인터(direct block pointer)는 파일의 내용(데이터)이 저장될 데이터 블록의 주소이다. 한 i-노드 내에는 12개의 직접 블록 포인터가 존재하므로 12 블록짜리 파일까지는 이 직접 블록 포인터만을 사용하여 구현할 수 있다. 그러나 그 이상이 되는 파일은 직접 블록 포인터만을 사용해서는 구현할 수 없다. 이를 해결하기 위한 것이 간접 블록 포인터이다.

간접 블록 포인터(indirect block pointer)가 가리키는 데이터 블록에는 파일의 내용이 저장되는 것이 아니라 직접 블록 포인터들이 저장된다. 만약 하나의 블록 포인터(주소) 크기가 4바이트이고 한 블록의 크기가 4096바이트라면 간접 블록 포인터가 가리키는 하나의 데이터 블록 내에는 1024개의 직접 블록 포인터(주소)들을 저장할 수 있다. 따라서 간접 블록 포인터를 사용하면 총 1024개의 직접 블록들을 가리킬 수 있으며 직접 블록 포인터 12개와 하나의 간접 블록 포인터를 사용해서 1036개 블록짜리 파일까지는 구현할 수 있다. 그러나 그 이상 크기의 파일을 구현할 수 없으며 이를 해결하기 위한 것이 이중 간접 블록 포인터이다.

이중 간접 블록 포인터(double indirect block pointer)는 간접 블록 포인터의 개념을 한 단계 더 확장한 것으로 이중 간접 블록 포인터가 가리키는 데이터 블록에는 역시 파일 내용이 아니라 1024개의 간접 블록 포인터들이 저장되며 이 간접 블록 포인터가 가리키는 블록에 1024개의 직접 블록 포인터들이 저장된다.

삼중 간접 블록 포인터(triple indirect block pointer)는 이중 간접 블록 포인터를 한 단계 더 확장한 것으로 삼중 간접 블록 포인터가 가리키는 데이터 블록에는 역시 파일 내용이 아니라 1024개의 이중 간접 블록 포인터들이 저장된다. 그림 12.2에서 i-노드 내에 15번에 해당하는 포인터가 삼중 간접 블록 포인터이며 이에 대한 자세한 그림은 생략하였다.

6.2 파일 입출력 구현

파일 열기 및 파일 입출력 구현

파일 입출력 구현을 위해서 커널 내에서는 파일 디스크립터 배열, 파일 테이블, 동적 i-노드 테이블 등의 자료구조를 사용한다. 파일 디스크립터 배열은 각 프로세스마다 하나씩 존재하는 자료구조이며 파일 테이블, 동적 i-노드 테이블은 시스템 전체적으로 커널 내에 하나 존재하는 자료구조이다. 각각에 대한 설명은 다음과 같다.

- **파일 디스크립터 배열**(file descriptor array)
  프로세스마다 파일 디스크립터 배열을 하나씩 가지고 있다. 프로세스 내에서 열린 파일의 파일 디스크립터를 저장하기 위한 자료구조이다.

- **열린 파일 테이블**(open file table)
  커널 자료구조로 열려진 모든 파일 목록을 저장하기 위한 자료구조이다. 파일 테이블 엔트리로 구성되며 파일을 열 때마다 파일 테이블 엔트리(file table entry)가 하나씩 만들어진다. 파일 테이블 엔트리에는 파일 상태 플래그(read, write, append 등의 플래그 정보), 현재 파일 위치(current file position), 동적 i-노드에 대한 포인터 등이 저장된다.

- **동적 i-노드 테이블**(active i-node table)
  커널 내의 자료구조로 열린 파일의 i-노드를 저장하기 위한 테이블이다. 파일을 열면 파일 시스템 내에서 그 파일의 i-노드 내용을 가져와 이 테이블에 엔트리를 만든다.

예를 들어 다음과 같이 open() 시스템 호출을 이용하여 파일을 여는 상황을 생각해보자. 파일 열기는 커널 내에 해당 파일을 사용할 준비를 하게 한다.

```
fd = open("file",O_RDONLY);
```

이 시스템 호출을 이용하여 파일을 열면 다음과 같은 순서로 구현된다.

(1) 가장 먼저 파일 시스템 내에서 그 파일의 i-노드를 찾는다. 파일에 대한 i-노드 번호는 디렉터리 내에 저장되어 있으며 이 정보를 이용하야 해당 i-노드를 찾을 수 있다. 디렉터리에 대한 자세한 사항은 6.4절을 참고하기 바란다.

(2) 이렇게 i-노드를 찾게 되면 i-노드 내의 모든 정보를 커널 내의 자료구조인 동적 i-노

드 테이블로 가져와 테이블 내에 하나의 엔트리를 만들게 된다.

(3) 이어서 커널 내의 자료구조인 열린 파일 테이블에도 하나의 엔트리를 만들고 이 엔트리 내에 현재 파일 위치나 파일 상태 플래그 등을 저장한다.

(4) 최종적으로 프로세스 내의 자료구조인 파일 디스크립터 배열에 하나의 엔트리를 만들고 그 인덱스를 반환하게 되는데 이 인덱스가 바로 open() 시스템 호출이 반환하는 파일 디스크립터이다.

그림 6.3이 open() 시스템 호출이 성공한 경우에 커널 내에 구성된 관련 자료구조를 보여주고 있는데 새로운 파일을 열 때마다 3개의 테이블 내에 하나씩 엔트리가 만들어진다. 열린 파일 테이블 내의 현재 파일 위치는 다음 읽기나 쓰기를 할 위치를 나타내며 읽기나 쓰기를 함에 따라 그 위치가 변하게 된다. lseek() 시스템 호출도 사실은 열린 파일 테이블 내의 현재 파일 위치를 조정한다.

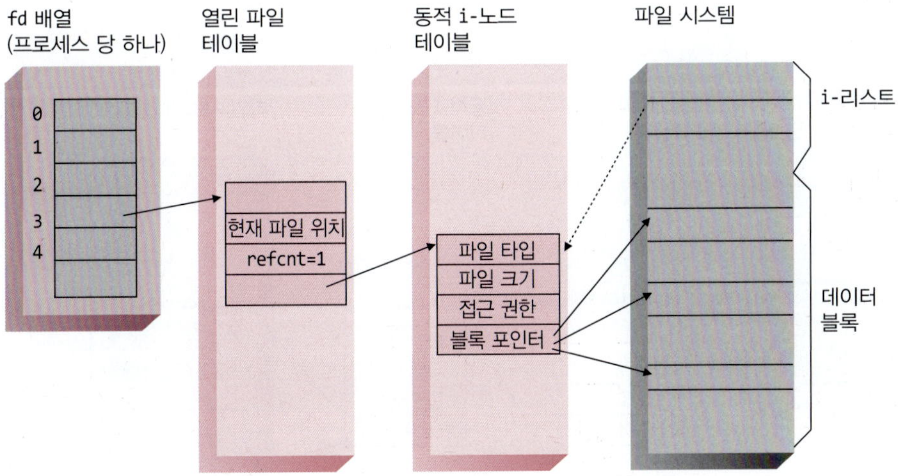

그림 6.3 파일 입출력 구현을 위한 자료구조

사용자가 열린 파일에 대해 읽기(read) 혹은 쓰기(write)와 같은 입출력을 요청하면 어떻게 해당 데이터 블록을 찾을 수 있을까? 커널 코드는 파일 테이블 엔트리 내의 현재 파일 위치 정보와 동적 i-노드 내의 블록 포인터 정보를 이용하여 해당 데이터 블록의 위치를 계산할 수 있다. 커널 내의 코드는 이렇게 블록의 위치를 결정한 다음 해당 블록에서 데이터를 읽거나 해당 블록에 데이터를 쓴다.

| 핵심 개념 |

파일 입출력 구현을 위해서 커널 내에 파일 디스크립터 배열, 파일 테이블, 동적 i-노드 테이블 등의 자료구조를 사용한다.

한 파일을 두 번 열기 구현

만약 이미 열려 있는 파일을 다시 열려고 시도하면 어떻게 될까? 이것도 가능하다. 특히 이런 경우에는 이미 그 파일의 i-노드 내용이 동적 i-노드 테이블에 존재할 것이다. 따라서 동적 i-노드 테이블 내에 새로운 엔트리를 만들 필요는 없다. 그러나 열린 파일 테이블 내에는 새로운 엔트리를 만들어야 한다. 왜냐하면 새로 파일을 열게 되면 거기에 따라 현재 파일 위치, 파일 상태 플래그 등을 새로 설정해야 하기 때문이다. 또한 fd 테이블에도 새로운 엔트리를 하나 만들어 새로운 파일 디스크립터를 반환한다. 그림 6.4는 이미 열려 있는 파일을 다시 여는 경우의 커널 내의 관련 자료구조를 보여준다.

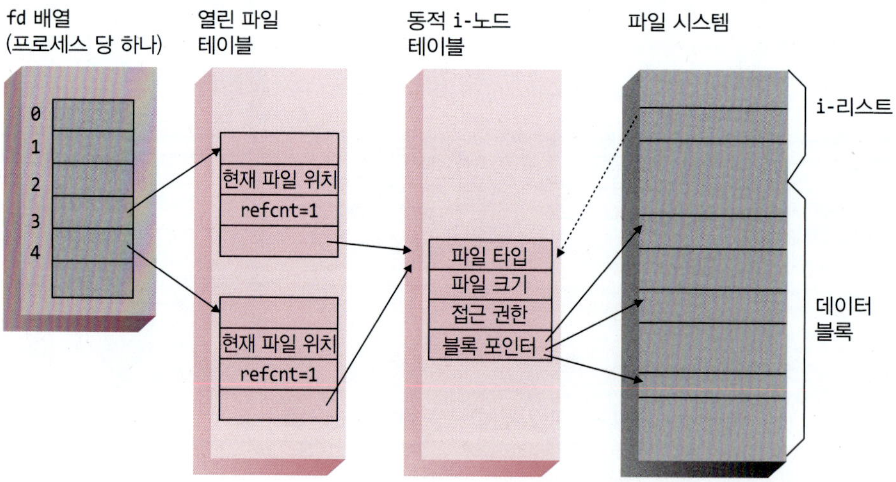

그림 6.4 한 파일을 두 번 열 때 자료구조

dup() 시스템 호출 구현

이번에는 앞 장에서 배운 dup() 시스템 호출을 생각해보자. 만약 그림 6.3의 상태에서 다음과 같이 dup() 혹은 dup2() 시스템 호출을 하는 경우를 생각해 보자.

```
fd = dup(3);   혹은
fd = dup2(3,4);
```

이 시스템 호출은 기존의 열려 있는 파일을 공유하는 새로운 파일 디스크립터를 반환해준다. 따라서 동적 i-노드 테이블이나 열린 파일 테이블 내에 새로운 엔트리를 만들 필요는 없다. 대신에 fd 테이블 내에만 새로운 엔트리(파일 디스크립터)를 하나 만들어 열린 파일 테이블 내의 기존에 열려 있는 파일의 엔트리를 가리키도록 하고 새로운 파일 디스크립터를 반환한다. 해당 엔트리의 refcnt가 2가 됨을 주의하자. 이제 이 새로운 파일 디스크립터는 기존에 열려 있는 파일 엔트리를 가리키므로 이 기존 파일을 공유하여 사용하게 된다. 그림 6.5는 dup() 시스템 호출 후의 커널 내의 관련 자료구조를 보여준다.

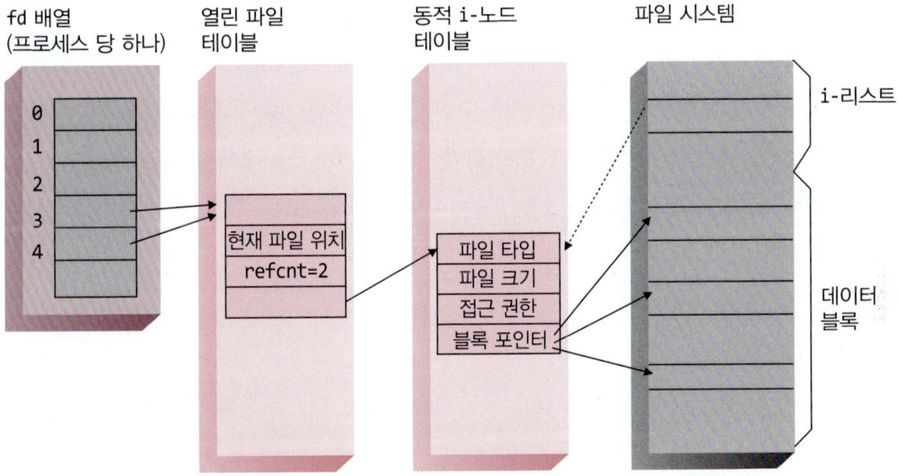

그림 6.5 dup() 시스템 호출 후의 자료구조

6.3 파일 상태 정보

파일 상태와 stat()

파일 상태(file status) 정보는 파일에 대한 모든 정보라고 생각할 수 있는데 블록수, 파일 타입, 접근권한, 링크수, 파일 소유자의 사용자 ID, 그룹 ID, 파일 크기, 최종 수정 시간 등이다. 사실 ls -sl 명령은 파일 상태 정보를 보여주는 것인데 예를 들어 다음 명령의 출력을 보면 이를 확인할 수 있다.

```
    $ ls -sl hello.c
    4 -rw-r—r--  1    chang   chang    617    11월 17일  15:53  hello.c
블록수 ▲ 접근권한  링크수  사용자 ID  그룹 ID  파일 크기  최종 수정 시간   파일이름
       |
    파일타입
```

그렇다면 이러한 상태 정보는 어디에 저장되어 있을까? 앞 절에서 살펴본 것처럼 파일 시스템에는 파일 하나당 하나의 i-노드(node)가 있으며 i-노드 내에 파일에 대한 모든 상태 정보가 저장되어 있다. 결과적으로 i-노드는 파일에 대한 모든 정보를 저장하고 있는 파일을 대표하는 노드라고 할 수 있다.

| 핵심 개념 |

파일 하나당 하나의 i-노드가 있으며 i-노드 내에 파일에 대한 모든 상태 정보가 저장되어 있다.

따라서 파일에 대한 상태 정보를 원하면 i-노드에 저장되어 있는 상태 정보를 가져와야 하는데 stat() 시스템 호출이 바로 이런 일을 한다. 그림 6.6은 stat() 시스템 호출의 역할을 그림으로 보여준다. stat()는 대상이 되는 파일을 파일 이름으로 지정하는데 반하여 fstat()는 열린 파일을 나타내는 파일 디스크립터로 지정한다. lstat()는 stat()와 같은데 대상 파일이 심볼릭 링크일 때 링크가 가리키는 파일이 아니라 링크 자체에 대한 상태 정보를 가져온다는 점만 다르다.

```
#include <sys/types.h>
#include <sys/stat.h>
#include <unistd.h>
```

```
int stat (const char *filename, struct stat *buf);
int fstat (int fd, struct stat *buf);
int lstat (const char *filename, struct stat *buf);
```
지정된 파일의 상태 정보를 가져와서 stat 구조체 buf에 저장한다.
성공하면 0, 실패하면 -1을 반환한다.

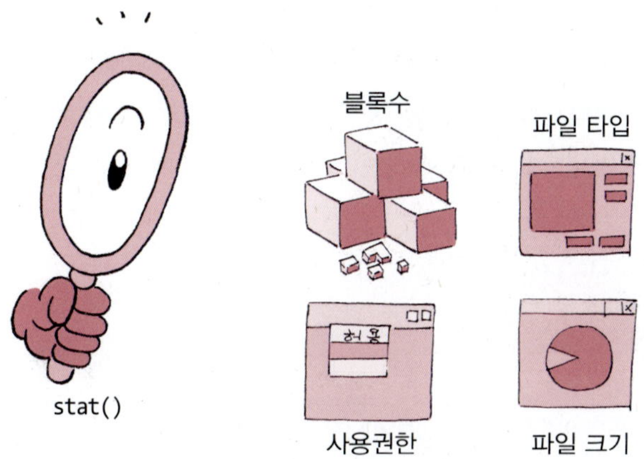

그림 6.6 stat() 시스템 호출

stat() 시스템 호출은 파일의 상태 정보를 가져와서 stat 구조체에 저장하는데 stat 구조체는 다음과 같이 각 상태 정보를 저장하기 위한 필드 변수를 포함하고 있다. 특히 st_mode는 파일 타입과 접근권한 정보를 저장한다. st_ino는 i-노드 번호를, st_nlink는 링크 수를, st_uid는 소유자의 사용자 ID를, st_size는 파일 크기를, st_mtime는 최종 수정 시간을, st_blocks는 파일의 블록 수를 저장한다.

```
struct stat {
 mode_t  st_mode;     // 파일 타입과 접근권한
 ino_t   st_ino;      // i-노드 번호
 dev_t   st_dev;      // 장치 번호
 dev_t   st_rdev;     // 특수 파일 장치 번호
 nlink_t st_nlink;    // 링크 수
 uid_t   st_uid;      // 소유자의 사용자 ID
 gid_t   st_gid;      // 소유자의 그룹 ID
 off_t   st_size;     // 파일 크기
 time_t  st_atime;    // 최종 접근 시간
```

```
    time_t  st_mtime;    // 최종 수정 시간
    time_t  st_ctime;    // 최종 상태 변경 시간
    long    st_blksize;  // 최적 블록 크기
    long    st_blocks;   // 파일의 블록 수
};
```

파일 타입

리눅스에서 지원하는 파일 타입은 일반 파일(regular file), 디렉터리(directory), 문자 장치 파일(character special file), 블록 장치 파일(block special file), FIFO 파일, 소켓(socket), 심볼릭 링크(symbolic link) 등이 있다. 각각에 대한 설명은 표 6.1과 같다.

표 6.1 파일 타입

파일 타입	설명
일반 파일	데이터를 갖고 있는 텍스트 파일 또는 이진 화일
디렉터리 파일	파일의 이름들과 파일 정보에 대한 포인터를 포함하는 파일
문자 장치 파일	문자 단위로 데이터를 전송하는 장치를 나타내는 파일
블록 장치 파일	블록 단위로 데이터를 전송하는 장치를 나타내는 파일
FIFO 파일	프로세스 간 통신에 사용되는 파일로 이름 있는 파이프라고도 함
소켓	네트워크를 통한 프로세스 간 통신에 사용되는 파일
심볼릭 링크	다른 파일을 가리키는 포인터 역할을 하는 파일

파일 타입을 검사하기 위해서는 stat() 시스템 호출의 결과로 받은 stat 구조체의 st_mode 필드 내부를 조사해야 하는데 이는 복잡하므로 이를 조사하는 매크로 함수를 표 6.2와 같이 제공한다. 이 매크로 함수는 해당 파일이면 1을 반환하고, 아니면 0을 반환한다. 예를 들어 S_ISREG() 함수는 해당 파일이 일반 파일이면 1를 반환하고, 아니면 0을 반환한다.

```
#include <sys/stat.h>
```

표 6.2 파일 타입을 검사하기 위한 매크로 함수

파일 타입	파일 타입을 검사하기 위한 매크로 함수
일반 파일	S_ISREG()
디렉터리 파일	S_ISDIR()
문자 장치 파일	S_ISCHR()
블록 장치 파일	S_ISBLK()
FIFO 파일	S_ISFIFO()
소켓	S_ISSOCK()
심볼릭 링크	S_ISLNK()

파일 타입 출력 예제

프로그램 6.1은 명령줄 인수로 받은 각 파일에 대해서 파일 타입을 검사하여 출력한다. 이 프로그램은 다음과 같이 진행한다.

- 15번 줄에서 lstat() 시스템 호출을 사용하여 파일 상태 정보를 가져오고
- 20~32번 줄에서 표 6.2의 매크로 함수를 사용하여 st_mode 필드 내에 있는 파일 타입을 검사하여 출력한다.

예를 들어 /bin에 대해 이 프로그램을 실행하면 디렉터리 타입임을 알려준다.

▸▸ 프로그램 6.1 ftype.c

```
1  #include <sys/types.h>
2  #include <sys/stat.h>
3  #include <stdio.h>
4  #include <stdlib.h>
5  #include <unistd.h>
6
7  /* 파일 타입을 검사한다. */
8  int main(int argc, char *argv[])
9  {
10   int i;
11   struct stat buf;
12
```

```
    for (i = 1; i < argc; i++) {
        printf("%s: ", argv[i]);
        if (lstat(argv[i], &buf) < 0) {
            perror("lstat()");
            continue;
        }

        if (S_ISREG(buf.st_mode))
            printf("%s \n", "일반 파일");
        if (S_ISDIR(buf.st_mode))
            printf("%s \n", "디렉터리");
        if (S_ISCHR(buf.st_mode))
            printf("%s \n", "문자 장치 파일");
        if (S_ISBLK(buf.st_mode))
            printf("%s \n", "블록 장치 파일");
        if (S_ISFIFO(buf.st_mode))
            printf("%s \n", "FIFO 파일");
        if (S_ISLNK(buf.st_mode))
            printf("%s \n", "심볼릭 링크");
        if (S_ISSOCK(buf.st_mode))
            printf("%s \n", "소켓");
    }
    exit(0);
}
```

실행결과

```
$ ftype /bin
/bin: 디렉터리
```

접근권한 변경 chmod()

파일의 상태 정보를 변경하는 것도 가능한데 chmod() 시스템 호출을 이용하여 파일의 접근권한을 변경할 수 있다. 이 시스템 호출의 첫 번째 인자는 파일 경로를 두 번째 인자는 변경할 접근권한을 나타내는데 mode_t 타입은 예를 들어 8진수 0644와 같은 접근권한을 나타내기 위한 정수 데이터 타입이다. fchmod() 시스템 호출은 첫 번째 인자로 파일 경로 대신에 파일 디스크립터를 받는다는 점을 제외하고는 chmod() 시스템 호출과 같다.

```
#include <sys/types.h>
#include <sys/stat.h>
int chmod(const char *path, mode_t mode);
int fchmod (int fd, mode_t mode );
```
지정된 파일의 접근권한을 mode로 변경한다.

프로그램 6.2는 첫 번째 명령줄 인수로 접근권한을 받고 두 번째 명령줄 인수로 파일 이름을 받아 파일의 접근권한을 변경한다. 예를 들어 다음과 같이 실행하면 you.txt 파일의 접근권한을 664로 변경한다.

```
$ fchmod 664 you.txt
```

첫 번째 명령줄 인수로 받은 접근권한은 문자열인데 chmod() 시스템 호출을 하기 위해서는 이 문자열을 정수로 변환해야 한다. 12번 줄에서 strtol() 라이브러리 함수를 이용하여 이 문자열을 8진수 형태의 정수로 변환한다. 그리고 이 변환된 정수를 사용하여 13번 줄에서 chmod() 시스템 호출을 하여 대상 파일의 접근권한을 변경한다.

▸▸ 프로그램 6.2 fchmod.c

```
1  #include <sys/types.h>
2  #include <sys/stat.h>
3  #include <stdio.h>
4  #include <stdlib.h>
5
6  /* 파일 접근권한을 변경한다. */
7  main(int argc, char *argv[])
8  {
9     long strtol( );
10    int newmode;
11
12    newmode = (int) strtol(argv[1],(char **) NULL, 8);
13    if (chmod(argv[2], newmode) == -1) {
14       perror(argv[2]);
15       exit(1);
16    }
17    exit(0);
18 }
```

다음과 같이 you.txt 파일의 접근권한을 664로 변경하고 ls 명령어를 이용하여 변경된 접근권한을 확인할 수 있다.

```
$ fchmod 664 you.txt
$ ls -asl you.txt
 4 -rw-rw-r--  1 chang   chang    518  4월  8일  19:06 you.txt
```

접근 및 수정 시간 변경 utime()

utime() 시스템 호출은 파일의 접근 시간과 수정 시간을 변경하는데 filename으로 지정된 파일의 접근 시간과 수정 시간을 times의 actime과 modtime 필드값으로 각각 변경한다. times가 NULL이면, 파일의 접근 시간과 수정 시간은 현재 시간으로 설정된다.

```
#include <sys/types.h>
#include <utime.h>
int utime (const char *filename, const struct utimbuf *times );
지정된 파일의 접근 및 수정 시간을 변경한다.
성공하면 0, 실패하면 -1을 반환한다.
```

접근 시간과 수정시간은 utimbuf 구조체 형식으로 표현하는데 time_t 타입의 시간은 1970-1-1 00:00부터 경과 시간을 초로 환산한 값이다.

```
struct utimbuf {
   time_t  actime     /* 접근 시간 */
   time_t  modtime    /* 수정 시간 */
}
```

예를 들어 명령줄 인수로 받은 파일의 수정 시간을 현재 시간으로 설정하는 touch 명령어는 다음과 같이 utime(argv[1], NULL)을 사용하여 구현할 수 있다.

▸▸ 프로그램 6.3 touch.c

```
#include <utime.h>
#include <stdio.h>
#include <stdlib.h>

int main(int argc, char *argv[])
{
   if (argc < 2) {
      fprintf(stderr, "사용법: touch file1 \n");
      exit(-1);
   }

   utime(argv[1], NULL);
}
```

접근 및 수정 시간 복사 예제

프로그램 6.4는 명령줄 인수로 받은 파일의 접근 시간과 수정 시간을 복사하는 프로그램으로 두 번째 파일의 접근 시간과 수정 시간을 첫 번째 파일의 그것으로 변경한다. 이 프로그램은 다음과 같이 진행한다.

- 18번 줄에서 첫 번째 파일에 대해 stat() 호출을 하여 접근 시간과 수정 시간을 포함한 상태 정보를 가져온다.
- 26번 줄에서 utime() 호출을 이용하여 두 번째 파일의 접근 시간과 수정 시간을 이 시간으로 변경한다.

실행결과를 보면 b.c의 수정 시간이 a.c의 수정 시간으로 변경된 것을 확인할 수 있다.

▸▸ 프로그램 6.4 cptime.c

```
1 #include <sys/types.h>
2 #include <sys/stat.h>
3 #include <sys/time.h>
4 #include <utime.h>
5 #include <stdio.h>
```

```
#include <stdlib.h>

int main(int argc, char *argv[])
{
   struct stat buf;          // 파일 상태 저장을 위한 변수
   struct utimbuf time;

   if (argc < 3) {
      fprintf(stderr, "사용법: cptime file1 file2\n");
      exit(1);
   }

   if (stat(argv[1], &buf) <0) { // 상태 가져오기
      perror("stat()");
      exit(-1);
   }

   time.actime = buf.st_atime;
   time.modtime = buf.st_mtime;

   if (utime(argv[2], &time))   // 접근, 수정 시간 복사
      perror("utime");
   else
      exit(0);
}
```

실행결과

```
$ ls -asl a.c b.c
4 -rw-rw-r--. 1 chang chang 0 2022-03-18 12:13 a.c
4 -rw-rw-r--. 1 chang chang 5 2022-03-18 13:30 b.c
$ cptime a.c b.c
$ ls -asl a.c b.c
4 -rw-rw-r--. 1 chang chang 0 2022-03-18 12:13 a.c
4 -rw-rw-r--. 1 chang chang 5 2022-03-18 12:13 b.c
```

파일 소유자 변경 chown()

파일의 접근권한 뿐만 아니라 chown() 시스템 호출을 이용하여 파일의 소유자나 그룹도

변경할 수 있다. 이 시스템 호출은 지정된 파일의 소유자와 그룹을 바꾼다. 파일의 소유자는 슈퍼유저(root)만이 바꿀 수 있다. 파일의 그룹은 파일의 소유자가 그 소유자가 멤버인 어떤 그룹으로 바꿀 수 있다. 슈퍼유저는 임의로 그룹을 변경할 수 있다.

```
#include <unistd.h>
#include <sys/types.h>
int chown(const char *path, uid_t owner, gid_t group);
int fchown(int fd, uid_t owner, gid_t group);
path가 나타내는 파일의 사용자 ID와 그룹 ID를 변경한다.
성공하면 0, 실패하면 -1을 반환한다.
```

6.4 디렉터리

디렉터리는 여러 파일들과 다른 디렉터리들을 조직하는 데 사용된다. 보통 한 디렉터리에 여러 관련 파일 혹은 디렉터리들을 저장하고 관리한다. 한 디렉터리 내의 디렉터리를 그 디렉터리의 서브디렉터리(subdirectory)라고 한다. 디렉터리들은 루트 디렉터리부터 시작하여 트리 구조를 형성한다. 디렉터리는 **폴더**(folder)라고도 한다.

디렉터리 내용

이제 디렉터리가 어떻게 구현되는지 디렉터리 내에는 어떤 내용이 저장되는지 살펴보자. 디렉터리도 일종의 파일이다. 디렉터리 내에는 그림 6.7과 같이 일련의 디렉터리 엔트리가 저장되어 있는데 각 디렉터리 엔트리는 디렉터리 내에 있는 하나의 파일을 나타낸다. 디렉터리 엔트리는 다음과 같은 구조체로 정의될 수 있는데 하나의 디렉터리 엔트리는 파일 이름과 그 파일의 i-노드 번호로 구성된다.

```
#include <dirent.h>
struct dirent {
  ino_t d_ino;                    // i-노드 번호
  char  d_name[NAME_MAX + 1];  // 파일 이름
}
```

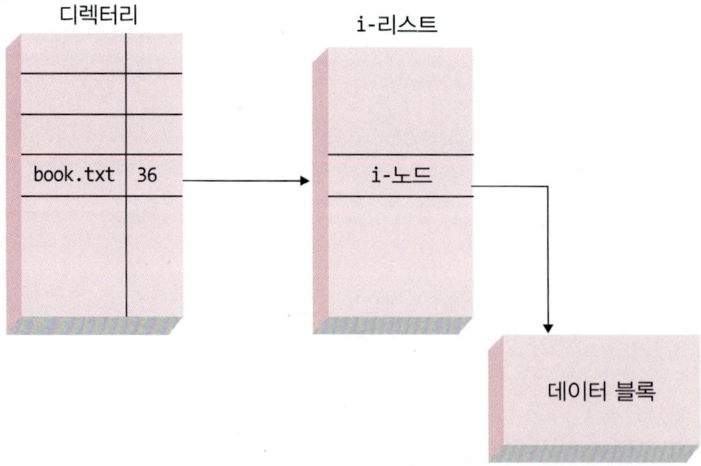

그림 6.7 디렉터리의 내용

이 그림이 보여주는 디렉터리 내에는 book.txt라는 파일이 있고 그 파일의 i-노드 번호는 36번이라는 뜻이다. 이 i-노드 내에는 이 파일에 대한 모든 상태 정보가 저장되어 있으며 또한 이 파일의 내용이 저장된 데이터 블록들의 주소도 가지고 있다.

| 핵심 개념 |

디렉터리는 일련의 디렉터리 엔트리들을 포함하고 각 디렉터리 엔트리는 파일 이름과 그 파일의 i-노드 번호로 구성된다.

디렉터리도 일종의 파일이므로 open(), read(), close() 함수 등을 사용할 수 있으나 디렉터리를 위해 편리한 라이브러리 함수들이 별도로 제공된다. opendir()는 디렉터리 열기 함수이고 readdir()는 디렉터리 읽기 함수이다. opendir() 함수는 대상 디렉터리를 열고 성공하면 DIR 구조체 포인터를 반환하고, 실패하면 NULL을 반환한다. DIR 구조체는 마치 FILE 구조체처럼 열린 디렉터리에 대한 정보를 저장하기 위한 구조체이다. readdir() 함수는 한 번에 디렉터리 엔트리를 하나씩 읽는다. 해당 디렉터리에 대한 읽기 권한이 있어야 가능하다. 디렉터리 엔트리를 하나씩 읽을 때마다 현재 파일 위치는 디렉터리 엔트리 크기만큼 증가한다.

```
#include <sys/types.h>
#include <dirent.h>
DIR *opendir (const char *path);
path가 나타내는 디렉터리를 연다.
성공하면 DIR 구조체 포인터를 반환하고, 실패하면 NULL을 반환한다.

struct dirent *readdir(DIR *dp);
dp가 가리키는 디렉터리에서 한 번에 하나씩 디렉터리 엔트리를 읽어서 반환한다.
```

디렉터리 리스트 예제 1

프로그램 6.5는 ls 명령어처럼 명령줄 인수로 받은 디렉터리 내에 있는 파일 이름들을 모두 리스트한다. 이 프로그램은 다음과 같이 진행한다.

- 17번 줄에서 명령줄 인수가 없으면 현재 디렉터리를 대상으로 하도록 한다.
- 이제 디렉터리 내의 파일 이름들을 모두 리스트하기 위해 먼저 20번 줄에서 opendir()

함수 호출을 이용해서 대상 디렉터리에 대해서 열기를 한다.

- 25번 줄에서 readdir() 함수 호출을 이용해서 디렉터리 내의 각 엔트리를 반복해서 읽으면서 26번 줄에서 읽은 엔트리 내의 파일 이름과 i-노드 번호를 출력한다.

실행결과에서 예를 들어 현재 디렉터리에 대해 이 프로그램을 실행한 결과를 확인할 수 있다(이 디렉터리에 list1.c, list1 파일만 있다고 가정한다).

▸▸ 프로그램 6.5 list1.c

```
1  #include <sys/types.h>
2  #include <sys/stat.h>
3  #include <dirent.h>
4  #include <stdio.h>
5  #include <stdlib.h>
6
7  /* 디렉터리 내의 파일 이름들을 리스트한다. */
8  int main(int argc, char *argv[])
9  {
10    DIR *dp;
11    char *dir;
12    struct dirent *d;
13    struct stat st;
14    char path[BUFSIZ+1];
15
16    if (argc == 1)
17       dir = ".";       // 현재 디렉터리를 대상으로
18    else dir = argv[1];
19
20    if ((dp = opendir(dir)) == NULL) {  // 디렉터리 열기
21       perror(dir);
22       exit(1);
23    }
24
25    while ((d = readdir(dp)) != NULL)  // 각 디렉터리 엔트리에 대해
26       printf("%s %lu \n", d->d_name, d->d_ino); // 파일이름, i-노드 번호 출력
27
28    closedir(dp);
29    exit(0);
30 }
```

실행결과

```
$ list1 .
list1.c  12059349
.. 12059625
list1 12059357
. 12059348
```

이제 이 프로그램을 ls -s 명령어처럼 디렉터리 내에 있는 파일 이름과 그 파일의 크기(바이트 수)를 출력하도록 확장해 보자. 25,26번 줄의 while 문을 다음과 같이 확장하면 된다. 파일의 크기를 알기 위해서는 해당 파일에 대해 lstat() 시스템 호출을 해야 한다. 이를 위해서 먼저 sprintf() 함수를 이용하여 해당 파일의 경로명("디렉터리 이름/파일 이름")을 만든다. 이 경로명을 이용하여 lstat() 시스템 호출을 하여 상태정보를 가져오고 이 중 파일 크기(st->st_size)와 파일 이름(d->name)을 출력하면 된다.

```
while ((d = readdir(dp)) != NULL) {                 // 디렉터리 내의 각 파일에 대해
   sprintf(path, "%s/%s", dir, d->d_name);          // 파일 경로명 만들기
   if (lstat(path, &st) < 0)                        // 파일 상태 정보 가져오기
      perror(path);
   else
      printf("%5d %s\n", st->st_size, d->name);    // 파일 크기,이름 출력
}
```

디렉터리 리스트 예제 2

이제 이 프로그램을 다시 확장하여 파일 이름과 파일 크기뿐만 아니라 ls -l 명령어처럼 디렉터리 내에 있는 파일 이름과 그 파일의 모든 정보를 출력하도록 확장해 보자. 예를 들어 다음과 같은 형태로 각 파일에 대한 정보를 출력하도록 확장해 보자.

```
8 -rw-r—r--  1 chang   chang    781 Mar 21 17:13 list1.c
```

파일의 모든 정보를 출력하도록 확장된 프로그램 6.6을 살펴보자. 이 프로그램의 36번 줄에서 호출된 printStat() 함수가 파일의 이름과 상태 정보를 모두 출력한다. 이 프로그램의 실행결과에서 볼 수 있는 것처럼 이 함수가 파일의 블록 수(st_blocks), 파일 타입 및

접근권한(st_mode), 링크 수(st_nlink), 소유자 이름(st_uid), 그룹 이름(st_gid), 파일 크기(st_size), 수정 시간(st_mtime), 파일 이름 순으로 출력한다.

● printStat() 함수

printStat() 함수의 내부를 살펴보자. 이 함수는 다음과 같이 진행한다.

- 46번 줄에서 파일의 블록 수를 출력한다.
- 47번 줄에서 출력할 파일 타입을 결정하기 위해서 type() 함수를 호출하고 출력할 접근 권한을 결정하기 위해 perm() 함수를 호출한다.
- 48번 줄에서는 파일에 대한 링크 수를 출력한다.
- 49번 줄에서는 파일 소유자의 사용자 이름을 출력하기 위해서는 st_uid 필드가 사용자 ID를 번호로 저장하기 때문에 다음과 같이 getpwuid() 함수를 호출하여 사용자 이름을 가져와 출력한다. 이 함수는 사용자 ID와 일치하는 엔트리를 /etc/passwd 파일에서 찾아서 그 엔트리에 대한 포인터를 반환해 주는데 이 엔트리의 pw_name 필드가 사용자 이름을 갖고 있다.

  ```
  getpwuid(st->st_uid)->pw_name
  ```

- 50번 줄은 파일 크기를 바이트 단위로 출력한다.
- 51번 줄은 파일의 수정 시간을 출력하는데 st_mtime 필드는 수정 시간을 1970-1-1 00:00부터 경과 시간을 초로 환산한 값으로 저장한다. ctime() 함수는 이를 사람들이 보통 사용하는 시간 형식의 문자열로 변환하여 반환한다. 예를 들면 "Wed Jun 30 21:49:08 2022\n"와 같은 문자열을 반환한다. 이 프로그램에서는 요일은 출력하지 않고 월부터 출력하기 위해서 반환된 문자열에 +4를 하여 출력하였다.

▸▸ 프로그램 6.6 **list2**

```
1  #include <sys/types.h>
2  #include <sys/stat.h>
3  #include <dirent.h>
4  #include <pwd.h>
5  #include <grp.h>
6  #include <stdio.h>
```

```c
#include <stdlib.h>
#include <time.h>
#include <string.h>

char type(mode_t);
char *perm(mode_t);
void printStat(char*, char*, struct stat*);

/* 디렉터리 내용을 자세히 리스트한다. */
int main(int argc, char **argv)
{
   DIR *dp;
   char *dir;
   struct stat st;
   struct dirent *d;
   char path[BUFSIZ+1];

   if (argc == 1)
      dir = ".";
   else dir = argv[1];

   if ((dp = opendir(dir)) == NULL)  // 디렉터리 열기
      perror(dir);

   while ((d = readdir(dp)) != NULL) { // 디렉터리의 각 파일에 대해
      sprintf(path, "%s/%s", dir, d->d_name); // 파일경로명 만들기
      if (lstat(path, &st) < 0)        // 파일 상태 정보 가져오기
         perror(path);
      else
         printStat(path, d->d_name, &st);  // 상태 정보 출력
   }

   closedir(dp);
   exit(0);
}

/* 파일 상태 정보를 출력 */
void printStat(char *pathname, char *file, struct stat *st)
```

```
{
   printf("%5d ", st->st_blocks);
   printf("%c%s ", type(st->st_mode), perm(st->st_mode));
   printf("%3d ", st->st_nlink);
   printf("%s %s ", getpwuid(st->st_uid)->pw_name, getgrgid(st->st_gid)->gr_name);
   printf("%9d ", st->st_size);
   printf("%.12s ", ctime(&st->st_mtime)+4);
   printf("%s\n", file);
}

/* 파일 타입을 반환 */
char type(mode_t mode)
{
   if (S_ISREG(mode))
      return('-');
   if (S_ISDIR(mode))
      return('d');
   if (S_ISCHR(mode))
      return('c');
   if (S_ISBLK(mode))
      return('b');
   if (S_ISLNK(mode))
      return('l');
   if (S_ISFIFO(mode))
      return('p');
   if (S_ISSOCK(mode))
      return('s');
}

/* 파일 접근권한을 반환 */
char* perm(mode_t mode)
{
   static char perms[10];
   strcpy(perms, "---------");

   for (int i=0; i < 3; i++) {
      if (mode & (S_IRUSR >> i*3))
         perms[i*3] = 'r';
```

```
        if (mode & (S_IWUSR >> i*3))
            perms[i*3+1] = 'w';
        if (mode & (S_IXUSR >> i*3))
            perms[i*3+2] = 'x';
    }
    return(perms);
}
```

실행결과

```
$ list2 .
    8 drwxrwxr-x   2  chang   chang    4096  Dec 21 13:43 .
    8 drwxrwxr-x  16  chang   chang    4096  Aug 30 18:55 ..
    8 -rw-r--r--   1  chang   chang     781  Mar 21 17:13 list1.c
    8 -rw-r--r--   1  chang   chang    2178  Mar 28 14:25 list2.c
   24 -rwxrwxr-x   1  chang   chang    8775  Mar 21 17:14 list1
   32 -rwxrwxr-x   1  chang   chang   13376  Dec 21 13:43 list2
   ...
```

● type() 함수

이제 **type()** 함수와 **perm()** 함수의 내부를 살펴보자. 이 함수들을 이해하려면 **lstat()** 시스템 호출을 하여 상태정보를 가져오면 파일 타입과 접근권한 정보는 **st->st_mode** 필드에 함께 저장된다는 점을 주의해야 한다. 이 **st_mode** 필드는 16비트로 그림 6.8과 같이 구성된다. 처음 4비트는 파일 타입을 저장하는 데 사용되고 다음 3비트는 특수용도로 사용된다. 마지막 9비트는 접근권한을 저장하는 데 사용되는데 처음 3비트는 파일 소유자의 접근권한을, 다음 3비트는 그룹의 접근권한을, 마지막 3비트는 기타 사용자의 접근권한을 저장한다.

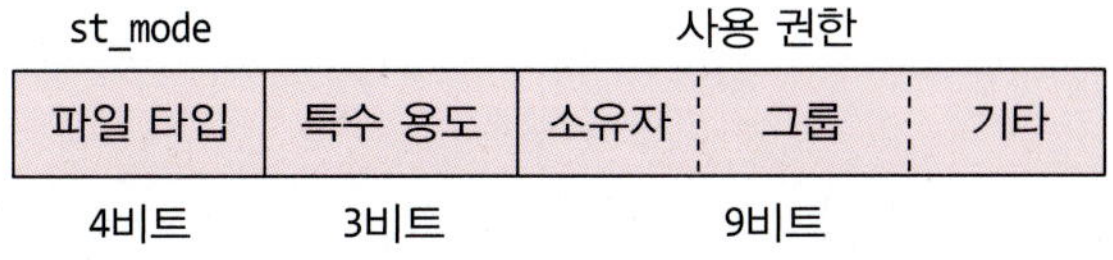

그림 6.8 st_mode의 구성

type() 함수는 표 6.2의 매크로 함수를 이용하여 58~71번 줄에서 st_mode 필드 내에 있는 파일 타입 정보를 조사하여 출력할 수 있는 하나의 문자로 반환한다.

● perm() 함수

perm() 함수는 st_mode 필드 내에 있는 파일의 접근권한 정보를 조사하여 출력할 수 있는 문자열 형태(예를 들어 rwxr-xr-x)로 반환한다. 이를 위해 81,83,85번 줄에서 먼저 파일 소유자의 읽기, 쓰기, 실행 권한을 조사하고 각각 3비트씩 오른쪽으로 이동한 후에 다시 조사하는 방식으로 그룹과 기타 사용자의 접근권한을 조사하여 전체 접근권한을 문자열(perms[]) 형태로 만들어 반환한다. 파일 소유자의 읽기, 쓰기, 실행 권한을 조사하기 위한 비트 패턴으로 /usr/include/sys/stat.h에 정의된 다음 8진수 비트패턴을 사용한다.

```
#define S_IRUSR 00400
#define S_IWUSR 00200
#define S_IXUSR 00100
```

st_mode와 이 비트패턴을 비트단위로 &(AND) 연산하면 st_mode 내의 원하는 비트 값을 확인할 수 있다. 예를 들어 st_mode와 S_IRUSR을 비트단위로 &(AND) 연산하면 그 결과값이 0인지 아닌지에 따라 소유자가 읽기 권한이 없는지 있는지를 확인할 수 있다.

실행결과에서 현재 디렉터리에 대해 이 프로그램을 실행한 결과를 확인할 수 있다.

디렉터리 조작

새로운 디렉터리를 만들기 위해서는 mkdir() 시스템 호출을 사용하고, 디렉터리를 지우기 위해서는 rmdir() 시스템 호출을 사용해야 한다. mkdir() 시스템 호출은 path가 나타내는 새로운 디렉터리를 만든다. mkdir() 시스템 호출이 성공하면 새로운 디렉터리 내에 "." 와 ".." 엔트리가 자동적으로 만들어진다. "."은 자기 디렉터리를, ".."은 부모 디렉터리를 나타낸다.

```
#include <sys/types.h>
#include <sys/stat.h>
int  mkdir (const char *path, mode_t mode );
mode 접근권한을 갖는 새로운 디렉터리 path를 만든다.
성공하면 0, 실패하면 -1을 반환한다.
```

rmdir() 시스템 호출은 path가 나타내는 디렉터리가 비어 있으면 삭제한다. 대상 디렉터리가 비어 있지 않으면 이 시스템 호출은 실패한다.

```
#include <unistd.h>
int rmdir (const char *path);
path 디렉터리가 비어 있으면 삭제한다.
성공하면 0, 실패하면 -1을 반환한다.
```

디렉터리 구현

그림 6.1의 파일 시스템 구조를 보면 디렉터리를 위한 구조는 따로 없는데 그렇다면 파일 시스템 내에서 디렉터리를 어떻게 구현할 수 있을까? 리눅스에서는 디렉터리도 일종의 파일로 다른 파일처럼 구현된다. 따라서 디렉터리도 다른 파일처럼 하나의 i-노드로 표현된다. 그러나 디렉터리의 내용은 다른 파일과 달리 그 디렉터리 내에 있는 파일(서브디렉터리 포함)의 이름과 그 파일의 i-노드 번호로 구성된 디렉터리 엔트리들이다.

예를 들어 그림 6.9의 디렉터리 계층구조를 생각해보자. 디렉터리 옆에 붙은 번호는 그 디렉터리를 나타내고 있는 i-노드 번호이다.

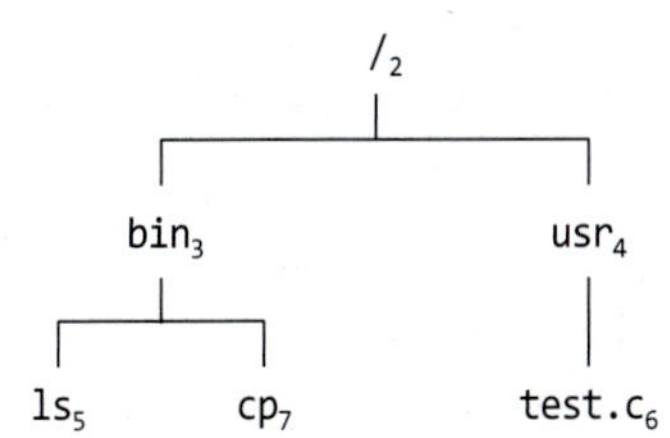

그림 6.9 디렉터리 계층구조 예

이 디렉터리 계층구조는 실제로는 그림 6.10과 같이 구현된다. 이 그림을 보면 루트, bin, usr 디렉터리는 각각 2번, 3번, 4번 i-노드로 표현된다. 각 디렉터리의 내용은 그 디렉터리 내에 있는 파일의 이름과 그 파일의 i-노드 번호로 구성된 디렉터리 엔트리들이다. 예를 들어 루트 디렉터리를 생각해보자. 루트 디렉터리의 i-노드는 2번이고 루트 디렉터리의 내용은 이 2번 i-노드의 직접 블록 포인터가 가리키는 200번 데이터 블록에 저장된다. 루트 디렉터리의 내용이 저장된 200번 데이터 블록에는 bin과 usr 디렉터리를 나타내는 디렉터리 엔트리들이 저장되어 있고 또한 모든 디렉터리에는 현재 디렉터리(.)와 부모 디렉터리(..)를 나타내는 디렉터리 엔트리들이 저장되어 있다.

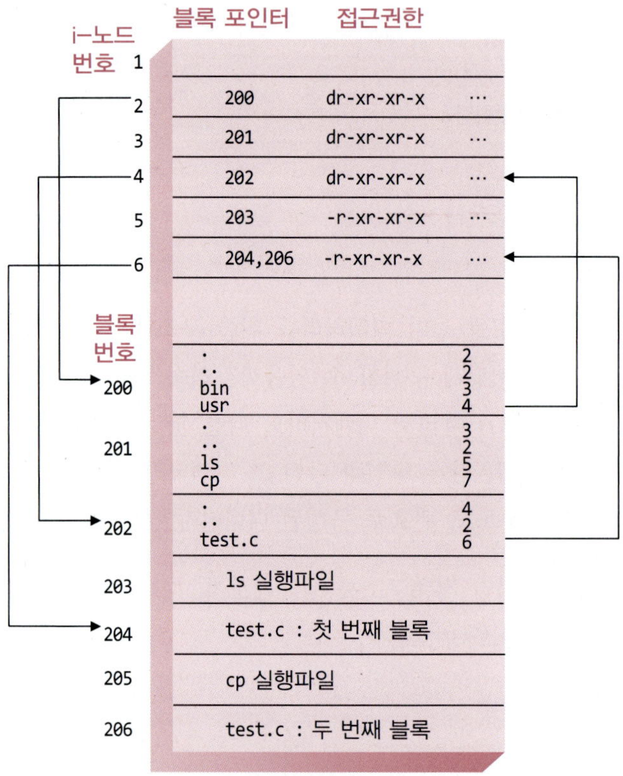

그림 6.10 파일 시스템 내에서 디렉터리 구현

이번에는 일반 파일의 예를 살펴보자. /usr/test.c 파일을 어떻게 찾아 그 내용을 읽어올 수 있을까? 루트 디렉터리의 내용이 저장된 200번 데이터 블록 내의 usr 디렉터리 엔트리를 보면 usr의 i-노드 번호는 4번임을 알 수 있다. usr 디렉터리의 내용은 이 4번 i-노드의 직접 블록 포인터가 가리키는 202번 데이터 블록에 저장되고 이 블록 내에 test.c 파일을 나타내는 디렉터리 엔트리가 있다. 이 디렉터리 엔트리를 보면 test.c 파일의 i-노드 번호는 6번이고 이 파일의 내용은 6번 i-노드의 직접 블록 포인터가 가리키는 204번과 206번 데이터 블록에 저장되어 있다는 것을 알 수 있다. 이러한 과정을 통해서 파일의 내용이 저장된 데이터 블록을 찾고 이를 읽어올 수 있다.

6.5 링크

하드 링크

링크는 기존 파일에 대한 또 다른 이름으로 하드 링크와 심볼릭(소프트) 링크가 있다. 그림 6.11처럼 하드 링크를 이용하면 하나의 파일에 대해 여러 개의 이름들을 가질 수 있다. 먼저 하드 링크를 위한 link() 시스템 호출에 대해서 살펴본다.

그림 6.11 하드 링크

link() 시스템 호출은 기존 파일 이름 existing에 대한 새로운 이름 new 즉 링크를 만든다. 그림 6.12처럼 새롭게 만들어진 링크는 기존 이름과 같은 i-노드 즉 같은 파일을 가리킨다. 이렇게 해서 하나의 파일이 여러 개의 이름 즉 링크를 가질 수 있다. 각 파일은 i-노드 내에 자신의 링크 수(link count)를 유지한다.

```
#include <unistd.h>
int link(char *existing, char *new);
기존 파일 이름 existing에 대한 새로운 링크 new를 만든다.
성공하면 0, 실패하면 -1을 반환한다.
int unlink(char *path);
링크 path를 제거한다.
성공하면 0, 실패하면 -1을 반환한다.
```

| 핵심 개념 |

링크는 기존 파일에 대한 또 다른 이름으로 하드 링크와 심볼릭(소프트) 링크가 있다.

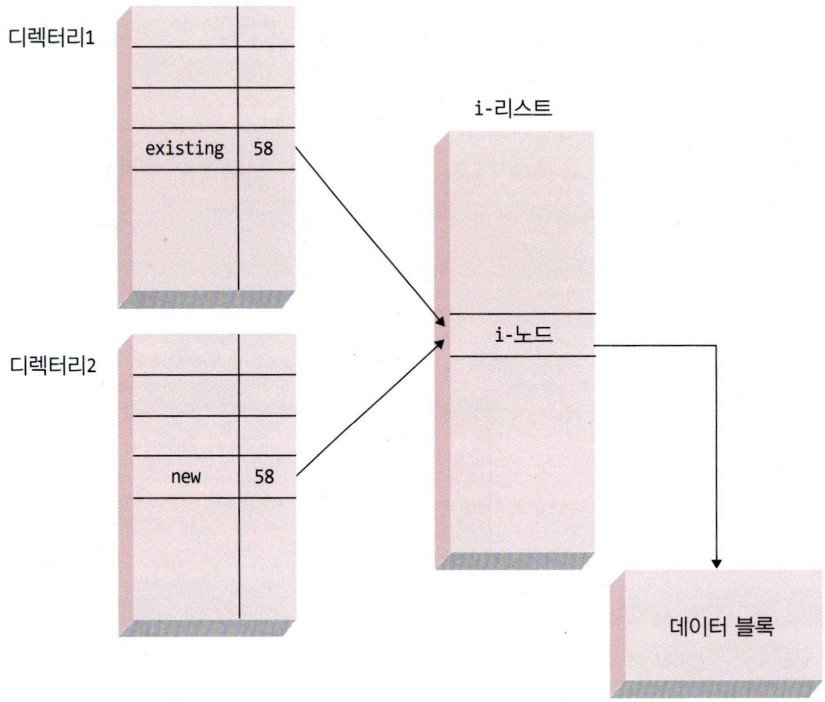

그림 6.12 하드 링크의 구현

하드 링크 예제

프로그램 6.7은 첫 번째 명령줄 인수로 받은 기존 파일에 대해 두 번째 명령줄 인수로 받은 새로운 이름의 링크를 만든다. 실행결과를 통해 새로운 링크가 만들어진 것을 확인할 수 있다. 프로그램 6.7부터 6.9까지의 프로그램에서는 단순화를 위해서 명령줄 인수의 개수를 검사하는 코드 부분은 생략하였다.

▸▸ 프로그램 6.7 link.c

```c
#include <stdlib.h>
#include <unistd.h>

int main(int argc, char *argv[ ])
{
   if (link(argv[1], argv[2]) == -1) {   // 링크 만들기
      exit(1);
   }
   exit(0);
}
```

실행결과

```
$ link you.txt my.txt
$ ls -l you.txt my.txt
  2 -rw-r--r--  2 chang   chang    518  4월  8  19:06 my.txt
  2 -rw-r--r--  2 chang   chang    518  4월  8  19:06 you.txt
```

링크 삭제 예제

unlink() 시스템 호출은 파일에 대한 링크를 삭제한다. 링크를 삭제할 때마다 파일의 링크 수(link count)를 감소시키고 링크 수가 0이 되면 해당 파일을 삭제한다. 프로그램 6.8은 명령줄 인수로 받은 링크를 삭제한다.

▸▸ 프로그램 6.8 unlink.c

```c
#include <stdio.h>
#include <stdlib.h>
#include <unistd.h>

int main(int argc, char *argv[ ])
{
   if (unlink(argv[1]) == -1) {    // 링크 삭제
      perror(argv[1]);
      exit(1);
   }
   exit(0);
}
```

심볼릭 링크

지금까지 살펴본 링크는 하드 링크(hard link)이다. 하드 링크는 그림 6.10에서 보는 것처럼 한 파일 시스템 내에서 같은 i-노드를 가리키므로 한 파일 시스템 내에서만 사용될 수 있다. 이러한 단점을 보완한 링크가 **심볼릭 링크**(symbolic link) 혹은 **소프트 링크**(soft link)이다. 심볼릭 링크는 그림 6.13과 같이 실제 파일의 경로명을 데이터 블록에 저장하고 있는 링크로서 파일에 대한 간접적인 포인터 역할을 한다. 따라서 다른 파일 시스템에 있는 파일도 경로명을 이용하여 링크할 수 있다.

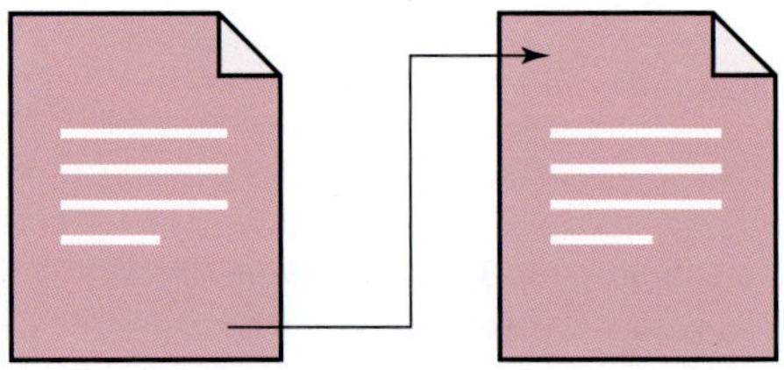

그림 6.13 심볼릭 링크

symlink() 시스템 호출은 기존 경로에 대한 심볼릭 링크를 만든다. 구체적으로 실제 파일 경로명 actualpath를 저장하고 있는 심볼릭 링크 sympath을 만든다.

```
#include <unistd.h>
int  symlink (const char *actualpath, const char *sympath );
```
실제 파일의 경로명 actualpath를 저장하고 있는 심볼릭 링크 sympath을 만든다. 성공하면 0, 실패하면 -1을 반환한다.

심볼릭 링크 예제

프로그램 6.9는 첫 번째 명령줄 인수로 받은 기존 파일에 대해 두 번째 명령줄 인수로 받은 새로운 이름의 심볼릭 링크를 만든다. 실행결과를 통해서 기존 파일에 대해 새로운 심볼릭 링크가 만들어진 것을 확인할 수 있다. 특히 심볼릭 링크 cc의 파일 타입이 l로 표시되어 있고 cc -> /usr/bin/gcc 표시를 통해서 cc가 /usr/bin/gcc를 가리키는 심볼릭 링크라는 것을 나타낸다.

▸▸ 프로그램 6.9 slink.c

```c
1 #include <unistd.h>
2 #include <stdlib.h>
3
4 int main(int argc, char *argv[ ])
5 {
6    if (symlink(argv[1], argv[2]) == -1) {  // 심볼릭 링크 만들기
7       exit(1);
8    }
9    exit(0);
10 }
```

실행결과

```
$ slink /usr/bin/gcc cc
$ ls -l cc
2 lrwxrwxrwx  1 chang  chang  7  4월  8  19:58 cc -> /usr/bin/gcc
```

심볼릭 링크 내용 확인

심볼릭 링크의 실제 내용을 확인해볼 수 있는 시스템 호출도 있는데 readlink() 시스템 호출은 심볼릭 링크의 실제 내용을 읽어서 지정한 버퍼에 저장한다. 읽어온 내용을 버퍼에 저장한 후에 끝에 널문자를 추가해주지 않으므로 이를 주의해야 한다.

```c
#include <unistd.h>
int  readlink (const char *path, char *buf, size_t bufsize);
```

path 심볼릭 링크의 실제 내용을 읽어서 buf에 저장한다.
성공하면 buf에 저장한 바이트 수를 반환하며 실패하면 −1을 반환한다.

예를 들어 명령줄 인수로 받은 심볼릭 링크의 실제 내용을 읽어서 출력하는 프로그램을 작성해보자. 프로그램 6.9는 명령줄 인수로 받은 심볼릭 링크의 실제 내용을 10번 줄에서 readlink() 시스템 호출을 이용하여 읽은 후 11~16번 줄에서 읽은 내용의 바이트 수가 0보다 크면 읽어온 내용을 출력하고 그렇지 않으면 오류 메시지를 출력한다. 실행결과를 살펴보자. 이 예제 프로그램을 실행시켜 확인해보면 cc의 실제 내용이 /usr/bin/gcc 경로명을 담고 있는 것을 확인할 수 있다.

▸▸ 프로그램 6.10 rlink.c

```c
#include <stdio.h>
#include <stdlib.h>
#include <unistd.h>

int main(int argc, char *argv[ ])
{
   char buffer[1024];
   int nread;

    nread = readlink(argv[1], buffer, 1024);  // 링크 내용 일기
    if (nread > 0) {
       write(1, buffer, nread);
       exit(0);
    } else {
       fprintf(stderr, "오류 : 해당 링크 없음\n");
       exit(1);
    }
}
```

실행결과

```
$ rlink cc
/usr/bin/gcc
```

| 핵심 개념 |

- 표준 유닉스 파일 시스템은 부트 블록, 슈퍼 블록, i-리스트, 데이터 블록 부분으로 구성된다.
- 파일 입출력 구현을 위해서 커널 내에 파일 디스크립터 배열, 파일 테이블, 동적 i-노드 테이블 등의 자료구조를 사용한다.
- 파일 하나당 하나의 i-노드가 있으며 i-노드 내에 파일에 대한 모든 상태 정보가 저장되어 있다.
- 디렉터리는 일련의 디렉터리 엔트리들을 포함하고 각 디렉터리 엔트리는 파일 이름과 그 파일의 i-노드 번호로 구성된다.
- 링크는 기존 파일에 대한 또 다른 이름으로 하드 링크와 심볼릭(소프트) 링크가 있다.

| 실습 문제 |

6.1 프로그램 6.4의 `list2` 프로그램을 사용자 옵션에 따라 필요한 정보만을 출력하도록 수정하시오. `ls` 명령어를 참고하여 3개 이상의 옵션을 선택하여 구현하시오.
예를 들어 -s 옵션을 사용하면 파일의 이름과 크기를 출력한다.

6.2 지정한 디렉터리의 디스크 사용 공간을 보여주는 프로그램을 작성하시오. 명령줄 인수가 없으면 현재 디렉터리를 대상으로 한다. 리눅스 명령어 du와 비슷한 기능을 한다.

(1) 주어진 디렉터리의 엔트리를 하나씩 읽으면서 다음과 같이 디스크 사용량을 계산한다.

(2) 디렉터리 엔트리가 파일이면 해당 파일의 크기를 계산하여 더한다.

(3) 디렉터리 엔트리가 서브디렉터리이면 서브디렉터리를 방문하여 재귀적으로 디스크 사용량을 계산하여 더한다.

| 연습 문제 |

6.1 파일 디스크립터와 파일 포인터의 차이는 무엇인가?

6.2 파일의 i-노드가 포함하고 있는 정보는 무엇인가? 각각에 대해서 설명하시오.

6.3 하드 링크와 심볼릭 링크의 차이점은 무엇인가? 심볼릭 링크가 필요한 이유는 무엇인가?

6.4 다음과 같이 시스템 호출을 한 이 후에 커널의 관련 자료구조를 그리고 설명하시오.

```
fd1 = open(pathname, O_RDONLY);
fd2 = dup(fd1);
fd3 = open(pathname, O_RDONLY);
```

6.5 하나의 i-노드를 이용해 표현할 수 있는 파일의 최대 크기는 얼마인가? 하나의 i-노드 내에는 직접 블록 포인터 12개, 간접 블록 포인터 1개, 이중 간접 블록 포인터 1개가 존재하고 하나의 데이터 블록의 크기는 4K 바이트이고 블록 주소는 4바이트라고 가정하자.

6.6 일반 파일, 디렉터리, 심볼릭 링크의 데이터 블록에 저장되는 내용은 각각 무엇인가? 이들을 비교해서 설명하시오.

6.7 프로그램 6.3을 명령줄 인수로 받은 파일이 없으면 새로 생성하도록 확장하시오.

CHAPTER 07

파일 및 레코드 잠금

contents

07 파일 및 레코드 잠금

파일 및 레코드 잠금(file and record locking)은 두 개 이상의 프로세스가 하나의 파일의 전부 혹은 일부(보통 레코드라고 함)를 동시에 접근하지 못하도록 제어하는 것으로서 일종의 프로세스 사이의 통신으로 볼 수도 있으나 이 장에서는 프로세스 통신과는 별도로 다룰 것이다. 먼저 파일 및 레코드 잠금의 필요성과 원리를 살펴보고 잠금 방법, 잠금 예제, 권고 잠금과 강제 잠금 등에 대해서 자세히 살펴본다.

7.1 파일 잠금

파일 및 레코드 잠금의 필요성

어떻게 프로세스 사이에 데이터를 주고받을 수 있을까? 지금까지 배운 내용을 바탕으로 프로세스 사이에 데이터를 주고받을 수 있는 가장 간단한 방법은 파일을 사용하는 것이다. 그림 7.1과 같이 한 프로세스가 파일에 쓴 내용을 다른 프로세스가 그 파일로부터 읽음으로써 데이터를 주고받을 수 있을 것이다.

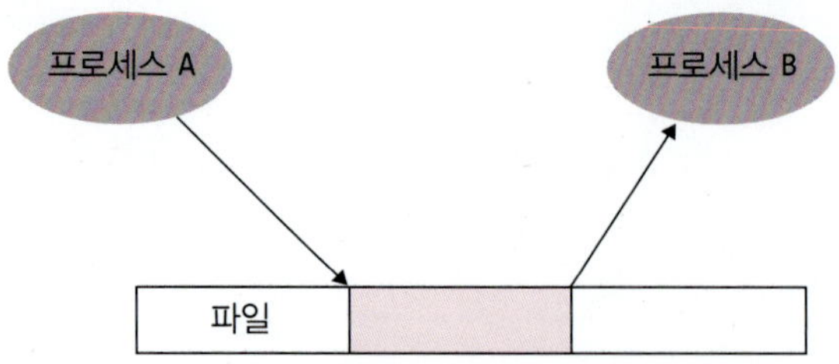

그림 7.1 파일을 이용한 프로세스 사이의 통신

그러나 여러 프로세스가 하나의 파일에 동시에 접근할 때는 미처 생각지 못한 문제점이 발생할 수 있다. 예를 들어 한 프로세스가 파일 내용을 수정하는 동안에 다른 프로세스가 그 파일을 읽게 되면 일부는 수정 전의 내용을 또 다른 부분은 수정 후의 내용을 읽게 되어 결과적으로 읽은 데이터가 일관성이 없게 된다. 또한 두 개의 프로세스가 하나의 파일에 동시에 접근하여 데이터를 수정하게 되면 결과는 수정하는 순서에 따라 달라질 수 있으므로 그 결과를 예측하기 힘들다.

예를 들어 하나의 은행 계좌 레코드를 두 개의 프로세스가 다음과 같은 순서로 접근하여 입금(수정)하는 경우를 생각해 보자. 계좌의 잔액은 100만원이며 두 프로세스의 입금액은 각각 10만원과 20만원이라고 가정해 보자.

(1) 프로세스 A가 잔액을 읽는다: 잔액 100만원
(2) 프로세스 B가 잔액을 읽는다: 잔액 100만원
(3) 프로세스 B가 잔액에 입금액을 더하여 레코드를 수정한다: 잔액 120만원
(4) 프로세스 A가 잔액에 입금액을 더하여 레코드를 수정한다: 잔액 110만원

결과적으로 계좌의 레코드에는 두 번 입금했음에도 불구하고 잔액 110만원이 기록되게 된다.

이 문제에 대한 해법은 한 프로세스가 파일의 일부 혹은 전체 영역을 읽거나 수정할 때 다른 프로세스의 접근을 제한하기 위해서 그 영역에 잠금(lock)을 하는 것이다. 다른 프로세스가 파일에 접근하고자 할 때 그 파일에 잠금이 걸려있으면 기다려야 하는데 이렇게 하여 한 번에 하나의 프로세스만 파일에 읽기 혹은 쓰기를 하도록 할 수 있다.

흔히 레코드라고 하는 파일의 일부 영역을 접근하는 경우에는 해당 레코드에 대해서만 잠금을 할 수 있는데 이렇게 하면 특정 레코드 영역에 한 번에 하나의 프로세스만 접근하도록 제어할 수 있다. 특히 레코드에 쓰기(혹은 수정)를 할 경우 대상 레코드에 대해 잠금을 해서 다른 프로세스가 접근하지 못하게 해야 한다. 이제 대상 레코드에 먼저 접근하는 프로세스는 작업 중에 다른 프로세스가 접근하지 못하도록 하기 위해서 그림 7.2와 같이 대상 레코드에 잠금을 한 후에 작업하면 된다.

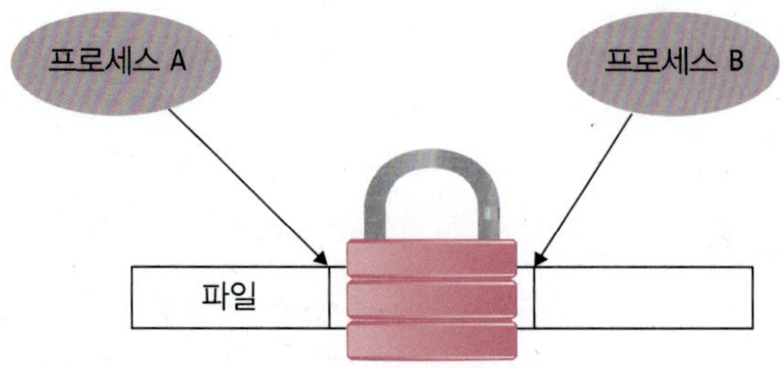

그림 7.2 프로세스의 레코드 잠금

이제 먼저 접근하는 프로세스 A가 대상 레코드에 잠금을 하는 경우를 생각해 보자. (1)번 수행 후에 프로세스 B가 대상 레코드를 접근하려고 하면 해당 레코드는 이미 잠금 상태이기 때문에 프로세스 A가 잠금을 풀 때까지 기다려야 한다. 따라서 다음과 같이 진행될 것이다.

(1) 프로세스 A가 레코드에 잠금을 하고 잔액을 읽는다: 잔액 100만원
(2) 프로세스 A가 잔액에 입금액을 더하여 레코드를 수정하고 잠금을 푼다: 잔액 110만원
(3) 프로세스 B가 레코드에 잠금을 하고 잔액을 읽는다: 잔액 110만원
(4) 프로세스 B가 잔액에 입금액을 더하여 레코드를 수정하고 잠금을 푼다: 잔액 130만원

프로세스 B가 먼저 접근하는 경우에는 프로세스 B가 먼저 수정하고 나중에 프로세스 A가 수정할 것이다. 최종 잔액은 어떤 순서로 하던지 같게 된다.

QnA 레코드 잠금이 꼭 필요한가요? 파일 전체에 대해 잠금을 하면 되지 않나요?

좋은 질문입니다. 사실 그렇게 할 수도 있습니다. 하나의 프로세스가 파일을 사용하기 전에 파일에 잠금이 걸려 있는지 검사하고, 파일에 잠금이 걸려 있으면 기다리고 그렇지 않으면 파일에 잠금을 걸면 되겠지요. 하지만 데이터베이스와 같이 많은 사용자가 동시에 접근해서 하나의 파일을 조작해야 하는 경우, 사용자가 작업을 할 때마다 파일 전체를 잠금하면, 속도 등의 성능에 좋지 않은 영향을 미치게 될 것입니다. 이럴 경우에는 파일 전체를 잠금 하는 것 보다 해당 프로세스가 접근하는 일부분만을 잠금 하고 나머지 부분은 다른 프로세스에서 접근 가능하도록 하는 게 동시처리가 가능하기 때문에 보다 효율적이겠지요.

파일 잠금 flock()

하나의 파일 전체에 잠금을 하는 것을 **파일 잠금**(file locking)이라고 한다. 어떤 파일

에 파일 잠금을 원하는 프로세스는 해당 파일에 **공유 잠금**(Shared Lock) 또는 **배타 잠금**(Exclusive Lock)을 할 수 있다. 보통 파일을 읽기 위해서는 여러 프로세스가 공유할 수 있는 공유 잠금을 하고 파일에 쓰기 위해서는 한 프로세스만 소유할 수 있는 배타 잠금을 한다.

- LOCK_SH : 공유 잠금
- LOCK_EX : 배타 잠금

이 관계는 표 7.1과 같이 정리할 수 있다. 파일에 어떤 잠금도 없는 경우에는 공유 잠금이든 배타 잠금이든 요청하면 승인된다. 파일에 공유 잠금이 걸려있는 경우에 어떤 프로세스가 공유 잠금을 하려고 하면 공유가 가능하므로 승인되지만 배타 잠금을 하려고 하면 거절된다. 파일에 배타 잠금이 걸려있는 경우에는 공유가 불가능하므로 어떤 잠금이든 거절된다.

표 7.1 잠금 규칙

파일의 현재 잠금 상태	공유 잠금 요청	배타 잠금 요청
잠금 없음	승인	승인
하나 이상의 공유 잠금	승인	거절
하나의 배타 잠금	거절	거절

flock() 시스템 호출을 이용해서 열려진 파일에 파일 잠금을 적용하거나 해제할 수 있다.

```
#include <sys/file.h>
int flock(int fd, int operation)
```
이 함수는 열려진 파일에 대해서 잠금을 적용하거나 해제하는 일을 수행한다.

fd는 잠금의 대상이 되는 파일의 파일 디스크립터이며 operation은 잠금 설정 또는 잠금 해제를 위한 명령어로 표 7.2의 잠금 명령어를 사용할 수 있다.

표 7.2 파일 잠금 명령어

잠금 명령어	설명
LOCK_SH	공유 잠금으로 하나 이상의 프로세스들이 파일에 대한 공유 잠금이 가능하다.
LOCK_EX	배타 잠금으로 한번에 하나의 프로세스만이 파일에 대한 배타 잠금을 할 수 있다. 파일에 이미 배타 잠금이 걸려 있으면 기다린다.
LOCK_UN	파일에 걸려 있는 잠금을 해제한다.
LOCK_NB	파일에 잠금이 걸려 있으면 기다리지 않고 리턴하며 이런 경우에 errno에 EWOULBLOCK가 설정된다. 잠금을 확인하고 다른 일을 할 때 유용하다.

파일 잠금 예제

프로그램 7.1은 flock을 이용한 간단한 파일 잠금 테스트 예제이다. 이 프로그램은 명령줄 인수로 파일 이름을 받아 해당 파일에 배타 잠금을 한 후에 5초 동안 프로세스 ID를 포함한 메시지를 출력하고 잠금을 해제한다. 20번 줄의 getpid() 호출은 프로세스 ID를 리턴한다(8.4절 참조). 이 프로그램을 후면 실행을 이용하여 동시에 두 번 실행하면 두 개의 프로세스가 생성된다. 실행결과에서 한 프로세스가 파일에 배타 잠금을 하면 다른 프로세스는 잠금이 해제될 때까지 기다린 후에 파일에 배타 잠금이 되면 계속 실행하는 것을 확인할 수 있다.

▸▸ 프로그램 7.1 flock.c

```
1  #include <stdio.h>
2  #include <unistd.h>
3  #include <stdlib.h>
4  #include <sys/file.h>
5  #include <sys/types.h>
6  #include <sys/stat.h>
7
8  /* 파일 잠금 예제 프로그램 */
9  int main(int argc, char **argv )
10 {
11     int fd;
12
13     fd = open(argv[1], O_WRONLY | O_CREAT, 0600);
14     if (flock(fd, LOCK_EX) != 0) {
```

```
        printf("flock error\n");
        exit(0);
    }

    for (int i = 0; i < 5; i++) {
        printf("file lock %d : %d\n", getpid(), i);
        sleep(1);
    }

    if (flock(fd, LOCK_UN) != 0) {
        printf("unlock error\n");
    }
    close(fd);
}
```

실행결과

```
$ flock lock.f &  flock lock.f &
[1] 96313
[2] 96314
file lock 96313 : 0
file lock 96313 : 1
file lock 96313 : 2
file lock 96313 : 3
file lock 96313 : 4
file lock 96314 : 0
file lock 96314 : 1
file lock 96314 : 2
file lock 96314 : 3
file lock 96314 : 4
[1]-  완료              flock lock.f
[2]+  완료              flock lock.f
```

7.2 레코드 잠금

파일 잠금(file locking)과 **레코드 잠금**(record locking)은 기본적으로 비슷하다. 파일 잠금은 파일 전체에 대해 잠금을 하고 레코드 잠금은 단지 이러한 잠금을 파일의 일부 영역(보통 레코드라고 함)에 대해서 한다는 점만 다를 뿐이다. 파일 전체에 잠금을 해도 되지만, 잠금된 영역에 하나의 프로세스만 접근 가능하므로 여러 사용자가 한 파일을 동시에 접근할 경우 비효율적이다. 그림 7.2와 같이 특정 영역만 레코드 잠금을 하면 나머지 부분은 다른 프로세스에서 동시에 접근 가능하므로 보다 효율적이다.

읽기 잠금과 쓰기 잠금

일반적으로 파일의 어떤 영역(레코드)에 대해 잠금을 원하는 프로세스는 잠금을 검사해서 잠금을 할 수 있으면 한다. 그리고 그 영역에 대해 원하는 작업을 하고, 그 영역에 대한 작업이 끝나면 잠금을 풀어서 다른 프로세스가 사용 가능하도록 만든다.

잠금을 원하는 프로세스는 파일의 원하는 영역에 **읽기 잠금**(Read Lock) 또는 **쓰기 잠금**(Write Lock)을 할 수 있다. 파일의 어떤 영역을 읽고자 하는 프로세스는 해당 영역에 읽기 잠금을 하고 파일의 어떤 영역에 쓰고자 하는 프로세스는 해당 영역에 쓰기 잠금을 하면 된다. 읽기 잠금은 여러 프로세스가 공유할 수 있지만 쓰기 잠금은 공유할 수 없으며 한 프로세스만 가질 수 있다.

- F_RDLCK : 공유 가능한 읽기 잠금
- F_WRLCK : 배타적인 쓰기 잠금

이 관계는 표 7.3과 같이 정리할 수 있다. 파일 내의 대상 영역에 어떤 잠금도 없는 경우에는 읽기 잠금이든 쓰기 잠금이든 요청하면 승인된다. 대상 영역에 읽기 잠금이 걸려있는 경우에 어떤 프로세스가 읽기 잠금을 하려고 하면 공유가 가능하므로 승인되지만 쓰기 잠금을 하려고 하면 거절된다. 대상 영역에 쓰기 잠금이 걸려있는 경우에는 공유가 불가능하므로 읽기 잠금이든 쓰기 잠금이든 거절된다.

표 7.3 잠금 규칙

대상 영역의 현재 잠금 상태	읽기 잠금 요청	쓰기 잠금 요청
잠금 없음	승인	승인
하나 이상의 읽기 잠금	승인	거절
하나의 쓰기 잠금	거절	거절

| 핵심 개념 |

레코드에 대한 읽기 잠금은 여러 프로세스가 공유할 수 있지만 쓰기 잠금은 공유할 수 없으며 한 프로세스만 가질 수 있다.

레코드 잠금 fcntl()

fcntl() 시스템 호출을 이용해서 파일 및 레코드 잠금을 할 수 있다. fcntl() 시스템 호출은 그 이름에서 알 수 있듯이, 단순히 레코드 잠금만을 위해서 만들어진 함수는 아니며, 다양한 파일 조작 기능을 제공하지만 여기에서는 fcntl() 시스템 호출을 이용한 파일 및 레코드 잠금에 대해서 알아본다. 잠금 검사, 잠금 설정 혹은 잠금 해제는 fcntl() 시스템 호출 하나로 다 할 수 있다. fcntl() 시스템 호출에 대한 설명은 다음과 같다.

```
#include <sys/types.h>
#include <unistd.h>
#include <fcntl.h>
int fcntl(int fd, int cmd, struct flock *lock);
cmd에 따라 지정된 영역에 대해 잠금 검사, 잠금 설정 혹은 잠금 해제를 한다.
성공하면 0 실패하면 -1을 반환한다.
```

fd는 대상이 되는 파일 디스크립터이며 cmd는 잠금 검사 혹은 잠금 설정을 위한 명령어로 용도에 따라 다음 중 하나를 사용한다.

- F_GETLK : 잠금 검사
- F_SETLK : 잠금 설정
- F_SETLKW: 잠금 설정(블로킹 버전)

각 잠금 명령어에 대한 자세한 설명은 표 7.4와 같다.

표 7.4 fcntl의 잠금 명령어

잠금 명령어	설명
F_GETLK	flock 구조체 lock에 지정된 잠금을 걸 수 있는지 검사한다. 이 잠금을 걸 수 없게 하는 기존의 잠금이 있다면, 이미 걸려있는 잠금 정보가 lock에 채워진다. 만약 그런 잠금이 없다면 l_type이 F_UNLCK으로 설정된다.
F_SETLK, l_type이 F_RDLCK 혹은 F_WRLCK	flock 구조체 lock에 지정된 잠금을 시도한다. 잠금에 성공하면 0을 반환한다. 만약 다른 프로세스가 이미 잠금을 소유하여 잠금을 할 수 없으면, -1을 반환하고 오류를 나타내는 전역변수인 errno를 EAGAIN으로 설정한다.
F_SETLK, l_type이 F_UNLCK	flock 구조체 lock에 지정된 잠금을 해제한다.
F_SETLKW	F_SETLK의 블로킹 버전으로 F_SETLK와 같은 일을 하지만, 요청한 잠금이 허용되지 않을 때 오류를 반환하지 않고 해당 영역에 대해 잠금을 할 수 있을 때까지 기다린다.

세 번째 매개변수 flock 구조체에는 요청할 잠금을 위해 필요한 여러 가지 정보 즉, 잠금 종류, 어디서부터 얼마만큼 잠금할 것인지 나타내는 잠금 영역, 잠금하는 프로세스 ID 등의 정보를 명시할 수 있다. 이러한 정보의 저장을 위한 flock 구조체는 아래와 같다.

```
struct flock {
   short l_type;        // 잠금 종류: F_RDLCK, F_WRLCK, F_UNLCK
   off_t l_start;       // 잠금 시작 위치: 바이트 오프셋
   short l_whence;      // 기준 위치: SEEK_SET, SEEK_CUR, SEEK_END
   off_t l_len;         // 잠금 길이: 바이트 수 (0이면 파일끝까지)
   pid_t l_pid;         // 프로세스 ID
};
```

l_type는 F_RDLCK, F_WRLCK, F_UNLCK 3가지 중 하나로 지정 가능하다. F_RDLCK과 F_WRLCK은 각각 읽기 잠금과 쓰기 잠금을 의미하며, F_UNLCK는 잠금 해제를 의미한다. 그림 7.3과 같이 l_start는 잠금을 할 영역의 시작 위치로 기준이 되는 l_whence로부터의 거리로 표시하며, l_len는 잠금을 할 영역의 길이를 나타낸다. l_whence는 기준 위치로 SEEK_SET은 파일 시작, SEEK_CUR은 현재 파일 위치, SEEK_END는 파일 끝을 의미한다.

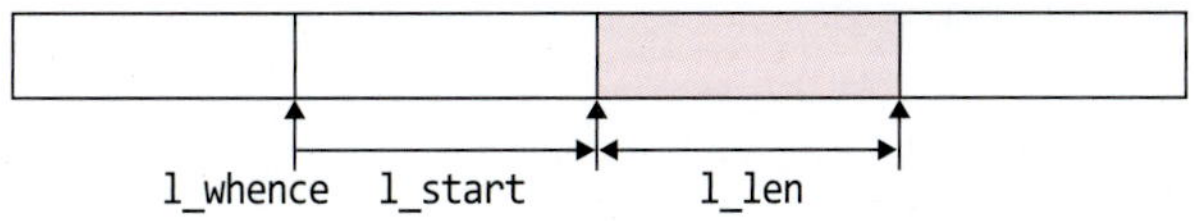

그림 7.3 잠금할 레코드 영역 지정

예를 들어 l_whence가 SEEK_SET이고 l_start가 16이라면 대상 영역의 위치는 파일 시작으로부터 16 바이트가 된다. l_len이 32이면, 잠금할 영역은 16 바이트에서 48 바이트 사이에 있는 영역이 될 것이다.

레코드 잠금(record locking)을 이용하여 파일 잠금도 할 수 있다. 파일 전체에 대해 잠금을 하려면, 파일의 처음부터 끝까지 잠금을 하면 된다. 파일 전체에 대해 잠금을 하기 위해서는 잠금 영역을 지정할 때 잠금 영역의 시작(l_start)을 파일 시작위치로 정하고 잠금 영역의 길이(l_len)를 0으로 표시하면 된다. 레코드 잠금은 단지 이러한 잠금을 파일의 일부 영역(보통 레코드라고 함)에 대해서 한다는 점만 다를 뿐이다.

| 핵심 개념 |

fcntl() 시스템 호출을 이용하여 지정된 영역에 대해 잠금 검사, 잠금 설정 혹은 잠금 해제를 할 수 있다.

예를 들어 5장에서 살펴본 학생 레코드를 질의하는 프로그램(프로그램 5.6)과 수정하는 프로그램(프로그램 5.7)을 생각해보자. 수정 프로그램에서 어떤 레코드를 수정하는 중에는 질의 프로그램에서 그 레코드를 읽을 수 없도록 제한해야 할 것이다. 레코드 잠금을 이용하여 이를 구현해보자.

레코드 잠금을 이용한 학생 데이터베이스 질의 예제

프로그램 7.2 질의 프로그램에서는 검색할 학번을 입력받아 해당 레코드를 읽기 전에 그 레코드에 읽기 잠금(F_RDLCK)을 한다. 질의 프로그램은 학생 레코드를 읽기만 하기 때문에 읽기 잠금으로 충분하다. 이 프로그램은 다음과 같이 진행한다.

- 27번 줄에서는 잠금의 종류를 읽기 잠금(F_RDLCK)으로 지정하고 28~30번 줄에서 잠금할 해당 레코드 영역의 시작위치 및 크기 등을 지정하였다.
- 31번 줄에서 다음과 같이 해당 영역에 대해 잠금을 요청하는데 당장 잠금을 할 수 없으

면 가능할 때까지 기다리게 된다.

```
fcntl(fd,F_SETLKW, &lock);
```

- 기다린 후에 해당 레코드 영역에 대해 잠금을 하게 되면 36번 줄에서 현재 파일 위치를 해당 레코드 영역의 시작 위치로 이동하고 37번 줄에서 해당 레코드를 읽는다.
- 42,43번 줄에서는 이제 이 레코드를 읽었기 때문에 이 레코드 영역에 대한 잠금을 해제한다.

▸▸ 프로그램 7.2 rdlock.c

```
1 #include <stdio.h>
2 #include <stdlib.h>
3 #include <unistd.h>
4 #include <fcntl.h>
5 #include "student.h"
6
7
8 /* 잠금을 이용한 학생 데이터베이스 질의 프로그램 */
9 int main(int argc, char *argv[])
10 {
11     int fd, id;
12     struct student rec;
13     struct flock lock;
14
15     if (argc < 2) {
16         fprintf(stderr,  "사용법 : %s 파일\n", argv[0]);
17         exit(1);
18     }
19
20     if ((fd = open(argv[1], O_RDONLY)) == -1) {
21         perror(argv[1]);
22         exit(2);
23     }
24
25     printf("\n검색할 학생의 학번 입력:");
26     while (scanf("%d", &id) == 1) {
27         lock.l_type = F_RDLCK;
```

```
28        lock.l_whence = SEEK_SET;
29        lock.l_start = (id-START_ID)*sizeof(rec);
30        lock.l_len = sizeof(rec);
31        if (fcntl(fd,F_SETLKW, &lock) == -1) {   // 읽기 잠금
32           perror(argv[1]);
33           exit(3);
34        }
35
36        lseek(fd, (id-START_ID)*sizeof(rec), SEEK_SET);
37        if ((read(fd, &rec, sizeof(rec)) > 0) &&  (rec.id != 0))
38           printf("이름:%s\t 학번:%d\t 점수:%d\n",
39                  rec.name, rec.id, rec.score);
40        else printf("레코드 %d 없음\n", id);
41
42        lock.l_type = F_UNLCK;
43        fcntl(fd,F_SETLK, &lock);     // 잠금 해제
44        printf("\n검색할 학생의 학번 입력:");
45     }
46
47     close(fd);
48     exit(0);
49 }
```

레코드 잠금을 이용한 학생 레코드 수정 예제

프로그램 7.3 수정 프로그램에서는 수정할 학번을 입력받아 해당 레코드를 읽기 전에 그 레코드에 쓰기 잠금(F_WRLCK)을 한다. 수정 프로그램은 학생 레코드를 읽어서 수정하기 때문에 쓰기 잠금을 해야 한다. 이 프로그램은 다음과 같이 진행한다.

- 27번 줄에서는 잠금의 종류를 쓰기 잠금(F_WRLCK)으로 지정하고 28~30번 줄에서 잠금할 해당 레코드 영역의 시작위치 및 크기 등을 지정한다.
- 31번 줄에서 이 영역에 대한 잠금을 요청하는데 앞에서와 같이 당장 잠금을 할 수 없으면 가능할 때까지 기다리게 된다.
- 기다림 후에 해당 레코드 영역에 대해 잠금을 하게 되면 36번 줄에서 현재 파일 위치를 해당 레코드 영역의 시작 위치로 이동하고 37번 줄에서 해당 레코드를 읽는다.

- 이제 42~45번 줄에서는 새로운 점수를 입력받아 파일 내의 해당 레코드를 수정한다(레코드 수정에 대한 자세한 설명은 5장의 프로그램 5.7 참조).
- 47,48번 줄에서는 이제 이 레코드를 수정하였기 때문에 이 레코드에 대한 잠금을 해제한다.

▸▸ 프로그램 7.3 **wrlock.c**

```
1  #include <stdio.h>
2  #include <stdlib.h>
3  #include <unistd.h>
4  #include <fcntl.h>
5  #include "student.h"
6
7
8  /* 잠금을 이용한 학생 데이터베이스 수정 프로그램 */
9  int main(int argc, char *argv[])
10 {
11    int fd, id;
12    struct student rec;
13    struct flock lock;
14
15    if (argc < 2) {
16       fprintf(stderr, "사용법 : %s 파일 \n", argv[0]);
17       exit(1);
18    }
19
20    if ((fd = open(argv[1], O_RDWR)) == -1) {
21       perror(argv[1]);
22       exit(2);
23    }
24
25    printf("\n수정할 학생의 학번 입력:");
26    while (scanf("%d", &id) == 1) {
27       lock.l_type = F_WRLCK;
28       lock.l_whence = SEEK_SET;
29       lock.l_start = (id-START_ID)*sizeof(rec);
30       lock.l_len = sizeof(rec);
31       if (fcntl(fd,F_SETLKW, &lock) == -1) {  // 쓰기 잠금
32          perror(argv[1]);
```

```
            exit(3);
        }

        lseek(fd, (long) (id-START_ID)*sizeof(rec), SEEK_SET);
        if ((read(fd, &rec, sizeof(rec)) > 0) && (rec.id != 0))
            printf("이름:%s\t 학번:%d\t 점수:%d\n",
                    rec.name, rec.id, rec.score);
        else printf("레코드 %d 없음\n", id);

        printf("새로운 점수: ");
        scanf("%d", &rec.score);
        lseek(fd, (long) -sizeof(rec), SEEK_CUR);
        write(fd, &rec, sizeof(rec));

        lock.l_type = F_UNLCK;
        fcntl(fd, F_SETLK, &lock); // 잠금 해제
        printf("\n수정할 학생의 학번 입력:");
    }

    close(fd);
    exit(0);
}
```

실행결과

```
$ wrlock stdb1
수정할 학생의 학번 입력:1001003
이름:홍길동      학번:1001003
점수:90
새로운 점수: _
```

```
$ rdlock stdb1

검색할 학생의 학번 입력:1001003

_
```

이 두 프로그램의 실행결과를 살펴보자. 이 실행결과는 수정 프로그램이 1001003번 학생의 레코드를 수정하는 동안 질의 프로그램이 해당 학생의 레코드를 검색하는 상황이다. 수정 프로그램은 해당 레코드에 쓰기 잠금을 하고 수정하는데 이 상황에서 질의 프로그램이 해당 레코드에 읽기 잠금을 시도하면 이 프로그램은 쓰기 잠금이 풀릴 때까지 기다리게 된다.

7.3 잠금 함수

잠금 함수 lockf()

지금까지 살펴본 것처럼 잠금 요청을 하기 위해서는 flock 구조체를 만들고 이 구조체에 잠금할 영역을 지정하는 등의 다소 번거로운 과정을 거쳐야 한다. 이러한 잠금 요청 과정을 함수로 제공하면 보다 쉽게 잠금 요청을 할 수 있다. lockf() 함수는 매개변수로 받은 파일의 특정 영역(레코드)에 대해 잠금 설정, 잠금 검사 혹은 잠금 해제를 요청하는 함수이다. 이 함수는 배타적인 쓰기 잠금만을 제공한다는 점을 주의하기 바란다.

```
#include <unistd.h>
int lockf(int fd, int cmd, off_t len);
```

cmd에 따라 잠금 설정, 잠금 검사 혹은 잠금 해제를 한다. 잠금 영역은 현재 파일 위치부터 len 길이만큼이다. 성공하면 0 실패하면 -1을 반환한다.

fd는 대상이 되는 파일 디스크립터이며 cmd는 잠금 검사, 잠금 설정 혹은 잠금 해제를 위한 명령어로 용도에 따라 표 7.5의 잠금 명령어 중 하나를 사용한다.

표 7.5 lockf의 잠금 명령어

잠금 명령어	설명
F_LOCK	지정된 영역에 대해 잠금을 설정한다. 이미 잠금이 설정되어 있으면 잠금이 해제될 때까지 기다린다.
F_TLOCK	지정된 영역에 대해 잠금을 설정한다. 이미 잠금이 설정되어 있으면 기다리지 않고 오류(-1)를 반환한다.
F_TEST	지정된 영역이 잠금되어 있는지 검사한다. 잠금이 설정되어 있지 않으면 0을 반환하고 다른 프로세스에 의해 잠금이 설정되어 있으면 -1을 반환한다.
F_ULOCK	지정된 영역의 잠금을 해제한다.

잠금 영역은 현재 파일 위치부터 len 길이 만큼이다. len이 0이면 현재 파일 위치부터 파일끝까지이다. 따라서 파일 내의 어떤 영역에 대해 잠금을 하려면 먼저 lseek() 함수를 이용하여 현재 파일 위치를 그 영역의 시작 위치로 이동한 후에 잠금 할 때 영역의 길이를 명시해야 한다.

| 핵심 개념 |

lockf() 함수를 이용하여 지정된 영역에 대해 잠금 검사, 잠금 설정 혹은 잠금 해제를 할 수 있다.

잠금 함수를 사용한 학생 레코드 수정 예제

프로그램 7.4는 프로그램 7.3을 lockf() 함수를 사용하여 다시 작성한 프로그램이다. 이 프로그램은 다음과 같이 진행한다.

- 26번 줄에서 lseek() 함수를 이용하여 현재 파일 위치를 해당 레코드의 시작위치로 이동한다.
- 27번 줄에서 lockf() 함수를 이용하여 수정하려는 레코드에 잠금을 설정한다.
- 비슷하게 42, 43번 줄에서 해당 레코드에 대한 잠금을 해제한다.

실행결과를 보면 한 프로세스가 어떤 레코드를 수정하는 중에 다른 프로세스도 그 레코드를 수정하려고 시도하면 해당 레코드에 잠금이 설정되어 있기 때문에 그 레코드를 읽지 못하고 기다리고 있는 것을 확인할 수 있다.

▸▸ 프로그램 7.4 **wrlockf.c**

```
1  #include <stdio.h>
2  #include <stdlib.h>
3  #include <unistd.h>
4  #include <fcntl.h>
5  #include "student.h"
6
7
8  /* 잠금 함수를 이용한 학생 데이터베이스 수정 프로그램 */
9  int main(int argc, char *argv[])
10 {
11    int fd, id;
12    struct student rec;
13
14    if (argc < 2) {
15       fprintf(stderr, "사용법 : %s file\n", argv[0]);
16       exit(1);
```

```
    }

    if ((fd = open(argv[1], O_RDWR)) == -1) {
        perror(argv[1]);
        exit(2);
    }

    printf("\n수정할 학생의 학번 입력:");
    while (scanf("%d", &id) == 1) {
        lseek(fd, (long) (id-START_ID)*sizeof(rec), SEEK_SET);
        if (lockf(fd, F_LOCK, sizeof(rec)) == -1) { // 쓰기 잠금
            perror(argv[1]);
            exit(3);
        }

        if ((read(fd, &rec, sizeof(rec)) > 0) && (rec.id != 0))
            printf("이름:%s\t 학번:%d\t 점수:%d\n",
                    rec.name, rec.id, rec.score);
        else printf("레코드 %d 없음\n", id);

        printf("새로운 점수: ");
        scanf("%d", &rec.score);
        lseek(fd, (long) -sizeof(rec), SEEK_CUR);
        write(fd, &rec, sizeof(rec));

        lseek(fd, (long) (id-START_ID)*sizeof(rec), SEEK_SET);
        lockf(fd, F_ULOCK, sizeof(rec));   // 잠금 해제
        printf("\n수정할 학생의 학번 입력:");
    }

    close(fd);
    exit(0);
}
```

실행결과

```
$ wrlockf stdb1
수정할 학생의 학번 입력:1001003
이름:홍길동 학번:1001003 점수:90
새로운 점수: _
```

```
$ wrlockf stdb1
수정할 학생의 학번 입력:1001003
_
```

7.4 권고 잠금과 강제 잠금

권고 잠금과 강제 잠금

지금까지 살펴본 잠금은 사실은 모두 **권고 잠금**(advisory locking)이었다. 권고 잠금은 잠금을 할 수 있지만 강제되지는 않는다. 즉 이미 잠금이 된 파일의 영역에 대해서도 다른 프로세스가 잠금 규칙을 무시하고 읽거나 쓰는 것이 가능하다. 따라서 권고 잠금을 사용할 때는 파일에 접근하려는 관련된 프로세스들이 잠금 규칙을 준수해서 잠금을 하도록 서로 약속되어 있어야 한다. 앞의 예제 프로그램에서 본 것처럼 공유하는 파일 영역에 읽기 혹은 쓰기를 하기 전에 잠금을 요청하고 잠금이 가능할 때까지 기다리도록 해야 한다. 권고 잠금은 대부분의 유닉스 및 리눅스 시스템에서 제공된다.

잠금 규칙을 강제하고자 하면 **강제 잠금**(mandatory locking)을 사용하면 된다. 강제 잠금은 커널이 잠금 규칙을 강제하므로 이미 잠금이 된 파일 영역에 대해 다른 프로세스가 잠금 규칙을 무시하고 읽거나 쓰는 것이 불가능하다. 그러나 강제 잠금은 커널이 모든 입출력 함수의 호출을 감시해야 하므로 시스템의 부하가 증가하는 단점이 있다. 솔라리스와 같은 시스템 V 계열의 운영체제는 강제 잠금도 제공하지만 BSD나 맥 OS X 등의 운영체제는 강제 잠금은 제공하지 않는다. 리눅스에서는 권고 잠금이 기본이고 강제 잠금을 사용하기 위해서는 먼저 파일 시스템 수준에서 가능하게 설정해야 하는데 이를 위해서는 파일 시스템을 마운트(mount) 할 때 "-o mand" 옵션을 사용해서 마운트 해야 된다.[1]

| 핵심 개념 |

권고 잠금은 이미 잠금이 된 파일의 영역에 대해서도 다른 프로세스가 잠금 규칙을 무시하고 읽거나 쓰는 것이 가능한 반면에 강제 잠금은 잠금 규칙을 무시하고 읽거나 쓰는 것이 불가능하다.

그렇다면 강제 잠금이 지원되는 시스템에서 권고 잠금과 강제 잠금은 어떻게 구별할 수 있을까? 지금까지 해왔던 것처럼 보통 파일에 대해 잠금을 하면 이는 모두 권고 장금을 한 것이다. 어떤 파일에 대해 강제 잠금을 사용하기 위해서는 해당 파일에 대해 set-group-ID 비트를 설정하고 group-execute 비트를 끄면 된다. 예를 들어 mandatory.txt 파일을 생성하고 다음과 같이 해당 파일에 대해 chmod 명령어를 수행(첫 번째 2가 set-group-ID 비트

1) 파일 마운트는 파일 시스템을 특정 디렉터리처럼 사용하기 위해 파일 시스템의 루트를 특정 디렉터리와 연결하는 작업을 말하며 루트 권한을 가진 시스템 관리자만 할 수 있다. mount 명령어 참조하기 바람.

설정)하고 ls 명령어를 통해 set-group-ID 비트가 설정된 것을 확인할 수 있다.

```
$ chmod 2644 mandatory.txt
$ ls -l mandatory.txt
-rw-r-Sr--  1 chang   faculty    160  1월 31일  11:48 mandatory.txt
```

강제 잠금된 파일에 대해 잠금 규칙을 무시하고 읽거나 쓰려고 하면 어떻게 될까? 블로킹 모드로 파일 열기를 한 경우와 넌블로킹(O_NONBLOCK) 모드(5.2절 참조)로 파일 열기를 한 경우에 약간의 차이가 있다. 넌블로킹 모드를 사용하는 경우에는 읽기 잠금된 영역에 대해 잠금 규칙을 무시하고 쓰기를 시도하면 오류가 발생되고 errno가 EAGAIN으로 설정된다. 쓰기 잠금된 영역에 대해 잠금 규칙을 무시하고 읽거나 쓰려고 하면 역시 오류가 발생된다. 그러나 읽기 잠금된 영역에 대해 읽기는 허용된다. 블로킹 모드를 사용하는 경우에는 잠금 규칙을 무시하고 읽거나 쓰려고 할 때 오류가 발생되는 대신에 읽기 혹은 쓰기가 블로킹 되어 기다리게 된다. 이러한 강제 잠금 규칙이 표 7.6에 정리되어 있다.

표 7.6 강제 잠금 규칙

대상 영역의 현재 잠금 상태	넌블로킹 모드		블로킹 모드	
	읽기	쓰기	읽기	쓰기
읽기 잠금	OK	오류(EAGAIN)	OK	블로킹
쓰기 잠금	오류(EAGAIN)	오류(EAGAIN)	블로킹	블로킹

권고 잠금과 강제 잠금 예제

프로그램 7.4를 이용하여 강제 잠금이 지원되는 시스템에서 권고 잠금과 강제 잠금의 차이에 대해 알아보자. 이 프로그램은 명령줄 인수로 받은 파일 전체에 대해 쓰기 잠금을 하고 키보드로부터 입력을 기다린다. 파일 전체에 대해 잠금을 하기 위해서 잠금 영역의 시작(lock.l_start)을 파일 시작위치로 정하고 영역의 길이(lock.l_len)를 0으로 표시하였다.

▸▸ 프로그램 7.4 file_lock.c

```c
#include <stdio.h>
#include <stdlib.h>
#include <fcntl.h>

int main(int argc, char **argv) {
  static struct flock lock;
  int fd, ret, c;

  if (argc < 2) {
      fprintf(stderr, "사용법: %s 파일\n", argv[0]);
      exit(1);
  }

  fd = open(argv[1], O_WRONLY);
  if (fd == -1) {
      printf("파일 열기 실패 \n");
      exit(1);
  }

  lock.l_type = F_WRLCK;
  lock.l_start = 0;
  lock.l_whence = SEEK_SET;
  lock.l_len = 0;         // 파일 전체 표시
  lock.l_pid = getpid();

  ret = fcntl(fd, F_SETLKW, &lock);
  if (ret == 0) {   // 파일 잠금 성공하면
      c = getchar();
  }
}
```

예를 들어 다음과 같이 실행하면 이 프로그램은 강제 잠금을 위해 set-group-ID 비트가 설정된 mandatory.txt 파일에 대해 쓰기 잠금을 한다. 이 프로그램이 실행하는 동안에 다른 창에서 ls 명령어 결과를 입출력 재지정을 이용하여 mandatory.txt 파일에 대해 쓰기를 시도하면 이 명령어는 블로킹되어 잠금이 풀릴 때까지 기다리게 된다.

실행결과

```
$ file_lock mandatory.txt
_
```

```
$ ls >> mandatory.txt
_
```

그러나 advisory.txt 파일을 생성하고 set-group-ID 비트를 설정하지 않고 다음과 같이 실행해보자. 이 프로그램은 advisory.txt 파일에 대해 쓰기 잠금을 한다. 이 프로그램이 실행하는 동안에 ls 명령어 결과를 입출력 재지정을 이용하여 advisory.txt 파일에 대해 쓰기를 시도하면 이 파일에 대해 쓰기 잠금이 되어 있음에도 불구하고 이 잠금은 권고 잠금이므로 ls 명령어 결과가 파일에 저장된다.

실행결과

```
$ file_lock advisory.txt
_
```

```
$ ls >> advisory.txt
$
```

| 핵심 개념 |

- 한 레코드 혹은 파일에 대한 읽기 잠금은 여러 프로세스가 공유할 수 있지만 쓰기 잠금은 공유할 수 없으며 한 프로세스만 가질 수 있다.
- fcntl() 시스템 호출을 이용하여 지정된 영역에 대해 잠금 검사, 잠금 설정 혹은 잠금 해제를 할 수 있다.
- lockf() 함수를 이용하여 지정된 영역에 대해 잠금 검사, 잠금 설정 혹은 잠금 해제를 할 수 있다.
- 권고 잠금은 이미 잠금이 된 파일의 영역에 대해서도 다른 프로세스가 잠금 규칙을 무시하고 읽거나 쓰는 것이 가능한 반면에 강제 잠금은 잠금 규칙을 무시하고 읽거나 쓰는 것이 불가능하다.

| 실습 문제 |

7.1 파일을 편집하는 동안에 파일 전체를 잠금하는 프로그램을 작성하시오.

(1) 이를 사용하면 파일을 편집하는 동안에 다른 사용자가 이 파일을 접근하지 못하도록 한다.

(2) 파일을 잠금한 후에 system() 라이브러리 함수를 이용하여 원하는 편집기를 실행시킨다.

7.2 5장의 실습문제 5.2는 은행 계좌 입출금 관리 프로그램이다. 이 프로그램에서 입금, 출금, 잔액조회 등을 할 때 해당 레코드를 잠금하여 다른 프로세스가 접근하지 못하도록 확장하여 구현하시오.

| 연습 문제 |

7.1 파일 잠금과 레코드 잠금에 대해 설명하시오. 레코드 잠금이 필요한 이유는 무엇인가?

7.2 공유 잠금과 배타 잠금에 대해 설명하시오. 배타 잠금이 필요한 이유는 무엇인가?

7.3 권고 잠금과 강제 잠금의 차이점은 무엇인가?

7.4 권고 잠금을 이용할 때 쓰기 잠금이 된 파일을 다른 프로세스에서 쓰려고 시도하면 어떤 일이 일어나는가?

7.5 강제 잠금을 이용할 때 쓰기 잠금이 된 파일을 다른 프로세스에서 쓰려고 시도하면 어떤 일이 일어나는가?

7.6 원하는 잠금을 설정할 수 있는 함수 locks()를 작성하시오. 이 함수는 다음과 같이 매개변수로 받은 파일의 특정 영역(레코드)에 대해 원하는 잠금을 설정한다.

```
#include <sys/types.h>
#include <fcntl.h>
int locks(int fd, int type, off_t offset, int whence, off_t len)
```

이 함수의 매개변수는 다음과 같다.

type	설정할 잠금의 종류로 F_RDLCK 혹은 F_WRLCK
offset	whence를 기준으로 바이트 오프셋
whence	기준점으로 SEEK_SET, SEEK_CUR, SEEK_END
len	바이트 수(0이면 파일끝까지)

7.7 원하는 잠금을 검사할 수 있는 함수 lockt()를 작성하시오. 이 함수는 다음과 같이 매개변수로 받은 파일의 특정 영역에 원하는 잠금을 할 수 있는지 검사하여 가능하면 0을 불가능하면 불가능하게 만드는 기존 잠금을 소유하는 프로세스의 번호를 반환한다. 이 함수의 매개변수에 대한 설명은 문제 4와 같다.

```
#include <sys/types.h>
#include <fcntl.h>
pid_t lockt(int fd, int type, off_t offset, int whence, off_t len)
```

CHAPTER 08

프로세스

contents

08 프로세스

프로세스는 파일과 더불어 리눅스 운영체제가 제공하는 핵심 개념 중의 하나이다. 리눅스 시스템을 깊이 있게 이해하기 위해서는 프로세스에 대해 정확히 이해해야 한다. **프로세스(process)**는 간단히 실행중인 프로그램(program in execution)이라고 할 수 있다. 다시 말하면 프로그램이 실행되면 프로세스가 되는 것이다. 이 장에서는 먼저 쉘이 제공하는 프로세스 관련 기능에 대해서 살펴보고, 프로그램이 실행되고 종료되는 과정, 프로세스의 ID, 프로세스의 내부구조 등에 대해서 차례로 자세히 살펴본다.

8.1 쉘과 프로세스

쉘

리눅스에서 어떻게 프로그램을 실행할 수 있을까? 사용자가 프로그램을 실행시키는 간단한 방법은 쉘 프롬프트에 실행할 프로그램 이름(혹은 명령어)을 입력하면 쉘이 프로세스를 만들어 입력한 프로그램(혹은 명령어)을 실행시키는 것이다. **쉘(Shell)**은 사용자와 운영체제 사이에 창구 역할을 하는 소프트웨어로 사용자로부터 명령어를 입력받아 이를 처

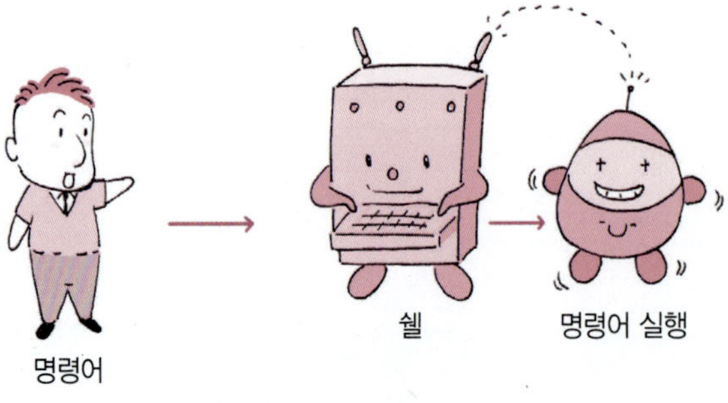

그림 8.1 쉘의 역할

리하는 **명령어 처리기**(command processor) 역할을 수행한다.

| 핵심 개념 |

프로세스는 실행중인 프로그램이다.

쉘은 시작하면 시작 파일을 읽어 실행한다. 시작 파일은 환경 변수와 같은 사용자의 사용 환경을 초기화하는 데 주로 사용된다. 시작 파일은 보통 시스템의 특정 디렉터리 혹은 사용자의 홈디렉터리 내에 있다. bash의 경우에는 시스템 차원의 시작 파일로 /etc/profile과 /etc/bashrc를 사용하고 사용자 차원의 시작 파일로 ~/.bash_profile과 ~/.bashrc를 사용한다. 그림 8.2에서 보는 것처럼 쉘은 시작 파일을 실행한 후에 프롬프트를 출력하고 사용자의 명령을 기다린다. 사용자의 명령이 입력되면 이를 해석하여 실행한 후 다시 프롬프트를 출력하는 과정부터 반복한다.

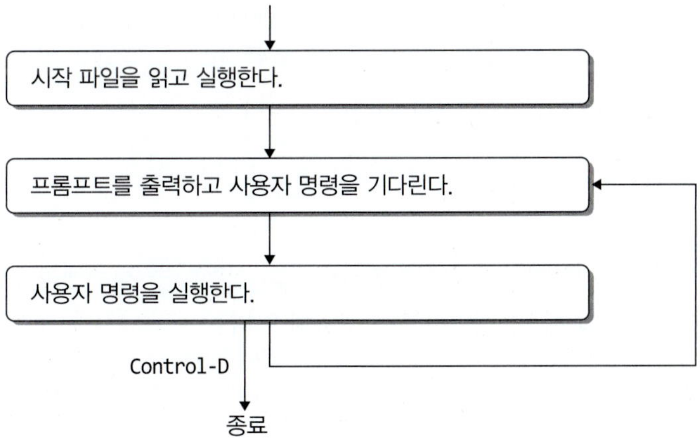

그림 8.2 쉘의 실행 절차

| 핵심 개념 |

쉘은 사용자와 운영체제 사이에 창구 역할을 하는 소프트웨어로 사용자로부터 명령어를 입력받아 이를 처리하는 명령어 처리기 역할을 한다.

명령어 실행

쉘은 보통 사용자가 입력한 명령어를 실행하기 위해 새로운 자식 프로세스를 생성하여 이 프로세스로 하여금 입력된 명령어를 실행하게 한다. 예를 들어 다음과 같이 date 명령어를 실행하거나 사용자가 작성한 hello 프로그램을 실행할 때를 생각해보자. 쉘 내에서는 자식 프로세스를 생성하고 이 자식 프로세스가 입력된 명령어를 실행하고 쉘은 자식 프로세스 실행을 끝날 때까지 기다린다. 쉘은 자식 프로세스의 실행이 끝나면 기다렸다가 다시 쉘 프롬프트를 출력하고 다음 명령어를 기다린다.

```
$ date
2022. 01. 01. (토) 17:48:58 KST
$ ./hello
hello world!
$
```

이 예는 한 번에 하나의 명령어만 실행시켰는데 필요하면 여러 개의 명령어를 순차적으로 실행하는 것도 가능하다. 다음과 같은 **명령어 열**(command sequence)은 여러 명령어를 순차적으로 실행한다. 이 경우에 쉘은 각 명령어를 위한 자식 프로세스를 순차적으로 생성하여 각 프로세스로 하여금 한 명령어씩 실행하게 한다.

```
$ 명령어1; … ; 명령어n
```

예를 들어 다음 명령은 세 개의 명령어를 순차적으로 실행하는 경우에는 3개의 자식 프로세스를 순차적으로 생성하여 각 명령어를 실행하게 한다.

```
$ date; who; pwd
```

다음과 같은 **명령어 그룹**(command group) 역시 여러 명령어를 순차적으로 실행한다는 면에서는 명령어 열과 같다. 다른 점은 명령어 그룹은 마치 하나의 명령어처럼 사용되어 표준입력, 표준출력, 표준오류를 공유한다는 점이다.

```
$ (명령어1; … ; 명령어n)
```

따라서 입출력 재지정과 파이프를 사용할 때 마치 하나의 명령어처럼 모든 입출력을 재지정 혹은 파이프 처리할 수 있다. 예를 들어 다음 두 명령을 비교하여 보자. 첫 번째 명령은

pwd의 결과만 out1.txt에 저장되는 반면에 두 번째 명령은 모든 명령어의 결과가 out2.txt에 저장된다.

```
$ date; who; pwd > out1.txt
$ (date; who; pwd) > out2.txt
```

전면 처리와 후면 처리

지금까지 살펴본 명령어 처리는 모두 전면 처리였다. 즉 명령어를 입력하면 명령어가 전면에서 실행되며 명령어 실행이 끝날 때까지 쉘이 기다려 준다. 전면에서 실행되고 있는 명령어는 필요에 따라 키보드와 모니터로 적당한 입출력을 할 수 있다. 명령어를 전면 처리하면 한 순간에 하나의 명령어만 실행할 수 있다. 전면에서 명령어가 실행중일 때 다음과 같이 Ctrl-C를 입력하면 실행중인 명령어가 강제 종료된다.

```
$ 명령어
^C
```

전면에서 명령어가 실행중일 때 다음과 같이 Ctrl-Z를 입력하면 명령어 실행이 정지된다.

```
$ 명령어
^Z
정지됨
```

정지된 명령어는 fg 명령어를 입력하면 다시 돌아와서 전면에서 실행을 계속한다.

```
$ fg
```

동시에 여러 작업을 수행하려면 어떻게 하여야할까? 그림 8.3에서 보는 것처럼 명령어를 후면에서 처리하고 전면에서는 다른 작업을 할 수 있으면 동시에 여러 작업을 수행할 수 있다. 다음과 같이 & 기호를 사용하여 후면에서 명령을 실행시킬 수 있다.

> $ 명령어 &
> 명령어를 후면에서 실행한다.

그림 8.3 후면 처리

시간이 오래 걸리는 작업이나 동시에 여러 작업을 수행하고자 할 때 후면 처리를 이용할 수 있다. 예를 들어 다음과 같이 실행하면 두 개의 후면 작업(프로세스)이 생성된다. 첫 번째 작업은 100초 동안 정지한 후에 done 메시지를 프린트한다. 두 번째 명령어는 현재 디렉터리 밑에서 test.c 파일을 찾아 프린트한다.

```
$ (sleep 100; echo done) &
[1] 8320

$ find . -name test.c -print &
[2] 8325
```

jobs 명령어는 후면 실행되고 있는 작업들을 리스트 한다.

```
$ jobs
[1]-  실행중        ( sleep 100; echo done )
[2]+  완료          find . -name test.c -print
```

fg 명령어를 이용하면 후면 실행되고 있는 작업 중 하나를 선택하여 전면 실행시킬 수 있다.

> $ fg %작업번호
> 작업번호에 해당하는 후면 작업을 전면 작업으로 전환시킨다.

예를 들어 다음 명령을 이용하여 후면에서 실행중인 작업 [1]을 전면에서 실행하게 할 수 있다.

```
$ fg %1
( sleep 100; echo done )
```

후면 프로세스는 모니터에 출력할 수는 있지만 이 경우 전면 프로세스의 출력과 뒤섞일 것이다. 이를 방지하려면 다음과 같이 출력 재지정을 이용하여 후면 프로세스의 출력을 파일에 저장하거나 파이프를 이용하여 메일로 보낼 수도 있다.

```
$ find . -name test.c -print > find.txt &
$ find . -name test.c -print | mail chang &
```

후면 프로세스가 입력을 받으려면 어떻게 해야 할까? 키보드로부터의 모든 입력은 전면 프로세스가 받기 때문에 후면 프로세스는 키보드로부터 입력을 받을 수 없다. 후면 프로세스가 실행 중 입력이 필요하면 다음과 같이 입력 재지정을 이용하여 파일로부터 입력을 받으면 된다.

```
$ wc < inputfile &
```

프로세스 리스트 ps

프로그램이 실행되면 이를 **프로세스**(process) 혹은 **작업**(job)이라고 한다. 시스템 내에는 여러 개의 프로세스가 동시에 수행되고 있는데 이들을 확인하고 제어하기 위한 다양한 명령어가 있다. 현재 실행중인 프로세스를 확인하는 ps 명령어부터 살펴보자.

ps 명령어는 현재 존재하는 프로세스들의 실행 상태를 요약해서 출력한다. 옵션을 사용하지 않으면 자신의 프로세스들만 출력하며 프로세스 번호, 명령어가 시작된 터미널, 프로세스에 사용된 CPU 시간, 그리고 명령어 그 자체를 나열한다.

```
$ ps
  PID TTY        TIME  CMD
31745 pts/0   00:00:00 bash
59887 pts/0   00:00:00 ps
```

옵션을 적절히 사용하여 현재 시스템에서 실행되고 있는 모든 프로세스들에 대한 다양한 상태정보를 출력할 수 있다.

```
$ ps [-옵션]
```

옵션은 BSD 유닉스와 시스템 V의 경우 서로 다른데 리눅스에서는 이 둘을 모두 사용할 수 있다.

BSD 계열인 경우에는 일반적으로 ps, ps -a, ps -aux 등을 많이 사용한다.

- a: 모든 사용자의 프로세스를 출력
- u: 프로세스에 대한 좀 더 자세한 정보를 출력
- x: 더 이상 제어 터미널을 갖지 않은 프로세스들도 함께 출력

시스템 V 계열인 경우에는 일반적으로 ps, ps -ef 등을 많이 사용한다.

- e: 현재 시스템 내에 실행 중인 모든 사용자 프로세스 정보를 출력
- f: 프로세스에 대한 좀 더 자세한 정보를 출력

다음과 같이 ps 명령어의 u 옵션을 사용하면 나의 프로세스에 대한 보다 자세한 정보를 보여준다.

```
$ ps u
USER     PID %CPU %MEM    VSZ   RSS   TTY STAT  START TIME  COMMAND
chang   1517  0.0  0.2 174124  6748  tty2 Ssl+ 10월12 0:00  gdm-x-session
chang   1521  0.0  1.8 266776 55496  tty2  Sl+ 10월12 0:57  Xorg ...
chang   1557  0.0  0.4 198524 13976  tty2  Sl+ 10월12 0:00  gnome-session
chang  31745  0.0  0.1  21380  5572 pts/0   Ss 10월13 0:01  bash
chang  59455  0.0  0.1  21436  3348 pts/0   R+  01:44 0:00  ps u
```

그렇다면 시스템 내에는 얼마나 많은 프로세스가 존재할까? 현재 시스템 내에서 실행중인 프로세스는 ps 명령어를 이용하여 다음과 같이 모두 리스트할 수 있다. 다음은 그 결과의 일부(1번 프로세스부터 26번 프로세스까지)만을 보인 것이고 실제로는 시스템에 따라 수십 개 혹은 수백 개 이상의 프로세스가 존재할 수 있다.

```
$ ps -ef | more
UID        PID   PPID  C STIME TTY        TIME CMD
root         1      0  0 9월30  ?    00:00:23 /sbin/init auto noprompt
root         2      0  0 9월30  ?    00:00:00 [kthreadd]
```

```
root         3      2 0 9월30 ?     00:00:00 [rcu_gp]
root         4      2 0 9월30 ?     00:00:00 [rcu_par_gp]
root         6      2 0 9월30 ?     00:00:00 [kworker/0:0H-events_highpri]
root         9      2 0 9월30 ?     00:00:00 [mm_percpu_wq]
root        10      2 0 9월30 ?     00:00:00 [rcu_tasks_rude_]
root        11      2 0 9월30 ?     00:00:00 [rcu_tasks_trace]
root        12      2 0 9월30 ?     00:00:03 [ksoftirqd/0]
root        13      2 0 9월30 ?     00:01:07 [rcu_sched]
root        14      2 0 9월30 ?     00:00:02 [migration/0]
...
root        24      2 0 9월30 ?     00:00:00 [netns]
root        25      2 0 9월30 ?     00:00:00 [inet_frag_wq]
root        26      2 0 9월30 ?     00:00:00 [kauditd]
--More--
```

프로세스 제어

시스템 내에 있는 프로세스들을 제어하기 위한 명령어들을 살펴보자.

● sleep

sleep 명령어는 말 그대로 지정된 시간만큼 프로세스 실행을 지연시킨다.

> $ sleep 초
> 지정된 시간(초)만큼 프로세스 실행을 지연시킨다.

sleep는 여러 명령어를 수행할 경우, 사용자의 의도에 따라 시간적인 간격을 두기 위하여 유용하게 사용된다. 다음 예는 "시작"을 출력한 후 5초 후에 "끝"을 출력한다.

```
$ (echo 시작; sleep 5; echo 끝)
```

● kill

kill 명령어는 현재 실행중인 프로세스를 강제로 종료시키는 데 사용된다. 프로세스 번호 혹은 작업 번호를 인수로 명시하여 해당 프로세스를 종료시킨다.

```
$ kill 프로세스번호
$ kill %작업번호
```
프로세스 번호(혹은 작업 번호)에 해당하는 프로세스를 강제로 종료시킨다.

kill 명령어는 보다 정확하게는 수행중인 특정 프로세스에 원하는 시그널을 보내는 기능을 수행한다. 시그널번호를 따로 명시하지 않으면 종료 시그널을 보내 해당 프로세스를 종료시킨다. kill 명령어를 이용한 시그널 전달에 대한 내용은 11장에서 자세히 다룰 것이다.

예를 들어 다음과 같이 후면처리 중인 작업을 작업 번호(%1) 혹은 프로세스 번호(8320)를 이용하여 강제 종료할 수 있다.

```
$ (sleep 100; echo done) &
[1] 8320
$ kill 8320        혹은              $ kill %1
[1]+    종료됨                  ( sleep 100; echo done ) '
```

● wait

wait 명령어는 해당 프로세스 번호를 갖는 자식 프로세스가 종료될 때까지 기다린다. 그동안 쉘은 중지된다. 프로세스 번호를 지정하지 않으면 모든 자식 프로세스가 끝나기를 기다린다.

```
$ wait [프로세스번호]
```
해당 프로세스 번호를 갖는 자식 프로세스가 종료될 때까지 기다린다. 프로세스 번호를 지정하지 않으면 모든 자식 프로세스가 끝나기를 기다린다.

다음 예는 후면 실행되는 지정된 자식 프로세스가 끝날 때까지 기다린다.

```
$ (sleep 10; echo 1번 끝) &
1231
$ echo 2번 끝; wait 1231; echo 3번 끝
2번 끝
1번 끝
3번 끝
```

다음 예는 후면 실행되는 두 개의 자식 프로세스가 모두 끝날 때까지 기다린다.

```
$ (sleep 10; echo 1번 끝) &
$ (sleep 10; echo 2번 끝) &
$ echo 3번 끝; wait; echo 4번 끝
3번 끝
1번 끝
2번 끝
4번 끝
```

● exit

exit 명령어는 쉘을 종료하고 종료코드(exit code)를 부모 프로세스에 전달한다.

> $ exit [종료값]
> 쉘을 종료하고 종료코드(exit code)를 부모 프로세스에 전달한다.

프로세스 관련 명령어들은 표 8.1과 같이 요약 정리할 수 있다.

표 8.1 프로세스 관련 명령어

명령어	의미
명령어 &	후면에서 명령어 실행
^C	전면 작업 죽이기
^Z	전면 작업 중지
jobs	현재 작업 리스트
fg %n	n번 작업을 전면 실행
kill %n	n번 작업 종료
ps	현재 프로세스 리스트
sleep 초	지정된 시간(초) 동안 프로세스 실행 지연
wait [n]	n번 프로세스의 종료를 기다림
exit [종료값]	쉘을 종료하고 종료값 전달

8.2 프로그램 실행

프로그램 실행 exec()

리눅스에서 프로그램은 어떻게 실행이 시작되고 종료될까? 사용자가 프로그램을 실행시키는 방법은 크게 두 가지가 있다. 첫 번째는 쉘 프롬프트에서 프로그램을 지정하여 실행하는 것이고 두 번째는 실행중인 프로그램(사용자 프로세스) 내에서 exec() 시스템 호출을 이용하여 다른 프로그램을 실행하는 것이다. 사실 이 두 가지 방법은 알고 보면 동일하다. 쉘 프로세스도 이미 실행중인 프로세스이며, 실제로 쉘 프로세스 내부에서는 사용자로부터 입력받은 실행할 프로그램을 exec() 시스템 호출을 이용하여 실행한다. 결과적으로 모든 프로그램은 exec() 시스템 호출에 의해서 실행된다. exec() 시스템 호출에 대해서는 9.2절에서 자세히 살펴볼 것이다.

exec() 시스템 호출은 실행될 프로그램의 시작 루틴에게 명령줄 인수(command-line arguments)와 환경 변수(environment variables)를 전달한다. C 프로그램을 컴파일 하면 실행 파일에는 C 프로그램의 코드와 더불어 C 시작 루틴(start-up routine)이 포함된다. 이 시작 루틴은 exec() 시스템 호출로부터 전달받은 명령줄 인수, 환경 변수 등을 다음과 같이 main() 함수를 호출하면서 main() 함수에 다시 전달한다. 이제 main() 함수에서부터 사용자가 작성한 프로그램의 실행이 시작되고 결국 main() 함수의 실행이 끝나면 main() 함수의 반환 값을 받아 exit 한다.

```
exit( main( argc, argv) );
```

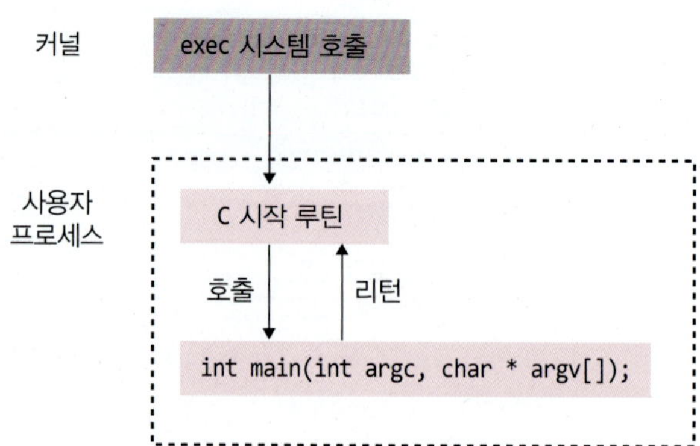

그림 8.4 프로그램 실행의 시작

exec() 시스템 호출에서부터 C 시작 루틴, main() 함수로 프로그램 실행이 시작되는 과정은 그림 8.4와 같다.

| 핵심 개념 |

프로그램이 실행되면 프로그램의 시작 루틴에게 명령줄 인수와 환경 변수가 전달된다.

명령줄 인수 argv[]

프로그램을 실행할 때 exec() 시스템 호출은 실행되는 프로그램에게 명령줄 인수를 전달하는데 실행되는 프로그램의 main() 함수는 argc와 argv 매개변수를 통해서 각각 명령줄 인수의 개수와 명령줄 인수들을 포인터 배열 형태로 전달받는다.

```
int main(int argc, char *argv[]);
```

argc : 명령줄 인수의 개수
argv[] : 명령줄 인수 리스트를 나타내는 포인터 배열

명령줄 인수 리스트를 나타내는 포인터 배열 argv의 구성은 그림 8.5와 같으며 argv[0]는 실행 파일 이름을, argv[1]은 첫 번째 명령줄 인수를, argv[argc-1]은 마지막 명령줄 인수를 가리킨다.

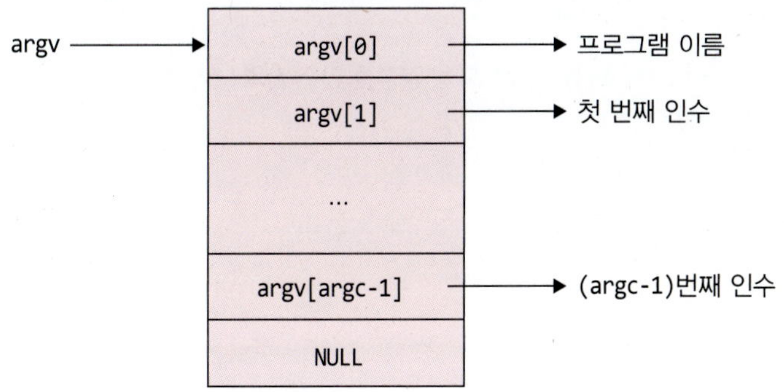

그림 8.5 명령중 인수 리스트 argv 구성

명령줄 인수 출력 예제

프로그램 8.1은 모든 명령줄 인수를 출력하는데 명령줄 인수의 개수 argc와 for 루프를 이

용하여 명령줄 인수를 하나씩 출력한다. 예를 들어 다음과 같이 쉘에 명령어(프로그램)를 입력하면 이 프로그램은 exec() 시스템 호출에 의해 실행되며 명령줄 인수는 그림 8.6과 같이 argv[]에 전달된다. 이 경우에 argc의 값은 3이라는 점을 주의하자.

```
$ args hello world
```

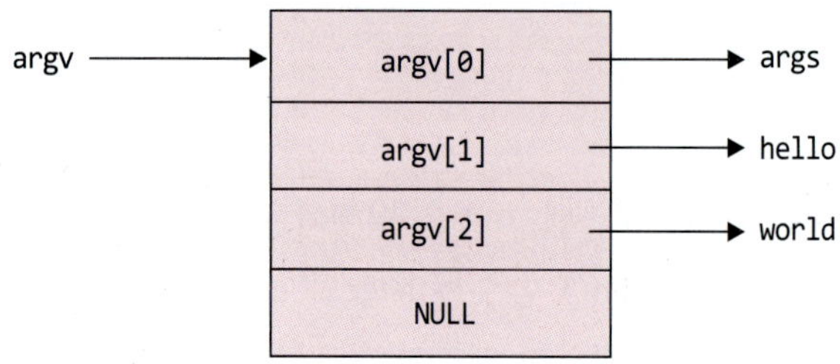

그림 8.6 args 프로그램 실행에서 명령중 인수 argv 구성

▸▸ 프로그램 8.1 args.c

```c
#include <stdio.h>
#include <stdlib.h>

/* 모든 명령줄 인수를 출력한다. */
int main(int argc, char *argv[])
{
  int    i;

  for (i = 0; i < argc; i++)    /* 모든 명령줄 인수 출력 */
     printf("argv[%d]: %s \n", i, argv[i]);

  exit(0);
}
```

실행결과

```
$ args hello world
argv[0]: args
argv[1]: hello
argv[2]: world
```

환경 변수

환경 변수는 쉘이 원래 가지고 있던 것을 쉘이 프로그램을 실행시킬 때 실행되는 프로그램(프로세스)에게 넘겨주게 된다. 구체적으로는 전역 변수 **environ**을 통해 환경 변수와 값의 리스트를 포인터 배열 형태로 전달받는데 그 구성의 예는 그림 8.7과 같다. 예를 들어 USER라는 환경 변수의 값은 chang이고 SHELL이라는 환경 변수의 값은 /bin/bash이다.

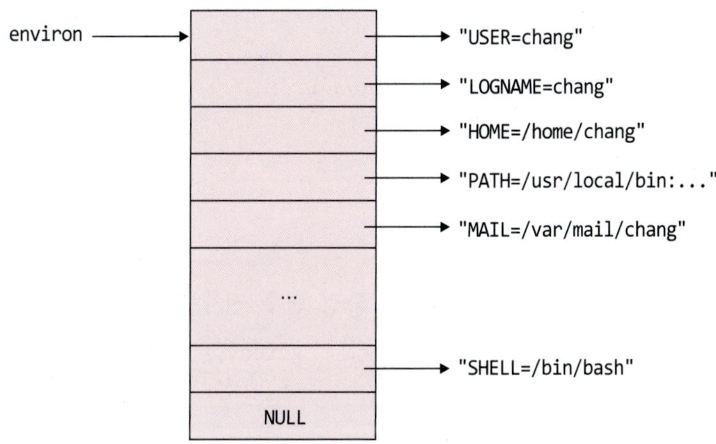

그림 8.7 환경 변수 리스트 environ의 구성

프로그램 8.2는 모든 환경 변수를 출력한다. 포인터 변수 **ptr**을 이용하여 환경 변수 리스트의 시작 위치인 **environ**에서부터 시작하여 1씩 증가하면서 각 환경 변수를 출력한다.

▸▸ 프로그램 8.2 environ.c

```
#include <stdio.h>
#include <stdlib.h>

/* 모든 환경 변수를 출력한다. */
int main(int argc, char *argv[])
{
  char   **ptr;
  extern char  **environ;

  for (ptr = environ; *ptr != 0; ptr++) /* 모든 환경 변수 값 출력*/
```

```
    printf("%s \n", *ptr);

  exit(0);
}
```

실행결과

```
$ environ
USER=chang
HOME=/home/chang
PATH=/usr/local/bin:/usr/bin:/bin:/usr/sbin:/sbin:.:...
...
```

환경 변수 값 반환 함수 getenv()

이 예에서는 전역변수 environ을 사용하여 환경 변수 전체를 접근하였는데 그 대신에 특정 환경 변수를 하나씩 접근하는 것도 가능하다. getenv() 시스템 호출을 사용하면 특정 환경 변수의 값을 가져올 수 있다.

```
#include <stdlib.h>
char *getenv(const char *name);
```
환경 변수 name의 값을 반환한다. 해당 변수가 없으면 NULL을 반환한다.

예를 들어 이 시스템 호출을 이용하여 대표적인 환경 변수 3개를 출력해보자. 프로그램 8.3은 9,12,15번 줄에서 환경 변수 HOME, SHELL, PATH의 값을 각각 가져와서 프린트한다.

▸▸ 프로그램 8.3 myenv.c

```
1 #include <stdio.h>
2 #include <stdlib.h>
3
4 /* 환경 변수를 3개 프린트한다. */
5 int main(int argc, char *argv[])
6 {
7   char  *ptr;
8
9   ptr = getenv("HOME");
```

```
    printf("HOME = %s \n", ptr);

    ptr = getenv("SHELL");
    printf("SHELL = %s \n", ptr);

     ptr = getenv("PATH");
    printf("PATH = %s \n", ptr);

    exit(0);
}
```

실행결과

```
$ myenv
HOME = /home/chang
SHELL = /bin/bash
PATH = /usr/local/bin:/usr/bin:/bin:/usr/sbin:/sbin:.:...
```

환경 변수 값 설정

다음 함수를 이용하면 특정 환경 변수의 값을 설정하거나 지우는 것도 가능하다. putenv()와 setenv()는 환경 변수를 설정하는 데 사용되는데 putenv()는 name=value 형태의 스트링을 매개변수로 받아서 환경 변수를 설정하고 setenv()는 환경 변수 name과 값 value를 각각 매개변수로 받아서 환경 변수를 설정한다. unsetenv()는 환경 변수를 지우는 데 사용된다.

```
#include <stdlib.h>
int putenv(const char *name);
```

name=value 형태의 스트링을 받아서 이를 환경 변수 리스트에 넣어준다. 환경 변수 name이 이미 존재하면 원래 값을 새로운 값으로 대체한다.

```
int setenv(const char *name, const char *value, int rewrite);
```

환경 변수 name의 값을 value로 설정한다. 환경 변수 name이 이미 존재하는 경우에는 rewrite 값이 0이 아니면 원래 값을 새로운 값으로 대체하고 rewrite 값이 0이면 그대로 둔다.

```
int unsetenv(const char *name);
```

환경 변수 name의 값을 지운다.

8.3 프로그램 종료

프로그램 종료 방법

이제 프로그램이 종료하는 방법에 대해서 알아보자. 프로그램의 실행을 종료하는 방법은 정상 종료(normal termination)와 비정상 종료(abnormal termination) 크게 두 가지로 나눌 수 있다.

먼저 프로그램이 정상적으로 종료하는 다음 방법부터 알아보도록 하자.

- main() 실행을 마치고 반환하면 C 시작 루틴은 이 반환값을 가지고 exit()을 호출한다.
- 프로그램 내에서 직접 exit()을 호출한다.
- 프로그램 내에서 직접 _exit()을 호출한다.

exit() 시스템 호출은 프로세스를 정상적으로 종료시키는데 종료 전에 모든 열려진 스트림을 닫고(fclose), 출력 버퍼의 내용을 디스크에 쓰는(fflush) 등의 뒷정리(cleanup processing)를 한다. 프로세스의 종료 상태를 알리는 **종료 코드**(exit status code)를 부모 프로세스에게 전달한다.

```
#include <stdlib.h>
void exit(int status);
```
뒷정리를 한 후 프로세스를 정상적으로 종료시킨다. status 값을 종료 코드로 부모 프로세스에게 전달한다.

_exit() 시스템 호출 역시 프로세스를 정상적으로 종료시키는데 뒷정리를 하지 않고 즉시 종료시킨다는 점이 exit() 시스템 호출과 다르다.

```
#include <stdlib.h>
void _exit(int status);
```
뒷정리를 하지 않고 프로세스를 즉시 종료시킨다. status 값을 종료 코드로 부모 프로세스에게 전달한다.

| 핵심 개념 |

exit()는 뒷정리를 한 후 프로세스를 정상적으로 종료시키고 _exit()는 뒷정리를 하지 않고 프로세스를 즉시 종료시킨다.

프로그램이 비정상적으로 종료하는 방법은 2가지가 있다.

- abort() 시스템 호출은 프로세스에 SIGABRT 시그널을 보내어 프로세스를 비정상적으로 종료시킨다.
- 시그널에 의한 종료: 프로세스가 실행 중에 시그널을 받으면 갑자기 비정상적으로 종료하게 된다. 시그널에 대한 자세한 사항은 11장에서 자세히 다룬다.

프로그램 시작과 종료 과정

이제 지금까지 살펴본 프로그램의 시작과 종료 과정을 그림 8.8을 중심으로 정리해보자.

(1) 프로그램은 exec() 시스템 호출에 의해 실행이 시작된다.

(2) 프로그램은 실행이 시작되면 C 시작 루틴부터 시작되며 이 루틴에서 main() 함수를 호출함으로서 사용자가 작성한 main() 함수의 실행이 시작된다.

(3) main() 함수는 시작되면 필요에 따라 사용자 함수를 호출한다. main 함수는 최종적으로 반환함으로써 종료할 수 있으며 이때 반환값이 C 시작 루틴에 전달되고 C 시작 루틴은 이 값을 가지고 exit() 한다.

(4) 또한 main 함수든 사용자 함수든 어떤 함수에서도 직접 exit() 혹은 _exit() 시스템 호출을 할 수 있다.

(5) exit() 시스템 호출을 하면 시스템 내의 _exit() 함수가 실행되고 결국 프로그램은 종료되는데 이 함수는 프로그램을 종료하기 전에 표준적인 I/O 뒷정리를 수행한다.

(6) _exit() 시스템 호출을 하는 경우에는 이러한 뒷정리 없이 바로 종료된다.

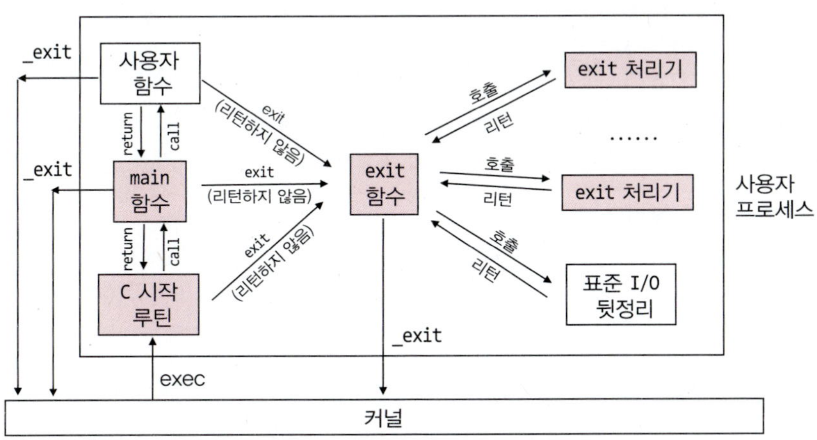

그림 8.8 프로그램 시작과 종료 과정

exit 처리기

exit() 시스템 호출에 의해 프로세스가 정상적으로 종료될 때 열린 파일을 닫는 등의 표준적인 I/O 뒷정리는 기본적으로 수행된다. 사용자는 별도의 뒷정리 작업을 하기 위하여 exit()에 의한 프로세스 종료 과정에서 자동으로 수행될 **exit 처리기**(exit handler) 함수를 등록할 수 있다. 이를 위해서 사용자는 원하는 뒷정리 작업을 하는 함수를 작성하고 이를 다음과 같은 atexit() 시스템 호출을 이용해 등록해주면 된다. 이 처리기 함수는 매개변수를 받지 않으며, 반환값도 없다. 등록된 처리기 함수는 프로그램이 종료될 때 자동적으로 호출되어 실행된다.

```
#include <stdlib.h>
void atexit(void (*func)(void));
exit 처리기로 함수 func를 등록한다.
성공하면 0을 실패하면 0이 아닌 수를 반환한다.
```

| 핵심 개념 |

exit 처리기는 exit()에 의한 프로세스 종료 과정에서 자동으로 수행된다.

한 프로그램 내에서 exit 처리기 함수는 32개까지 등록할 수 있다. 등록된 exit 처리기는 프로그램이 종료될 때 등록된 역순으로 호출되어 실행된다.

exit 처리기 예제

예를 들어 8.4 프로그램을 살펴보자. 이 프로그램은 간단하게 두 개의 exit 처리기 함수(exit_handler1과 exit_handler2)를 작성해서 7번 줄과 9번 줄에서 등록하고 있으며 실행결과를 보면 이 프로그램이 종료될 때 처리기 함수가 등록된 역순으로 호출되어 실행된다는 것을 확인할 수 있다.

▸▸ 프로그램 8.4 atexit.c

```c
#include <stdio.h>
#include <stdlib.h>
static void exit_handler1(void), exit_handler2(void);

int main(void)
{
  if (atexit(exit_handler1) != 0)
    perror("exit_handler1 등록할 수 없음");
  if (atexit(exit_handler2) != 0)
     perror("exit_handler2 등록할 수 없음");
  printf("main 끝 \n");
  exit(0);
}

static void exit_handler1(void)
{
  printf("첫 번째 exit 처리기\n");
}

static void exit_handler2(void)
{
  printf("두 번째 exit 처리기\n");
}
```

실행결과

```
$ atexit
main 끝
두 번째 exit 처리기
첫 번째 exit 처리기
```

8.4 프로세스 ID와 프로세스의 사용자 ID

프로세스 ID

프로세스에 대한 정의 혹은 설명은 여러 가지가 있지만 가장 쉬운 정의는 실행중인 프로그램(program in execution)을 프로세스라고 생각하는 것이다. 다시 말하면 프로그램이 실행되면 프로세스가 되는 것이다. 한 프로그램은 여러 번 실행될 수 있으므로 한 프로그램으로부터 여러 개의 프로세스를 만들 수 있으며 프로그램 그 자체가 프로세스는 아니라는 점을 주의하자.

각 프로세스는 프로세스를 구별하는 번호인 **프로세스 ID**(종종 줄여서 PID라고 한다)를 갖고 있다. 실행 중인 프로그램 즉 프로세스가 getpid() 시스템 호출을 하면 이 프로세스의 ID를 반환한다. 또한 모든 프로세스는 다른 프로세스에 의해 생성되는데 자신을 생성해준 프로세스를 부모 프로세스라고 한다. 프로세스 생성에 대해서는 9.1절에서 자세히 다룰 것이다. getppid() 시스템 호출은 부모 프로세스의 ID를 반환한다.

```
#include <unistd.h>
pid_t getpid( );     프로세스 ID를 반환한다.
pid_t getppid( );   부모 프로세스 ID를 반환한다.
```

| 핵심 개념 |

각 프로세스는 프로세스 ID를 갖는다. 각 프로세스는 자신을 생성해준 부모 프로세스가 있다.

예를 들어 나의 프로세스 번호와 부모 프로세스 번호를 출력하는 프로그램 8.5를 실행해 보자. 이 프로그램을 실행하면 프로세스가 되고 그 프로세스는 프로세스 식별 번호인 프로세스 ID가 있을 것이다. 이 예제 프로그램의 실행결과에서 23502가 프로세스 ID이며 이 프로세스를 생성한 부모 프로세스의 ID는 22692라는 것을 알 수 있다.

▸▸ 프로그램 8.5 **pid.c**

```c
#include <stdio.h>
#include <unistd.h>

/* 프로세스 번호를 출력한다. */
int main()
{
   printf("나의 프로세스 번호 : [%d] \n", getpid());
   printf("내 부모 프로세스 번호 : [%d] \n", getppid());
}
```

실행결과

```
$ pid
나의 프로세스 번호 : [23502]
내 부모 프로세스 번호 : [22692]
```

그렇다면 이 부모 프로세스는 대체 누구일까? 이 부모 프로세스는 다름 아닌 쉘 프롬프트를 내주고 있는 쉘 프로세스다. 바로 쉘 프로세스가 23502번 자식 프로세스를 생성하여 이 프로그램을 실행하게 한 것이다. 독자가 실제로 이 프로그램을 실행해 보면 다른 번호를 프로세스 ID로 출력할 것이다. 프로세스 ID는 실행할 때마다 다르므로 당연한 결과라는 점을 유의하자. 쉘 프로세스 내부에서 자식 프로세스를 생성하고 프로그램을 실행하는 내부 메커니즘은 9.2절에서 자세히 다룰 것이다.

또한 각 프로세스는 현재 작업 디렉터리를 가지고 있다. chdir() 시스템 호출은 현재 작업 디렉토리를 매개변수가 지정한 경로 pathname으로 변경한다. 이 시스템 호출이 성공하려면 프로세스는 그 디렉터리에 대한 실행 권한이 있어야 한다.

```c
#include <unistd.h>
int chdir (char* pathname);
```
현재 작업 디렉토리를 pathname으로 변경한다. 성공하면 0 실패하면 -1를 반환한다.

프로세스의 사용자 ID와 그룹 ID

프로세스는 프로세스 ID 외에 그 프로세스를 실행시킨 사용자 ID와 그 사용자의 그룹 ID를 갖는데 이를 프로세스의 사용자 ID와 프로세스의 그룹 ID라고 한다. 프로세스의 사용자 ID와 그룹 ID는 프로세스가 수행할 수 있는 권한(예를 들어 파일 접근 권한)을 검사하는 데 사용된다. 그런데 프로세스에서는 실제 사용자 ID와 유효 사용자 ID라는 두 가지 사용자 ID를 사용한다(그림 8.9 참조). 또한 프로세스의 그룹 ID도 실제 그룹 ID와 유효 그룹 ID라는 두 가지 그룹 ID를 사용한다.

프로세스의 **실제 사용자** ID(real user ID)는 그 프로세스를 실행시킨 원래 사용자의 사용자 ID로 설정된다. 예를 들어 chang이라는 사용자 ID로 로그인하여 어떤 프로그램을 실행시키면 그 프로세스의 실제 사용자 ID는 chang이 되며 그 프로세스의 실제 그룹 ID도 chang이 속한 그룹의 ID로 설정된다. 프로세스의 **유효 사용자** ID(effective user ID)는 현재 유효한 사용자 ID로 새로 파일을 만들 때 그 파일의 소유자를 정하거나 파일에 대한 접근 권한을 검사할 때 주로 사용된다. 보통 유효 사용자 ID는 특별한 실행파일을 실행할 때를 제외하고는 실제 사용자 ID와 동일하다. 프로세스의 유효 그룹 ID 역시 유효 사용자 ID의 경우와 비슷하게 사용된다.

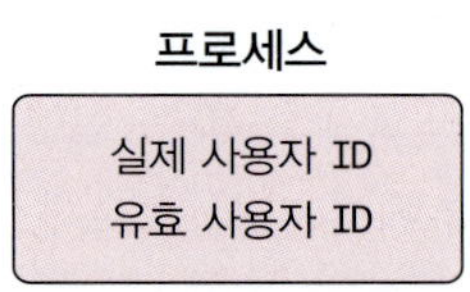

그림 8.9 프로세스의 실제 사용자 ID와 유효 사용자 ID

| 핵심 개념 |

각 프로세스는 실제 사용자 ID와 유효 사용자 ID를 가지며 실제 그룹 ID와 유효 그룹 ID를 갖는다.

다음의 getuid()와 geteuid() 시스템 호출은 프로세스의 실제 사용자 ID와 유효 사용자 ID를 반환하고 getgid()와 getegid() 시스템 호출은 프로세스의 실제 그룹 ID와 유효 그룹 ID를 반환한다.

```
#include <sys/types.h>
#include <unistd.h>
uid_t getuid( );     프로세스의 실제 사용자 ID를 반환한다.
uid_t geteuid( );    프로세스의 유효 사용자 ID를 반환한다.
uid_t getgid( );     프로세스의 실제 그룹 ID를 반환한다.
uid_t getegid( );    프로세스의 유효 그룹 ID를 반환한다.
```

또한 setuid()와 seteuid() 시스템 호출은 프로세스의 실제/유효 사용자 ID를 setgid()와 setegid() 시스템 호출은 실제/유효 그룹 ID를 인자로 지정해 준 사용자 ID와 그룹 ID로 각각 변경한다.

```
#include <sys/types.h>
#include <unistd.h>
int setuid(uid_t uid);     프로세스의 실제 사용자 ID를 uid로 변경한다.
int seteuid(uid_t uid);    프로세스의 유효 사용자 ID를 uid로 변경한다.
int setgid(gid_t gid);     프로세스의 실제 그룹 ID를 gid로 변경한다.
int setegid(gid_t gid);    프로세스의 유효 그룹 ID를 gid로 변경한다.
```

프로세스의 사용자 ID 예제

다음 예제 프로그램 8.6을 이용하여 프로세스의 실제/유효 사용자 ID와 실제/유효 그룹 ID를 조사해보자. 사용자 ID와 그룹 ID는 실제로는 번호이다. 이 번호를 보통 사용자가 사용하는 사용자 이름이나 그룹 이름으로 출력하기 위해서는 getpwuid() 함수와 getgrgid() 함수를 사용하여 이름으로 변환해야 한다. getpwuid() 함수는 사용자 ID에 해당하는 패스워드 파일 엔트리를 가져오므로 이중에서 사용자 이름 필드(pw_name)를 접근해서 프린트하면 된다(10,12번 줄). getgrgid() 함수도 비슷하게 그룹 ID에 해당하는 그룹 파일 엔트리를 가져오므로 이중에서 그룹 이름 필드(gr_name)를 접근해서 프린트하면 된다(14,16번 줄). 이 예제에서는 사용자 chang이 하나의 그룹(chang)을 형성하고 있다.

▸▸ 프로그램 8.6 uid.c

```c
#include <stdio.h>
#include <pwd.h>
#include <grp.h>
#include <unistd.h>

/* 사용자 ID를 출력한다. */
int main()
{
   printf("나의 실제 사용자 ID : %d(%s) \n", getuid(),
                              getpwuid(getuid())->pw_name);
   printf("나의 유효 사용자 ID : %d(%s) \n", geteuid(),
                              getpwuid(geteuid())->pw_name);
   printf("나의 실제 그룹 ID : %d(%s) \n", getgid(),
                              getgrgid(getgid())->gr_name);
   printf("나의 유효 그룹 ID : %d(%s) \n", getegid(),
                              getgrgid(getegid())->gr_name);
}
```

실행결과

```
$ uid
나의 실제 사용자 ID : 1000(chang)
나의 유효 사용자 ID : 1000(chang)
나의 실제 그룹 ID : 1000(chang)
나의 유효 그룹 ID : 1000(chang)
```

set-user-id 실행권한

특별한 실행파일을 실행하는 경우를 제외하고는 프로세스의 유효 사용자 ID는 실제 사용자 ID와 동일하다. 그렇다면 어떤 실행파일을 실행하는 경우에 이 둘은 서로 달라지게 될까? set-user-id(set user ID upon execution)라는 특별한 실행권한이 설정된 실행파일을 실행하면 이 프로세스의 유효 사용자 ID는 그 실행파일의 소유자로 바뀌게 되어 결과적으로 이 프로세스는 실행되는 동안 그 파일의 소유자 권한을 갖게 된다. 이 기능은 일반 사용자가 root 권한으로 명령을 실행할 필요가 있을 때 주로 사용된다.

set-user-id 실행권한이 설정된 실행파일의 예로 패스워드를 변경하는 /bin/passwd 명령어를 살펴보자. 소유자의 실행 권한이 x가 아니고 s로 표시된 것을 확인할 수 있다.

```
$ ls -l /bin/passwd
-rwsr-xr-x. 1 root  root  59976  7월 14 14:57 /bin/passwd
```

set-user-id 실행권한이 설정된 /bin/passwd 실행 파일을 실행하는 과정을 순차적으로 살펴보자. 이 과정은 그림 8.10과 같이 표현할 수 있다.

(1) 이 실행파일은 set-user-id 실행권한이 설정된 파일이며 소유자는 root이다.

(2) 일반 사용자 chang이 다음과 같이 이 파일을 실행하게 되면 실행 파일의 소유자인 root가 이 프로세스의 유효 사용자 ID가 된다.

```
$ /bin/passwd
```

(3) 이제 이 프로세스는 유효 사용자 ID가 root이므로 root만 수정할 수 있는 암호 파일 /etc/shadow 파일을 접근하여 수정할 수 있다.

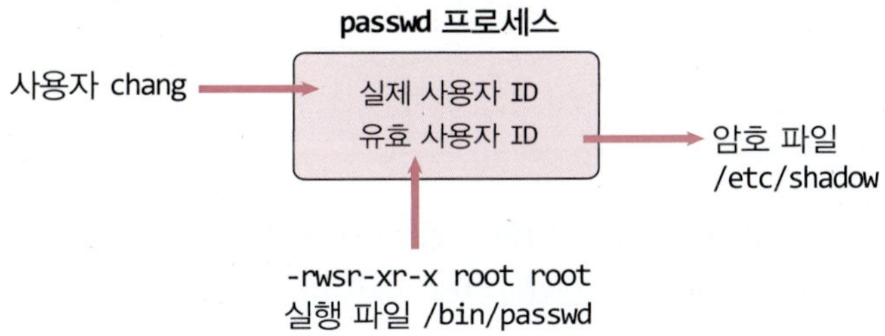

그림 8.10 set-user-id 실행 파일 /bin/passwd

set-user-id 실행권한 설정

그렇다면 set-user-id와 set-group-id라는 특별한 실행권한이라는 것은 무엇일까? set-user-id 실행권한은 심볼릭 모드로 's'로 표현되고 8진수 모드로는 4000으로 표현된다. set-group-id(set group ID upon execution) 실행권한이 포함되어 있는 실행 파일은 실행되는 동안에 그 파일 소유자의 그룹을 프로세스의 유효 그룹 ID으로 갖게 된다. set-group-id 실행권한은 8진수 모드로는 2000으로 표현된다. set-user-id 실행권한이 포함되어 있는 실행 파일을 ls -l 명령어로 확인해 보면 다음과 같이 소유자 실행권한에 's'라고 되어 있는 것을 확인할 수 있다.

```
$ ls -l /bin/su /bin/passwd
32 -rwsr-xr-x. 1 root  root  32396  2011-05-31 01:50 /bin/su
```

```
28 -rwsr-xr-x. 1 root  root  27000  2010-08-22 12:00 /bin/passwd
```

set-group-id 실행권한이 포함되어 있는 실행 파일을 ls -l 명령어로 확인하면 그룹의 실행 권한에 's'가 설정되어 있는 것을 확인할 수 있을 것이다.

```
$ls -l /bin/wall
-rwxr-sr-x   1 root    tty      35048  4월 2  2020 /bin/wall
```

그렇다면 set-user-id와 set-group-id 실행권한을 어떻게 설정할 수 있을까? 예를 들어 file1 이라는 실행 파일에 set-user-id 실행권한을 다음과 같이 설정할 수 있으며 사용권한 제일 앞부분의 4가 set-user-id 실행권한을 의미한다.

```
$ chmod 4755 file1
```

set-group-id 실행권한도 비슷하게 다음과 같이 설정할 수 있으며 사용권한 제일 앞부분의 2가 set-group-id 실행권한을 의미한다.

```
$ chmod 2755 file1
```

예를 들어 프로그램 8.6의 uid 실행파일의 소유자를 root로 바꾸고 set-user-id 실행권한을 설정하고 다시 실행해보자. uid 실행파일의 소유자를 root로 바꾸기 위해서는 root 권한이 필요하므로 먼저 /bin/su를 실행하고 chown 명령어로 소유자를 root로 바꾸었다. 그 후에 chmod 명령어로 set-user-id 실행권한을 설정하고 uid 프로그램을 실행하였다. 실행 결과를 보면 uid 프로세스의 유효 사용자 ID가 이 파일의 소유자인 root가 되어 있는 것을 확인할 수 있다.

```
$ su
# chown root uid
# chmod 4755 uid
# exit
$ uid
나의 실제 사용자 ID : 1000(chang)
나의 유효 사용자 ID : 0(root)
나의 실제 그룹 ID : 1000(chang)
나의 유효 그룹 ID : 1000(chang)
```

8.5 프로세스 이미지

프로그램을 실행하기 위해서 즉 프로세스를 유지하기 위해서는 무엇이 필요할지 생각해 보자. 먼저 프로세스 관리를 위한 커널 내의 프로세스에 대한 정보가 필요할 것이다. 또한 프로그램을 실행하기 위해서는 그림 8.11과 같이 텍스트(코드), 데이터, 힙, 스택 등의 영역(segment)들을 위한 메모리를 할당해야 한다. 이러한 메모리 배치를 **프로세스 이미지** (process image)라고 한다. 프로세스 이미지를 구성하는 각 영역의 역할은 다음과 같다.

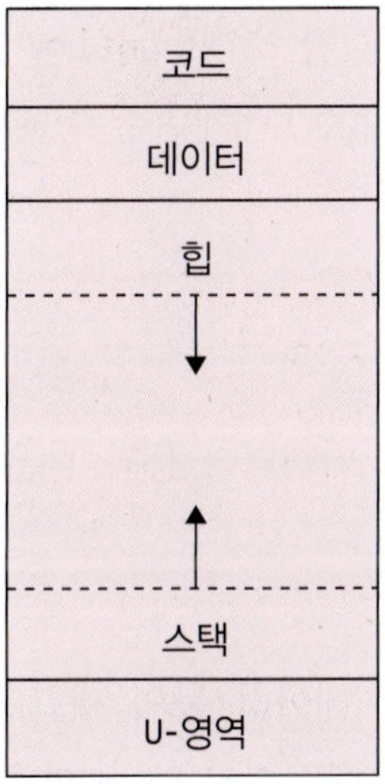

그림 8.11 프로세스 이미지

| 핵심 개념 |

프로세스 이미지는 텍스트(코드), 데이터, 힙, 스택 등으로 구성된다.

- **텍스트(text)**

  프로세스가 실행하는 실행코드를 저장하는 영역이다.

- **데이터(data)**

  전역 변수(global variable) 및 정적 변수(static variable)를 위한 메모리 영역이다. 프로그램에서 초기화된 데이터를 저장하는 영역과 초기화되지 않는 데이터를 저장하는 영역(보통 bss 영역이라고 함)으로 구분할 수 있다.

- **힙(heap)**

  동적 메모리 할당을 위한 영역이다. C 언어의 malloc 함수를 호출하면 이 영역에서 동적으로 메모리를 할당해준다. 동적 메모리 할당에 관한 자세한 사항은 10장에서 자세히 다룬다.

- **스택(stack area)**

  함수 호출을 구현하기 위한 실행시간 스택(runtime stack)을 위한 영역으로 함수가 호출될 때마다 해당 함수의 지역 변수, 매개변수, 반환주소, 반환값 등을 포함하는 스택 프레임(stack frame)이 저장된다.

- **U-영역(user-area)**

  열린 파일 디스크립터, 현재 작업 디렉터리 등과 같은 프로세스의 정보를 저장하는 영역이다.

size 명령어는 실행파일의 텍스트, 데이터 등의 세그먼트의 크기를 알려준다. 예를 들어 다음과 같이 실행파일인 /bin/ls를 대상으로 size 명령어를 실행하면 텍스트, 데이터, bss의 세그먼트의 크기 등을 알려준다. 4번째와 5번째 열은 앞의 세 열의 합을 10진수와 16진수로 표현해준다.

```
$ size /bin/ls
  text     data   bss     dec    hex   filename
128069     4688   4824  137581  2196d  /bin/ls
```

이 영역들 중에서 데이터, 힙, 스택은 변수들을 위한 메모리 영역으로 여러 종류의 변수들을 위한 각 영역의 메모리 할당에 대해서는 10.1절에서 자세히 다룰 것이다.

| 핵심 개념 |

- 프로세스는 실행중인 프로그램이다.
- 쉘은 사용자와 운영체제 사이에 창구 역할을 하는 소프트웨어로 사용자로부터 명령어를 입력받아 이를 처리하는 명령어 처리기 역할을 한다.
- 프로그램이 실행되면 프로그램의 시작 루틴에게 명령줄 인수와 환경 변수가 전달된다.
- exit()는 뒷정리를 한 후 프로세스를 정상적으로 종료시키고 _exit()는 뒷정리를 하지 않고 프로세스를 즉시 종료시킨다.
- exit 처리기는 exit()에 의한 프로세스 종료 과정에서 자동으로 수행된다.
- 각 프로세스는 프로세스 ID를 갖는다. 각 프로세스는 자신을 생성해준 부모 프로세스가 있다.
- 각 프로세스는 실제 사용자 ID와 유효 사용자 ID를 가지며 실제 그룹 ID와 유효 그룹 ID를 갖는다.
- 프로세스 이미지는 텍스트(코드), 데이터, 힙, 스택 등으로 구성된다.

| 실습 문제 |

8.1 이 프로그램은 프로세스의 실행환경에 대한 정보를 제공하기 위한 프로그램이다. 다음 옵션에 따라 해당되는 값을 출력하는 프로그램을 작성하시오.

-e [이름]	지정된 이름의 환경변수 값. 이름이 없을 땐 모든 환경변수들의 값
-u	실행중인 프로세스의 실제 사용자 ID와 유효 사용자 ID
-g	실행중인 프로세스의 실제 그룹 ID와 유효 그룹 ID
-i	프로세스 ID
-p	부모 프로세스 ID

| 연습 문제 |

8.1 다음 프로그램을 실행시켜 프로그램의 첫 번째 두 번째 출력과 실제 실행중인 프로세스들을 비교하여 그 관계를 설명하시오. system() 함수는 프로그램 내에서 명령어를 실행시키는 함수로 자세한 설명은 9.2절을 참조하기 바란다.

```
#include <stdio.h>
#include <stdlib.h>

int main()
{
   int pid;
   printf("나의 프로세스 번호 : [%d] \n", getpid());
   printf("내 부모 프로세스 번호 : [%d] \n", getppid());
   system("ps");
}
```

8.2 다음 프로그램의 출력은 무엇인가? 이 출력으로부터 판단하면 fork() 시스템 호출은 어떤 일을 하였는가?

```
#include <stdlib.h>
#include <stdio.h>
int main( )
{
   int pid1, pid2;


   printf("[1] = %d\n", getpid());

   if ((pid1 = fork()) == 0)
      printf("[2] = %d, %d\n", getpid(), getppid());

   sleep(1);
}
```

8.3 프로세스와 관련된 ID는 여러 가지가 있다. 다음 각 ID의 차이점을 중심으로 설명하시오.

(1) 프로세스 ID

(2) 부모 프로세스 ID

(3) 프로세스 그룹 ID

8.4 프로세스의 사용자 ID는 여러 가지가 있다. 다음 각 ID의 차이점을 중심으로 설명하시오.

(1) 실제 사용자 ID

(2) 유효 사용자 ID

(3) 실제 그룹 ID

(4) 유효 그룹 ID

8.5 종료 코드 혹은 종료 상태 코드(exit status code)가 어떤 용도로 사용되는지 설명하시오.

CHAPTER 09

프로세스 제어

contents

09 프로세스 제어

프로세스를 제어하기 위해서는 새로운 프로세스를 생성하는 메커니즘과 생성된 프로세스로 하여금 새로운 프로그램을 실행하게 하는 메커니즘이 필수적이다. 이 장에서는 먼저 새로운 프로세스를 생성하는 방법과 프로세스로 하여금 새로운 프로그램을 실행하게 하는 방법에 대해서 살펴본다. 또한 프로세스의 입출력을 재지정하는 방법과 여러 프로세스들을 그룹화 하는 방법에 대해서 살펴본다. 마지막으로 프로세스 생성과 프로그램 실행을 바탕으로 한 시스템 부팅 과정에 대해서 살펴본다.

9.1 프로세스 생성

프로세스 생성 fork()

보통 새로운 프로그램을 실행하기 위해서 먼저 새로운 프로세스를 생성하는데 이렇게 생성된 새로운 프로세스를 **자식 프로세스**(child process)라고 하고 자식 프로세스를 생성한 프로세스는 **부모 프로세스**(parent process)라고 한다(그림 9.1 참조).

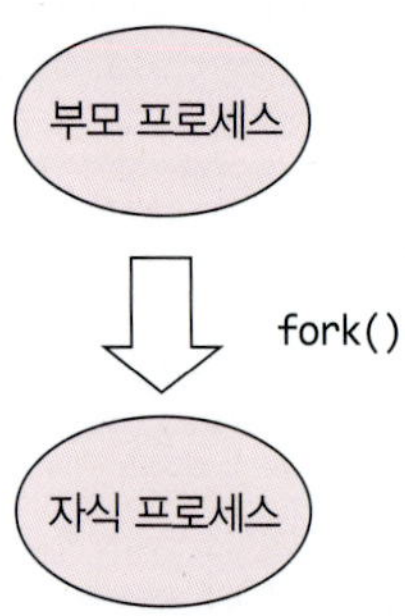

그림 9.1 프로세스 생성

리눅스에서는 fork() 시스템 호출이 새로운 프로세스를 생성하는 유일한 방법이다. fork() 시스템 호출에 대한 설명은 다음과 같다.

```
#include <sys/types.h>
#include <unistd.h>
pid_t fork(void);
```
새로운 자식 프로세스를 생성한다. 자식 프로세스에게는 0을 반환하고 부모 프로세스에게는 자식 프로세스 ID를 반환한다.

fork() 시스템 호출은 부모 프로세스를 똑같이 복제하여 새로운 자식 프로세스를 생성한다. 이 프로세스 생성 원리를 간단히 요약하면 자기복제(自己複製)라고 할 수 있다. 그림 9.2와 같이 자식 프로세스는 부모 프로세스(코드, 데이터, 스택, 힙 등)를 똑같이 복제해 만들어진다. 이 그림에서 화살표는 다음 실행할 코드를 가리키는 PC(Program Counter)이다.

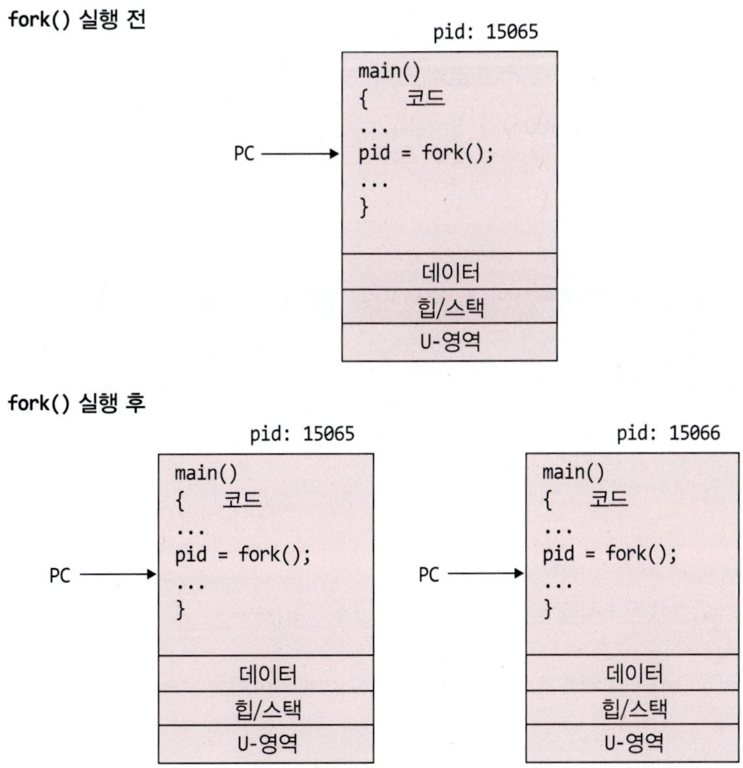

그림 9.2 프로세스 생성 전과 후

fork() 시스템 호출을 하면 새로운 자식 프로세스가 즉시 생성되며 부모 프로세스와 자식 프로세스에게 각각 반환한다. 자식 프로세스에게는 0을 반환하고 부모 프로세스에게는 자식 프로세스 ID를 반환한다는 점과 이 시스템 호출은 한 번 호출되면 두 번 반환한다는 점을 주의하자. fork() 호출 후에 부모 프로세스와 자식 프로세스는 각각 독립적으로 실행을 계속하는데 그림 9.2의 PC가 가리키는 것처럼 fork() 시스템 호출 바로 다음 코드부터 실행을 계속한다.

| 핵심 개념 |

fork() 시스템 호출은 부모 프로세스를 똑같이 복제하여 새로운 자식 프로세스를 생성한다.

프로세스 생성 예제

예제 프로그램 9.1을 통해 fork() 호출 후에 반환값과 실행 흐름을 살펴보자. 실행결과를 보면 15065번 프로세스(부모)가 fork() 호출을 하여 15066번 프로세스(자식)를 생성한 것을 알 수 있다(이 프로세스 ID는 실행할 때마다 다른 번호가 부여된다). fork() 바로 뒤의 10번 줄은 부모 프로세스와 자식 프로세스에 의해 각각 실행되며 부모 프로세스에게는 생성된 자식 프로세스의 ID(15066)가 반환되고 자식 프로세스에게는 0이 반환됨을 확인할 수 있다.

▸▸ 프로그램 9.1 fork1.c

```
1  #include <stdio.h>
2  #include <unistd.h>
3
4  /* 자식 프로세스를 생성한다. */
5  int main()
6  {
7     int pid;
8     printf("[%d] 프로세스 시작 \n", getpid());
9     pid = fork();
10    printf("[%d] 프로세스 : 반환값 %d\n", getpid(), pid);
11 }
```

실행결과

```
$fork1
[15065] 프로세스 시작
[15065] 프로세스 : 반환값 15066
[15066] 프로세스 : 반환값 0
```

이 예제 프로그램을 통해 fork() 호출 뒤에 나타나는 문장은 부모 프로세스와 자식 프로세스가 병행적으로 모두 실행한다는 것을 확인할 수 있었다.

부모 프로세스와 자식 프로세스의 다른 일 실행

자식 프로세스는 부모 프로세스를 그대로 복제해서 만들어 지는데 어떻게 부모 프로세스와 자식 프로세스가 서로 다른 일을 수행할 수 있을까? fork() 호출의 반환값이 다르므로 이 반환값을 이용하면 부모 프로세스와 자식 프로세스를 구별하고 서로 다른 일을 하도록 할 수 있다. 따라서 다음과 같은 코드를 수행하면 fork() 호출 후에 자식 프로세스는 자식을 위한 코드 부분을 실행하고 부모 프로세스는 부모를 위한 코드 부분을 실행한다.

```
pid = fork();
if ( pid == 0 )
{  자식 프로세스의 실행 코드 }
else
{  부모 프로세스의 실행 코드 }
```

프로그램 9.2는 부모 프로세스가 fork() 호출을 하여 자식 프로세스를 생성하며 각 프로세스가 메시지와 자신의 프로세스 ID를 출력한다. 실행결과를 보면 자식 프로세스는 반환값으로 0을 받았으므로 if 문의 then 부분을 실행했고 부모 프로세스는 반환값으로 자식 프로세스 ID(15800)을 받았으므로 if 문의 else 부분을 실행했음을 확인할 수 있다.

▸▸ 프로그램 9.2 **fork2.c**

```
#include <stdio.h>
#include <unistd.h>

```

```
/* 부모 프로세스가 자식 프로세스를 생성하고 서로 다른 메시지를 프린트한다 */
int main()
{
  int pid;

  pid = fork();
  if (pid ==0) {   // 자식 프로세스
    printf("[Child] Hello, world! pid=%d\n", getpid());
  }
  else {         // 부모 프로세스
    printf("[Parent] Hello, world! pid=%d\n", getpid());
  }
}
```

실행결과

```
$ fork2
[Parent] Hello, world! pid=15799
[Child] Hello, world! pid=15800
```

두 개의 자식 프로세스 생성 예제

이제 하나의 부모 프로세스가 두 개의 자식 프로세스를 생성하는 프로그램 9.3을 살펴보자. 이 프로그램에서 부모 프로세스는 10,16번 줄에서 fork() 호출을 두 번하여 두 개의 자식 프로세스를 생성하며 각 자식 프로세스는 12,18번 줄에서 메시지와 프로세스 ID를 출력한다.

▸▸ 프로그램 9.3 fork3.c

```
1 #include <stdio.h>
2 #include <stdlib.h>
3 #include <unistd.h>
4
5 /* 부모 프로세스가 두 개의 자식 프로세스를 생성한다. */
6 int main()
7 {
8   int pid1, pid2;
```

```
9
10    pid1 = fork();
11    if (pid1 == 0) {
12      printf("[Child 1] Hello, world! pid=%d\n", getpid());
13      exit(0);
14    }
15
16    pid2 = fork();
17    if (pid2 == 0) {
18      printf("[Child 2] Hello, world! pid=%d\n", getpid());
19       exit(0);
20   }
21   printf("[Parent] Hello, world! pid=%d\n",getpid());
22 }
```

실행결과

```
$ fork3
[Parent] Hello, world! pid=15740
[Child 1] Hello, world! pid=15741
[Child 2] Hello, world! pid=15742
```

13번 줄에서 첫 번째 자식 프로세스가 `exit()`을 하고 있는데 만약 이 `exit()`를 하지 않으면 첫 번째 자식 프로세스도 `if` 문 이후에 실행을 계속하여 16번 줄에서 `fork()` 호출을 하게 되고 결과적으로 첫 번째 자식 프로세스가 또 다른 자식 프로세스를 생성하게 될 것이다.

자식 프로세스와 동기화 wait()

부모 프로세스는 `wait()` 시스템 호출을 이용하여 자식 프로세스 중의 하나가 종료할 때까지 기다릴 수 있다. 자식 프로세스가 종료하면 자식 프로세스의 종료코드가 `*status`에 저장되며 종료한 자식 프로세스의 ID를 반환한다.

```
#include <sys/types.h>
#include <sys/wait.h>
pid_t wait(int *status);
```
자식 프로세스 중의 하나가 종료할 때까지 기다린다. 자식 프로세스가 종료하면 종료코드가 *status에 저장된다. 종료한 자식 프로세스의 ID를 반환한다.

부모 프로세스가 wait() 시스템 호출을 이용하여 자식 프로세스가 종료하기를 기다리는 과정은 그림 9.3과 같이 표현할 수 있다. fork()에 의해 생성된 자식 프로세스가 exit() 시스템 호출을 하여 종료하게 되면 이 사실이 시그널을 통해 종료코드와 함께 부모 프로세스에 전달되고 부모 프로세스는 wait()를 끝내게 된다.

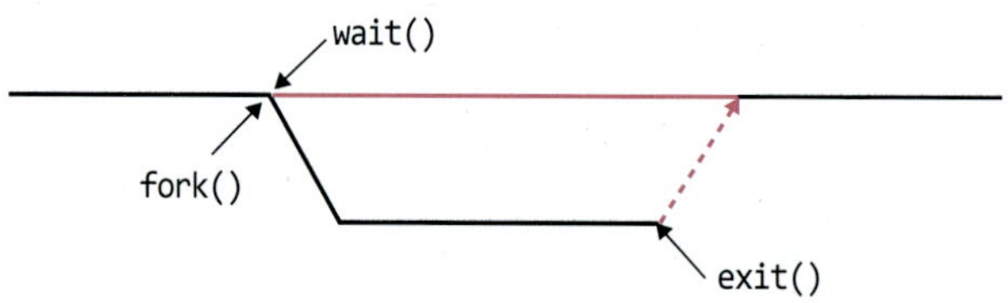

그림 9.3 프로세스 생성 및 기다리는 과정

이제 부모 프로세스가 wait() 시스템 호출을 이용하여 자식 프로세스가 종료하기를 기다리는 프로그램 9.4를 살펴보자. 이 프로그램은 다음과 같이 진행한다.

- 부모 프로세스는 13번 줄에서 자식 프로세스를 생성한다.
- 자식 프로세스는 15번 줄에서 프로세스 번호와 메시지를 출력한다.
- 부모 프로세스는 19번 줄에서 자식 프로세스가 종료하기를 기다리며 종료한 후에는 20, 21번 줄에서 자식 프로세스 종료 메시지와 자식 프로세스로부터 받은 종료코드 값을 출력한다.
- 자식 프로세스로부터 받은 종료코드 값은 status 변수의 4 바이트 중에 3번째 바이트에 저장되므로 8비트 우로 이동해서 출력한다.

실행결과에서 자식 프로세스가 시작하고 끝난 것을 확인할 수 있으며 자식 프로세스의 종료 코드도 확인할 수 있다.

▸▸ 프로그램 9.4 forkwait.c

```c
#include <sys/types.h>
#include <sys/wait.h>
#include <stdio.h>
#include <stdlib.h>
#include <unistd.h>

/* 부모 프로세스가 자식 프로세스를 생성하고 끝나기를 기다린다. */
int main()
{
   int pid, child, status;

   printf("[%d] 부모 프로세스 시작 \n", getpid( ));
   pid = fork();
   if (pid == 0) {
       printf("[%d] 자식 프로세스 시작 \n", getpid( ));
       exit(1);
   }

   child = wait(&status);   // 자식 프로세스가 끝나기를 기다린다.
   printf("[%d] 자식 프로세스 %d 종료 \n", getpid(), child);
   printf("\t종료코드 %d\n", status>>8);
}
```

실행결과

```
$ forkwait
[15943] 부모 프로세스 시작
[15944] 자식 프로세스 시작
[15943] 자식 프로세스 15944 종료
        종료코드 1
```

특정 자식 프로세스와 동기화 waitpid()

부모 프로세스는 **wait()** 시스템 호출은 자식 프로세스 중의 어느 하나든지 종료할 때까지 기다린다. 특정 자식 프로세스가 끝나기를 기다리려면 **waitpid()** 시스템 호출을 사용하면 된다.

부모 프로세스는 waitpid() 시스템 호출을 이용하여 자식 프로세스 중 하나를 지정하여 종료하기를 기다릴 수 있다. 자식 프로세스가 종료하면 자식 프로세스의 종료코드가 *status에 저장되며 종료한 자식 프로세스의 ID를 반환한다는 점은 wait()와 같다. options는 부모 프로세스의 대기 방법을 나타내는데 보통 0을 사용하며 0을 사용하면 자식 프로세스가 종료할 때까지 기다린다.

```
#include <sys/types.h>
#include <sys/wait.h>
pid_t waitpid(pid_t pid, int *status, int options);
```

자식 프로세스 pid가 종료할 때까지 기다린다. 자식 프로세스가 종료하면 종료코드가 *status에 저장된다. options는 부모 프로세스의 대기 방법을 나타내며 보통 0이 사용된다. 종료한 자식 프로세스의 ID를 반환한다.

waitpid() 호출을 사용하는 프로그램 9.5를 살펴보자. 이 프로그램에서 부모 프로세스는 두 개의 자식 프로세스를 생성하고 첫 번째 자식 프로세스가 종료할 때까지 기다린다. 이 프로그램은 다음과 같이 진행한다.

- 부모 프로세스는 13번 줄과 21번 줄에서 두 개의 자식 프로세스를 생성하고
- 29번 줄에서 waitpid() 호출을 사용하여 첫 번째 자식 프로세스가 종료하기를 기다린다.
- 첫 번째 자식 프로세스가 종료한 후에는 종료 메시지와 종료코드 값을 출력한다.
- 이 프로그램에서는 첫 번째 자식 프로세스는 1초 동안 잠잔 후에 종료하고 두 번째 자식 프로세스는 2초 동안 잠잔 후에 종료하므로 첫 번째 자식 프로세스가 먼저 종료할 것이다.

실행결과를 보면 첫 번째 자식 프로세스가 종료하자마자 부모 프로세스가 기다림을 멈추고 첫 번째 자식 프로세스 종료 메시지를 출력하는 것을 확인할 수 있다.

▸▸ 프로그램 9.5 waitpid.c

```
1  #include <sys/types.h>
2  #include <sys/wait.h>
3  #include <stdio.h>
4  #include <stdlib.h>
5  #include <unistd.h>
```

```c

/* 부모 프로세스가 자식 프로세스를 생성하고 끝나기를 기다린다. */
int main()
{
   int pid1, pid2, child, status;

   printf("[%d] 부모 프로세스 시작 \n", getpid( ));
   pid1 = fork();
   if (pid1 == 0) {
      printf("[%d] 자식 프로세스 #1 시작 \n", getpid( ));
      sleep(1);
      printf("[%d] 자식 프로세스 #1 종료 \n", getpid( ));
      exit(1);
   }

   pid2 = fork();
   if (pid2 == 0) {
      printf("[%d] 자식 프로세스 #2 시작 \n", getpid( ));
      sleep(2);
      printf("[%d] 자식 프로세스 #2 종료 \n", getpid( ));
      exit(2);
   }
   // 첫 번째 자식 프로세스의 종료를 기다린다.
   child = waitpid(pid1, &status, 0);
   printf("[%d] 자식 프로세스 #1 %d 종료 \n", getpid( ), child);
   printf("\t종료코드 %d\n", status>>8);
}
```

실행결과

```
$ waitpid
[16840] 부모 프로세스 시작
[16841] 자식 프로세스 #1 시작
[16842] 자식 프로세스 #2 시작
[16841] 자식 프로세스 #1 종료
[16840] 자식 프로세스 #1 16841 종료
    종료코드 1
[16842] 자식 프로세스 #2 종료
```

9.2 프로그램 실행

프로그램 실행의 원리

앞에서 살펴본 것처럼 부모 프로세스가 자식 프로세스를 생성하면 자식 프로세스는 부모 프로세스와 똑같은 코드를 실행한다. 그렇다면 자식 프로세스에게 새로운 일(프로그램)을 시키려면 어떻게 하여야 할까? 이를 위해서는 자식 프로세스 내에서 새로운 프로그램을 실행시킬 수 있는 방법이 있어야 한다.

exec() 시스템 호출을 이용하여 프로세스 내에서 새로운 프로그램을 실행시킬 수 있으며 이 시스템 호출이 프로세스 내에서 새로운 프로그램을 실행시키는 유일한 방법이다. exec() 시스템 호출이 새로운 프로그램을 실행시키는 원리를 간단히 요약하면 자기대치(自己代置)라고 할 수 있다. 그림 9.4와 같이 프로세스가 exec() 호출을 하면, 그 프로세스 내의 프로그램은 완전히 새로운 프로그램(코드, 데이터, 힙, 스택 등)으로 대치된다. 그리고 그림 9.4의 PC가 가리키는 것처럼 새 프로그램의 main()부터 실행이 시작된다.

exec() 호출은 프로세스를 생성하지 않고 프로그램만을 새 프로그램으로 대치시키므로 exec() 호출이 실행된 후에도 프로세스 번호는 바뀌지 않는다는 점을 주의하자.

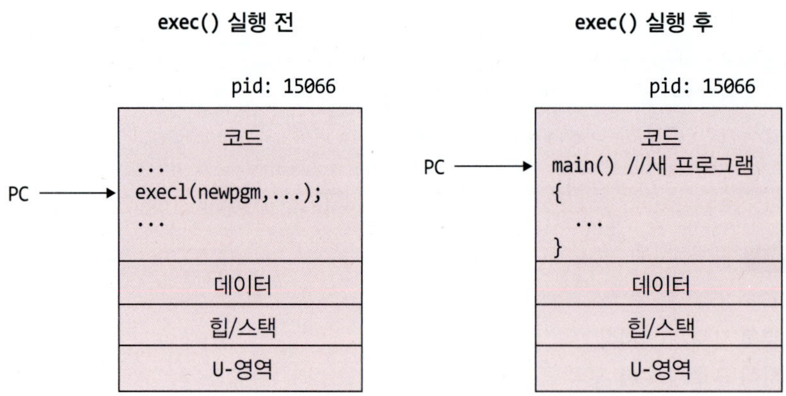

그림 9.4 프로그램 실행

| 핵심 개념 |

exec() 시스템 호출은 프로세스 내의 프로그램을 새로운 프로그램으로 대치하여 새로운 프로그램을 실행시킨다.

exec() 호출이 성공하면 그 프로세스 내에 기존의 프로그램은 없어지고 새로운 프로그램으로 대치되므로 exec() 호출은 반환(복귀)할 곳이 없어진다. 따라서 성공한 exec() 호출은 절대 반환하지 않으며 실패할 경우에만 반환한다는 점을 유의하자. 따라서 exec() 호출 다음에 오는 코드는 exec() 호출이 성공한 경우에는 실행되지 않고 실패한 경우에만 실행된다. 이러한 이유로 exec() 호출 다음에는 보통 오류메시지를 내는 코드가 온다.

exec() 시스템 호출

exec() 시스템 호출에는 execl()과 execv()가 있다. path는 실행할 프로그램(실행파일)의 경로명을 나타내며 arg0은 실행파일의 이름이다.

- execl() 시스템 호출은 명령줄 인수(arg0, ...,argn)를 하나씩 나열하고 NULL은 인수 끝을 나타낸다.
- execv() 시스템 호출을 할 때는 arg0부터 argn까지의 실행파일 이름과 명령줄 인수를 하나씩 나열하지 않고 포인터 배열 argv[] 형태로 만들어 이 배열 이름을 전달한다.
- execlp()와 execvp()는 각각 execl()과 execv()와 같으며 첫 번째 인자로 실행파일의 경로명 대신에 실행파일의 이름을 사용하며 해당 실행파일을 환경변수 PATH가 지정한 디렉터리에서 자동으로 찾아준다는 점만 다르다.

```
#include <unistd.h>
int execl(char* path, char* arg0, char* arg1, ... , char* argn, NULL)
int execv(char* path, char* argv[ ])
int execlp(char* file, char* arg0, char* arg1, ... , char* argn, NULL)
int execvp(char* file, char* argv[ ])
```

호출한 프로세스의 코드, 데이터, 힙, 스택 등을 path(혹은 file)가 나타내는 새로운 프로그램으로 대치한 후 새 프로그램을 실행한다. 성공한 exec( ) 호출은 반환하지 않으며 실패하면 -1을 반환한다.

보통 다음과 같이 fork() 시스템 호출 후에 exec() 시스템 호출하는 경우가 일반적이며 새로 실행할 프로그램에 대한 정보를 arguments로 전달한다. exec() 시스템 호출이 성공하면 자식 프로세스는 새로운 프로그램을 실행하게 되고 실패하면 자식 프로세스는 exit(1)를 호출하여 종료한다. 어떤 경우든 부모는 계속해서 다음 코드를 실행하게 된다.

```
if ((pid = fork()) == 0 ){
  exec( arguments );
  exit(1);
```

```
}
// 부모 계속 실행
```

명령어 실행 예제

부모 프로세스가 자식 프로세스를 생성하여 자식 프로세스로 하여금 echo 명령어를 실행하게 하는 프로그램 9.6을 살펴보자. 이 프로그램은 9번 줄에서 자식 프로세스를 생성하여 10번 줄에서 자식 프로세스로 하여금 echo 명령어를 실행하게 한다. 여기서는 execl() 시스템 호출을 사용하였으며 명령줄 인수로 "hello" 스트링을 주고 NULL은 인수 끝을 나타낸다.

```
execl("/bin/echo", "echo", "hello", NULL);
```

자식 프로세스는 echo 명령어를 실행하여 명령줄 인수로 받은 "hello" 스트링을 그대로 출력한다. 자식 프로세스가 echo 명령어를 정상적으로 실행하면 11,12번 줄은 실행되지 않는다는 점을 주의하자. 부모 프로세스는 14번 줄을 실행하여 "부모 프로세스 끝" 메시지를 출력한다.

▸▸ 프로그램 9.6 execute1.c

```
1 #include <stdio.h>
2 #include <stdlib.h>
3 #include <unistd.h>
4
5 /* 자식 프로세스를 생성하여 echo 명령어를 실행한다. */
6 int main( )
7 {
8    printf("부모 프로세스 시작\n");
9    if (fork( ) == 0) {
10       execl("/bin/echo", "echo", "hello", NULL);
11       fprintf(stderr,"첫 번째 실패");
12       exit(1);
13    }
14    printf("부모 프로세스 끝\n");
15 }
```

실행결과

```
$ execute1
부모 프로세스 시작
부모 프로세스 끝
hello
```

여러 개의 명령어 실행 예제

프로그램 9.7은 세 개의 자식 프로세스를 생성하고 각 자식 프로세스로 하여금 다른 명령어를 실행하게 한다. 이 프로그램은 다음과 같이 진행한다.

- 첫 번째 자식 프로세스는 9번 줄에서 exec() 시스템 호출을 이용하여 echo 명령어를 실행한다.
- 두 번째 자식 프로세스는 15번 줄에서 date 명령어를 실행한다.
- 세 번째 자식 프로세스는 21번 줄에서 ls 명령어를 실행한다.

실행결과를 통해 세 개의 명령어가 정상적으로 실행되었음을 확인할 수 있다.

▸▸ 프로그램 9.7 **execute2.c**

```
1 #include <stdio.h>
2 #include <stdlib.h>
3 #include <unistd.h>

4 /* 세 개의 자식 프로세스를 생성하여 각각 다른 명령어를 실행한다. */
5 int main( )
6 {
7    printf("부모 프로세스 시작\n");
8    if (fork( ) == 0) {
9       execl("/bin/echo", "echo", "hello", NULL);
10      fprintf(stderr,"첫 번째 실패");
11      exit(1);
12   }
13
14   if (fork( ) == 0) {
```

```
        execl("/bin/date", "date", NULL);
        fprintf(stderr,"두 번째 실패");
        exit(2);
    }

    if (fork( ) == 0) {
        execl("/bin/ls","ls", "-l", NULL);
        fprintf(stderr,"세 번째 실패");
        exit(3);
    }
    printf("부모 프로세스 끝\n");
}
```

실행결과

```
$ execute2
부모 프로세스 시작
부모 프로세스 끝
hello
2022. 03. 01. (화) 11:33:14 PST
총 50
-rwxr-xr-x  1 chang   chang   24296  2월 28일  20:43 execute2
-rw-r--r--  1 chang   chang     556  2월 28일  20:42 execute2.c
...
```

명령줄 인수로 받은 명령어 실행 예제

지금까지 살펴본 프로그램은 정해진 명령어만 실행시킨다. 이제 명령줄 인수로 받은 임의의 명령어를 실행시키는 프로그램을 작성해보자. 프로그램 9.8은 명령줄 인수로 받은 명령어의 실행을 위해 다음과 같이 진행한다.

- 12번 줄에서 fork() 하여 자식 프로세스를 생성하고 14번 줄에서 execvp() 하여 자식 프로세스로 하여금 그 명령어를 실행하게 한다.
- argv[1]은 첫 번째 명령줄 인수로 실행할 명령어(혹은 실행파일)이며 &argv[1]은 첫 번째 명령줄 인수부터 시작되는 명령줄 인수들의 배열을 나타낸다.
- 부모 프로세스는 17번 줄에서 wait() 하여 자식 프로세스가 끝날 때까지 기다리며

• 자식 프로세스가 종료하면 18,19번 줄에서 자식 프로세스 종료 메시지와 자식 프로세스로부터 받은 종료코드를 출력한다.

이러한 실행 과정을 그림 9.5와 같이 표현할 수 있다.

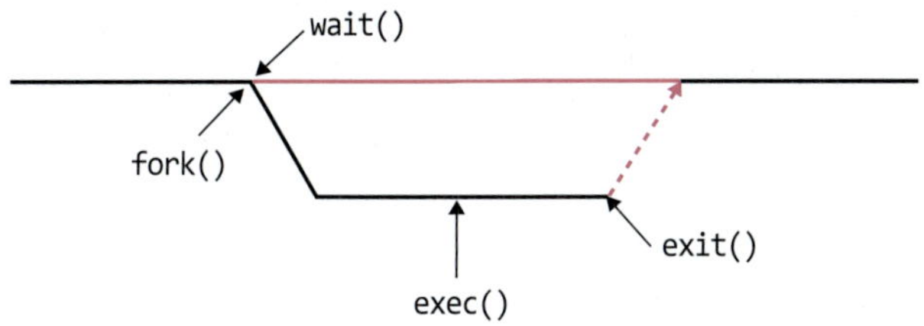

그림 9.5 프로그램 실행 및 기다리는 과정

▸▸ 프로그램 9.8 execute3.c

```
1 #include <sys/types.h>
2 #include <sys/wait.h>
3 #include <stdio.h>
4 #include <stdlib.h>
5 #include <unistd.h>
6
7 /* 명령줄 인수로 받은 명령을 실행시킨다. */
8 int main(int argc, char *argv[])
9 {
10    int child, pid, status;
11
12    pid = fork( );
13    if (pid == 0) {   // 자식 프로세스
14       execvp(argv[1], &argv[1]);
15       fprintf(stderr, "%s:실행 불가\n",argv[1]);
16    } else {          // 부모 프로세스
17       child = wait(&status);
18       printf("[%d] 자식 프로세스 %d 종료 \n", getpid(), child);
19       printf("\t종료코드 %d \n", status>>8);
20    }
21 }
```

이 프로그램을 이용하여 명령줄 인수로 받은 임의의 명령어를 실행시킬 수 있다. 예를 들어 다음과 같이 wc 명령어를 실행시킬 수 있다.

```
$ execute3 wc you.txt
    25     68    556 you.txt
[26470] 자식 프로세스 26471 종료
        종료코드 0
```

쉘의 명령어 처리 원리

쉘은 명령어를 입력받으면 새로운 자식 프로세스를 생성하여 명령어를 실행하게 하고 자식 프로세스가 끝날 때까지 기다린다. 쉘은 이를 위해서 보통 다음 코드와 같이 fork() 시스템 호출 후에 자식 프로세스로 하여금 exec() 시스템 호출을 하여 그 명령어를 실행하게 한다. 보통 실행할 명령어에 대한 정보를 arguments 형태로 전달한다. exec() 시스템 호출이 성공하면 자식 프로세스는 그 명령어를 실행하게 되고 실패하면 자식 프로세스는 exit(1)를 호출하여 종료한다. 이 과정은 그림 9.5와 같이 표현될 수 있으며 보통 쉘(부모) 프로세스는 wait() 시스템 호출을 이용하여 자식 프로세스가 종료할 때까지 기다리는데 종료하면 종료코드가 status에 저장되고 종료한 자식 프로세스의 PID를 반환한다.

```
int pid, child, status;

pid = fork();
if (pid == 0 ) {
    exec(arguments);
    exit(1);
} else {
    child = wait(&status);
}
```

명령어 실행 함수 system()

프로그램 9.8과 같이 fork() 시스템 호출을 이용하여 자식 프로세스를 생성하고 exec() 시스템 호출을 사용하여 명령어를 실행시키는 것은 상당히 번거로운 일이다. C 라이브러리에서 제공하는 system() 함수는 이러한 과정을 단번에 수행해 준다. 구체적으로 이 함수는 내부적으로 자식 프로세스를 생성하고 생성된 자식 프로세스로 하여금 /bin/sh을 이용하여 명령어를 실행하게 한다.

```
#include <stdlib.h>
int system(const char *cmdstring);
```

이 함수는 /bin/sh -c cmdstring를 호출하여 cmdstring에 지정된 명령어를 실행하며, 명령어 실행이 끝난 후 명령어의 종료코드를 반환한다.

예를 들어 다음 코드는 자식 프로세스로 하여금 쉘을 이용하여 ls 명령어를 실행시킨다.

```
system("ls -asl");
```

프로그램 9.9는 system() 함수를 호출하여 명령어를 실행한다. 이 프로그램은 다음과 같이 진행한다.

- 첫 번째로 7번 줄에서 date 명령어를 실행한다.
- 두 번째로 11번 줄에서 존재하지 않는 명령어를 실행한다.
- 마지막으로 15번 줄에서 명령어 실행 후 종료코드를 반환한다.
- WEXITSTATUS()는 <sys/wait.h>에 정의된 매크로 함수로 내부적으로 표현된 종료코드 값을 찾아서 반환한다.

실행결과를 보면 주어진 명령어가 정상적으로 실행되면 0을 반환하고, 해당 명령어가 없으면 127을 반환하고, 별도의 종료코드가 주어지면 그 값을 반환하는 것을 확인할 수 있다.

▸▸ 프로그램 9.9 syscall.c

```
1  #include <sys/wait.h>
2  #include <stdio.h>
3
4  int main()
5  {
6     int status;
7     if ((status = system("date")) < 0)
8        perror("system() 오류");
9     printf("종료코드 %d\n", WEXITSTATUS(status));
10
11    if ((status = system("hello")) < 0)
12       perror("system() 오류");
```

```
    printf("종료코드 %d\n", WEXITSTATUS(status));

    if ((status = system("who; exit 44")) < 0)
      perror("system() 오류");
    printf("종료코드 %d\n", WEXITSTATUS(status));
}
```

실행결과

```
$ syscall
2022. 03. 18. (금) 11:20:38 KST
종료코드 0
sh: 1: hello: command not found
종료코드 127
chang    :0        2022-03-18 10:58 (:0)
종료코드 44
```

system() 함수 구현

system() 함수는 fork(), exec(), waitpid() 시스템 호출을 이용하여 구현할 수 있다. 프로그램 9.10은 이러한 시스템 호출을 이용하여 mysystem() 함수를 실제로 구현해 본 것이다. 이 함수는 다음과 같이 진행한다.

- 먼저 10번 줄에서 실행할 명령어가 NULL이 아닌지 확인하고
- 13번 줄에서 fork() 시스템 호출을 이용하여 자식 프로세스를 생성한다.
- 18번 줄에서 자식 프로세스로 하여금 쉘 /bin/sh을 이용하여 명령어를 실행시킨다. 명령어는 실행이 끝나면 종료코드를 반환한다.
- 부모 프로세스는 23번 줄에서 자식 프로세스가 끝나기를 기다리며 자식 프로세스가 끝나면 자식으로부터 이 종료코드를 받는다.
- 이 함수는 최종적으로 이 종료코드를 반환한다(26번 줄).

이 함수는 만약 string 값이 NULL이면 1을, /bin/sh을 위한 execl() 호출이 실패하면 127을, 다른 오류가 있다면 -1을 반환한다. 명령어가 성공적으로 실행되는 경우에는 명령어의 종료코드가 반환된다.

▸▸ 프로그램 9.10 mysystem.c

```
1 #include <sys/types.h>
2 #include <sys/wait.h>
3 #include <errno.h>
4 #include <unistd.h>
5
6 int mysystem (const char *cmdstring)
7 {
8    int pid, status;
9
10   if (cmdstring == NULL)   /* 명령어가 NULL인 경우 */
11      return 1;
12
13   pid = fork();
14   if (pid == -1)         /* 프로세스 생성 실패 */
15      return -1;
16
17   if (pid == 0) {
18      execl("/bin/sh", "sh", "-c", cmdstring, (char *) 0);
19      _exit(127);         /* 명령어 실행 오류 */
20   }
21
22   do {
23      if (waitpid(pid, &status, 0) == -1) {
24         if (errno != EINTR) /* waitpid()로부터 EINTR 오류 외 */
25            return -1;
26      } else return status;
27   } while(1);
28 }
```

시스템 호출을 했을 때 실행 중 오류가 발생했다면 그 이유를 알아야 적절한 조치를 취할 수 있다. 시스템 호출 중에 오류가 발생하면 시스템 변수 errno에 특정 값을 할당하여 그 원인을 알린다. 따라서 errno 값을 조사하여 적절한 조치를 취할 수 있다. 22번 줄의 EINTR은 오류를 나타내는 값 중에 하나이며 앞의 E는 'Error' 즉 오류를 나타내며 INTR은 INTERRUPT 즉 인터럽트를 의미한다. EINTR은 보통 시스템 호출 중에 인터럽트에 의해 수행이 중단된 경우를 의미한다.

9.3 입출력 재지정

파일 디스크립터 복제 dup()

셸은 다음과 같이 명령어를 실행하면 그림 9.6과 같이 명령어의 표준출력이 파일에 저장되는 출력 재지정 기능을 제공한다.

```
$ 명령어 > 파일
```

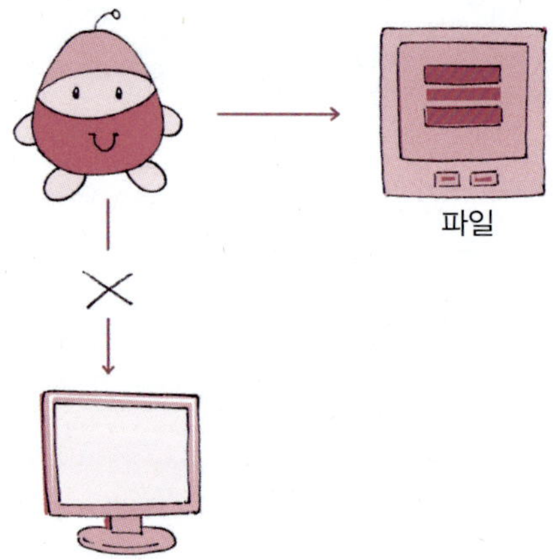

그림 9.6 출력 재지정

이러한 입출력 재지정 기능은 파일 디스크립터를 복제하는 dup() 혹은 dup2() 시스템 호출을 이용하여 구현할 수 있다.

```
#include <unistd.h>
int dup(int oldfd);
oldfd에 대한 복제본인 새로운 파일 디스크립터를 생성하여 반환하다.
실패하면 -1을 반환한다.

int dup2(int oldfd, int newfd);
oldfd을 newfd에 복제하고 복제된 새로운 파일 디스크립터를 반환한다.
실패하면 -1을 반환한다.
```

dup()는 파일 디스크립터 oldfd에 대한 복제본 파일 디스크립터를 생성하여 반환한다. dup2()는 파일 디스크립터 oldfd을 newfd에 복제한다. 파일 디스크립터 oldfd와 복제된 새로운 파일 디스크립터는 같은 파일을 공유하게 된다. 두 시스템 호출 모두 성공하면 복제된 새로운 파일 디스크립터를 반환하다. 오류가 발생하면 -1을 반환한다.

출력 재지정 구현

출력 재지정을 구현하는 기본 원리는 다음과 같이 파일 디스크립터 fd를 표준출력을 나타내는 1번 파일 디스크립터에 dup2()를 이용하여 복제하는 것이다.

```
fd = open(argv[1], O_CREAT|O_TRUNC|O_WRONLY, 0600);
dup2(fd, 1);
```

이렇게 하면 그림 9.7과 같이 fd가 나타내는 파일을 1번 파일 디스크립터도 나타내게 된다. 따라서 1번 파일 디스크립터를 통해 나오는 출력(표준출력)은 이제 모두 파일에 저장될 것이다.

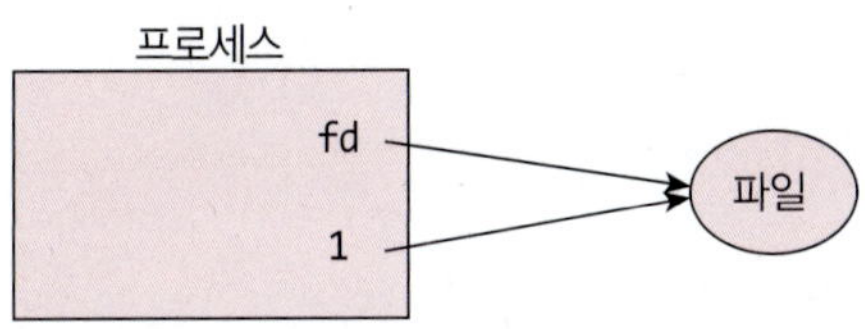

그림 9.7 dup2(fd, 1)를 이용한 출력 재지정 구현

이러한 원리를 프로그램 9.11을 통해 확인해 보자. 이 프로그램은 표준출력을 통해 출력되는 간단한 인사말을 명령줄 인수로 받은 파일에 저장한다. 이 프로그램은 다음과 같이 진행한다.

- 일단 명령줄 인수로 받은 파일을 9번 줄에서 연다.
- 그리고 10번 줄에서 dup2() 시스템 호출을 통해 이 파일 디스크립터를 1번 파일 디스크립터에 복사한다. 이제 표준출력은 모두 이 파일에 저장될 것이다.
- 12번 줄에서 출력되는 문자열은 이 파일에 저장된다.
- 그러나 13번 줄에서 출력되는 문자열은 표준 오류를 통해 출력되므로 파일에 저장되지 않고 모니터에 출력된다.

▸▸ 프로그램 9.11 redirect1.c

```c
#include <stdio.h>
#include <fcntl.h>
#include <unistd.h>

/* 표준출력을 파일에 재지정하는 프로그램 */
int main(int argc, char* argv[])
{
   int fd, status;
   fd = open(argv[1], O_CREAT|O_TRUNC|O_WRONLY, 0600);
   dup2(fd, 1);  /* 파일 디스크립터를 표준출력에 복제 */
   close(fd);
   printf("Hello stdout !\n");
   fprintf(stderr,"Hello stderr !\n");
}
```

실행결과

```
$ redirect1 out
Hello stderr !

$ cat out
Hello stdout !
```

명령어 출력 재지정 구현

자식 프로세스가 실행하는 명령어의 표준출력이 모두 파일에 재지정되도록 해보자. 기본 원리는 위의 예제 프로그램과 같다. 단지 명령어를 실행하기 전에 dup2() 시스템 호출을 하여 해당 파일 디스크립터를 1번 파일 디스크립터에 복제하면 된다. 그 이후에 실행된 명령어의 표준출력은 모두 해당 파일에 저장될 것이다.

프로그램 9.12는 자식 프로세스로 하여금 명령어를 실행하게 하는 프로그램 9.7을 표준출력을 파일에 재지정하도록 수정한 것이다. 이 프로그램에서는 첫 번째 명령줄 인수로 받은 파일에 두 번째 명령줄 인수로 받은 명령어의 표준출력이 모두 저장되도록 해야 한다. 이를 위해 이 프로그램은 다음과 같이 진행한다.

- 14번 줄에서 첫 번째 명령줄 인수로 받은 파일을 연다.
- 15번째 줄에서 dup2() 시스템 호출을 하여 이 파일 디스크립터를 1번 파일 디스크립터에 복제한다.
- 그 후에 명령줄 인수로 받은 명령어를 실행시키기 위해 17번째 줄에서 exec() 시스템 호출을 한다.
- 이제 새로 실행된 프로그램의 표준출력 내용은 모두 파일에 저장된다.

실행결과를 보면 두 번째 인수로 받은 명령어 wc의 출력이 첫 번째 인수로 받은 파일 out에 모두 저장되어 있는 것을 확인할 수 있다.

▸▸ 프로그램 9.12 **redirect2.c**

```
1  #include <sys/types.h>
2  #include <sys/wait.h>
3  #include <stdio.h>
4  #include <fcntl.h>
5  #include <unistd.h>
6
7  /* 자식 프로세스의 표준출력을 파일에 재지정한다. */
8  int main(int argc, char* argv[])
9  {
10    int child, pid, fd, status;
11
12    pid = fork( );
13    if (pid == 0) {
14       fd = open(argv[1], O_CREAT|O_TRUNC|O_WRONLY, 0600);
15       dup2(fd, 1);  /* 파일을 표준출력에 복제 */
16       close(fd);
17       execvp(argv[2], &argv[2]);
18       fprintf(stderr, "%s:실행 불가\n",argv[1]);
19    } else {
20       child = wait(&status);
21       printf("[%d] 자식 프로세스 %d 종료 \n", getpid(), child);
22    }
23 }
```

실행결과

```
$ redirect2 out wc you.txt
[26882] 자식 프로세스 26883 종료

$ cat out
   25      68     556 you.txt
```

9.4 프로세스 그룹

프로세스 그룹

프로세스 그룹(process group)은 여러 프로세스들의 집합을 의미한다. 리눅스 시스템 내에서 각 프로세스는 하나의 프로세스 그룹에 속하게 되며 각 프로세스는 자신의 프로세스 ID와 자신이 속한 프로세스 그룹 ID를 갖는다. 보통 부모 프로세스가 생성하는 자손 프로세스들은 부모와 하나의 프로세스 그룹을 형성한다. 각 프로세스 그룹에는 그 그룹을 만든 **프로세스 그룹 리더**(process group leader) 프로세스가 하나씩 있다.

예를 들어 그림 9.8과 같이 하나의 프로세스 그룹은 여러 개의 프로세스들로 구성되며 그 중 하나가 그룹의 리더가 된다. **프로세스1**이 프로세스 그룹의 리더이면서 다른 두 자식 프로세스의 부모이면 이 그림처럼 프로세스 그룹이 형성된다.

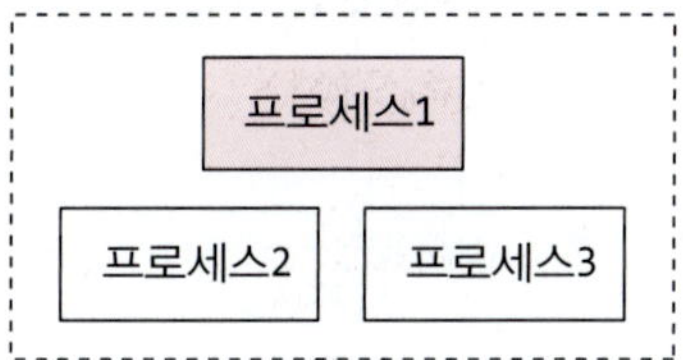

그림 9.8 프로세스 그룹

프로세스가 속한 프로세스 그룹의 ID는 getpgrp() 시스템 호출을 통해 알 수 있다. 각 프로세스 그룹에는 그 그룹을 만든 프로세스 그룹 리더가 있는데 프로세스 그룹 ID는 프로세스 그룹 리더의 프로세스 ID와 같다.

```
#include <sys/types.h>
#include <unistd.h>
pid_t getpgrp(void);
호출한 프로세스의 프로세스 그룹 ID를 반환한다.
```

프로세스 그룹 출력 예제

프로그램 9.13은 부모 프로세스와 자식 프로세스의 프로세스 ID와 프로세스 그룹 ID를 출력한다. 이 프로그램은 다음과 같이 진행한다.

- 8번 줄에서는 부모 프로세스가 프로세스 ID와 프로세스 그룹 ID를 출력한다.
- 9번 줄에서 fork() 시스템 호출을 통해 자식 프로세스를 생성한다.
- 자식 프로세스는 11번 줄에서 프로세스 ID와 프로세스 그룹 ID를 출력한다.

실행결과를 통해서 부모 프로세스와 자식 프로세스가 프로세스 ID는 다르지만 프로세스 그룹 ID는 같다는 것을 알 수 있다. 또한 부모 프로세스는 프로세스 ID와 프로세스 그룹 ID가 같으므로 이 프로세스 그룹의 리더라는 것을 알 수 있다.

▸▸ 프로그램 9.13 pgrp1.c

```
1  #include <stdio.h>
2  #include <unistd.h>
3
4  main()
5  {
6     int pid, gid;
7
8     printf("[PARENT] PID = %d GID = %d \n", getpid(), getpgrp());
9     pid = fork();
10    if (pid == 0) {  // 자식 프로세스
11       printf("CHILD: PID = %d GID = %d \n", getpid(), getpgrp());
12    }
13 }
```

실행결과

```
$ pgrp1
[PARENT] PID = 17768 GID = 17768
[CHILD] PID = 17769 GID = 17768
```

프로세스 그룹의 사용

그렇다면 프로세스 그룹은 무엇을 하는데 사용될까? 프로세스 그룹을 사용하면 그룹 내의 모든 프로세스들을 대상으로 어떤 액션을 취할 수 있다. 주로 프로세스 그룹 내의 모든 프로세스에게 어떤 시그널(signal)을 보내어 그룹 내의 모든 프로세스들을 제어하거나 한

프로세스 그룹 내의 프로세스들이 끝나기를 기다리거나 하는 데 사용된다.

예를 들어 2.8절에서 살펴본 kill 명령어는 프로세스 ID를 명시하여 해당 프로세스를 종료시키거나 해당 프로세스에 원하는 시그널을 보낼 수 있다. 시그널에 대한 자세한 사항은 11장에서 다룰 것이다. 예를 들어 9번 시그널(SIGKILL)을 보내 종료시키는 경우에 다음과 같이 프로세스 ID를 양수뿐만 아니라 0 혹은 음수로 표시하는 것도 가능하다.

```
$ kill -9 pid
$ kill -9 0
$ kill -9 -pid
```

프로세스 ID를 0으로 하면 현재 속한 프로세스 그룹 내의 모든 프로세스들에 시그널을 보내 종료시킨다. 프로세스 ID를 -pid와 같이 음수로 표시하면 이는 프로세스 그룹을 의미하며 프로세스 그룹 pid에 있는 모든 프로세스들에 시그널을 보내 종료시킨다.

9.1절에서 살펴본 waitpid() 시스템 호출도 프로세스 그룹과 관련이 있다. 부모 프로세스는 waitpid() 시스템 호출을 이용하여 지정한 자식 프로세스가 끝나기를 기다릴 수 있다는 것을 살펴보았는데 사실 pid를 어떻게 지정하느냐에 따라 다양하게 사용될 수 있다.

```
pid_t waitpid(pid_t pid, int *status, int options);
```

pid의 값에 따라 다음과 같이 다양하게 사용될 수 있다.

- pid == -1 : 임의의 자식 프로세스가 종료하기를 기다린다.
- pid > 0 : 자식 프로세스 pid가 종료하기를 기다린다.
- pid == 0 : 호출자와 같은 프로세스 그룹 내의 어떤 자식 프로세스가 종료하기를 기다린다.
- pid < -1 : pid의 절대값과 같은 프로세스 그룹 내의 어떤 자식 프로세스가 종료하기를 기다린다.

9.1절에서 설명한 것은 pid가 양수일 경우에 해당한다. 만약 pid가 -1이면 임의의 자식 프로세스가 종료하기를 기다리는데 이 경우는 wait() 시스템 호출과 같다. pid가 0이면 호출자와 같은 프로세스 그룹 내의 속한 자식 프로세스들이 종료하기를 기다린다. pid가 -1

보다 작은 음수이면 그 절대값에 해당하는 프로세스 그룹 내에 속한 자식 프로세스들이 종료하기를 기다린다.

새로운 프로세스 그룹 만들기 setpgid()

프로세스는 setpgid() 호출을 통하여 새로운 프로세스 그룹을 생성하거나 다른 그룹에 멤버로 참여할 수 있다. 프로세스가 이 호출을 통하여 새로운 프로세스 그룹을 생성한 경우에는 이 프로세스는 새로운 그룹의 리더가 된다.

```
#include <sys/types.h>
#include <unistd.h>
int setpgid(pid_t pid, pid_t pgid);
프로세스 pid의 프로세스 그룹 ID를 pgid로 설정한다.
성공하면 0을 실패하면 -1를 반환한다.
```

이 시스템 호출은 프로세스 pid의 프로세스 그룹 ID를 pgid로 설정하는데 pid와 pgid의 값에 따라 다음과 같이 새로운 프로세스 그룹을 생성하거나 다른 그룹의 멤버로 참여하게 된다.

- pid == pgid : 프로세스 pid가 새로운 프로세스 그룹의 리더가 된다.
- pid != pgid : 프로세스 pid는 다른 프로세스 그룹 pgid의 멤버가 된다.
- pid == 0 : 호출자의 pid를 사용한다.
- pgid == 0 : 프로세스 pid가 새로운 프로세스 그룹의 리더가 된다.

예를 들어 다음과 같이 호출하면 호출자가 새로운 프로세스 그룹을 생성하고 그룹의 리더가 된다.

```
setpgid(getpid(), getpid());
```

호출자가 새로운 프로세스 그룹을 생성하는 것은 간단히 다음과 같이 할 수도 있는데 pid가 0이면 호출자의 pid를 사용하고 pgid가 0이면 프로세스 pid가 새로운 프로세스 그룹의 리더가 되기 때문이다.

```
setpgid(0,0);
```

새로운 프로세스 그룹 만들기 예제

프로그램 9.14는 자식 프로세스가 새로운 프로세스 그룹을 형성하는 것을 보여준다. 이를 위해 자식 프로세스는 생성되자마자 11번 줄에서 setpgid() 호출을 하여 새로운 프로세스 그룹을 형성하고 리더가 된다. 자식 프로세스의 실행결과를 보면 프로세스 ID와 프로세스 그룹 ID가 같은 것을 확인할 수 있으며 이를 통해 자식 프로세스가 새로운 프로세스 그룹의 리더가 된 것을 확인할 수 있다.

▸▸ 프로그램 9.14 pgrp2.c

```
1  #include <stdio.h>
2  #include <unistd.h>
3
4  int main()
5  {
6     int pid, gid;
7
8     printf("[PARENT] PID = %d  GID = %d \n", getpid(), getpgrp());
9     pid = fork();
10    if (pid == 0) {
11      setpgid(0, 0);
12      printf("[CHILD] PID = %d  GID = %d \n", getpid(), getpgrp());
13    }
14 }
```

실행결과

```
$ pgrp2
[PARENT] PID = 17768 GID = 17768
[CHILD] PID = 17769 GID = 17769
```

9.5 시스템 부팅

시스템 부팅 과정을 생각해보자. 시스템이 부팅되면서 여러 개의 프로세스가 생성되는데 이 과정은 어떻게 이루어질까? 시스템 부팅 과정에서 앞에서 배운 fork/exec 시스템 호출은 매우 유용하게 사용된다.

| 핵심 개념 |

시스템 부팅은 fork/exec 시스템 호출을 통해 이루어진다.

부팅이 시작되면 커널(kernel) 이미지를 로딩하고 시스템 제어권을 커널에게 넘겨준다. 커널은 커널 내부에서 프로세스 ID가 0인 첫 번째 프로세스 swapper를 만든다. swapper는 커널이 사용할 각 장치 드라이브들을 초기화하고 fork/exec를 수행하여 1번 프로세스인 init 프로세스를 생성한다.

init 프로세스는 /etc/inittab 파일을 읽어 들여서 그 내용들을 차례대로 실행하는데 보통 fork/exec를 반복적으로 수행하여 시스템 운영에 필요한 다양한 프로세스들(주로 서버 데몬 프로세스)을 새로 생성한다. 이 init 프로세스는 모든 프로세스의 조상이라고 할 수 있다. 그림 9.9는 이러한 부팅 과정을 보여주고 있는데 예를 들어 sshd와 같은 ssh 데몬 프로세스나 getty 프로세스를 생성한다. 이 그림에서 괄호 안의 번호는 프로세스 ID를 나타낸다. 실제 실행해 보면 sshd과 getty 프로세스의 번호는 실제 시스템의 상황에 따라 다를 것이다.

데몬 프로세스 중에는 getty 프로세스가 있는데 이 프로세스로부터 로그인 과정이 시작된다. 이 프로세스는 화면에 로그인 프롬프트를 띄우고 사용자의 ID가 입력되기를 기다린다. 입력이 들어오면 fork() 시스템 호출은 하지 않고 바로 exec() 시스템 호출을 하여 login 프로그램(/bin/login)을 실행한다. 이 프로그램이 패스워드 등을 검사하고 성공하면 다시 exec() 시스템 호출을 하여 shell 프로그램(예를 들어 /bin/sh)을 실행한다.

그림 9.4는 이러한 로그인 과정을 보여주고 있는데 getty 프로세스가 login 프로세스, shell 프로세스로 변화하지만 fork() 시스템 호출은 하지 않고 exec() 시스템 호출만 하기 때문에 프로세스 ID는 모두 같다는 점을 유의하자.

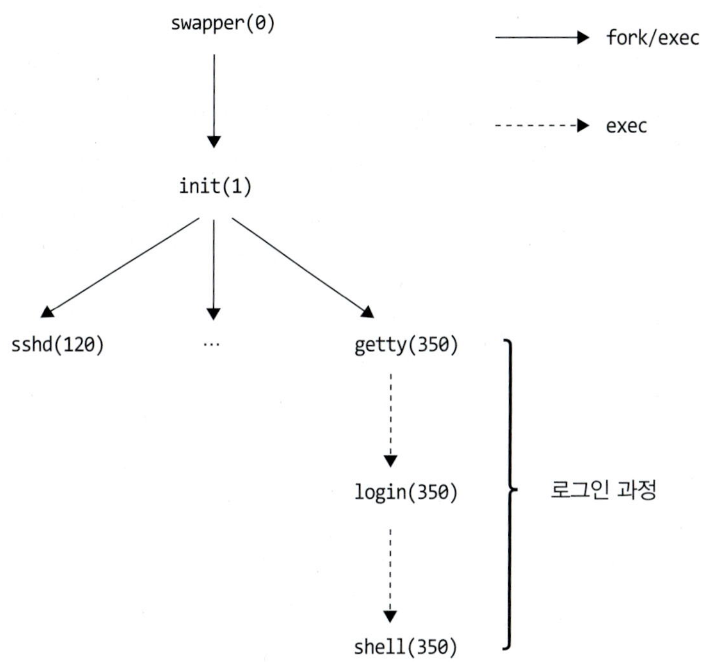

그림 9.9 부팅 및 로그인 과정

각 프로세스에 대한 보다 자세한 설명은 다음과 같다.

- swapper(스케줄러 프로세스)

  swapper는 커널 내부에서 만들어진 프로세스로 프로세스 스케줄링을 한다. 이 프로세스는 커널 내의 코드를 실행하기 때문에 별도의 실행 파일이 존재하지 않는다.

- init(초기화 프로세스)

  init 프로세스(/etc/init 혹은 /sbin/init)는 /etc/inittab 파일에 기술된 대로 시스템을 초기화하는데 이 파일 내에서 다시 /etc/rc* 즉 rc로 시작되는 이름의 쉘 스크립트들을 실행한다. 이러한 과정을 통해서 파일 시스템 마운트, 서버 데몬 프로세스 생성, getty 프로세스 생성 등의 작업을 수행하여 시스템을 초기화한다.

- getty 프로세스

  getty 프로세스는 로그인 프롬프트를 내고 키보드 입력을 감지한다. 아이디, 패스워드를 입력하면 로그인 절차를 진행하기 위해 로그인 프로그램(/bin/login)을 실행한다.

- **login 프로세스**

  login 프로세스는 /etc/passwd 파일을 참조하여 사용자의 로그인 아이디 및 패스워드를 검사한다. 로그인 절차가 성공하면 쉘 프로그램(/bin/sh, /bin/csh 등)을 실행한다.

- **shell 프로세스**

  shell 프로세스는 시작 파일을 실행한 후에 쉘 프롬프트를 내고 사용자로부터 명령어를 기다린다. 명령어가 입력되면 해석하여 명령어를 실행시킨다. 명령어 실행 후에 다시 쉘 프롬프트를 내고 이 과정을 반복한다.

ps 명령어를 실행하여 관련 프로세스의 리스트 내용을 보면 1번 프로세스 init의 부모 프로세스는 0번 프로세스이며 sshd 프로세스와 getty 프로세스의 부모 프로세스는 1번 프로세스인 것을 확인할 수 있다.

```
$ ps -ef
UID       PID  PPID  C STIME TTY      TIME     CMD
root        1     0  0  2013  ?      00:00:04 /sbin/init
...
root      120     1  0  2013  ?      00:00:00 /usr/sbin/sshd
...
root      350     1  0  2013 tty2   00:00:00 /sbin/getty /dev/tty2
```

| 핵심 개념 |

- fork() 시스템 호출은 부모 프로세스를 똑같이 복제하여 새로운 자식 프로세스를 생성한다.
- exec() 시스템 호출은 프로세스 내의 프로그램을 새로운 프로그램으로 대치하여 새로운 프로그램을 실행시킨다.
- 시스템 부팅은 fork/exec 시스템 호출을 통해 이루어진다.
- 시그널은 예기치 않은 사건이 발생할 때 이를 알리는 소프트웨어 인터럽트이다.

| 실습 문제 |

9.1 다음과 같은 기능을 포함하는 쉘 인터프리터를 작성하시오.

(1) 명령어 실행

```
[shell] cmd
```

(2) 명령어 순차적 실행

```
[shell] cmd1; cmd2; cmd3
```

(3) 후면 실행

```
[shell] cmd &
```

(4) 입출력 재지정

```
[shell] cmd > outfile
[shell] cmd < infile
```

| 연습 문제 |

9.1 다음 프로그램의 출력은 무엇인가? 이 프로그램은 100번 프로세스에 의해 수행되고 새로 생성된 자식 프로세스의 번호는 생성된 순서에 따라 1씩 증가한다고 가정한다.

```
#include <stdlib.h>
#include <stdio.h>
int main( )
{
   int pid1, pid2;
   pid1 = fork();
   printf("Hello, world ! pid=%d\n",pid1);

   pid2 = fork();
   printf("Goodbye, world ! pid=%d\n",pid2);
}
```

9.2 다음 프로그램의 출력은 무엇인가? 프로세스 번호는 1번 문제처럼 가정한다.

```
#include <stdlib.h>
#include <stdio.h>
int main( )
{
   int pid1, pid2;

   if ((pid1 = fork()) == 0)
      printf("Hello, world pid=%d\n", getpid());

   if ((pid2 = fork()) == 0)
      printf("Goodbye, world pid=%d\n", getpid());
}
```

9.3 다음 프로그램의 출력을 무엇인가. 프로세스 번호는 1번 문제처럼 가정한다.

```
#include <stdlib.h>
#include <stdio.h>
int main()
{
   int pid;

   printf("1: pid %d \n", getpid());
   if ((pid = fork()) == 0)
      printf("2: ppid %d -> pid %d \n", getppid(), getpid() );
   else printf("3: pid %d \n", getpid() );

   if ((pid = fork()) == 0)
      printf("4: ppid %d -> pid %d \n", getppid(), getpid() );
   else printf("5: pid %d \n", getpid() );
}
```

9.4 다음 프로그램의 출력을 무엇인가. 프로세스 번호는 1번 문제처럼 가정한다.

```
#include <stdlib.h>
#include <stdio.h>
int main()
{
   int pid;

   printf("1: pid %d \n", getpid());
   pid = fork();
   if (pid == 0)
      printf("2: pid %d \n", getpid() );
   else execl("/bin/echo", "echo", "3: 100", NULL);

   pid = fork();
   if (pid == 0)
      printf("4: pid %d \n", getpid() );
   else execl("/bin/echo", "echo", "5: 101", NULL);
}
```

9.5 다음 프로그램은 몇 개의 자식 프로세스를 생성하는가? 그 이유를 설명하시오.

```
#include <stdlib.h>
#include <stdio.h>
int main( )
{
   int pid;
   pid = fork();
   pid = fork();
   pid = fork();
}
```

9.6 fork() 시스템 호출을 하면 부모 프로세스를 복제하여 자식 프로세스가 생성된다. 따라서 부모 프로세스에서 open() 한 파일을 자식 프로세스에서 공유하여 사용할 수 있다. 이 때 커널의 자료구조를 그리고 공유하는 메커니즘을 설명하시오.

9.7 다음과 같이 명령줄 인수로 주어진 횟수만큼 명령어(command)를 반복하여 실행시키는 프로그램을 작성하시오. 이 프로그램은 자식 프로세스를 생성하여 명령어를 실행시키고 자식 프로세스가 끝나면 자식 프로세스 번호를 출력하는 과정을 n번 반복한다.

```
$repeat n command  [arguments]
```

9.8 wait() 시스템 호출을 하였는데 기다릴 자식 프로세스가 없으면 어떻게 되는지 설명하시오.

CHAPTER 10

메모리 관리

contents

10 메모리 관리

프로그램이 실행되려면 먼저 메모리를 할당받아야 한다. 또한 프로그램 실행 중에도 필요에 따라 메모리 할당을 요청할 수 있다. 이 장에서는 프로세스 내에 할당된 메모리에 대해서 먼저 살펴보고 필요에 따라 원하는 만큼 메모리를 할당받는 동적 메모리 할당에 대해서 자세히 살펴본다.

10.1 변수와 메모리

변수와 메모리 할당

프로그램을 실행시키면 컴퓨터는 메모리의 일정 부분을 할당하여 프로그램 코드와 데이터를 저장한다. 그리고 실행 중에 발생되는 데이터도 모두 여기에 저장한다. 실행 중인 프로그램을 프로세스라고 하고 프로그램(프로세스)을 실행시키기 위해 필요한 메모리를 모두

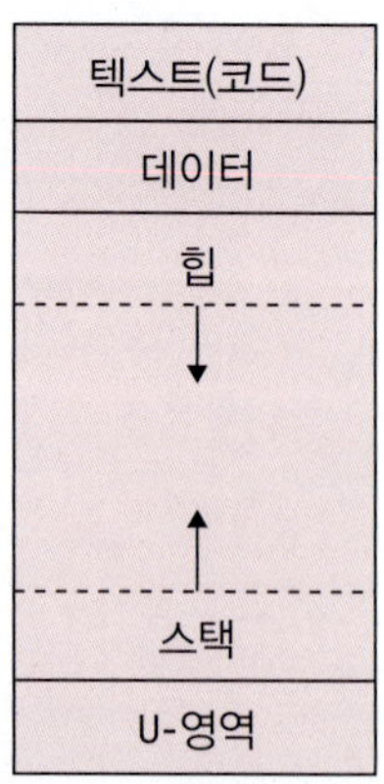

그림 10.1 프로세스 이미지

합쳐서 프로세스 이미지라고 한다. 프로세스 이미지의 구조를 개념적으로 그려보면 그림 10.1과 같다. 프로세스 이미지에 할당된 메모리는 통상 텍스트, 데이터, 힙, 스택 등 네 개의 영역(segment)으로 구별된다. **텍스트 영역**(text segment)에는 프로그램 코드가 저장되며 실행 중에 이 영역 내의 값은 변경되지 않으므로 정적 영역이라고 할 수 있다.

나머지 세 개의 영역은 주로 프로그램 내의 변수를 저장하기 위한 영역이다. 프로그램 내의 변수는 변수의 종류에 따라 해당 영역 내의 메모리를 할당받는다. 어떤 변수를 위해 메모리의 일부를 할당에 주는 것을 할당(allocation)이라고 하고 더 이상 필요가 없을 경우에 할당되었던 메모리를 반납하는 것을 해제(deallocation)라고 한다. 변수를 위한 메모리 할당과 해제는 변수의 종류에 따라 할당되는 영역과 할당 방법이 다르다.

다양한 변수 선언 예제

예를 들어 프로그램 10.1을 살펴보자. 이 프로그램에는 7개의 서로 다른 성격의 변수가 선언되어 있다. 이들 변수는 종류에 따라 다른 영역에 메모리를 할당받게 된다.

▸▸ 프로그램 10.1 vars.c

```
#include <stdio.h>
#include <stdlib.h>

int a = 1;
static int b = 2;

int main()
{
    int c = 3;
    static int d = 4;
    char *p;

    p = (char *) malloc(40);
   fun(5);
}

void fun(int n)
{
```

```
int m = 6;
...
}
```

정적 변수와 데이터 영역

데이터 영역(data segment)은 전역 변수나 정적 변수들을 저장하기 위한 영역이다. 전역 변수는 함수 밖에 선언된 변수들로 프로그램 내의 어디서나 사용 가능하다. 정적 변수는 static으로 선언된 변수들로 함수 밖에 선언된 변수도 static으로 선언할 수 있고 함수 내에 선언된 지역 변수들도 static으로 선언할 수 있다. 이들 변수들을 위한 메모리는 프로그램이 시작될 때 할당되어 프로그램이 끝날 때 해제된다.

예제 10.1 프로그램에서 변수 a는 전역변수이며 b와 d는 정적 변수들이므로 프로그램이 시작되면 이들은 모두 그림 10.2와 같이 데이터 영역에 저장된다. 특히 변수 d는 지역 변수이지만 static으로 선언된 정적 변수이므로 데이터 영역에 저장된다.

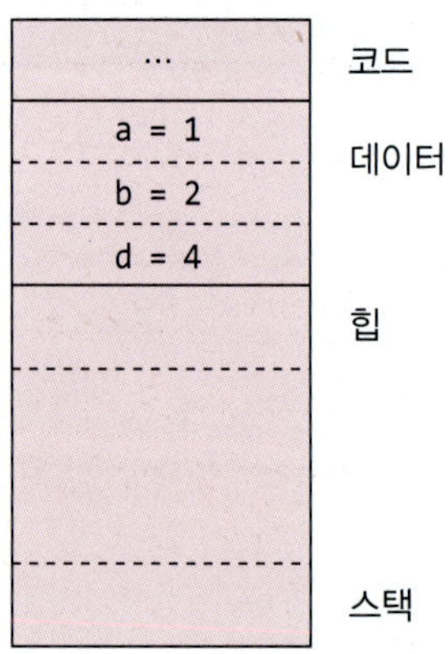

그림 10.2 프로그램 시작할 때 메모리 영역

지역변수와 실행시간 스택

스택(stack)은 함수 호출을 구현하기 위한 **실행시간 스택**(runtime stack)을 위한 메모리 영역으로 함수가 호출될 때마다 그 함수의 지역변수, 매개변수, 반환주소, 반환값 등으로 구성된 **스택 프레임**(stack frame)이 스택에 할당된다. 일반적으로 지역변수와 매개변수 등을 위한 메모리 할당과 해제는 함수가 호출되고 복귀될 때 이루어진다. 함수가 호출되면 호출된 함수를 실행하기 위해서 지역변수와 매개변수 등을 위한 메모리 공간이 필요하게 되므로 이들을 위한 메모리 공간인 스택 프레임이 실행시간 스택에 자동으로 할당된다. 반면 함수 수행이 끝나면 지역변수나 매개변수 등의 메모리 공간은 더 이상 사용할 필요가 없으므로 함수가 복귀되면 이 스택 프레임 공간은 스택에서 해제된다.

예제 10.1 프로그램에서 변수 c와 p는 지역 변수로 main() 함수가 호출될 때 그림 10.3과 같이 자동적으로 스택에 메모리가 할당되어 그곳에 저장된다.

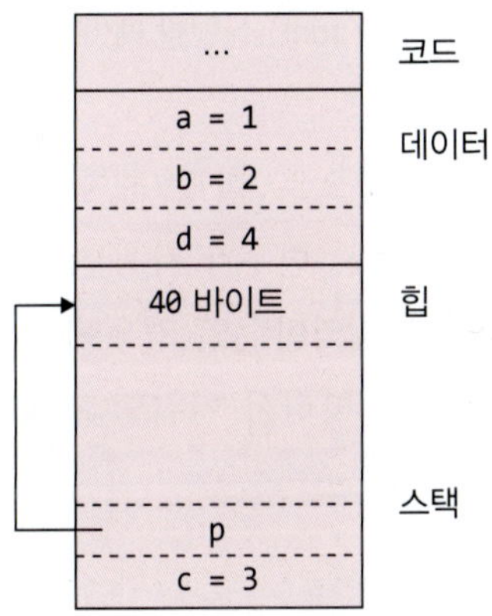

그림 10.3 main() 함수 실행할 때 메모리 영역

또한 main() 함수에서 fun() 함수를 호출하게 되면 그림 10.4처럼 fun() 함수의 매개변수 n과 지역 변수 m을 위한 메모리 할당이 이루어질 것이다. 또한 fun() 함수가 실행을 마치고 반환하게 되면 이들 변수들을 위한 메모리는 해제되므로 다시 스택은 그림 10.3처럼 될 것이다.

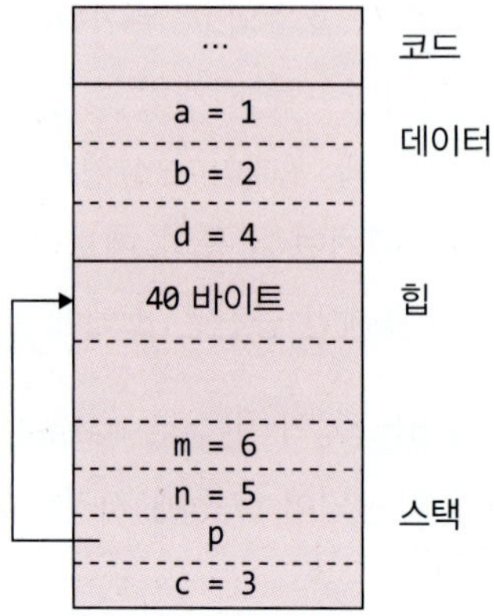

그림 10.4 함수 fun() 실행할 때 메모리 영역

이렇게 함수 호출/복귀에 따라 자동으로 할당/해제되는 변수를 C에서는 **자동 변수**(automatic variable)라고 부른다. 어떤 변수가 자동변수라는 것을 나타내기 위해서 키워드 auto를 사용하기도 한다. 그러나 지역변수의 경우에 기본적으로 자동변수로 인식하기 때문에 키워드 auto를 생략해도 된다. 따라서 키워드 auto는 C 프로그램에서 거의 쓰이지 않는다.

| 핵심 개념 |

지역변수와 매개변수에 대한 메모리 공간은 실행시간 스택에 자동적으로 할당되며 동적 변수는 힙에 할당된다.

동적 변수와 메모리 할당

이상에서 설명한 변수들은 모두 선언되어야 한다. 반면 선언하지 않고도 필요에 따라 동적으로 메모리를 할당받아 사용할 수 있다. malloc() 함수를 사용하면 **힙**(heap) 영역에 원하는 만큼의 메모리 공간을 할당받아 사용할 수 있다. 이렇게 동적으로 할당된 메모리를 **동적 변수**(dynamic variable)라고도 한다. 프로그램 10.1에서 malloc() 함수를 호출하면 40 바이트의 메모리 공간이 그림 10.3처럼 힙 영역에 동적으로 할당되고 포인터 변수 p가 이 메모리 공간을 가리킨다.

변수들을 할당 방법에 따라 분류하여 정리하면 표 10.1과 같다.

표 10.1 할당 방법에 따른 변수들의 분류

변수 구분	변수 종류
정적 변수	전역변수, `static` 변수
자동 변수	지역변수, 매개변수
동적 변수	힙 할당 변수

동적 메모리 할당이 필요한 근본적인 이유는 메모리를 절약하기 위해서이다. 메모리를 절약하기 위한 기본적인 아이디어는 필요할 때 필요한 만큼만 메모리를 요청해서 사용하고 필요 없을 때에는 반납하는 것이다. 다음과 같은 상황을 가정해 보자. 프로그램에서 데이터를 저장하기 위해 배열이 필요한데, 이 배열의 크기를 프로그램 시작 전에 알 수 없다고 가정해 보자. 이 때, 할 수 있는 방법은 가능한 최대 크기를 선언하는 것이다. 물론 가용 메모리가 충분하다면 이런 것이 전혀 문제가 되지 않을 수도 있다. 그러나 일반적으로 가용 메모리는 한정되어 있으므로 이런 상황에서는 필요할 때 필요한 만큼의 메모리를 동적 할당하여 사용하여 것이 더 바람직하다.

| 핵심 개념 |

동적 할당을 사용하는 이유는 필요할 때 필요한 만큼만 메모리를 요청해서 사용하여 메모리를 절약하기 위해서이다.

10.2 동적 메모리 할당

동적 할당 malloc()

C 언어는 메모리 공간을 동적으로 관리할 수 있는 라이브러리 함수로 메모리를 동적으로 할당하는 malloc() 함수와 할당된 메모리를 해제하는 free() 함수를 제공한다. 이들 함수의 사용법과 설명은 다음과 같다.

```
#include <stdlib.h>
void *malloc(size_t size);
size 바이트만큼의 메모리 공간을 할당하며 그 시작주소를 void* 형으로 반환한다.

void free(void *p);
포인터 p가 가리키는 메모리 공간을 해제한다.
```

malloc() 함수는 size 바이트만큼의 메모리 공간을 할당하여 이 공간의 시작주소를 임의의 포인터를 나타내는 void* 형으로 반환한다. void* 형으로 반환하기 때문에 실제로 어떤 포인터 변수에 할당하기 위해서는 먼저 해당되는 포인터 자료형으로 형 변환해 주어야 한다. 만약 size 바이트만큼의 공간을 할당할 수 없다면, NULL을 반환한다. size_t는 크기를 나타내기 위한 자료형으로서 통상 unsigned로 정의되어 있다.

malloc()으로 할당된 메모리는 더 이상 사용하지 않을 때 free() 함수로 시스템에 반환해야 한다. free() 함수는 인자로 받은 포인터 p가 가리키는 할당된 메모리 공간을 시스템에 되돌려준다. 해당 공간의 크기가 얼마인지는 따로 인자로 넘겨 줄 필요가 없다. 왜냐하면 이는 C 프로그램 실행 시스템이 알아서 관리해주기 때문이다. free()의 매개변수 자료형도 역시 void*이다. 그러나 free()에 포인터 값을 넘겨줄 때에는 형 변환을 수행할 필요가 없으며 모든 포인터는 자동으로 void*로 형 변환된다.

| 핵심 개념 |

malloc() 함수는 메모리를 할당할 때 사용하고 free()는 할당한 메모리를 해제할 때 사용한다.

이제 간단한 예를 살펴보자. 다음 코드를 실행하면 그림 10.5처럼 40바이트 크기의 메모리 공간이 할당되고 ptr은 할당된 메모리 공간을 가리킨다. 여기서 malloc()의 반환값을 (char *) 형으로 변환하는 이유는 ptr은 (char *) 형인 반면에, malloc() 함수가 반환하는 값은 (void *) 형이기 때문이다.

```
char *ptr;
ptr = (char *) malloc(40);
```

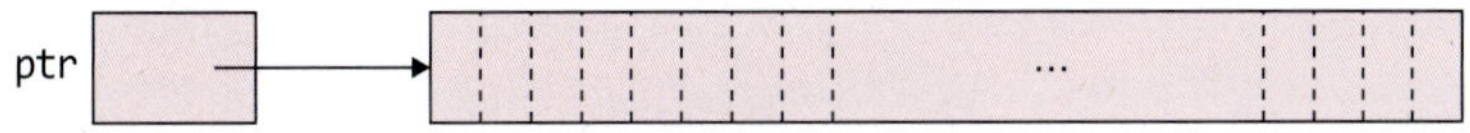

그림 10.5 메모리 할당 예

또한 다음과 같이 10개의 int 변수(보통 4바이트)를 위한 메모리 공간을 동적으로 할당할 수도 있다. ptr은 그림 10.6과 같이 10개의 int 변수를 위한 메모리 공간을 가리킨다. 여기서도 malloc() 함수가 반환하는 값이 (void *) 형이기 때문에 malloc()의 반환값을 (int *) 형으로 변환하였다.

```
int *ptr;
ptr = (int *) malloc(10 * size(int));
```

그림 10.6 메모리 할당 예

이 두 예는 40바이트를 할당받았다는 면에서는 같지만 사용하는 면에서는 약간 다를 수 있다. 이와 같이 ptr이 여러 개의 변수들을 위한 메모리 공간을 가리키고 있는 경우에는 ptr를 통해 특정 변수를 접근할 수 있는데 다음과 같이 i 번째 변수를 접근할 때

```
*(ptr+i)
```

첫 번째 예에서는 ptr이 char 포인터이기 때문에 이 식은 ptr이 가리키는 주소에서 i*1 바이트 증가한 곳을 접근한다. 반면에 두 번째 예에서는 ptr이 int 포인터이기 때문에 이 식은 ptr이 가리키는 주소에서 i*4 바이트 증가한 곳을 가리킨다. 특히 ptr이 n개의 변수를 가리키는 경우에는 포인터 ptr를 마치 일차원 배열 이름처럼 사용할 수 있다. 따라서 위의

식을 일차원 배열에서처럼 간단하게 ptr[i]처럼 사용하는 것도 가능하다.

또한 다음과 같이 구조체를 위한 메모리 공간을 동적으로 할당할 수도 있다. 이 경우 ptr은 그림 10.7과 같이 구조체를 위한 메모리 공간을 가리킨다.

```
struct student {
    int id;
    char name[10];
};

struct student *ptr;
ptr = (struct student *) malloc(sizeof(struct student));
```

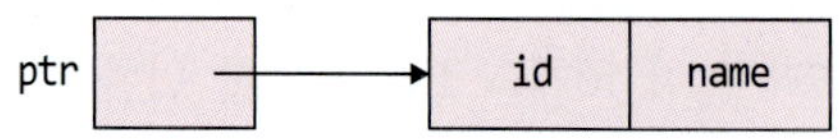

그림 10.7 구조체를 위한 메모리 할당 예

뿐만 아니라 다음과 같이 n개의 구조체를 위한 메모리 공간을 동적으로 할당할 수도 있다. ptr은 그림 10.8과 같이 구조체 배열을 위한 메모리 공간을 가리킨다. 이 경우에 *(ptr+i) 혹은 ptr[i]는 할당된 구조체 배열 내의 (i+1)-번째 구조체를 나타낸다.

```
struct student *ptr;
ptr = (struct student *) malloc(n * sizeof(struct student));
```

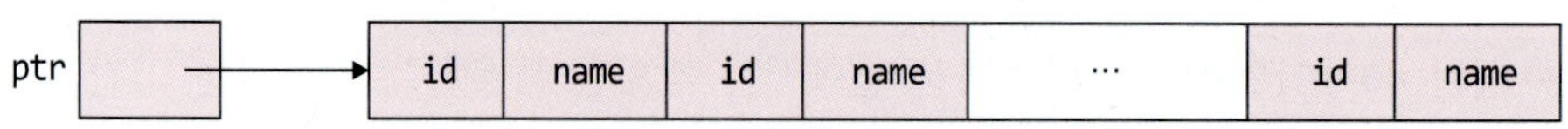

그림 10.8 구조체 배열을 위한 메모리 할당 예

동적 할당 예제

구체적으로 동적 할당 함수의 사용 예를 살펴보자. 프로그램 10.2는 입력받을 학생 수를 미리 입력받고 이어서 학생들의 정보를 입력받은 후, 이들 학생 정보를 역순으로 출력하는 프로그램이다. 이 프로그램은 다음과 같이 진행한다.

- 17번 줄에서 입력받을 학생 수를 입력받고
- 24번 줄에서 학생 수만큼 student 구조체를 위한 메모리 공간을 동적으로 할당한다.

- 31,32번 줄에서 해당 수만큼의 학생 정보를 입력받은 후,
- 35,36번 줄에서 이들 학생 정보를 역순으로 출력한다.

▸▸ 프로그램 10.2 **stud1.c**

```
1  #include <stdio.h>
2  #include <stdlib.h>
3
4  struct student {
5        int id;
6        char name[20];
7  };
8
9  /* 입력받을 학생 수를 미리 입력받고 이어서 학생 정보를 입력받은 후,
10    이들 학생 정보를 역순으로 출력하는 프로그램 */
11 int main()
12 {
13    struct student *ptr;     // 동적 할당된 블록을 가리킬 포인터
14    int n, i;
15
16    printf("몇 명의 학생을 입력하겠습니까? ");
17    scanf("%d", &n);
18    if (n <= 0) {
19       fprintf(stderr, "오류: 학생 수를 잘못 입력했습니다.\n");
20       fprintf(stderr, "프로그램을 종료합니다.\n");
21       exit(1);
22    }
23
24    ptr = (struct student *) malloc(n * sizeof(struct student));
25    if (ptr == NULL) {
26       perror("malloc");
27       exit(2);
28    }
29
30    printf("%d 명의 학번과 이름을 입력하세요.\n", n);
31    for (i = 0; i < n; i++)
32       scanf("%d %s\n", &ptr[i].id, ptr[i].name);
33
```

```
    printf("\n* 학생 정보(역순) *\n");
    for (i = n-1; i >= 0; i--)
        printf("%d %s\n", ptr[i].id, ptr[i].name);

    printf("\n");
    exit(0);
}
```

실행결과

```
$ stud1
몇 명의 학생을 입력하겠습니까? 5
5 명의 학번과 이름을 입력하세요.
1001001 박연아
1001003 김태환
1001006 김현진
1001009 장샛별
1001011 홍길동
^D

* 학생 정보(역순) *
1001011 홍길동
1001009 장샛별
1001006 김현진
1001003 김태환
1001001 박연아
```

이 프로그램에서는 학생 정보를 저장하기 위해 크기가 고정된 구조체 배열을 미리 선언하는 대신에 먼저 학생 수(n)를 입력받고 학생 수만큼의 `student` 구조체들을 위한 메모리 공간을 동적으로 할당한다. 이를 위해 `malloc()` 함수를 호출할 때 다음과 같이 할당할 메모리의 바이트 수를 계산하여 호출한다.

```
malloc(n * sizeof(struct student))
```

`malloc()`이 반환하는 포인터 자료형은 `void*`이므로 이를 `struct student` 포인터에 저장하기 위해 `struct student*`로 형 변환하였다.

메모리 할당에 성공하면, 그림 10.8과 같이 malloc()은 할당한 메모리의 시작 주소를 반환하는데 이를 포인터 변수 ptr에 저장한다. 이와 같이 ptr이 n 개의 구조체를 가리키는 경우에는 ptr를 통해 이들 변수들을 접근할 수 있으며 포인터 ptr를 마치 일차원 배열처럼 사용할 수 있다. 따라서 *(ptr+i)와 같은 복잡한 식 대신에 ptr[i]와 같은 식을 사용하였다.

메모리를 할당할 수 없는 경우에 malloc()은 NULL 포인터를 반환한다. 이 프로그램이 입력받는 학생 수로 너무 큰 수를 입력하면 malloc()이 메모리 할당에 실패할 수도 있다. 이러한 실패를 미리 점검하려면 malloc()의 반환 값을 검사하면 된다. 이 프로그램에서는 두 가지 오류를 점검하고 있다. 하나는 18번 줄에서 점검하는 학생 수를 0 이하로 입력한 오류이고 다른 하나는 25번 줄에서 점검하는 메모리 할당에 실패한 오류이다. 두 경우 모두 오류 메시지를 출력하고 프로그램을 종료한다. 이 때 종료 코드를 둘 다 1로 설정하였다.

실행결과를 통해 입력된 학생 정보가 역순으로 출력된 것을 확인할 수 있다.

| 핵심 개념 |

malloc() 함수는 메모리 할당에 성공하면 할당된 메모리의 시작주소를 반환하고 실패하면 NULL을 반환한다.

배열 할당 calloc()

앞에서 살펴본 것처럼 malloc() 함수를 사용해서도 같은 크기의 메모리를 n개 할당할 수 있었다. 그러나 이 경우에는 할당할 메모리의 크기를 계산해서 넘겨주어야 한다. 이와 같이 같은 크기의 메모리를 여러 개를 할당할 경우에는 calloc() 함수를 사용하면 보다 쉽게 할 수 있다. 이 함수의 사용법과 설명은 다음과 같다.

```
#include <stdlib.h>
void *calloc(size_t n, size_t size);
```
크기가 size인 메모리 공간을 n개 할당한다. 값을 모두 0으로 초기화한다.
실패하면 NULL를 반환한다.

calloc() 호출이 성공하면 크기가 size인 메모리 공간을 n개 할당하고 이를 가리키는 포인터를 반환한다. 할당된 메모리 내용을 초기화하지 않는 malloc()과 달리 calloc()은 할당된 메모리 영역을 모두 0으로 초기화한다.

다음 코드를 살펴보자. 이 코드에서 malloc()과 calloc() 모두 10개의 int 변수들을 위한 메모리 공간을 할당한다. 그러나 malloc()은 할당된 메모리를 초기화하지 않으므로 그 내용은 정의되지 않은 상태이며 실제로 어떤 값이 있을지 알 수 없다. 반면에 calloc()은 할당된 메모리를 모두 0으로 초기화한다.

```
int *p,*q;
p = malloc(10*sizeof(int));
if (p == NULL)
    perror("malloc");

q = calloc(10,sizeof(int));
if (q == NULL)
    perror("calloc");
```

할당된 메모리 크기 조정 realloc()

기존에 할당된 메모리의 크기를 늘리거나 줄이는 데 사용되는 realloc() 함수도 있는데 이 함수는 ptr이 가리키는 이미 할당된 메모리의 크기를 newsize로 변경한다.

```
#include <stdlib.h>
void *realloc(void *ptr, size_t newsize);
ptr이 가리키는 이미 할당된 메모리의 크기를 newsize로 변경한다.
```

이 함수 호출이 성공하면 ptr이 가리키는 메모리 공간은 newsize 바이트의 새로운 크기로 조정되고 새롭게 크기가 바뀐 메모리 영역을 가리키는 포인터가 반환된다. 이 포인터는 ptr이 기존에 가리키는 메모리 공간과 다른 메모리 공간을 가리킬 수도 있는데 이는 메모리 크기를 조정하는 과정에서 새로운 영역에 메모리를 할당할 수도 있기 때문이다. size가 0이면 free() 함수와 동일한 효과를 낸다. 또한 ptr이 NULL이면 malloc()과 동일한 효과를 낸다. ptr이 NULL이 아니면 반드시 malloc(), calloc(), relloc()을 호출해서 반환된 주소이어야 한다.

QnA

malloc() 등은 힙에 메모리를 할당한다고 했는데 스택에 메모리를 할당할 수 있는 방법은 없나요?

흥미로운 질문이네요. 지금까지 설명한 동적 메모리 할당은 모두 힙에 메모리를 할당했습니다만 동적 메모리 할당을 위해 스택을 사용하는 것도 가능합니다. 동적 메모리를 스택에 할당하기 위해서는 `alloca()` 함수를 사용하면 됩니다. 이 함수의 사용법은 다음과 같습니다.

```
#include <alloca.h>
void *alloca(size_t size);
```

`alloca()`는 성공하면 `size` 크기만큼 할당한 메모리 포인터를 반환한다. 이 메모리는 스택에 위치하므로, 호출된 함수가 반환할 때 자동으로 해제되며 할당된 메모리를 따로 해제할 필요가 없습니다.

10.3 동적 할당과 연결리스트

예를 들어 여러 학생들의 데이터를 저장해야 한다고 생각해보자. 여러 학생들의 데이터를 저장하는 가장 간단한 방법은 구조체 배열을 선언하여 사용하는 것이다. 그러나 이 방법은 배열의 크기를 미리 결정해야 하는 문제점이 있다. 만약 미리 결정한 배열의 크기보다 많은 학생의 데이터가 입력되면 이를 처리할 수 없으며 이보다 적은 학생의 데이터가 입력되면 배열의 많은 기억공간은 낭비될 것이다. 또한 프로그램 10.2에서처럼 학생의 수를 미리 입력받을 수도 있지만 입력할 학생 수를 미리 알 수 없는 경우도 있다. 따라서 이러한 상황에도 유연하게 대처할 수 있는 데이터 표현 방법이 필요하다.

자기 참조 구조체와 연결 리스트

이러한 문제는 같은 타입의 데이터 항목 여러 개를 포인터를 통해 연결하는 **연결리스트**(linked list)를 사용하여 해결할 수 있다. 예컨대, 학생1, 학생2, 학생3의 데이터를 연결리스트로 나타내면 그림 10.9와 같다. 연결리스트의 맨 앞 항목을 가리키는 포인터를 '헤드(head)'라고 한다. 이 그림에서 연결리스트 맨 끝에 있는 NULL 표시는 맨 끝의 next 포인터가 NULL임을 나타내는 것이다. 연결리스트 내에 아무런 데이터가 없다면 헤드가 NULL이 될 것이다.

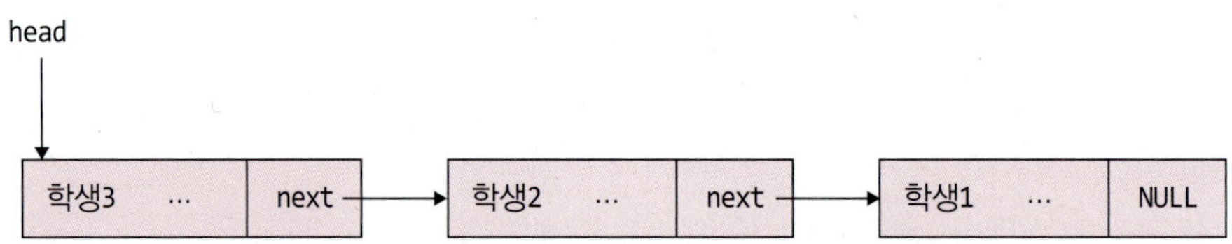

그림 10.9 학생1, 학생2, 학생3의 데이터가 차례로 연결된 연결리스트

예를 들어 학생들의 데이터를 입력받아 이를 연결리스트로 구성하려면 새로운 학생의 데이터가 입력될 때마다 해당 학생을 위한 구조체를 생성하고 이를 연결리스트에 연결함으로써 이러한 구조를 유지할 수 있다.

이러한 연결리스트를 유지하기 위해서는 구조체 내에 자기와 같은 타입의 구조체를 가리킬 수 있는 포인터 변수를 선언해야하는데 이러한 구조체를 **자기 참조 구조체**(self reference structure)라고 한다. 예를 들어 다음과 같이 student 구조체 내에 자기와 같은 타입의 구조체를 가리키기 위한 포인터 변수 next를 선언할 수 있다. 이 포인터 변수 next는 student 구조체를 가리킬 수 있다.

```
struct student {
    int id;
    char name[20];
    struct student *next;
};
```

이러한 구조체를 이용하면 새로운 학생의 데이터가 입력될 때마다 malloc() 함수를 이용하여 student 구조체를 하나씩 생성하여 학생에 대한 정보를 저장하고 이를 포인터 변수 next를 이용하여 연결할 수 있다. 그림 10.10은 malloc() 함수를 이용하여 student 구조체를 하나 생성한 후의 상황을 보여준다.

```
struct student *ptr;
ptr = (struct student *) malloc(sizeof(struct student));
```

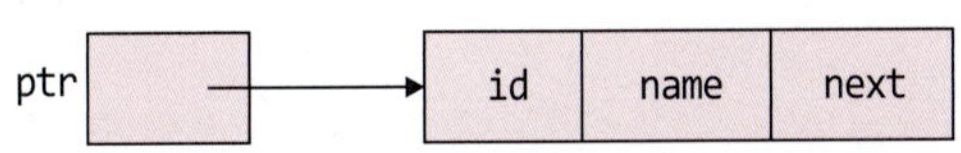

그림 10.10 자기 참조 구조체를 위한 메모리 할당

ptr이 가리키는 새로운 구조체는 필요에 따라 연결리스트 내의 어디에나 추가할 수 있다. 만약 ptr이 가리키는 새로운 구조체를 생성할 때마다 다음 코드와 같이 연결리스트의 헤드 부분에 추가하면 이 연결리스트는 스택(stack) 형태로 유지된다.

```
ptr->next = head;
head = ptr;
```

동적 할당 예제

프로그램 10.2는 입력받을 학생 수를 미리 입력받고 그 수만큼의 학생 정보만 입력받았는데 이번에는 입력받을 학생 수를 미리 정하지 않고 임의의 개수의 학생 정보를 입력받도록 작성해보자. 프로그램 10.3는 각 학생의 정보를 입력받은 후, 이 학생 정보를 스택 형태의 연결리스트로 유지하고 입력된 학생 정보를 역순으로 출력한다. 이 프로그램은 다음과 같이 진행한다.

- 23번 줄에서 새로운 학생 정보가 입력될 때마다 24번 줄에서 malloc() 함수를 이용하여 새로운 student 구조체를 생성한다.
- 입력된 학번(id)과 이름(name)을 29,30번 줄에서 구조체 필드에 저장한다.
- 이 구조체를 스택 형태의 연결리스트로 유지하기 위해서 32,33번 줄에서 연결리스트의 헤드 부분에 추가한다.
- 또한 모든 입력을 다 받은 후에는 학생 정보를 입력 순서와 역순으로 출력하기 위해서 37번 줄에서 포인터 변수 ptr이 연결리스트의 헤드(head)에서부터 시작한다.
- 38~41번 줄의 while-루프 내에서 다음과 같이 연결리스트를 따라가면서 학생 정보를 프린트한다.

```
ptr = ptr->next;
```

- 이러한 과정을 연결리스트의 끝에 도달할 때(ptr == NULL)까지 반복한다.

이 프로그램의 실행결과는 프로그램 10.2와 같이 입력된 학생들의 정보가 입력 순서와는 역순으로 출력된다.

▸▸ 프로그램 10.3 stud2.c

```
1  #include <stdio.h>
2  #include <stdlib.h>
3  #include <string.h>
4
5  struct student {
6     int id;
7     char name[20];
8     struct student *next;
9  };
10
11 /* 학생 정보를 입력받아 연결 리스트에 저장하고 학생 정보를 역순으로
12    출력한다.
13 */
14 int main()
```

```
{

    int count = 0, id;
    char name[20];
    struct student *ptr, *head = NULL;

    printf("학번과 이름을 입력하세요\n");

    while (scanf("%d %s", &id, name) == 2) {
        ptr = (struct student *) malloc(sizeof(struct student));
        if (ptr == NULL) {
            perror("malloc");
            exit(1);
        }
        ptr->id = id;
        strcpy(ptr->name, name);

        ptr->next = head;
        head = ptr;
    }

    printf("\n* 학생 정보(역순) *\n");
    ptr = head;
    while (ptr != NULL) {
        count++;
        printf("학번: %d 이름: %s \n", ptr->id, ptr->name);
        ptr = ptr->next;
    }

    printf("총 %d 명입니다.\n", count);
    exit(0);
}
```

실행결과

```
$ stud2
학번과 이름을 입력하세요.
1001001 박연아
1001003 김태환
```

```
1001006 김현진
1001009 장샛별
1001011 홍길동
^D

* 학생 정보(역순) *
1001011 홍길동
1001009 장샛별
1001006 김현진
1001003 김태환
1001001 박연아
```

10.4 공유 메모리

공유 메모리의 필요성

데이터를 공유하는 방법에는 크게 두 가지가 있다. 하나는 통신을 이용해서 데이터를 주고 받는 것이고 다른 하나는 데이터를 아예 공유, 즉 함께 사용하는 것이다. 12, 13장에 다룰 파이프, 소켓 등이 통신을 위한 기능이라면, **공유 메모리**(shared memory)는 데이터 자체를 공유하기 위한 기능이다.

프로세스는 지역 변수, 동적 변수, 전역 변수와 같은 데이터를 저장하기 위한 자신만의 메모리 영역을 가지고 있는데 이 메모리 영역은 다른 프로세스가 접근해서 함부로 데이터를 읽거나 쓰지 못하도록 커널에 의해서 보호된다. 만약 다른 프로세스의 메모리 영역을 침범하려고 하면 커널은 침범 프로세스에 SIGSEGV(할당된 메모리의 범위를 벗어나는 곳을 접근할 때 발생하는 세그멘테이션 위반 시그널)을 보내게 된다.

다수의 프로세스가 동시에 작동하는 리눅스의 특성상 프로세스의 메모리 영역은 반드시 보호되어야 하나 프로세스 사이에 메모리 영역에 있는 데이터를 공유하기 위해서는 다른 프로세스도 사용할 수 있도록 할 필요가 있다. 공유 메모리는 그림 10.11과 같이 프로세스 사이에 메모리 영역을 공유해서 사용할 수 있도록 해준다. 프로세스가 공유 메모리 할당을 커널에 요청하면 커널은 해당 프로세스에 메모리 공간을 할당해 주고 이후 어떤 프로세스건 해당 메모리 영역에 접근할 수 있다.

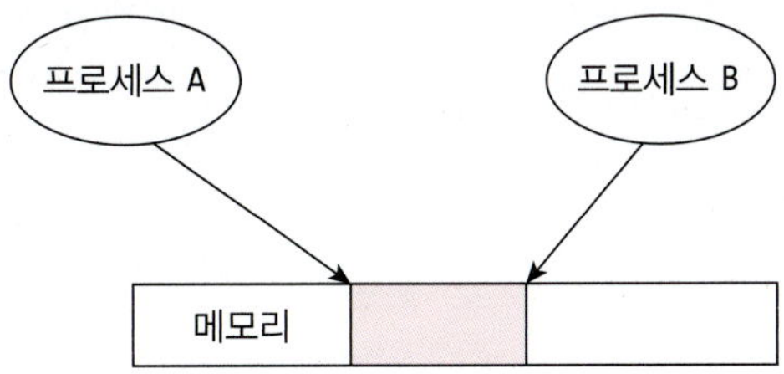

그림 10.11 공유 메모리 사용

| 핵심 개념 |

공유 메모리는 프로세스 사이에 메모리 영역을 공유해서 사용할 수 있도록 해준다.

공유 메모리 관련 함수

공유 메모리를 사용하기 위해서는 먼저 공유 메모리를 생성하고 생성된 공유 메모리와 연결해야 한다. 연결된 공유 메모리를 사용하고 사용을 마친 후에는 공유 메모리와의 연결을 해제해야 한다. 각각을 위한 시스템 호출을 살펴보자.

● 공유 메모리 생성 shmget()

shmget() 시스템 호출의 기본적인 역할은 그림 10.12와 같이 키(key)가 가리키는 새로운 공유 메모리를 생성하고 생성된 공유 메모리를 식별하는 식별자 ID를 반환하는 것이다.

```
#include <sys/shm.h>
#include <sys/ipc.h>
int shmget(key_t key, size_t size, int shmflg);
```
key를 사용하여 size 크기의 공유 메모리를 생성하고 생성된 공유 메모리의 ID를 반환한다.

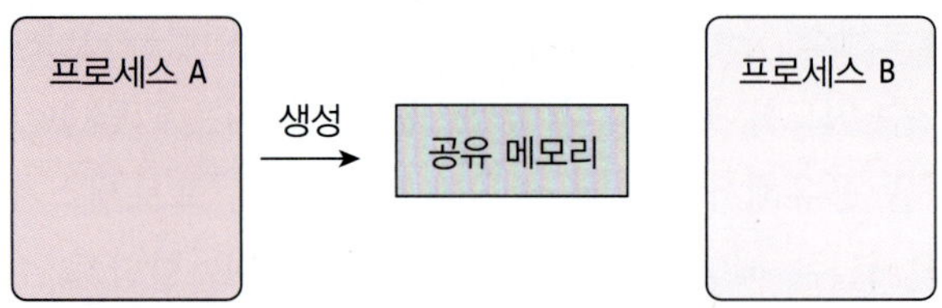

그림 10.12 공유 메모리 생성

이 시스템 호출은 다음과 같은 매개변수를 사용하는데 매개변수 값에 따라 새로운 공유 메모리를 생성하거나 기존의 공유 메모리를 찾아서 준다.

- key: IPC_PRIVATE(항상 새로운 공유 메모리를 생성하고자 할 때 사용) 또는 키 생성함수인 ftok(char *path, int id) 함수로 생성한 키를 사용한다.
- size: 공유할 메모리의 크기를 나타낸다. 기존 공유 메모리를 사용하는 경우에는 이 값은 무시된다.
- shmflg:
  (1) IPC_CREAT: 새로운 공유 메모리를 생성한다. 생성할 공유 메모리의 접근권한을 OR(|)하여 함께 지정한다.
  (2) IPC_EXCL: IPC_CREAT과 함께 사용되며 해당 공유 메모리가 이미 존재하면 실패한다.

(3) 이 플래그가 0이면 지정한 key와 연관된 기존의 공유 메모리를 찾아서 준다.

예를 들어 다음과 같이 key가 가리키는 크기 1024 바이트의 공유 메모리를 생성하면 생성된 공유 메모리의 ID가 반환된다. 이 공유 메모리에 대한 접근권한은 0644로 설정된다.

```
shmid = shmget(key, 1024, IPC_CREAT|0644);
```

● 공유 메모리 연결 shmat()

shmget()을 통해 생성된 공유 메모리(shmid)를 사용하기 위해서는 그림 10.13과 같이 이 프로세스(이 시스템 호출을 실행하는 프로세스)의 특정 메모리의 위치(shmaddr)에 연결해야 한다. shmaddr가 NULL일 경우에는 커널에서 적절한 주소를 선정하여 반환한다. shmflg는 공유 메모리에 대한 읽기/쓰기 권한을 지정한다.

```
#include <sys/shm.h>
#include <sys/ipc.h>
void *shmat(int shmid, const void *shmaddr, int shmflg);
```
shmid 공유 메모리를 이 프로세스의 메모리 위치 shmaddr에 연결하고 그 주소를 반환한다.

그림 10.13 공유 메모리에 연결

이 시스템 호출이 정상적으로 동작한다면 적절한 포인터를 반환하고 실패하면 (void*) -1을 반환한다. 여기서 void*를 반환하는 이유는 공유 메모리에 있는 데이터가 어떤 자료형인지 모르기 때문에 무엇이든 받을 수 있는 void* 자료형으로 반환한다.

공유 메모리를 사용하여 다른 프로세스와 데이터를 공유하기 위해서는 그림 10.14와 같이 다른 프로세스도 이 공유 메모리에 연결해야 한다.

그림 10.14 다른 프로세스도 공유 메모리에 연결

예를 들어 다음과 같이 생성된 공유 메모리를 연결하면 커널에서 적절한 주소에 연결하여 그 주소를 반환해준다.

```
shmaddr = (char *) shmat(shmid, NULL, 0);
```

● 공유 메모리 연결 해제 shmdt()

공유 메모리 사용을 마치면 연결을 해제해야 한다. 이 시스템 호출은 shmat()에서 받은 공유 메모리에 대한 연결 포인터를 전달받아 공유 메모리에 대한 연결을 해제한다. 이는 공유 메모리 자체를 제거하는 것은 아님에 주의해야 한다.

```
#include <sys/shm.h>
#include <sys/ipc.h>
int shmdt(const void *shmaddr);
```
공유 메모리에 대한 연결 주소 shmaddr를 연결해제 한다. 성공 시 0, 실패 시 -1을 반환한다.

● 공유 메모리 제어 shmctl()

이 시스템 호출은 공유 메모리를 제어하기 위해 사용한다. 예를 들면 공유메모리의 정보를 얻거나 어떤 값을 쓰거나 공유 메모리를 삭제하는 등의 조작을 할 수 있다.

```
#include <sys/shm.h>
#include <sys/ipc.h>
int shmctl(int shmid, int cmd, struct shmid_ds *buf);
```
shmid 공유메모리를 cmd 명령어에 따라 제어한다.

cmd는 shmid가 나타내는 공유 메모리를 제어하기 위한 명령어로 다음과 같은 명령어를 사용할 수 있다.

- IPC_RMID: 공유 메모리를 제거한다.
- IPC_SET: 공유 메모리의 정보(사용자 ID, 그룹 ID, 접근권한 등)를 buf에서 지정한 값으로 바꾼다.
- IPC_STAT: 현재 공유 메모리의 정보를 buf에 저장한다.
- SHM_LOCK: 공유 메모리를 잠금한다.
- SHM_UNLOCK: 공유 메모리 잠금을 해제한다.

buf는 공유 메모리에 관한 정보를 저장할 수 있는 다음과 같은 shmid_ds 구조체에 대한 포인터이다.

```
struct shmid_ds {
    struct ipc_perm shm_perm;    // 접근 권한
    size_t      shm_segsz;       // 이 공유 메모리의 크기(바이트)
    time_t      shm_atime;       // 최근 연결 시간
    time_t      shm_dtime;       // 최근 연결 해제 시간
    time_t      shm_ctime;       // 최근 변경 시간
    pid_t       shm_cpid;        // 이 공유 메모리의 생성 프로세스 PID
    pid_t       shm_lpid;        // 최근 연결(해제)한 프로세스 PID
    shmatt_t    shm_nattch;      // 공유 메모리에 대한 현재 연결 개수
    ...
};
```

공유 메모리 예제

공유 메모리를 생성하고 이를 사용하여 다른 프로그램(프로세스)에게 메시지를 보내는 예제 프로그램을 작성해보자. 프로그램 10.4는 다음과 같이 진행한다.

- 13번 줄에서 공유 메모리에 사용될 키를 생성한다.
- 14번 줄에서 이 키가 가리키는 새로운 공유 메모리를 생성하고 20번 줄에서 이 공유 메모리의 ID를 출력한다.
- 21번 줄에서 이 공유 메모리에 연결하고 22번 줄에서 연결된 주소에 메시지를 복사하여 공유 메모리에 보낸다.

▸▸ 프로그램 10.4 **shm1.c**

```
#include <sys/ipc.h>
#include <sys/shm.h>
#include <sys/types.h>
#include <stdlib.h>
#include <stdio.h>
#include <string.h>
int main()
{
    int shmid;
    key_t key;
    char *shmaddr;

    key = ftok("helloshm", 1);
    shmid = shmget(key, 1024, IPC_CREAT|0644);
    if(shmid == -1) {
        perror("shmget");
        exit(1);
    }

    printf("shmid : %d", shmid);
    shmaddr = (char *) shmat(shmid, NULL, 0);
    strcpy(shmaddr, "hello shared memory");
    return(0);
}
```

실행결과

```
shmid : 32774
```

ipcs -m 명령어를 사용하여 이 프로그램에서 만든 공유 메모리를 직접 확인해볼 수 있다.

```
$ ipcs -m
------ Shared Memory Segments --------
key        shmid     owner     perms     bytes     nattch     status
0x00000000 4         chang     600       16384     1          dest
0xffffffff 17        chang     644       1024      0
...
```

공유 메모리를 통해서 다른 프로그램(프로세스)로부터 메시지를 받는 예제 프로그램을 작성해보자. 프로그램 10.5는 다음과 같이 진행한다.

- 13번 줄에서 공유 메모리에 사용될 키를 생성한다.
- 14번 줄에서 이 키가 가리키는 기존 공유 메모리를 획득하고 20번 줄에서 이 공유 메모리의 ID를 출력한다(프로그램 10.4와 같은 공유 메모리 ID를 출력함).
- 21번 줄에서 이 공유 메모리에 연결하고 22번 줄에서 연결된 주소를 사용하여 공유 메모리에 있는 메시지를 출력한다.

실행결과에서 프로그램 10.4와 같은 공유 메모리 ID를 사용하는 것과 프로그램 10.4에서 보낸 메시지를 읽어서 출력하는 것을 확인할 수 있다.

▸▸ 프로그램 10.5 shm2.c

```
1 #include <sys/ipc.h>
2 #include <sys/shm.h>
3 #include <sys/types.h>
4 #include <stdlib.h>
5 #include <stdio.h>
6
7 int main()
8 {
9    int shmid;
10   key_t key;
11   char *shmaddr;
12
13   key = ftok("helloshm", 1);
14   shmid = shmget(key, 1024, 0);
15   if(shmid == -1) {
16       perror("shmget");
17     exit(1);
18   }
19
20   printf("shmid : %d\n", shmid);
21   shmaddr = (char *) shmat(shmid, NULL, 0);
22   printf("%s\n", shmaddr);
```

```

    return(0);
}
```

실행결과

```
shmid : 17
hello shared memory
```

부모-자식 프로세스 사이의 메모리 공유 예제

공유 메모리는 부모-자식 프로세스 사이의 통신에도 사용될 수 있다. 공유 메모리를 사용하여 자식 프로세스에서 부모 프로세스에 메시지를 보내는 예제 프로그램을 작성해보자. 프로그램 10.6은 다음과 같이 진행한다.

- 14번 줄에서 새로운 공유 메모리를 생성한다.
- 20번 줄에서 자식 프로세스를 생성한다.
- 자식 프로세스: 21번 줄에서 이 공유 메모리에 연결하고 22,23번 줄에서 연결된 주소를 통해 공유 메모리에 데이터를 보낸다. 24번 줄에서 공유 메모리에 대한 연결을 해제한다.
- 부모 프로세스: 27번 줄에서 자식 프로세스가 끝나기를 기다리고 28번 줄에서 이 공유 메모리에 연결하여 29,30번 줄에서 공유 메모리에 있는 데이터를 출력한다. 31번 줄에서 공유 메모리 연결을 해제하고 32번 줄에서 공유 메모리를 제거한다.

실행결과에서 자식 프로세스가 공유 메모리를 통해 보낸 값을 부모 프로세스가 사용하는 것을 확인할 수 있다.

▸▸ 프로그램 10.6 shm3.c

```
1 #include <sys/ipc.h>
2 #include <sys/shm.h>
3 #include <sys/types.h>
4 #include <sys/wait.h>
5 #include <unistd.h>
```

```c
#include <stdlib.h>
#include <stdio.h>

int main()
{
    int shmid;
    char *shmptr1, *shmptr2;

    shmid = shmget(IPC_PRIVATE, 10*sizeof(char), IPC_CREAT|0666);
    if (shmid == -1) {
        printf("shmget failed\n");
        exit(0);
    }

    if (fork() == 0) {
        shmptr1 = (char *) shmat(shmid, NULL, 0);
        for (int i=0; i<10; i++)
            shmptr1[i] = i*10;
        shmdt(shmptr1);
        exit(0);
    } else {
        wait(NULL);
        shmptr2 = (char *) shmat(shmid, NULL, 0);
        for (int i=0; i<10; i++)
            printf("%d ", shmptr2[i]);
        shmdt(shmptr2);
        if (shmctl(shmid,IPC_RMID,NULL)==-1)
            printf("shmctl failed\n");
    }
    return 0;
}
```

실행결과

```
0 10 20 30 40 50 60 70 80 90
```

10.5 메모리 관련 함수

C 언어는 할당된 메모리 관리를 위한 몇 개의 함수들을 제공하는데 이들은 7.6 절에서 정리한 문자열 처리 함수와 비슷하다. strcpy()에 대응되는 memcpy(), strcmp()에 대응되는 memcmp() 등의 함수들이 있는데 기본적인 동작 방식은 대응되는 문자열 함수와 비슷하다. 다만 몇 가지 다른 점이 있는데 메모리 관리 함수와 문자열 처리 함수의 차이점은 다음과 같다.

첫 번째로 인자와 반환값의 타입이 다르다. 문자열 처리 함수들은 항상 문자열을 대상으로 하므로 취하는 인자나 반환값이 대부분 char* 형이지만 메모리 관리 함수들은 임의의 값을 갖는 메모리 영역을 대상으로 하기 때문에 인자와 반환값이 모두 void* 형이다. 이 함수들은 시작주소만 알려주면 바이트 단위로 작업을 하므로 메모리에 저장된 값의 타입을 몰라도 상관없으며 임의의 타입에 대해서도 잘 동작한다.

두 번째로 문자열은 시작주소만 알려 주면 널 종료 문자를 끝으로 인식하기 때문에 길이를 별도로 알려줄 필요가 없다. 하지만 메모리 관리 함수는 길이를 알려 주지 않으면 어디까지가 작업 대상인지 알지 못한다. 그래서 모든 함수의 끝에 작업 대상 메모리의 길이를 지정하는 매개변수 n이 있다. 메모리끼리 복사하는 memcpy() 함수는 strcpy() 함수보다는 strncpy() 함수와 유사하다.

메모리 관리 함수

주요 메모리 관리 함수들을 정리하면 다음과 같다. 다음 함수에서 void* 타입의 포인터들은 모두 대상 메모리 영역을 가리키는 포인터이다.

```
# include <string.h>
void *memset(void *s, int c, size_t n);
```
s에서 시작하여 n 바이트만큼 바이트 c로 설정한 다음에 s를 반환한다.

```
int memcmp(const void *s1, const void *s2, size_t n);
```
s1과 s2에서 첫 n 바이트를 비교해서, 메모리 블록 내용이 동일하면 0을 반환하고 s1이 s2보다 작으면 음수를 반환하고, s1이 s2보다 크다면 양수를 반환한다.

`void *memchr(const void *s, int c, size_t n);`
s가 가리키는 메모리의 n 바이트 범위에서 문자 c를 탐색한다. c와 일치하는 첫 바이트에 대한 포인터를 반환하거나, c를 찾지 못하면 NULL을 반환한다.

`void *memmove(void *dst, const void *src, size_t n);`
src에서 dst로 n 바이트를 복사하고, dst를 반환한다.

`void *memcpy(void *dst, const void *src, size_t n);`
src에서 dst로 n 바이트를 복사한다. 두 메모리 영역은 겹쳐지지 않는다. 만일 메모리 영역을 겹쳐서 쓰길 원한다면 memmove() 함수를 사용해라. dst를 반환한다.

메모리 관리 함수들의 사용법을 보이기 위한 간단한 예제로 프로그램 10.7을 살펴보자. 이 프로그램은 각 함수 호출 후에 변경된 문자열을 출력한다. 이 프로그램은 다음과 같이 진행한다.

- 10번 줄에서 malloc() 함수를 이용하여 32비트 메모리를 할당받고 이를 포인터 p가 가리키도록 한다.
- 11번 줄에서 이 메모리에 memcpy() 함수를 이용하여 str이 가리키는 문자열을 복사한다.
- 13번 줄에서 memset() 함수를 이용하여 포인터 p가 가리키는 문자열 내의 12번째 문자인 L을 l로 설정한다.
- 16번 줄에서 memchr() 함수를 이용하여 포인터 p가 가리키는 문자열 내에 l로 시작하는 부분문자열의 위치를 찾는다.
- 마지막으로 18번 줄에서 memmove() 함수를 이용한 한 문자열 내의 복사를 보여준다. 여기에서는 str+7 위치로부터 길이 10인 문자열을 str+12 위치로 복사한다.

실행결과를 통해 각 함수 호출 후에 변경된 문자열을 확인할 수 있다.

▸▸ 프로그램 10.7 mem.c

```
1 #include <stdio.h>
2 #include <stdlib.h>
3 #include <string.h>
```

```
void main()
{
    char str[32]="Do you like Linux?";
    char *p,*q;

    p = (char *) malloc(32);
    memcpy(p, str, strlen(str));
    puts(p);
    memset(p+12,'l',1);
    puts(p);

    q = (char *) memchr(p,'l',18);
    puts(q);
    memmove(str+12,str+7,10);
    puts(str);
}
```

실행결과

```
$ mem
Do you like Linux?
Do you like linux?
like linux?
Do you like like Linux
```

메모리 맵핑 함수

메모리 맵핑을 이용하면 그림 10.15와 같이 파일의 일부 영역에 메모리 주소를 부여할 수 있다. 이렇게 메모리 주소를 부여하면 마치 변수를 사용하는 것처럼 파일의 데이터를 읽거나 쓸 수 있다. 또한 메모리 주소를 나타내는 포인터와 배열을 사용하여 파일의 데이터를 다룰 수 있다.

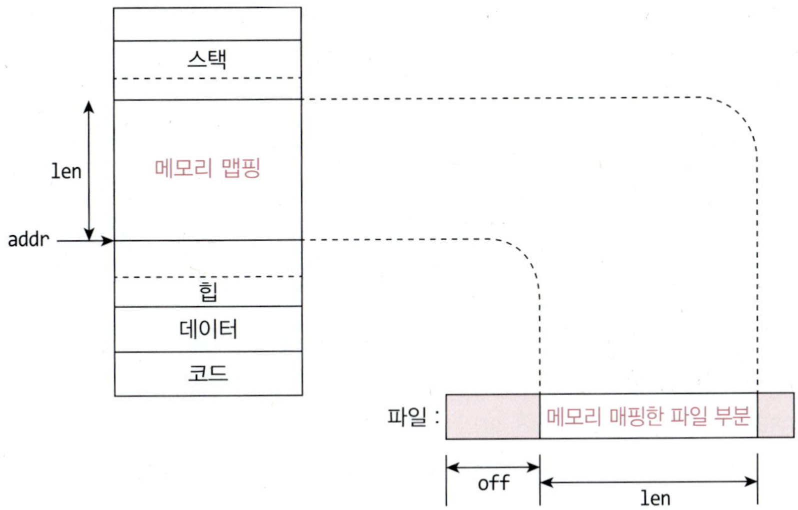

그림 10.15 메모리 맵핑

| 핵심 개념 |

메모리 맵핑을 이용하면 파일의 일부 영역에 메모리 주소를 부여할 수 있다.

mmap() 시스템 호출은 열린 파일의 일부 영역(그림 10.15에서 off부터 len 크기)에 메모리 주소를 부여하고 메모리 맵핑된 영역의 시작 주소(addr)를 반환한다.

```
#include <sys/types.h>
#include <sys/mman.h>
caddr_t mmap(caddr_t addr, size_t len, int prot, int flag, int fd,  off_t off);
```
fd가 나타내는 파일의 일부 영역(off부터 len 크기)에 메모리 주소를 부여하고 메모리 맵핑된 영역의 시작 주소(addr)를 반환한다.

이 시스템 호출에서 사용하는 매개변수는 다음과 같다.

- addr: 메모리 맵핑에 부여할 메모리 시작 주소로 이 값이 NULL이면 시스템이 적당한 시작 주소를 선택한다.
- len: 맵핑할 파일 영역의 크기로 메모리 맵핑의 크기와 같다.
- prot: 매핑된 메모리 영역에 대한 보호 정책을 나타낸다.

PROT_READ(읽기), PROT_WRITE(쓰기), PROT_EXEC(실행), PROT_NONE(접근 불가)

- fd: 대상 파일의 파일 디스크립터
- off: 맵핑할 파일 영역의 시작 위치

flag는 메모리 맵핑의 특성을 나타낸다.

- MAP_FIXED: 반환 주소가 addr와 같아야 한다.
- MAP_FIXED가 지정되지 않고 addr가 0이 아니면, 커널은 addr를 단지 힌트로 사용한다.
- MAP_SHARED나 MAP_PRIVATE 중의 하나가 반드시 지정되어야 한다
- MAP_SHARED: 부여된 주소에 쓰면 파일에 저장된다.
- MAP_PRIVATE: 부여된 주소에 쓰면 파일의 복사본이 만들어지고 이후부터는 복사본을 읽고 쓰게 된다

munmap() 시스템 호출은 맵핑한 메모리 영역을 해제한다.

```
#include <sys/mman.h>
int munmap(void *addr, size_t len)
  addr에서 시작하는 len 크기인 맵핑한 메모리 영역을 해제한다.
```

메모리 맵핑 예제

메모리 맵핑를 사용하여 파일 내용을 출력하는 cat 명령어를 작성해보자. 이 프로그램은 파일로부터 데이터를 읽는 대신에 메모리 맵핑된 주소를 배열처럼 사용해서 데이터에 접근한다. 이 프로그램은 다음과 같이 진행한다.

- 20번 줄에서 명령줄 인수로 받은 파일을 open() 한다.
- 26번 줄에서 이 파일의 크기를 알기 위해 해당 파일에 대해 fstat() 호출을 하여 파일 정보를 받는다.
- 31번 줄에서 이 파일 전체에 대해 매모리 맵핑을 한다.
- 37번 줄에서 매핑한 주소(포인터)를 사용하여 파일 내용을 한 글자씩 읽어서 출력한다.

▸▸ 프로그램 10.8 mmap.c

```
#include <stdio.h>
#include <sys/types.h>
#include <sys/stat.h>
#include <fcntl.h>
#include <unistd.h>
#include <stdlib.h>
#include <sys/mman.h>

int main(int argc, char *argv[])
{
  struct stat sbuf;
  char *p;
  int fd;

  if (argc < 2) {
     fprintf(stderr, "사용법: %s 파일이름\n", argv[0]);
     exit(1);
  }

  fd = open(argv[1], O_RDONLY);
  if (fd == -1) {
     perror("open");
     exit(1);
  }

  if (fstat(fd, &sbuf) == -1) {
     perror("fstat");
    exit(1);
  }

  p = mmap(0, sbuf.st_size, PROT_READ, MAP_SHARED, fd, 0);
  if (p == MAP_FAILED) {
     perror("mmap");
     exit(1);
  }

  for (long l = 0; l < sbuf.st_size; l++)
```

```
        putchar(p[l]);

    close(fd);
    munmap(p, sbuf.st_size);
    return 0;
}
```

| 핵심 개념 |

- 지역변수와 매개변수에 대한 메모리 공간은 실행시간 스택에 자동적으로 할당되며 동적 변수는 힙에 할당된다.
- 동적 할당을 사용하는 이유는 필요할 때 필요한 만큼만 메모리를 요청해서 사용하여 메모리를 절약하기 위해서이다.
- `malloc` 함수는 메모리를 할당할 때 사용하고 `free`는 할당한 메모리를 해제할 때 사용한다.
- `malloc()` 함수는 메모리 할당에 성공하면 할당된 메모리의 시작주소를 반환하고 실패하면 NULL을 반환한다.
- 공유 메모리는 프로세스간 사이에 메모리 영역을 공유해서 사용할 수 있도록 해준다.
- 메모리 맵핑을 이용하면 파일의 일부 영역에 메모리 주소를 부여할 수 있다.

| 실습 문제 |

10.1 키보드에서 입력된 줄을 연결리스트에 삽입하는 프로그램을 작성하시오.

(1) 삽입하는 위치는 알파벳 혹은 가나다 순서에 따라 오름차순으로 정렬되도록 한다.

(2) 모든 입력이 끝나면 지금까지 입력된 모든 줄을 정렬하여 출력한다.

힌트 `fgets()` 함수를 이용하여 한 줄씩 읽으며 `strlen()` 함수를 이용하여 줄의 길이를 결정한다. 줄의 길이만큼의 메모리를 할당하여 입력된 줄을 저장하고 연결리스트를 따라가면서 삽입할 위치를 결정하여 이 줄을 삽입한다.

10.2 메모리 맵핑을 사용하여 다음과 같이 사용하는 파일 복사 프로그램을 구현하시오.

```
$ copy 파일1 파일2
```

파일로부터 직접 데이터를 읽는 함수나 시스템 호출을 사용하지 않고 `memcpy()` 함수를 사용하시오.

| 연습 문제 |

10.1 malloc() 함수를 이용하여 calloc() 함수를 구현하시오.

10.2 연결 리스트로 스택을 구현하기 위해 필요한 함수 push()와 pop()을 구현하시오. node는 다음과 같이 정의되었다고 가정한다.

```
struct node {
   int data;
   struct node *next;
}

void push(struct node *top, int data);
int pop(struct node *top);
```

10.3 연결 리스트로 큐를 구현하기 위해 필요한 함수 addq()와 deleteq()를 구현하시오. node는 2번 문제처럼 정의되었다고 가정한다.

```
void addq(struct node *head, struct node *tail, int data);
int deleteq(struct node *head, struct node *tail);
```

10.4 C 프로그램의 자동 변수, 정적 변수, 동적 변수를 위한 메모리 할당에 대해서 설명하시오.

10.5 공유 메모리 잠금에 대해 조사하여 설명하시오.

10.6 메모리 맵핑의 장점과 단점에 대해서 설명하시오.

10.7 프로그램 10.6에서 부모 프로세스가 자식 프로세스가 끝나기를 기다리지 않으면 어떤 결과가 나오는지 설명하시오.

CHAPTER 11
시그널

contents

11 시그널

시그널은 프로그램 실행 도중에 예기치 않는 사건이 발생하면 이를 실행 중인 프로그램 즉 프로세스에 알려주는 메커니즘이라고 할 수 있다. 이 장에서는 먼저 시그널의 개념과 종류에 대해서 소개하고 발생된 시그널을 처리하는 방법, 원하는 시그널을 특정 프로세스에 보내는 방법과 시그널과 비지역 점프의 관계 등에 대해서 살펴본다.

11.1 시그널 소개

시그널 종류

프로그램 실행 도중에 예기치 않는 사건이 발생하면 이를 실행 중인 프로그램에 알려줄 수 있어야 한다. 예를 들어 연산 중에 0으로 나누는 오류가 발생하거나 키보드로부터 인터럽트(Ctrl-C) 요청이 들어오면 재빨리 이를 프로그램에 알려야 하고 프로그램에서는 이를 적절히 처리해야 한다. 이렇게 예기치 않은 사건이 발생할 때 그림 11.1과 같이 해당 프로세스에게 이를 알리는 시그널이 보내진다. 이러한 의미에서 시그널(signal)은 예기치 않은 사건이 발생할 때 이를 알리는 소프트웨어 인터럽트라고 할 수 있다.

| 핵심 개념 |

시그널은 예기치 않은 사건이 발생할 때 이를 알리는 소프트웨어 인터럽트이다.

예를 들어 다음과 같은 경우에 시그널이 발생한다. 괄호 안은 리눅스에서 사용되는 해당 시그널의 이름이다.

- 부동소수점 오류(SIGFPE)

- 정전(SIGPWR)
- 알람시계 울림(SIGALARM)
- 자식 프로세스 종료(SIGCHLD)
- 키보드로부터 인터럽트(Ctrl-C) 요청(SIGINT)
- 키보드로부터 정지(Ctrl-Z) 요청(SIGTSTP)
- 유효하지 않는 메모리 참조(SIGSEGV)

그림 11.1은 키보드로부터 인터럽트(Ctrl-C) 요청이 있을 때 인터럽트 시그널(SIGINT)이 프로세스에 전달되는 과정을 보여주고 있다. 인터럽트 시그널을 받으면 별도로 처리하지 않는 한 프로세스는 보통 종료하게 된다.

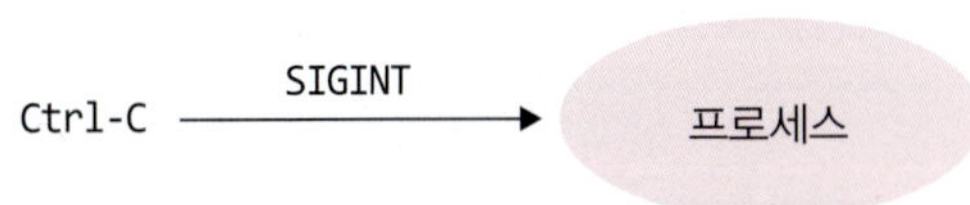

그림 11.1 프로세스에 인터럽트 시그널 전달

리눅스에는 총 30여개의 주요 시그널이 /usr/include/signal.h에 정의되어 있다. 각 시그널 이름은 SIG로 시작되며 주요 시그널과 그 의미는 표 11.1과 같다. 주요 시그널들을 시그널 발생 원인에 따라 분류해보면 다음과 같다.

- 터미널에서 발생되는 시그널: SIGINT, SIGTSTP 등을 들 수 있다. SIGINT는 인터럽트 시그널로 프로그램이 실행중일 때 키보드에서 Ctrl-C를 누르면 발생되는 시그널이며 SIGTSTP는 정지 시그널로 Ctrl-Z를 누르면 발생되어 실행중인 프로세스에 전달된다.
- 하드웨어 예외가 발생시키는 시그널: SIGFPE, SIGSEGV, SIGHUP 등을 들 수 있다. SIGFPE는 산술연산 오류를 나타내는 시그널로 0으로 나누기를 시도할 때 발생되는 시그널이며 SIGSEGV는 유효하지 않는 메모리 참조(세그멘테이션 오류)를 시도할 때 발생되는 시그널이다.
- 소프트웨어 조건에 따라 발생되는 시그널: SIGALRM, SIGPIPE, SIGCHLD 등을 들 수 있다. SIGALRM는 알람 시그널로 설정된 알람 시계가 시간이 경과하여 울릴 때 발생되는 시그널이며 SIGPIPE는 끊어진 파이프에 쓰려고 시도할 때 발생되는 시그널이며 SIGCHLD는 프로세스가 종료되거나 중지 되었을 때 이를 부모에게 알리는 시그널이다.

- kill에 의한 시그널: kill 명령어나 kill() 시스템 호출을 이용하면 어떤 시그널이든지 프로세스에 보낼 수 있다. 예를 들어 SIGSTOP 시그널을 보내서 프로세스를 정지시킬 수 있고 다시 SIGCONT 시그널을 보내서 정지된 프로세스의 실행을 재개할 수 있다. 다만 어떤 프로세스에 시그널을 보내려면 그 프로세스의 소유자이거나 슈퍼유저이어야 한다.

시그널이 발생할 때 별도로 처리하지 않으면 이 표에 있는 기본 동작에 따라 자동으로 처리하게 된다. 대부분의 시그널의 경우에는 발생한 시그널을 별도로 처리하지 않으면 프로그램(프로세스)은 거기서 종료된다. 일부 시그널(SIGTSTP, SIGTTIN, SIGTTOU 등)의 경우에는 시그널을 받으면 프로그램은 정지하게 되고 일부 시그널(SIGCHLD, SIGCONT)은 따로 처리하지 않으면 무시된다.

표 11.1 주요 시그널

시그널 이름	의미	기본 동작
SIGABRT	abort()에서 발생되는 종료 시그널	종료(코어 덤프)
SIGALRM	자명종 시계 alarm() 울림 때 발생하는 알람 시그널	종료
SIGCHLD	프로세스의 종료 혹은 중지를 부모에게 알리는 시그널	무시
SIGCONT	정지된 프로세스를 계속시키는 시그널	무시
SIGFPE	0으로 나누기와 같은 심각한 산술 오류	종료(코어 덤프)
SIGHUP	연결 끊김	종료
SIGILL	잘못된 하드웨어 명령어 수행	종료(코어 덤프)
SIGIO	비동기화 I/O 이벤트 알림	종료
SIGINT	터미널에서 Ctrl-C 할 때 발생하는 인터럽트 시그널	종료
SIGKILL	처리할 수 없는 프로세스 종료시키는 시그널	종료
SIGPIPE	끊어진 파이프	종료
SIGPWR	전원고장	종료
SIGSEGV	유효하지 않은 메모리 참조	종료(코어 덤프)
SIGSTOP	프로세스 정지 시그널	정지
SIGTSTP	터미널에서 Ctrl-Z 할 때 발생하는 정지 시그널	정지
SIGSYS	유효하지 않은 시스템 호출	종료(코어 덤프)
SIGTERM	처리할 수 있는 프로세스 종료 시그널	종료

SIGTTIN	후면 프로세스가 제어 터미널을 읽기	정지
SIGTTOU	후면 프로세스가 제어 터미널에 쓰기	정지
SIGUSR1	사용자 정의 시그널	종료
SIGUSR2	사용자 정의 시그널	종료

알람 시그널 alarm()

alarm() 시스템 호출을 하면 인자로 받은 시간(초) 후에 이 호출을 한 프로세스에 SIGALRM(알람) 시그널을 발생시킨다(그림 11.2). 만약 인자로 받은 시간이 0이면 알람은 수행되지 않는다. 이전에 설정된 알람이 있으면 취소되고 그 알람의 남은 시간(초)을 반환한다. 이전에 설정된 알람이 없다면 0을 반환한다. 프로그램이 실행 중에 SIGALRM 시그널을 받으면 "자명종 시계" 메시지를 출력하고 프로그램은 종료된다.

```
#include <unistd.h>
unsigned int alarm(unsigned int sec)
```
sec초 후에 프로세스에 SIGALRM 시그널이 발생되도록 설정한다. 이전에 설정된 알람이 있으면 취소되고 그 알람의 남은 시간(초)을 반환한다. 그렇지 않으면 0을 반환한다.

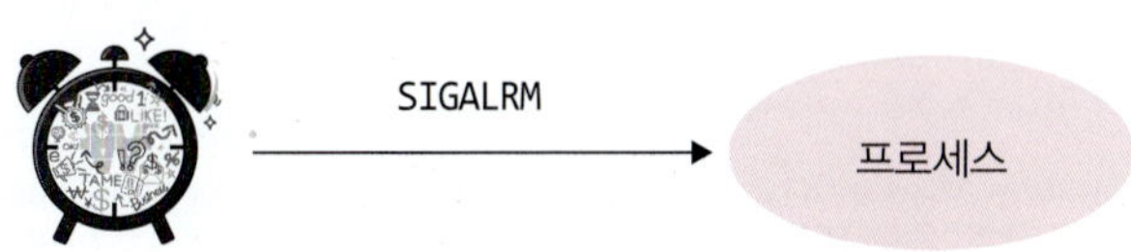

그림 11.2 프로세스에 알람 시그널 전달

예제 프로그램 11.1을 살펴보자. 이 프로그램은 다음과 같이 진행한다.

- 9번 줄에서 alarm() 시스템 호출을 하여 자명종시계가 5초 후에 SIGALRM 시그널을 발생하도록 설정한다.
- 11~14번 줄의 while 루프는 1초에 한번씩 "n초 경과"라는 메시지를 출력하다가 5초가 되면 알람 시그널을 받게 되며 이 시그널을 받게 되면 "자명종 시계"라는 메시지를 출력하고 프로그램은 종료된다.
- 15번 줄의 printf 문은 무한 루프 뒤에 위치해 있으며 무한 루프 실행 중에 알람 시그널을 받으면 프로그램이 종료되므로 절대로 실행되지 않음을 주의하자.

▸▸ 프로그램 11.1 alarm.c

```
#include <unistd.h>
#include <stdio.h>

/* 알람 시그널을 보여주는 프로그램 */
int main( )
{
  int sec = 0;

  alarm(5);
  printf("무한 루프 \n");
  while (1) {
     sleep(1);
     printf("%d 초 경과 \n", ++sec);
  }
  printf("실행되지 않음 \n");
}
```

실행결과

```
$ alarm
무한 루프
1초 경과
2초 경과
3초 경과
4초 경과
자명종 시계
```

11.2 시그널 처리

시그널 처리기

앞의 예에서 본 것처럼 발생한 시그널을 따로 처리하지 않으면 시그널에 따라 다르지만 많은 경우에 프로그램은 거기서 종료된다. 따라서 어떤 시그널이 발생하면 이를 잡아서 적절히 처리하는 **시그널 처리기**(signal handler)가 있어야 한다. 시그널 처리기는 해당 시그널이 발생하면 이를 적절히 처리하도록 함수 형태로 작성할 수 있으며 작성한 함수를 다음과 같은 의미로 특정 시그널을 처리하는 처리기로 지정 등록할 수 있다.

"이 시그널이 발생하면 이 함수로 처리하라"

특정 시그널에 대한 처리 함수 지정은 **signal()** 시스템 호출을 통해 할 수 있는데 이 시스템 호출은 다음과 같은 형태로 특정 시그널에 대한 처리 함수를 지정 등록한다.

```
#include <signal.h>
signal(int signo, void (*func)(int))1)
```

signo에 대한 처리 함수를 func으로 지정 등록한다. 기존의 처리 함수를 반환한다.

이 시스템 호출에서 매개변수 func은 SIG_IGN, SIG_DFL 혹은 사용자 정의 함수 이름이며 이 세 종류의 처리 함수의 의미는 다음과 같다.

● SIG_IGN

발생된 시그널을 무시하겠다는 의미로 SIGKILL, SIGSTOP을 제외한 시그널은 필요하면 무시할 수 있다.

● SIG_DFL

시그널에 대한 처리함수로 디폴트 처리함수를 사용하겠다는 의미이다. 각 시그널마다 미리 정해진 디폴트 처리 함수가 있으며 따로 지정하지 않으면 이 처리 함수가 수행된다.

---

1) 반환값이 함수임을 명세하면 void (*signal(int signo, void (*func)(int)))(int); 형태가 되는데 이것은 너무 복잡하고 오히려 이해하기 어려우므로 반환값에 대한 선언 부분은 생략하였다. 자세한 사항은 온라인 매뉴얼을 참고하기 바란다.

● 사용자 정의 함수

시그널에 대한 처리 함수로 주어진 사용자 정의 함수를 사용하겠다는 의미이다. 이 함수는 발생한 시그널 번호(int 값)를 인자로 받도록 작성해야 한다.

| 핵심 개념 |

signal() 시스템 호출은 특정 시그널에 대한 처리 함수를 지정한다.

알람 시그널 처리 예제

이제 시그널 처리 함수를 이용한 프로그램 11.2를 살펴보자. 이 프로그램은 24~28번 줄에서 알람 시그널에 대한 처리 함수로 alarmHandler() 함수를 정의하였다. 이 함수는 "일어나세요"라는 메시지를 출력하고 프로그램을 종료시킨다. 이 프로그램은 다음과 같이 진행한다.

- 13번 줄에서 알람 시그널이 발생하면 이 alarmHandler() 함수가 수행되도록 등록한다.
- 16번 줄에서 무한 루프에 들어가서 17,18번 줄에서 1초마다 시간 경과 메시지를 프린트한다.
- 그 사이에 알람 시그널이 발생하면 디폴트 처리 함수가 수행되지 않고 등록된 alarmHandler() 함수가 실행되어 메시지를 프린트하고 프로그램을 종료시킨다.

실행결과를 보면 4초가 지나고 5초가 되면 알람 시그널이 발생하고 alarmHandler() 함수가 실행되어 "일어나세요"라는 메시지를 출력한 것을 확인할 수 있다.

▸▸ 프로그램 11.2 almhandler.c

```
1  #include <stdio.h>
2  #include <stdlib.h>
3  #include <unistd.h>
4  #include <signal.h>
5
6  void alarmHandler(int signo);
7
8  /* 알람 시그널을 처리한다. */
```

```
int main( )
{
   int sec = 0;

   signal(SIGALRM, alarmHandler);
   alarm(5);  /* 알람 시간 설정 */
   printf("무한 루프 \n");
   while (1) {
      sleep(1);
      printf("%d초 경과 \n", ++sec);
   }
   printf("실행되지 않음 \n");
}

/* SIGALRM 처리 함수 */
void alarmHandler(int signo)
{
   printf("일어나세요\n");
   exit(0);
}
```

실행결과

```
$ almhanlder
무한 루프
1초 경과
2초 경과
3초 경과
4초 경과
일어나세요
```

프로세스 정지 pause()

pause() 시스템 호출은 시그널을 받을 때까지 해당 프로세스를 정지시키는데 이 시그널은 무시되지 않는 것이어야 한다. pause()는 시그널을 받았을 때만 깨어나서 반환하는데 이 경우 해당 시그널이 처리되고 나서 -1을 반환하며 오류를 나타내는 전역변수인 errno는 EINTR로 설정된다. 무시되는 시그널을 받은 경우에는 해당 프로세스가 깨어나지 않는다.

```
#include <signal.h>
pause()
```

이 시스템 호출은 시그널을 받을 때까지 해당 프로세스를 정지시킨다.

이제 Ctrl-C 키를 누르면 발생하면 인터럽트 시그널(SIGINT)을 처리하는 예제 프로그램을 살펴보자. 프로그램 11.3은 19~24번 줄에서 인터럽트 시그널에 대한 처리 함수로 intHandler() 함수를 정의하였다. 이 프로그램은 다음과 같이 진행한다.

- 11번 줄에서 인터럽트 시그널이 발생하면 이 intHandler() 함수가 수행되도록 등록한다.
- 14번 줄에서 pause() 시스템 호출을 하여 정지한다.
- 인터럽트 시그널이 발생하면 이 프로세스는 깨어나서 등록된 intHandler() 함수가 실행되어 메시지와 발생한 시그널의 번호를 프린트하고 exit() 호출을 하여 프로그램을 종료시킨다.

▸▸ 프로그램 11.3 **sigint1.c**

```
1  #include <stdio.h>
2  #include <stdlib.h>
3  #include <unistd.h>
4  #include <signal.h>
5
6  void intHandler(int signo);
7
8  /* 인터럽트 시그널을 처리한다. */
9  int main( )
10 {
11    signal(SIGINT,intHandler);
12
13    while (1)
14        pause();
15
16    printf("실행되지 않음 \n");
17 }
18
```

```
/* SIGINT 처리 함수 */
void intHandler(int signo)
{
   printf("인터럽트 시그널 처리\n");
   printf("시그널 번호: %d\n", signo);
   exit(0);
}
```

실행결과

```
$ sigint1
^C인터럽트 시그널 처리
시그널 번호: 2
```

시그널 무시

signal()을 사용하여 시그널 처리 함수를 등록할 때 시그널 처리 함수로 SIG_IGN을 사용하면 해당 시그널은 무시된다. 예를 들어 자식 프로세스로 하여금 명령을 실행시키는 프로그램 9.8의 경우에 부모 프로세스는 자식 프로세스가 끝날 때까지 기다린다. 이 기간 동안에는 인터럽트 시그널(SIGINT)에 의해 비정상 종료되지 않도록 이 시그널을 무시하는 것이 좋다.

프로그램 11.4는 프로그램 9.8을 확장하여 자식 프로세스가 명령어를 실행하는 동안에는 인터럽트 시그널이 무시되도록 하였다. 이를 위해 14번 줄에서 SIGINT 시그널에 대한 처리 함수로 SIG_IGN으로 설정하였다. 따라서 자식 프로세스가 명령어를 실행하고 부모 프로세스가 기다리는 동안에는 실행결과에서 보는 것처럼 Ctrl-C 입력에 의한 인터럽트 시그널은 무시된다. 자식 프로세스가 끝나면 부모 프로세스는 인터럽트 시그널에 대한 처리 함수를 기존 처리 함수인 디폴트 처리 함수로 복원한다.

▸▸ 프로그램 11.4 **execute4.c**

```
1 #include <sys/types.h>
2 #include <sys/wait.h>
3 #include <stdio.h>
4 #include <stdlib.h>
```

```c
#include <unistd.h>
#include <signal.h>

/* 명령줄 인수로 받은 명령을 실행시킨다. */
int main(int argc, char *argv[])
{
   int child, pid, status;
   void (*inthandler)();

   inthandler = signal(SIGINT, SIG_IGN);
   pid = fork( );
   if (pid == 0) {   // 자식 프로세스
      execvp(argv[1], &argv[1]);
      fprintf(stderr, "%s:실행 불가\n",argv[1]);
   } else {          // 부모 프로세스
      child = wait(&status);
      signal(SIGINT, inthandler);
      printf("[%d] 자식 프로세스 %d 종료 \n", getpid(), pid);
      printf("\t종료코드 %d \n", status>>8);
   }
}
```

실행결과

```
$ exec4 sleep 5
^C
^C
...
```

11.3 정교한 시그널 처리기 등록

시그널 처리기 등록 sigaction()

지금까지는 **signal()** 함수를 이용하여 시그널 처리기를 등록하였다. 이 함수보다 정교하게 시그널 처리기를 등록하기 위해서 향상된 기능을 제공하는 **sigaction()** 함수를 사용할 수 있다. **signal()** 함수에서는 특정 시그널이 발생하면 이를 처리할 함수의 이름을 인자로 넘겨주었는데 **sigaction()** 함수에서는 **sigaction** 구조체를 사용하여 좀 더 정교한 시그널 처리 액션을 등록할 수 있다. 시그널 처리 액션은 주로 시그널을 처리할 함수와 시그널을 처리하는 동안 차단할 시그널 집합 등을 기술한다.

sigaction() 함수의 사용법 및 설명은 다음과 같다.

```
#include <signal.h>
int sigaction(int signum, const struct sigaction *act, struct sigaction *oldact);
```

signum 시그널(SIGKILL과 SIGSTOP 제외)이 수신되었을 때, 프로세스가 취할 액션을 변경하는 데 사용된다. 이 시그널에 대한 새로운 액션은 act가 되며, 기존의 액션은 oldact에 저장된다. 성공하면 0을 실패하면 -1를 반환한다.

시그널 처리 액션은 **sigaction** 구조체 형태로 정의하며 각 필드에 대한 설명은 다음과 같다.

```
struct sigaction {
   void (*sa_handler)(int);
   void (*sa_sigaction)(int, siginfo_t *, void *);
   sigset_t sa_mask;
   int sa_flags;
}
```

- **sa_handler**: 시그널 처리기를 나타내는 필드로 **SIG_DFL**, **SIG_IGN** 또는 사용자 정의 함수로 지정할 수 있다.
- **sa_sigaction**: **sa_flags**가 **SA_SIGINFO**일 때 **sa_handler** 대신에 동작하는 처리기를 나타내는 필드로 **sa_handler**보다 더 다양한 인자(시그널 번호, 시그널이 만들어진 이유, 시그널을 받는 프로세스)를 받을 수 있다.

- sa_mask: 시그널을 처리하는 동안 차단할 시그널 집합을 나타내며 이러한 기능을 시그널 마스크라고 한다. 시그널 집합에 대해서는 아래에서 설명한다.
- ss_flags: 시그널 처리 절차를 수정하는 데 사용되며 아래와 같은 값이 사용되며, OR 연산자로 여러 개를 동시에 지정하여 사용할 수 있다.

  SA_SIGINFO: sa_handler 대신에 sa_sigaction을 사용한다.

  SA_NOCLDSTOP: signum이 SIGCHILD일 경우, 자식 프로세스가 종료되거나 중단되었을 때, 부모 프로세스에 SIGCHILD가 전달되지 않는다.

  SA_ONESHOT: 시그널을 받으면 설정된 액션을 하고 시스템 기본 설정인 SIG_DFL로 재설정된다.

  SA_NOMASK: 시그널을 처리하는 동안에 전달되는 시그널은 차단되지 않는다.

시그널 마스크 등에서 사용하는 시그널 집합은 다음 함수들을 이용하여 적절히 설정할 수 있다. 각 함수에 대한 설명은 다음과 같다.

```
#include <signal.h>
int sigemptyset(sigset_t *set);
시그널 집합 set을 공집합으로 초기화한다.
int sigfillset(sigset_t *set);
시그널 집합 set을 모든 시그널을 포함하도록 초기화한다.
int sigaddset(sigset_t *set, int signum);
시그널 집합 set에 signum 시그널 추가한다.
int sigdelset(sigset_t *set, int signum);
시그널 집합 set에서 signum 시그널을 삭제한다.
int sigismember(sigset_t *set, int signum);
signum 시그널이 시그널 집합 set의 원소인지 여부를 반환한다.
```

시그널 처리기 등록 예제

이제 sigaction() 함수를 사용하는 예제 프로그램을 살펴보자. 프로그램 11.5는 sigaction() 함수를 이용하여 Ctrl-C 키를 누르면 발생하는 인터럽트 시그널(SIGINT)을 처리하는 액션을 등록한다. 이 프로그램은 다음과 같이 진행한다.

- 15번 줄에서 인터럽트 시그널에 대한 액션을 새로 등록한다.

- 이 시그널에 대한 새로운 액션은 **11,12**번 줄에서 설정되는데 **11**번 줄에서는 시그널 처리기로 **sigint_handler** 함수가 사용되도록 하고 **12**번 줄에서는 시그널 마스크를 모든 시그널 집합으로 설정하여 시그널을 처리하는 동안에는 모든 다른 시그널은 차단되도록 한다.
- 인터럽트 시그널이 발생하여 **sigint_handler()** 함수가 수행되면 발생된 시그널 번호와 메시지를 출력하고 **27**번 줄에서 인터럽트 시그널에 대한 액션을 기존의 것으로 변경한다.
- 따라서 이 프로그램을 실행하고 처음 **Ctrl-C**를 누르면 **sigint_handler()** 함수가 실행되어 **2**번 시그널(**SIGINT**) 번호와 메시지를 출력하고 다시 **Ctrl-C**를 누르면 보통의 경우처럼 프로그램 실행은 종료된다.

▸▸ 프로그램 11.5 **sigint2.c**

```
1 #include <stdio.h>
2 #include <unistd.h>
3 #include <signal.h>
4
5 struct sigaction newact;
6 struct sigaction oldact;
7 void sigint_handler(int signo);
8
9 int main( )
10 {
11    newact.sa_handler = sigint_handler; // 시그널 처리기 지정
12    sigfillset(&newact.sa_mask); // 모든 시그널을 차단하도록 마스크
13
14    // SIGINT의 처리 액션을 새로 지정, oldact에 기존 처리 액션을 저장
15    sigaction(SIGINT, &newact, &oldact);
16    while(1) {
17       printf( "Ctrl-C를 눌러 보세요 !\n");
18       sleep(1);
19    }
20 }
21
22 /* SIGINT 처리 함수 */
23 void sigint_handler(int signo)
24 {
```

```
    printf( "%d 번 시그널 처리!\n", signo);
    printf( "또 누르면 종료됩니다.\n");
    sigaction(SIGINT, &oldact, NULL);   // 기존 처리 액션으로 변경
}
```

실행결과

```
$ sigint2
Ctrl-C를 눌러 보세요 !
Ctrl-C를 눌러 보세요 !
^C
2 번 시그널 처리 !
또 누르면 종료됩니다.
Ctrl-C를 눌러 보세요 !
^C
```

11.4 시그널 보내기

시그널 보내기 kill

상황에 따라 자동적으로 시그널이 발생되기도 하지만 필요에 따라 특정 프로세스에 임의의 시그널을 강제적으로 보낼 필요가 있다. 이러한 기능은 한 프로세스가 다른 프로세스를 제어하는 데 매우 유용하게 사용될 수 있다.

사실 8.1절에서 배운 `kill` 명령어는 프로세스를 종료시키는 데 주로 사용되지만 프로세스에 시그널을 보내는 명령어이다. `kill` 명령어의 사용법은 다음과 같으며 특정 프로세스에 원하는 시그널을 보내는 기능을 수행한다(그림 11.3). 보낼 시그널은 시그널 번호 혹은 시그널 이름으로 명시할 수 있으며 따로 명시하지 않으면 `SIGTERM` 시그널을 보내 해당 프로세스를 종료시킨다.

```
$ kill [-시그널] 프로세스ID
```

실제로 `-l` 옵션으로 `kill` 명령어를 실행해 보면 보낼 수 있는 모든 가능한 시그널을 리스트 해준다. 이 시그널 리스트는 1번 시그널부터 순서대로 나열한다.

```
$ kill -l
 1) SIGHUP       2) SIGINT       3) SIGQUIT      4) SIGILL       5) SIGTRAP
 6) SIGABRT      7) SIGBUS       8) SIGFPE       9) SIGKILL     10) SIGUSR1
11) SIGSEGV     12) SIGUSR2     13) SIGPIPE     14) SIGALRM     15) SIGTERM
16) SIGSTKFLT   17) SIGCHLD     18) SIGCONT     19) SIGSTOP     20) SIGTSTP
21) SIGTTIN     22) SIGTTOU     23) SIGURG      24) SIGXCPU     25) SIGXFSZ
26) SIGVTALRM   27) SIGPROF     28) SIGWINCH    29) SIGIO       30) SIGPWR
...
```

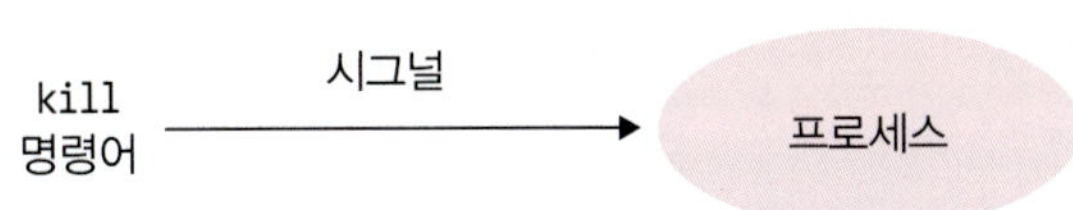

그림 11.3 kill 명령어 시그널 보내기

`kill` 명령어에서 위의 시그널을 특정 프로세스 PID에게 보내고자 할 때 시그널 번호를 명시해도 되고 시그널 이름을 명시해도 된다. 예를 들어 `kill` 명령어를 이용하여 프로세스

를 종료시킬 때에는 이 시그널 중에 9번 시그널인 SIGKILL 시그널을 보냄으로서 해당 프로세스를 종료시킬 수 있다. 따라서 다음 두 명령어는 똑같다. kill 명령어에서 시그널 이름을 명시할 때 'SIG'는 생략함을 주의하기 바란다.

```
$ kill -9 PID
$ kill -KILL PID
```

종료 시그널 외에 다른 시그널을 보내는 예를 살펴보자. 예를 들어 후면 실행 중인 프로세스에 SIGSTOP 혹은 SIGCONT 시그널을 보냄으로써 해당 프로세스를 정지시키거나 정지된 프로세스의 실행을 재개할 수 있다. 다음과 같이 어떤 명령어를 후면 실행했을 때 만약 프로세스 ID가 1234라면 그 프로세스에 SIGSTOP 시그널을 보내 정지시킬 수 있으며 다시 SIGCONT 시그널을 보내 실행을 재개할 수 있다.

```
$ 명령어 &
[1] 1234
$ kill -STOP 1234
[1]+  정지됨       명령어
$ kill -CONT 1234
```

kill 명령어는 명령어뿐만 아니라 시스템 호출로도 제공된다. 비슷하게 다음의 kill() 시스템 호출을 이용하여 프로세스 pid에 원하는 시그널 signo를 보낼 수 있다. 이 시그널 보내기가 성공하기 위해서는 보내는 프로세스의 소유자가 프로세스 pid의 소유자와 같거나 혹은 보내는 프로세스의 소유자가 슈퍼유저이어야 한다.

```
#include <sys/types.h>
#include <signal.h>
int kill(int pid, int signo);
```
프로세스 pid에 시그널 signo를 보낸다. 성공하면 0 실패하면 -1를 반환한다.

| 핵심 개념 |

kill 명령어나 kill() 시스템 호출을 이용하여 특정 프로세스에 원하는 시그널을 보낼 수 있다.

제한 시간 내에 명령어 실행 예제

프로그램 11.6은 명령줄 인수로 받은 임의의 명령어를 제한 시간(초) 내에 실행시키는 프로그램이다. 이 프로그램은 명령줄 인수로 받은 명령어를 실행시키는 프로그램 9.8을 알람 시그널을 이용하여 확장하여 작성하였다. 명령어 실행에 제한 시간을 두기 위해서는 자식 프로세스가 명령어를 실행하는 동안 정해진 시간(초)이 경과되면 SIGALRM 시그널이 발생하도록 하고 이때 자식 프로세스를 강제 종료하면 된다. 이를 위해서 다음과 같이 진행한다.

- 먼저 30~34번 줄에서 SIGALRM 시그널에 대한 처리 함수 alarmHandler()를 작성하고 15번 줄에서 이 함수를 SIGALRM 시그널에 대한 처리 함수로 등록한다.
- 다음에 16,17번 줄에서 첫 번째 명령줄 인수(argv[1])로부터 제한 시간(초)을 입력받아 알람시계를 동작시킨다.
- 이 알람시계로부터 SIGALRM 시그널이 발생되면 alarmHandler() 처리 함수가 자동으로 실행되어 자식 프로세스를 강제적으로 종료시킨다. 이 프로그램에서는 33번 줄에서 kill(pid, SIGINT) 시스템 호출을 통해 자식 프로세스에 SIGINT 시그널을 보내어 강제적으로 종료시킨다.
- 만약 SIGALRM 시그널이 발생하기 전에 자식 프로세스가 종료하면 부모 프로세스는 24번 줄에서 기다리고 있다가 실행을 재개하여 자식 프로세스 종료 메시지를 내고 정상적으로 끝나게 된다.

▸▸ 프로그램 11.6 tlimit.c

```
1  #include <sys/types.h>
2  #include <sys/wait.h>
3  #include <stdio.h>
4  #include <unistd.h>
5  #include <signal.h>
6
7  int pid;
8  void alarmHandler();
9
10 /* 명령줄 인수로 받은 명령어 실행에 제한 시간을 둔다. */
11 int main(int argc, char *argv[])
12 {
13    int child, status, limit;
```

```

  signal(SIGALRM, alarmHandler);
  sscanf(argv[1], "%d", &limit);
  alarm(limit);

  pid = fork( );
  if (pid == 0) {
     execvp(argv[2], &argv[2]);        // 명령어 실행
     fprintf(stderr, "%s:실행 불가\n",argv[1]);
  } else {
     child = wait(&status);
     printf("[%d] 자식 프로세스 %d 종료 \n", getpid(), child);
  }
}

/* SIGALRM 처리 함수*/
void alarmHandler()
{
  printf("[알람] 자식 프로세스 %d 시간 초과\n", pid);
  kill(pid, SIGINT);     // 명령어 실행 중인 자식 프로세스 종료
}
```

실행결과

```
$ tlimit 3 sleep 5
[알람] 자식 프로세스 27260 시간 초과
[27259] 자식 프로세스 27260 종료
```

시그널을 이용한 프로세스 제어

프로그램 11.7은 그림 11.4처럼 부모 프로세스가 시그널을 이용하여 두 자식 프로세스를 제어하는 프로그램이다. 이 프로그램은 참고문헌 [Glass 2003]의 13장 예제 프로그램을 두 자식 프로세스를 번갈아 제어하도록 확장한 것이다.

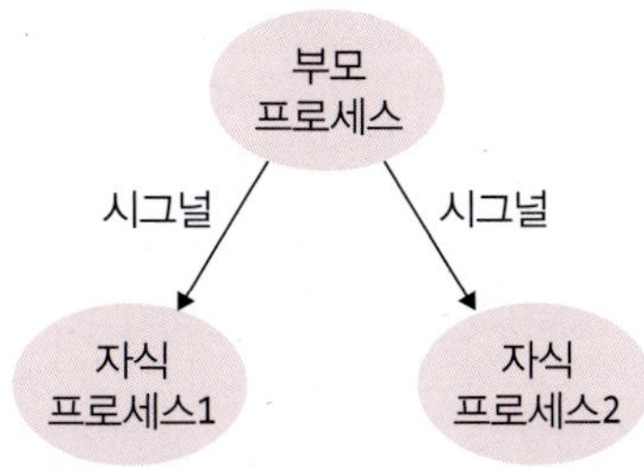

그림 11.4 시그널을 이용한 부모 프로세스의 자식 프로세스 제어

이 프로그램은 다음과 같이 진행한다.

- 11,19번 줄에서 두 개의 자식 프로세스를 생성하고 실행 중인 자식 프로세스에 SIGSTOP 시그널을 보내어 정지시키고 3초 후에 다시 SIGCONT 시그널을 보내어 실행을 계속하게 한다.
- 이 과정을 28,30번 줄에서는 첫 번째 자식 프로세스에 대해서 하고 32,34번 줄에서는 두 번째 자식 프로세스에 대해서 한다.
- 그 후 36,37번 줄에서 SIGKILL 시그널을 보내어 두 자식 프로세스들을 강제 종료시킨다.
- 각 자식 프로세스는 15,23번 줄에서 1초에 한 번씩 몇 번째 수행하고 있는지를 알리는 메시지를 출력한다.

실행결과를 통해서 첫 번째 자식 프로세스가 정지되었을 때는 두 번째 자식 프로세스만 실행 중이고 두 번째 자식 프로세스가 정지되었을 때는 첫 번째 자식 프로세스만 실행 중인 것을 확인할 수 있다.

▸▸ 프로그램 11.7 control.c

```
1 #include <sys/types.h>
2 #include <stdio.h>
3 #include <unistd.h>
4 #include <signal.h>
5
6 /* 시그널을 이용하여 자식 프로세스들을 제어한다. */
7 int main( )
8 {
```

```
  int pid1, pid2, count1 = 0, count2 = 0;

  pid1 = fork( );
  if (pid1 == 0) {
    while (1) {
      sleep(1);
      printf("자식[1] 실행: %d\n", ++count1);
    }
  }

  pid2 = fork( );
  if (pid2 == 0) {
    while (1) {
      sleep(1);
      printf("자식[2] 실행: %d\n", ++count2);
    }
  }

  sleep(3);
  kill(pid1, SIGSTOP);
  sleep(3);
  kill(pid1, SIGCONT);
  sleep(3);
  kill(pid2, SIGSTOP);
  sleep(3);
  kill(pid2, SIGCONT);
  sleep(3);
  kill(pid1, SIGKILL);
  kill(pid2, SIGKILL);
}
```

실행결과

```
$ control
자식[2] 실행: 1
자식[1] 실행: 1
자식[1] 실행: 2
자식[2] 실행: 2
자식[2] 실행: 3
```

```
자식[2] 실행: 4
자식[2] 실행: 5
자식[1] 실행: 3
자식[2] 실행: 6
자식[1] 실행: 4
자식[2] 실행: 7
자식[1] 실행: 5
자식[2] 실행: 8
자식[1] 실행: 6
자식[1] 실행: 7
자식[1] 실행: 8
자식[2] 실행: 9
자식[1] 실행: 9
자식[2] 실행: 10
자식[1] 실행: 10
자식[2] 실행: 11
자식[1] 실행: 11
```

raise() 시스템 호출을 이용하여 프로세스가 자기 자신에게 시그널을 보낼 수 있다. 사실 raise(signo) 시스템 호출은 kill(getpid(), signo) 시스템 호출과 같다.

```
#include <signal.h>
int raise(int sigCode);
프로세스가 자신에게 시그널 signo를 보낸다. 성공하면 0 실패하면 -1를 반환한다.
```

11.5 시그널과 비지역 점프

비지역 점프 setjmp()와 longjmp()

때때로 프로그램의 하위 레벨 루틴에서 오류(예외)를 만나거나 인터럽트와 같은 시그널을 받게 되면 프로그램을 이전의 상태로 복구하여야 할 때가 있다. 예를 들어 사용자가 인터럽트 키를 치면 현재 어느 위치에 있던지 프로그램의 메인 함수로 돌아가야 하는 상황을 생각해 볼 수 있다. 이러한 상황은 두 개의 특수한 함수 **setjmp()**와 **longjmp()**를 이용하여 처리할 수 있다.

의미상으로 보면 **longjmp()** 함수는 일종의 비지역 점프로 **setjmp()** 함수에 의해 설정된 지점으로 비지역 점프하게 된다(그림 11.5). **setjmp()** 함수는 두 번 반환할 수 있는데 처음 호출되었을 때는 복귀 주소를 포함한 프로그램의 현재 상태(주로 실행시간 스택의 내용)를 저장하고 반환한다. **longjmp()** 함수를 호출하면 **setjmp()** 함수에 의해 저장된 상태를 다시 복구하고 **setjmp()** 함수가 두 번째로 반환하게 된다.

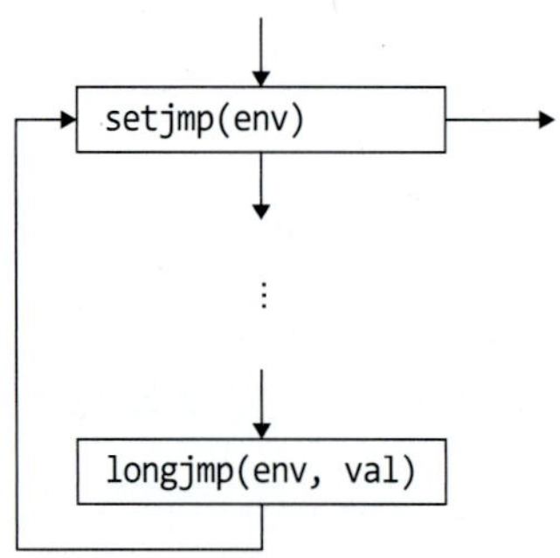

그림 11.5 setjmp와 longjmp

```
#include <setjmp.h>
int setjmp(jmp_buf env);
```
비지역 점프를 위해 스택 내용 등을 env에 저장한다. setjmp()는 처음 반환할 때 0을 반환하고 저장된 내용을 사용하는 longjmp()에 의해 두 번째 반환할 때는 0이 아닌 val 값을 반환한다.

```
void longjmp(jmp_buf env, int val);
```
env에 저장된 상태를 복구하여 스택 내용 등이 저장된 곳으로 비지역 점프한다. 구체적으로 상응하는 setjmp() 함수가 val 값을 반환하고 실행이 계속된다.

구체적으로 setjmp(env) 함수는 첫 번째 호출되면 복귀 주소를 포함한 실행시간 스택 내용(runtime stack context) 등을 jmp_buf 형 변수 env에 저장하고 0을 반환한다. jmp_buf 형은 헤더 파일 <setjmp.h>에 정의되어 있다. setjmp() 함수는 longjmp() 호출에 의해 두 번째로 반환하는데, longjmp(env, val) 형태로 호출하면 env에 저장된 상태를 복구하고, 상응하는 setjmp() 함수가 val 값을 반환하고 실행이 계속된다. longjmp(env, val) 형태로 호출할 때 setjmp(env) 호출에 의해 저장된 env와 setjmp()가 두 번째로 반환할 0이 아닌 값 val을 인자로 제공한다.

| 핵심 개념 |

longjmp() 함수는 setjmp() 함수에 의해 설정된 지점으로 비지역 점프를 한다.

비지역 점프 예제

먼저 오류를 만났을 때 프로그램의 메인 함수로 복귀하는 예를 살펴보자. 프로그램 11.8은 프로그램의 하위 레벨 루틴에서 오류를 만나서 다시 메인 함수로 돌아오는 경우를 보여준다. 이 프로그램은 다음과 같이 진행한다.

- 10번 줄에서 처음으로 setjmp() 호출을 하였을 때는 0을 반환하므로 14번 줄을 실행한다.
- 이후 p1()과 p2()를 호출하고 오류로 인해 31번 줄에서 longjmp() 호출을 하면 비지역 점프를 해서 10번 줄의 setjmp()가 두 번째로 반환하게 된다.
- 이때 반환 값은 lnogjmp() 할 때 준 값 1이므로 이번에는 11번 줄을 실행하게 된다.

실행결과를 보면 10번 줄의 setjmp()을 처음 통과한 이후에 오류에 의해 두 번째로 복귀한 것을 확인할 수 있다.

▸▸ 프로그램 11.8 jump1.c

```c
#include <stdio.h>
#include <stdlib.h>
#include <setjmp.h>

void p1(), p2();
jmp_buf env;

int main()
{
   if (setjmp(env) != 0) {
       printf("오류로 인해 복귀\n");
       exit(0);
   }
   else printf("처음 통과\n");

   p1();
}

void p1()
{
   p2();
}

void p2()
{
   int error;

   error = 1;
   if (error) {
      printf("오류 \n");
      longjmp(env, 1);
   }
}
```

실행결과

```
$ jump1
처음 통과
```

오류
오류로 인해 복귀

시그널을 이용한 비지역 점프 예제

두 번째로 시그널을 받았을 때 프로그램의 메인 함수로 복귀하는 예를 살펴보자. 프로그램 11.9는 프로그램의 하위 레벨 루틴을 실행하는 중에 인터럽트 시그널을 받으면 다시 메인 함수로 돌아오는 경우를 보여준다. 이 프로그램은 다음과 같이 진행한다.

- 13번 줄에서는 인터럽트 시그널에 대한 처리기를 intHandler() 함수로 등록한다.
- 15번 줄에서 처음으로 setjmp()를 하였을 때는 0을 반환하므로 19번 줄을 실행한다.
- 이후 p1()를 호출하고 p1() 내에서는 무한루프를 반복하고 있다.
- 어느 순간에 인터럽트 시그널을 받게 되면 intHandler() 함수가 실행되고 36번 줄에서 longjmp() 호출을 하면 비지역 점프를 해서 15번 줄의 setjmp()가 두 번째로 반환하게 된다.
- 이때 반환 값은 lnogjmp() 할 때 준 값 1이므로 이번에는 16번 줄을 실행하게 된다.

실행결과를 보면 15번 줄의 setjmp()을 처음 통과한 이후에 인터럽트에 의해 두 번째로 복귀한 것을 확인할 수 있다.

▸▸ 프로그램 11.9 jump2.c

```
1  #include <stdio.h>
2  #include <stdlib.h>
3  #include <unistd.h>
4  #include <setjmp.h>
5  #include <signal.h>
6
7  void p1();
8  void intHandler();
9  jmp_buf env;
10
11 int main()
12 {
```

```
    signal(SIGINT, intHandler);

    if (setjmp(env) != 0) {
        printf("인터럽트로 인해 복귀\n");
        exit(0);
    }
    else printf("처음 통과\n");

    p1();
}

void  p1()
{
    while (1) {
        printf("루프\n");
        sleep(1);
    }
}

void intHandler()
{

    printf("인터럽트\n");
    longjmp(env, 1);
}
```

실행결과

```
$ jump1
처음 통과
루프
루프
루프
^C
인터럽트로 인해 복귀
```

| 핵심 개념 |

- 시그널은 예기치 않은 사건이 발생할 때 이를 알리는 소프트웨어 인터럽트이다.
- signal() 시스템 호출은 특정 시그널에 대한 처리 함수를 지정한다.
- kill 명령어나 kill() 시스템 호출을 이용하여 특정 프로세스에 원하는 시그널을 보낼 수 있다.
- longjmp() 함수는 setjmp() 함수에 의해 설정된 지점으로 비지역 점프를 한다.

| 실습 문제 |

11.1 9장 실습의 쉘 인터프리터에 제한 시간 내에 명령어를 실행하는 기능을 추가하시오.

(1) 쉘 인터프리터에 다음과 같이 제한시간 내에 명령어를 실행하는 기능을 추가한다. n 은 제한시간(초)을 나타낸다.

```
[shell] n cmd1
```

(2) 제한시간 내에 명령어 실행을 완료하지 못하면 적절한 메시지를 출력하고 명령어 실행을 종료하고 새로운 프롬프트를 출력한다.

11.2 9장 실습의 쉘 인터프리터가 인터럽트 시그널에 의해 종료되지 않도록 확장하시오.

(1) 쉘 인터프리터가 인터럽트 시그널(SIGINT)에 의해서 프로그램이 종료되지 않도록 한다.

(2) 후면 처리되는 명령은 SIGINT나 SIGQUIT 시그널에 의해 강제 종료되지 않도록 한다.

11.3 프로그래머가 작성한 어떤 함수는 실행하는 동안에 인터럽트 시그널을 받아도 무시하고 프로그램이 갑자기 종료하는 것을 방지해야 한다.

(1) sigaction() 함수를 이용하여 이 함수를 실행하기 전에는 인터럽트 시그널을 무시하고 그 함수 실행이 끝나면 인터럽트 시그널을 받을 수 있도록 하는 프로그램을 작성하시오.

(2) 이 함수가 시작되면 인터럽트 시그널을 무시한다는 메시지를 출력하고 함수가 끝날 때는 함수가 끝난다는 메시지를 출력하시오.

| 연습 문제 |

11.1 sigaction() 함수와 signal() 함수를 비교하여 설명하시오.

11.2 알람 시그널과 pause() 시스템 호출을 이용하여 sleep() 함수를 구현하시오.

11.3 alarm() 함수와 sleep() 함수의 차이점은 무엇인가?

11.4 SIGSTOP과 SIGTSTP 시그널의 차이점을 설명하시오.

11.5 SIGKILL과 SIGTERM 시그널의 차이점을 설명하시오.

11.6 SIGSEGV 시그널에 대해서 조사하여 설명하시오.
이 시그널은 어떤 경우에 발생되는가?

11.7 다음 컨트롤 키를 눌렀을 때 발생하는 시그널에 대해서 설명하시오.

(1) Ctrl-C

(2) Ctrl-Z

(3) Ctrl-D

CHAPTER 12

파이프

contents

12 파이프

우리는 이미 2장에서 쉘이 제공하는 파이프 기능을 사용해 보았다. 이 기능은 사실 시스템 호출 형태로 제공되는 파이프 기능을 이용하여 구현된 것이다. 이 장에서는 파이프의 기본 개념을 이해하고 이름 없는 파이프와 이름 있는 파이프를 생성하는 시스템 호출과 이를 이용한 프로그램을 중심으로 살펴본다.

12.1 이름 없는 파이프

파이프 개념

우리는 이미 쉘이 제공하는 파이프의 기능을 사용해 보았다. 예를 들어 아래와 같이 실행하면 who 명령어의 표준출력은 파이프를 통해 모두 sort 명령어의 표준입력이 된다. 실제로는 who 명령어를 실행하는 프로세스의 표준출력이 파이프를 통해 모두 sort 명령어를 실행하는 프로세스의 표준입력으로 전달되는 프로세스 사이의 데이터 통신이 이루어진 것이다. 이 관계를 그림 12.1과 같이 표현할 수 있다.

```
$ who | sort
```

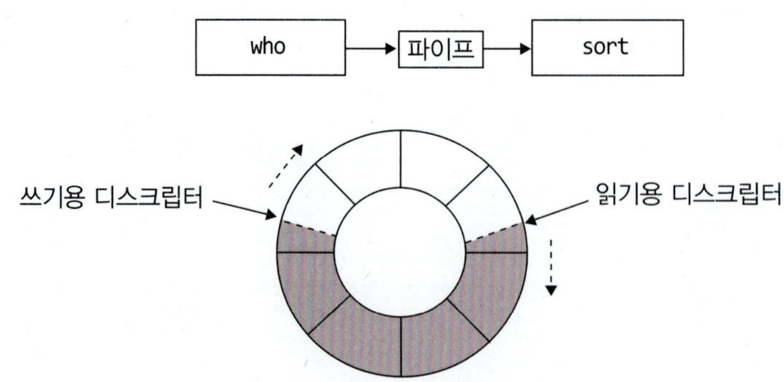

그림 12.1 파이프 원리

이번에는 이 예를 파이프를 중심으로 살펴보자. 파이프는 마치 물을 보내는 수도 파이프처럼 생각할 수 있다. 수도 파이프의 한쪽 끝에서 물을 보내고 다른 쪽 끝에서 물을 받는 것처럼 파이프는 일반 파일과 달리 두 개의 파일 디스크립터를 갖는다. 하나는 쓰기용이고 다른 하나는 읽기용이다. 그림 12.1과 같이 한 프로세스는 쓰기용 파일 디스크립터를 이용하여 파이프에 데이터를 보내고(쓰고) 다른 프로세스는 읽기용 파일 디스크립터를 이용하여 그 파이프에서 데이터를 받는다(읽는다). 이런 식으로 파이프를 이용하여 두 프로세스 사이에 데이터 통신이 이루어진다. 파이프를 사용할 때는 보내는 프로세스와 받는 프로세스가 정해져 있어 데이터를 한 방향(one way)으로만 보낼 수 있다.

| 핵심 개념 |

파이프는 데이터를 한 방향으로 보내는 데 사용된다.

파이프의 또 하나의 특징은 수도 파이프를 통해 보낼 수 있는 물의 양에 제한이 없는 것처럼 파이프를 통해 보낼 수 있는 데이터의 양에 제한이 없다는 점이다. 단지 한 프로세스가 파이프에 데이터를 쓰는 속도가 너무 빠르면 순간적으로 파이프가 가득 찰 수는 있지만 시간이 지나면서 다른 프로세스가 파이프로부터 데이터를 읽어 가면 다시 파이프에 데이터를 보낼 수 있는 상태가 된다. 이를 위해 파이프가 가득 차게 되면 자동으로 파이프에 쓰기가 잠시 중지(block)된다. 반대로 데이터를 읽는 속도가 쓰는 속도보다 빠르면 순간적으로 파이프가 비어 있을 수도 있는데 파이프가 비게 되면 자동으로 파이프로부터 읽기가 잠시 중지되므로 곧 파이프에 데이터가 들어오게 된다.

| 핵심 개념 |

파이프는 두 개의 파일 디스크립터를 갖는다. 하나는 쓰기용이고 다른 하나는 읽기용이다.

파이프 만들기 pipe()

pipe() 시스템 호출은 그림 12.2와 같이 하나의 파이프를 만들고 그 파이프에 대한 두 개의 파일(파이프) 디스크립터 fd[0]과 fd[1]을 제공한다. fd[0]은 읽기용이고 fd[1]은 쓰기용이다.

```
#include <unistd.h>
int pipe(int fd[2])
```
파이프를 생성하고 생성된 파이프에 대한 두 개의 파일 디스크립터 fd[0]과 fd[1]을 제공한다. 성공하면 0을 실패하면 -1를 반환한다.

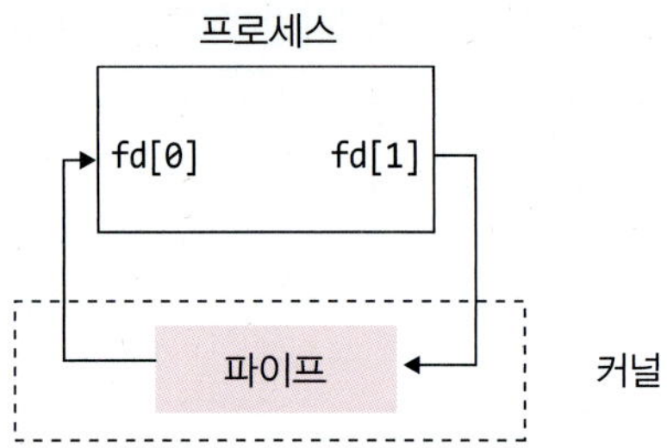

그림 12.2 파이프 생성

이제 파이프를 사용하려면 파일에서와 같이 read(), write() 시스템 호출을 사용하면 되는데 파이프에 데이터를 보내려면 write(fd[1], ...) 시스템 호출을 사용하여 파이프에 쓰면 된다. 파이프에서 데이터를 받으려면 read(fd[0], ...) 시스템 호출을 사용하여 파이프로부터 읽으면 된다.

파이프는 파일과 달리 이름이 없으므로 서로 관련된 (주로 부모-자식) 프로세스 사이의 데이터를 전송하는 데에만 사용될 수 있다. 그렇다면 부모-자식 프로세스는 이름도 없는 파이프를 어떻게 공유하여 사용할 수 있을까? 부모 프로세스가 파이프를 만든 후 자식 프로세스를 생성하면 자식 프로세스는 부모 프로세스를 복제하여 만들어지므로 부모 프로세스가 만든 파이프도 당연히 공유하여 사용할 수 있다. 그림 12.3는 자식 프로세스 생성 후에 부모 프로세스와 자식 프로세스 사이의 파이프의 공유 상황을 보여주고 있다.

파이프를 사용하는 전형적인 사용법에 대해 알아보자.

(1) 한 프로세스가 파이프를 생성한다.
(2) 그 프로세스가 자식 프로세스를 생성한다.
(3) 쓰는 프로세스는 읽기용 파이프 디스크립터를 닫는다.
    읽는 프로세스는 쓰기용 파이프 디스크립터를 닫는다.
(4) 각 프로세스는 write()와 read() 시스템 호출을 사용하여 파이프를 통해 데이터를

송수신한다.

(5) 각 프로세스가 살아 있는 파이프 디스크립터를 닫는다.

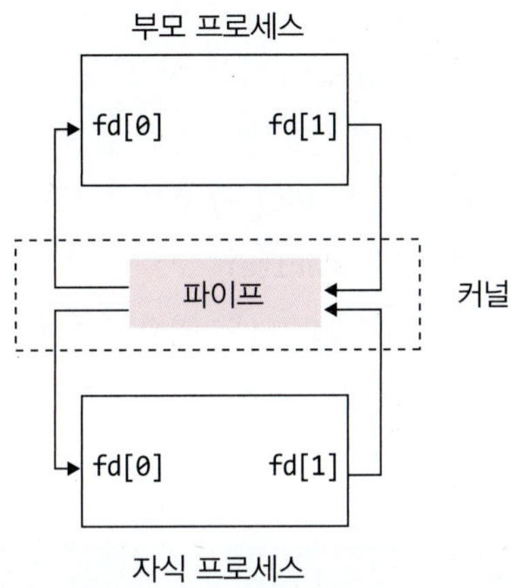

그림 12.3 자식 생성 후의 파이프

예를 들어 자식 프로세스에서 부모 프로세스로 데이터를 보내는 경우에는 자식 프로세스가 읽기용 파이프 디스크립터 **fd[0]**을 닫고 부모 프로세스는 쓰기용 파이프 디스크립터 **fd[1]**을 닫으면 된다. 이 경우에 파이프의 모양은 그림 12.4와 같다.

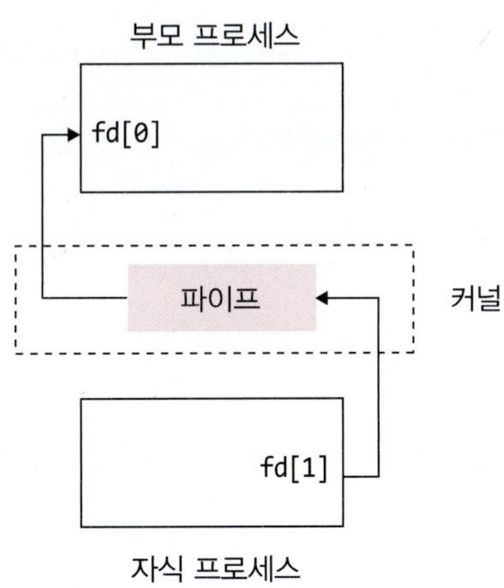

그림 12.4 파이프를 통해 자식에서 부모로 데이터 보내기

파이프 예제

프로그램 12.1은 자식 프로세스에서 파이프를 통해 부모 프로세스로 메시지를 보내는 프로그램이다. 이 프로그램은 다음과 같이 진행한다.

- 13번 줄에서 파이프를 생성하고 15번 줄에서 자식 프로세스를 생성한다.
- 자식 프로세스는 읽기용 파이프 디스크립터는 필요 없으므로 16번 줄에서 닫고 17번 줄에서 보내고자 하는 메시지를 만들어 19번 줄에서 메시지를 쓰기용 파이프 디스크립터 fd[1]을 통해 부모 프로세스에 보낸다(write).
- 부모 프로세스는 쓰기용 파이프 디스크립터는 필요 없으므로 21번 줄에서 닫고 22번 줄에서 읽기용 파이프 디스크립터 fd[0]을 통해 이 메시지를 받아(read) 프린트한다.

▸▸ 프로그램 12.1 **pipe.c**

```
1  #include <stdio.h>
2  #include <stdlib.h>
3  #include <unistd.h>
4  #include <string.h>
5  #define MAXLINE 100
6
7  /* 파이프를 통해 자식에서 부모로 데이터를 보내는 프로그램 */
8  int main( )
9  {
10     int n, length, fd[2], pid;
11     char message[MAXLINE], line[MAXLINE];
12
13     pipe(fd);  /* 파이프 생성 */
14
15     if ((pid = fork()) == 0) {   /* 자식 프로세스 */
16        close(fd[0]);
17        sprintf(message, "Hello from PID %d\n", getpid());
18        length = strlen(message)+1;
19        write(fd[1], message, length);
20     } else {                  /* 부모 프로세스 */
21        close(fd[1]);
22        n = read(fd[0], line, MAXLINE);
23        printf("[%d] %s", getpid(), line);
```

```
    }

    exit(0);
}
```

실행결과

```
$ pipe
[3068] Hello from PID 3069
```

12.2 쉘 파이프 구현

자식 프로세스의 표준출력을 파이프로 보내기

앞 절에서 살펴본 것처럼 파이프는 주로 부모 프로세스와 자식 프로세스 사이의 통신에 많이 사용된다. 쉘 파이프와 같은 기능을 구현하려면 먼저 자식 프로세스의 표준출력을 파이프를 통해 부모 프로세스에게 보낼 수 있어야 한다. 자식 프로세스의 표준출력을 파이프를 통해 모두 부모 프로세스에게 보내려면 어떻게 하여야 할까? 일단은 그림 12.4와 같이 부모 프로세스와 자식 프로세스가 파이프를 공유해야 한다. 그리고 자식 프로세스는 다음과 같이 dup2() 시스템 호출을 이용하여 쓰기용 파이프 디스크립터 fd[1]을 표준출력을 나타내는 1번 파일 디스크립터에 복제하면 된다.

```
dup2(fd[1],1)
```

이렇게 하면 그림 12.5와 같이 표준출력을 나타내는 파일 디스크립터 1은 이제는 쓰기용 파이프를 가리키게 된다. 이렇게 되면 표준출력을 통해 출력된 내용은 모두 파이프에 보내지게 된다.

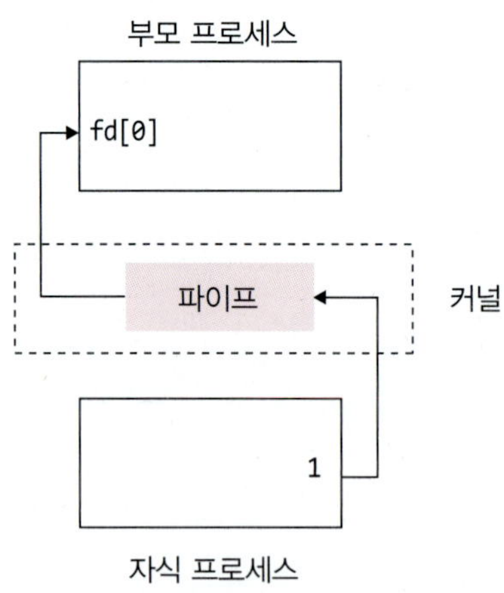

그림 12.5 자식의 표준출력을 파이프를 통해 부모로 보내기

자식 프로세스의 표준출력을 파이프로 받는 예제

프로그램 12.2는 자식 프로세스의 표준출력을 파이프를 통해 부모 프로세스에게 보내고 부모 프로세스는 이를 받아서 출력한다. 이 프로그램은 다음과 같이 진행한다.

- 12번 줄에서 파이프를 생성하고 14번 줄에서 자식 프로세스를 생성한다.
- 자식 프로세스가 16번 줄에서 dup2(fd[1],1) 호출을 수행하면 쓰기용 파이프 디스크립터 fd[1]은 표준출력인 1번 파일 디스크립터에 복제된다.
- 이제부터 1번 파일 디스크립터는 쓰기용 파이프를 가리키므로 표준출력을 통한 출력은 모두 이 쓰기용 파이프에 보내진다. 이제 쓰기용 파이프 디스크립터는 더 이상 필요 없으므로 닫는다.
- 18,19번 줄에서 표준출력에 프린트한 메시지들은 모두 쓰기용 파이프에 보내진다.
- 부모 프로세스는 23,24번 줄에서 읽기용 파이프를 fd[0]을 통해 자식 프로세스로부터의 출력을 받아 이를 표준출력을 통해 출력한다.

▸▸ 프로그램 12.2 stdpipe.c

```
1  #include <stdio.h>
2  #include <stdlib.h>
3  #include <unistd.h>
4  #define MAXLINE 100
5
6  /* 자식의 표준출력을 파이프를 통해 부모가 받아 프린트한다. */
7  int main(int argc, char* argv[])
8  {
9     int n, pid, fd[2];
10    char line[MAXLINE];
11
12    pipe(fd);  /* 파이프 생성 */
13
14    if ((pid = fork()) == 0) { /* 자식 프로세스 */
15       close(fd[0]);
16       dup2(fd[1],1);        /* 쓰기용 파이프를 표준출력에 복제 */
17       close(fd[1]);
18       printf("Hello! pipe\n");
19       printf("Bye! pipe\n");
20    } else {                 /* 부모 프로세스 */
21       close(fd[1]);
22       printf("자식 프로세스로부터 받은 결과\n");
23       while ((n = read(fd[0], line, MAXLINE)) > 0)
24          write(STDOUT_FILENO, line, n);
```

```
    }

    exit(0);
}
```

실행결과

```
$ stdpipe
자식 프로세스로부터 받은 결과
Hello! pipe
Bye! pipe
```

명령어의 표준출력을 파이프를 통해 받는 예제

이제 그림 12.6처럼 부모 프로세스가 자식 프로세스에게 명령어를 실행하게 하고 그 표준출력을 파이프를 통해 받는 프로그램을 작성해 보자. 프로그램 12.3은 부모 프로세스가 자식 프로세스에게 명령줄 인수로 받은 명령어를 실행하게 하고 그 표준출력을 파이프를 통해 받아 출력한다. 이 프로그램은 다음과 같이 진행한다.

- 프로그램 12.2와 같이 파이프와 자식 프로세스를 생성하고 자식 프로세스는 쓰기용 파이프 디스크립터 fd[1]을 표준출력을 나타내는 1번 파일 디스크립터에 복제한다.
- 이제 1번 파일 디스크립터는 쓰기용 파이프를 가리키고 표준출력을 통한 출력은 모두

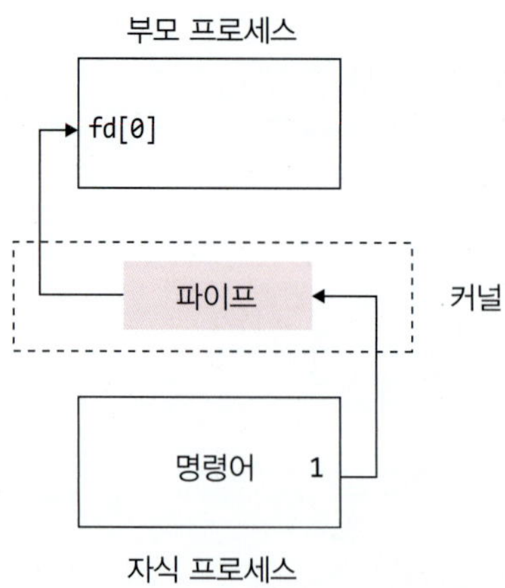

그림 12.6 명령어 실행결과를 파이프를 통해 부모 프로세스에 보내기

이 쓰기용 파이프에 보내진다.

- 18번 줄에서 명령줄 인수로 받은 명령어를 실행시키는데 이 명령어의 표준출력은 모두 쓰기용 파이프에 보내진다.
- 부모 프로세스는 22번 줄에서 읽기용 파이프를 fd[0]을 통해 자식 프로세스로부터의 출력을 받아 23번 줄에서 이를 표준출력을 통해 출력한다.

▸▸ 프로그램 12.3 pexec1.c

```c
1  #include <stdio.h>
2  #include <stdlib.h>
3  #include <unistd.h>
4  #define MAXLINE 100
5
6  /* 파이프를 통해 자식에서 실행되는 명령어 출력을 받아 프린트한다. */
7  int main(int argc, char* argv[])
8  {
9     int n, pid, fd[2];
10    char line[MAXLINE];
11
12    pipe(fd);  /* 파이프 생성 */
13
14    if ((pid = fork()) == 0) { /* 자식 프로세스 */
15       close(fd[0]);
16       dup2(fd[1],1);        /* 쓰기용 파이프를 표준출력에 복제 */
17       close(fd[1]);
18       execvp(argv[1], &argv[1]);
19    } else {                /* 부모 프로세스 */
20       close(fd[1]);
21       printf("자식 프로세스로부터 받은 결과\n");
22       while ((n = read(fd[0], line, MAXLINE)) > 0)
23          write(STDOUT_FILENO, line, n);
24    }
25
26    exit(0);
27 }
```

```
실행결과
$ pexec1 date
자식 프로세스로부터 받은 결과
2022. 01. 01. (토) 13:15:20 KST
```

쉘 파이프 구현

이제 쉘의 파이프 기능을 구현하여 보자. 이 프로그램은 쉘 프롬프트를 출력하고 다음과 같이 사용자로부터 파이프를 사용하는 명령어를 입력받는다.

```
[shell] command1 | command2
```

command1 명령어는 자식 프로세스가 실행하고 command2 명령어는 부모 프로세스가 실행한다. 또한 그림 12.7과 같이 자식 프로세스가 실행하는 command1 명령어의 표준출력을 파이프를 통해서 부모 프로세스가 실행하는 command2 명령어의 표준입력으로 전달한다.

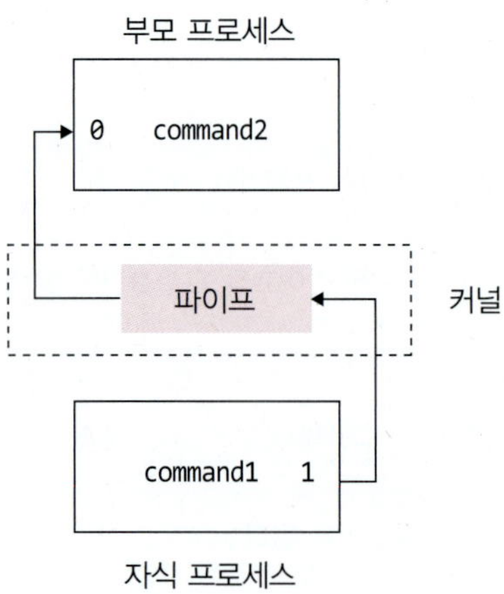

그림 12.7 자식의 표준출력을 파이프를 통해 부모의 표준입력으로 보내기

프로그램 12.4은 쉘의 파이프를 구현하는 프로그램이다. 이를 구현하기 위해서는 먼저 사용자로부터 입력을 받고 입력된 한 줄을 '|' 기호를 기준으로 command1과 command2로 분리하여야 한다.

● 명령어 분리

14,15번 줄에서 한 줄을 입력받아 문자 배열 str에 저장하고 문자열의 끝을 표시한다. 이 문자열에서 command1과 command2로 분리하기 위해서 strchr() 함수와 strtok() 함수를 사용하였다. 17번 줄의 strchr() 함수는 이 문자열 내에 '|' 문자가 있는지 검사하고 만약 있다면 18,19번 줄에서 command1과 command2를 분리하여 저장한다.

이제 command1은 자식 프로세스가 실행하고 command2는 부모 프로세스가 실행하면서 command1의 표준출력을 파이프를 통해 command2의 표준입력으로 전달해야 한다.

● 자식 프로세스

이를 위해서 자식 프로세스는 프로그램 12.4에서처럼 26번 줄에서 dup2(fd[1],1)를 수행하여 쓰기용 파이프 디스크립터 fd[1]을 표준출력인 1번 파일 디스크립터에 복제한다. 이제부터 1번 파일 디스크립터는 쓰기용 파이프를 가리키게 된다. 이제 28번 줄에서 command1을 실행하면 이 명령어의 1번 파일 디스크립터를 통한 표준출력은 모두 이 쓰기용 파이프에 보내질 것이다.

● 부모 프로세스

부모 프로세스는 32번 줄에서 dup2(fd[0],0)를 수행하여 읽기용 파이프 디스크립터 fd[0]을 표준입력인 0번 파일 디스크립터에 복제한다. 이제부터 0번 파일 디스크립터는 읽기용 파이프를 가리키게 된다. 이제 34번 줄에서 command2를 실행하면 이 명령어의 0번 파일 디스크립터를 통한 표준입력은 모두 이 읽기용 파이프에서 읽게 된다.

실행결과를 보면 ls 명령어의 표준출력이 wc 명령어의 표준입력이 되어 실행된 것을 확인할 수 있다. 이 프로그램은 입력된 명령어가 명령줄 인수가 있을 때는 처리하지 못하는 한계를 가지고 있다. 이에 대해서는 실습문제에서 다룰 것이다.

▸▸ 프로그램 12.4 shellpipe.c

```
1 #include <stdio.h>
2 #include <string.h>
3 #include <unistd.h>
4 #define READ 0
5 #define WRITE 1
```

```c

int main(int argc, char* argv[])
{
    char str[1024];
    char *command1, *command2;
    int fd[2];

    printf("[shell]");
    fgets(str,sizeof(str),stdin);
    str[strlen(str)-1] ='\0';

    if(strchr(str,'|') != NULL) {    // 파이프 사용하는 경우
        command1 = strtok (str,"| ");
        command2 = strtok (NULL, "| ");
    }

    pipe(fd);

    if (fork() ==0) {
        close(fd[READ]);
        dup2(fd[WRITE],1);         // 쓰기용 파이프를 표준출력에 복제
        close(fd[WRITE]);
        execlp(command1, command1, NULL);
        perror("pipe");
    } else {
        close(fd[WRITE]);
        dup2(fd[READ],0);          // 읽기용 파이프를 표준입력에 복제
        close(fd[READ]);
        execlp(command2, command2, NULL);
        perror("pipe");
   }
}
```

실행결과

```
$ shellpipe
[shell] ls | wc
    20    20    184
```

12.3 파이프 라이브러리 함수

파이프 열기 popen()

프로그램 12.3에서는 자식 프로세스에게 명령어를 실행시키고 그 출력을 파이프를 통해 받기 위해 상당히 복잡한 과정을 거쳤다. C 언어는 이러한 과정을 간단히 할 수 있는 라이브러리 함수 popen()을 제공한다.

```
#include <stdio.h>
FILE *popen(const char *command, const char *type);
성공하면 파이프를 위한 파일 포인터를 실패하면 NULL을 반환한다.

int pclose(FILE *fp);
성공하면 command 명령어의 종료 상태를 실패하면 -1을 반환한다.
```

popen() 함수는 fopen()를 이용하여 파일을 열 때처럼 두 번째 매개변수 type에 입출력 모드를 지정할 수 있다. 다음과 같이 읽기 모드로 파이프를 열면

```
fp = popen(command, "r");
```

popen() 함수는 그림 12.8과 같이 자식 프로세스를 생성하고 자식 프로세스에게 명령어를 실행시키고 그 표준출력(stdout)을 파이프를 통해 받을 수 있도록 준비하는 이 모든 과정을 알아서 해주고 이 파이프를 가리키는 FILE 포인터만을 반환한다.

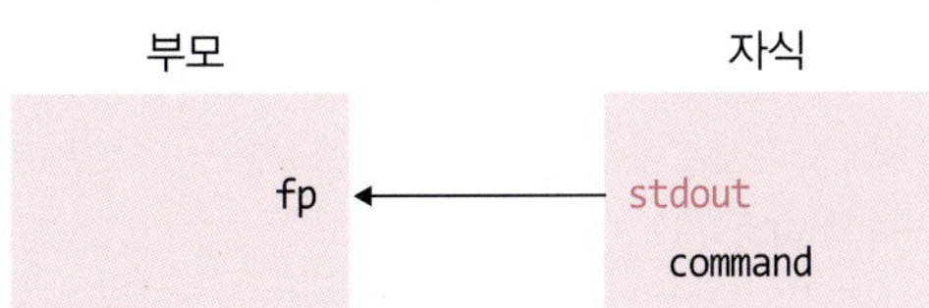

그림 12.8 popen(command, "r")의 역할

다음과 같이 쓰기 모드로 열면

```
fp = popen(command, "w");
```

popen() 함수는 그림 12.9와 같이 자식 프로세스를 생성하고 자식 프로세스에게 명령어를

실행시키고 그 표준입력을 파이프를 통해 보낼 수 있도록 준비해주고 이 파이프를 가리키는 FILE 포인터만을 반환한다.

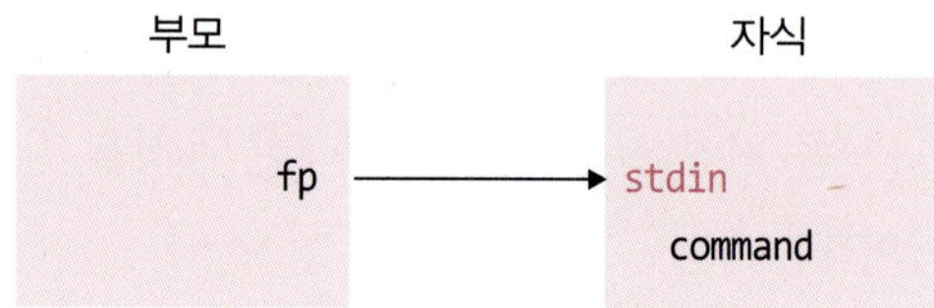

그림 12.9 popen(command, "w")의 역할

명령어의 표준출력을 파이프를 통해 받는 예제

프로그램 12.5는 popen() 함수를 사용하여 자식 프로세스에게 명령어를 실행하게 하고 그 표준출력을 파이프를 통해 받는 프로그램 12.3을 간단하게 재작성한 프로그램이다. 이 프로그램은 다음과 같이 진행한다.

- 프로그램 12.3의 자식 프로세스 내에서 이루어진 모든 과정이 10번 줄의 popen() 함수 내에서 이루어지며 파이프에 대한 파일 포인터를 반환한다.
- 반환 받은 파일 포인터 fpin을 통해서 16번 줄에서 명령어의 실행결과를 fgets() 함수를 이용하여 한 줄씩 받아 17번 줄에서 fputs() 함수를 이용하여 한 줄씩 프린트한다.

▸▸ 프로그램 12.5 pexec2.c

```
1  #include <stdio.h>
2  #define MAXLINE 100
3
4  /* popen() 함수를 이용해 자식에서 실행되는 명령어 출력을 받아 프린트한다 */
5  int main(int argc, char* argv[])
6  {
7     char line[MAXLINE];
8     FILE *fpin;
9
10    if ((fpin = popen(argv[1],"r")) == NULL) {
11       perror("popen 오류");
12       exit(1);
13    }
14
```

```
    printf("자식 프로세스로부터 받은 결과\n");
    while (fgets(line, MAXLINE, fpin)) // 파이프에서 명령어 출력 읽기
        fputs(line, stdout);

    pclose(fpin);
    exit(0);
}
```

실행결과

```
$ pexec2 date
자식 프로세스로부터 받은 결과
2022. 01. 01. (토) 16:15:23 KST
```

명령어 파이프 구현 예제

프로그램 12.6은 popen() 함수를 사용하여 쉘의 명령어 파이프 기능을 구현한 예제 프로그램이다. 이 프로그램은 다음과 같이 실행하면 명령줄 인수로 첫 번째 명령어와 두 번째 명령어를 받아 첫 번째 명령어의 표준 출력이 두 번째 명령어의 표준 입력이 되도록 한다.

```
$ pexec3 command1 command2
```

이 프로그램은 다음과 같이 진행하여 그림 12.10과 같이 명령어 파이프 기능을 구현한다.

- 10번 줄의 popen()에 의해서 첫 번째 명령어를 실행하고 읽기용 파이프에 대한 파일 포인터 fpin를 받는다.
- 15번 줄의 popen()에 의해서 두 번째 명령어를 실행하고 쓰기용 파이프에 대한 파일 포인터 fpout를 받는다.
- 20번 줄에서 fpin 파이프 포인터를 통해 읽은 첫 번째 명령어의 출력을 21번 줄에서 fpout 파이프 포인터를 통해 두 번째 명령어의 입력으로 보낸다.

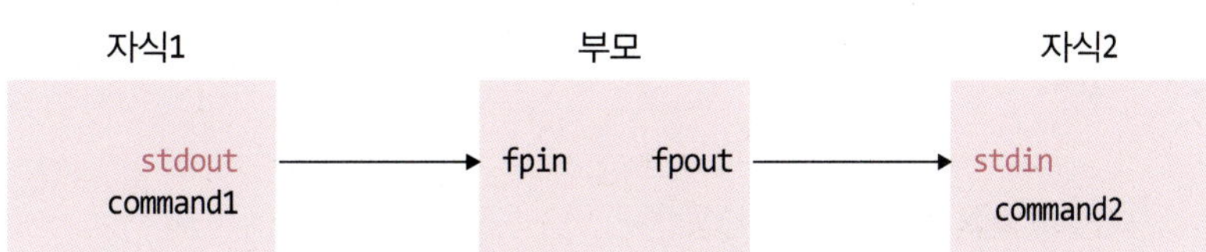

그림 12.10 명령어 파이프 구현

실행결과를 보면 ls 명령어의 출력을 wc 명령어가 입력으로 받아 결과를 출력하는 것을 알 수 있다.

▸▸ 프로그램 12.6 pexec3.c

```c
#include <stdio.h>
#define MAXLINE 100

/* popen() 함수를 이용해 명령어 파이프 기능을 구현한다. */
int main(int argc, char* argv[])
{
  char  line[MAXLINE];
  FILE  *fpin, *fpout;

   if ((fpin = popen(argv[1],"r")) == NULL) {
     perror("popen 오류");
     return 1;
   }

   if ((fpout = popen(argv[2],"w")) == NULL) {
     perror("popen 오류");
     return 1;
   }

  while (fgets(line, MAXLINE, fpin))
    fputs(line, fpout);

  pclose(fpin);
  pclose(fpout);
  return 0;
}
```

실행결과

```
$ pexec3 ls wc
   20    20    184
```

12.4 이름 있는 파이프

이름 있는 파이프 사용

파이프는 이름이 없으므로 부모 자식과 같은 서로 관련된 프로세스 사이의 통신에는 사용될 수 있으나 서로 관련 없는 프로세스 사이에는 사용될 수 없다. 이러한 문제점을 해결하기 위한 파이프가 **이름 있는 파이프**(named pipe)이다. 이름 있는 파이프는 일반 파일처럼 이름이 있으며 파일 시스템 내에 존재하므로 **fifo 파일**(fifo file)이라고도 한다. fifo는 first-in-fist-out의 약어로 먼저 들어간 데이터가 먼저 나오는 파이프의 특성을 반영한 용어이다. fifo 파일은 다른 파일처럼 이름이 있으므로 이름을 이용하여 서로 관련 없는 프로세스들도 공유하여 사용할 수 있다.

| 핵심 개념 |

이름 있는 파이프는 다른 파일처럼 파일 시스템 내에 존재하고 이름이 있으며 서로 관련 없는 프로세스들도 공유하여 사용할 수 있다.

이름 있는 파이프를 만드는 방법은 두 가지가 있다. 첫 번째 방법은 p 옵션과 함께 mknod 명령어를 사용하여 만드는 것이다. 예를 들어 다음과 같이 myPipe라는 이름의 파이프를 만들고 이 파이프를 소유자나 같은 그룹이 읽고 쓸 수 있도록 접근권한을 변경하면 된다. ls 명령어를 통해 생성된 파이프를 확인할 수 있다.

```
$mknod myPipe p
$chmod ug+rw myPipe
$ls -l myPipe
prw-rw-r--  1 chang   chang     0  3월 11  13:03 myPipe
```

두 번째 방법은 프로그램 내에서 mkfifo() 시스템 호출을 사용하여 만드는 것이다.

```
#include <sys/types.h>
#include <sys/stat.h>
int mkfifo(const char *path, mode_t mode);
```

path를 갖는 이름 있는 파이프를 생성하고 접근권한은 mode로 설정한다. 성공하면 0을 실패하면 -1을 반환한다.

이름 있는 파이프를 사용하기 위해서는 다른 파일처럼 먼저 파이프를 열어야 한다. 쓰는 프로세스는 쓰기 전용으로 파이프를 열고 write() 시스템 호출을 사용하여 데이터를 보낸다. 읽는 프로세스는 읽기 전용으로 파이프를 열고 read() 시스템 호출을 사용하여 데이터를 받는다.

프로그램 12.7과 프로그램 12.8은 이름 있는 파이프를 통해 메시지를 주고받는다.

이름 있는 파이프로부터 읽기 예제

프로그램 12.7은 이름 있는 파이프로부터 읽는 프로그램으로 다음과 같이 진행한다.

- 15번 줄에서 mkfifo() 시스템 호출을 이용하여 "myPipe" 파이프를 만들고 16번 줄에서 이 파이프를 연다.
- 이 파이프를 통해 18번 줄에서 쓰기 프로그램이 보낸 데이터를 읽는다. readLine() 함수는 이 파이프를 통해 한 번에 한 줄씩 읽는다.

▸▸ 프로그램 12.7 npreader.c

```
1 #include <stdio.h>
2 #include <sys/types.h>
3 #include <sys/stat.h>
4 #include <fcntl.h>
5 #include <unistd.h>
6 #define MAXLINE 100
7
8 /* 이름 있는 파이프를 통해 읽은 내용을 프린트한다. */
9 int main( )
10 {
11     int fd;
12     char str[MAXLINE];
13
14     unlink("myPipe");
15     mkfifo("myPipe", 0660);
16     fd = open("myPipe", O_RDONLY);
17
18     while (readLine(fd, str))   // 파이프에서 한 줄 읽기
```

```
        printf("%s \n", str);

    close(fd);
    return 0;
}

int readLine(int fd, char *str)
{
  int n;
  do {
    n = read(fd, str, 1);
  } while (n > 0 && *str++ != '\0');
  return (n > 0);
}
```

이름 있는 파이프에 쓰기 예제

프로그램 12.8은 이름 있는 파이프에 메시지를 출력하는 프로그램으로 다음과 같이 진행한다.

- 13번 줄에서 파이프를 통해 보낼 메시지를 sprintf() 함수를 이용하여 만든다.
- 17번 줄에서 읽기 프로그램이 만든 "myPipe" 파이프를 연다.
- 이 파이프를 열려고 시도할 때 아직 이 파이프가 읽기 프로그램에 의해 만들어지지 않을 수 있으므로 파이프가 정상적으로 열릴 때까지 시간 간격을 두고 반복해서 시도한다.
- 21~24번 줄에서 이 파이프를 통해 시간 간격을 두고 4번 반복해서 메시지를 보낸다.

▸▸ 프로그램 12.8 npwriter.c

```
1 #include <stdio.h>
2 #include <string.h>
3 #include <unistd.h>
4 #include <fcntl.h>
5 #define MAXLINE 100
6
```

```
/* 이름 있는 파이프를 통해 메시지를 출력한다.  */
int main( )
{
   int fd, length;
   char message[MAXLINE];

   sprintf(message, "Hello from PID %d", getpid());
   length = strlen(message)+1;

   do {
      fd = open("myPipe", O_WRONLY);
      if (fd == -1) sleep(1);
   } while (fd == -1);

   for (int i = 0; i <= 3; i++) {
      write(fd, message, length);   // 파이프에 한 줄 쓰기
      sleep(3);
   }
   close(fd);
   return 0;
}
```

다음과 같이 읽기 프로그램을 먼저 실행시키고 쓰기 프로그램을 실행시키면 읽기 프로그램은 쓰기 프로그램이 보낸 데이터를 읽어서 프린트한다.

```
$ npreader & npwriter &
[2] 10716
[3] 10717
Hello from PID 10717
Hello from PID 10717
Hello from PID 10717
Hello from PID 10717
```

12.5 이름 있는 파이프를 이용한 채팅 프로그램

채팅 서버 프로그램

파이프의 단점 중의 하나는 한 방향 통신만 가능하다는 점이다. 그렇지만 채팅과 같은 프로그램을 개발하려면 양방향 통신 기능이 필요하다. 그렇다면 파이프를 이용하여 양방향 통신을 하려면 어떻게 해야 할까? 간단한 방법은 그림 12.11과 같이 두 개의 파이프를 사용하는 것이다.

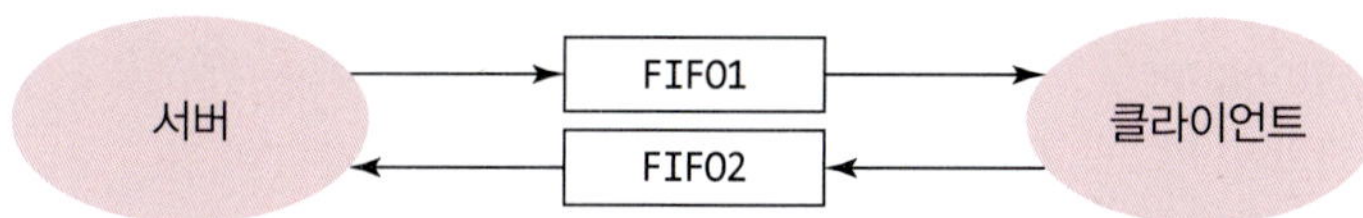

그림 12.11 파이프를 이용한 양방향 통신

예를 들어 파이프를 이용한 일대일 채팅 프로그램을 작성해보자. 이 프로그램은 채팅 서버와 채팅 클라이언트 프로그램으로 구성된다. 채팅 서버에서 채팅 클라이언트로 데이터를 보내는데 하나의 파이프가 필요하고 반대로 채팅 클라이언트에서 채팅 서버로 데이터를 보내는데 또 하나의 파이프가 필요하다. 프로그램 12.6은 채팅 서버 프로그램이고 프로그램 12.7은 채팅 클라이언트 프로그램이다.

먼저 채팅 서버 프로그램인 프로그램 12.9를 살펴보자. 이 프로그램은 다음과 같이 진행한다.

- 먼저 14,18번 줄에서 두 개의 파이프 chatfifo1과 chatfifo2를 만든다.
- chatfifo1은 서버에서 클라이언트로 데이터를 보내는 데 사용되므로 23번 줄에서 쓰기용(O_WRONLY)으로 연다.
- chatfifo2는 클라이언트에서 서버로 데이터를 보내는 데 사용되며 서버에서는 이 데이터를 읽게 되므로 24번 줄에서 읽기용(O_RDONLY)으로 연다.
- 파이프가 정상적으로 열리게 되면 31번 줄에서 무한 루프를 돌면서 33, 34번 줄에서 fgets() 함수를 사용하여 사용자로부터 메시지를 입력받아 이를 write() 시스템 호출을 이용하여 첫 번째 파이프를 통해 클라이언트에게 보낸다.
- 또한 39번 줄에서 read() 시스템 호출을 이용하여 두 번째 파이프를 통해 클라이언트로부터 메시지를 받아서 프린트한다.

만약 클라이언트에서 즉시 메시지를 보내지 않으면 어떻게 될까? read() 시스템 호출은 클라이언트로부터 메시지가 올 때까지 기다린 후에 읽게 되므로 이 문제도 자연스럽게 해결된다.

▸▸ 프로그램 12.9 chatserver.c

```
#include <sys/types.h>
#include <sys/stat.h>
#include <fcntl.h>
#include <stdio.h>
#include <string.h>
#include <stdlib.h>
#include <unistd.h>
#define MAXLINE 256

int main() {
    int fd1, fd2, n;
    char msg[MAXLINE];

    if (mkfifo("./chatfifo1", 0666) == -1) {
        perror("mkfifo");
        exit(1);
    }
    if (mkfifo("./chatfifo2", 0666) == -1) {
        perror("mkfifo");
        exit(2);
    }

    fd1 = open("./chatfifo1", O_WRONLY);
    fd2 = open("./chatfifo2", O_RDONLY);
    if (fd1 == -1 || fd2 == -1) {
        perror("open");
        exit(3);
    }

    printf("* 서버 시작 \n");
    while(1) {
        printf("[서버] : ");
```

```
        fgets(msg, MAXLINE, stdin);
        n = write(fd1, msg, strlen(msg)+1);  //첫 번째 파이프에 보내기
        if (n == -1) {
            perror("write");
            exit(1);
        }
        n = read(fd2, msg, MAXLINE);  // 두 번째 파이프에서 받기
        printf("[클라이언트] -> %s\n", msg);
    }
}
```

채팅 클라이언트 프로그램

이번에는 채팅 클라이언트 프로그램인 프로그램 12.7을 살펴보자. 이 프로그램은 다음과 같이 진행한다.

- 채팅 서버 프로그램과는 반대로 chatfifo1에서는 읽게 되므로 읽기용(O_RDONLY)으로 열고(14번 줄) chatfifo2에는 쓰게 되므로 쓰기용(O_WRONLY)으로 연다(15번 줄).
- 파이프가 정상적으로 열리게 되면 22번 줄에서 무한 루프를 돌면서 먼저 23번 줄에서 read() 시스템 호출을 이용하여 첫 번째 파이프를 통해 서버부터 메시지를 읽어서 프린트한다.
- 또한 26번 줄에서 fgets() 함수를 이용하여 사용자로부터 보낼 메시지를 입력받아 이를 27번 줄에서 write() 시스템 호출을 이용하여 두 번째 파이프를 통해 서버에게 보낸다.

각 파이프의 읽기 쓰기 용도가 서버 프로그램과는 반대로 사용되는 것을 유의하기 바란다. 또한 이 프로그램은 서버와 클라이언트가 교대로 메시지를 보내야 하는 제한을 갖고 있다.

▸▸ 프로그램 12.10 chatclient.c

```
1 #include <sys/types.h>
2 #include <sys/stat.h>
3 #include <fcntl.h>
4 #include <stdio.h>
5 #include <string.h>
```

```
#include <stdlib.h>
#include <unistd.h>
#define MAXLINE 256

int main() {
  int fd1, fd2, n;
  char inmsg[MAXLINE];

  fd1 = open("./chatfifo1", O_RDONLY);
  fd2 = open("./chatfifo2", O_WRONLY);
  if(fd1 == -1 || fd2 == -1) {
     perror("open");
     exit(1);
  }

  printf("* 클라이언트 시작 \n");
  while(1) {
     n = read(fd1, inmsg, MAXLINE);    //첫 번째 파이프에서 받기
     printf("[서버] -> %s\n", inmsg);
     printf("[클라이언트] : ");
     fgets(inmsg, MAXLINE, stdin);
     write(fd2, inmsg, strlen(inmsg)+1);  //두 번째 파이프에 보내기
  }
}
```

실행결과

```
* 서버 시작
[서버] : 안녕하세요. 클라이언트
[클라이언트] -> 반갑습니다. 서버
...
```

```
* 클라이언트 시작
[서버] -> 안녕하세요. 클라이언트
[클라이언트] : 반갑습니다. 서버
...
```

| 핵심 개념 |

- 파이프는 데이터를 한 방향으로 보내는데 사용된다.
- 파이프는 두 개의 파일 디스크립터를 갖는다. 하나는 쓰기용이고 다른 하나는 읽기용이다.
- 이름 있는 파이프는 다른 파일처럼 파일 시스템 내에 존재하고 이름이 있으며 서로 관련 없는 프로세스들도 공유하여 사용할 수 있다.

| 실습 문제 |

12.1 파이프를 통해 통신하는 두 개의 자식 프로세스를 생성하는 프로그램을 작성하시오.

(1) 첫 번째 자식 프로세스는 키보드로부터 문자열을 입력을 받아 파이프를 통해 두 번째 자식 프로세스에 전달한다.

(2) 두 번째 자식 프로세스는 이를 소문자를 대문자로 변경하여 출력한다.

(3) 부모 프로세스는 자식 프로세스가 모두 끝날 때가지 기다린다.

12.2 9장 실습에서 작성한 쉘 인터프리터에 다음과 같은 파이프 기능을 추가하시오.

```
$ command1 | command2
```

(1) 두 개의 자식 프로세스를 생성하여 command1은 첫 번째 자식 프로세스가 실행하고 command2는 두 번째 자식 프로세스가 실행하도록 한다. 부모 프로세스는 이들이 끝나기를 기다린다.

(2) command1의 표준출력이 파이프를 통해 command2의 표준입력이 되어야 한다.

(3) command1과 command2는 각각 명령줄 인수를 포함할 수 있으니 이를 처리할 수 있도록 한다.

| 연습 문제 |

12.1 이름 없는 파이프와 이름 있는 파이프의 차이점을 설명하시오.

12.2 pipe()와 popen()의 차이점을 설명하시오.

12.3 이름 있는 파이프의 두 가지 생성 방법을 설명하시오.

12.4 꽉 찬 파이프에 쓰려고 하면 어떤 일이 일어나는가?

12.5 다음 프로그램의 출력을 무엇인가? 부모 프로세스의 ID는 100번이고 자식 프로세스의 ID는 101이라고 가정한다.

```
#include <unistd.h>
int main(void)
{
    int n, fd[2], pid;
    char message[100], line[100];
    pipe(fd);
    if ((pid = fork()) == 0) {
        close(fd[0]);
        sprintf(message, "Hello from PID %d\n", getpid());
        printf("Send: [%d] %s", getpid(), message);
        write(fd[1], message, strlen(message)+1);
    } else {
        close(fd[1]);
        n = read(fd[0], line, 100);
        printf("Recv: [%d] %s", getpid(), line);
    }
}
```

12.6 프로그램 12.6을 확장하여 다음과 같이 명령줄 인수로 세 개의 명령어를 받아 command1의 표준 출력이 command2의 표준 입력이 되고 command2의 표준 출력이 command3의 표준 입력이 되도록 구현하시오.

$ pexec4 command1 command2 command3

CHAPTER 13

소켓

contents

13 소켓

우리는 12장에서 프로세스 사이에 데이터를 주고받는 데이터 통신에 대해서 파이프를 중심으로 살펴보았다. 파이프는 한 시스템 내의 프로세스 사이의 통신에만 사용될 수 있으며 단방향 통신이라는 단점을 가지고 있다. 이 장에서는 파이프의 이러한 한계를 개선한 소켓을 중심으로 네트워크 통신(network communication)에 대해서 살펴본다.

13.1 소켓의 개요

소켓의 종류

대부분의 네트워크 응용 프로그램들은 클라이언트-서버 모델을 기반으로 동작한다. 클라이언트-서버 모델은 하나의 서버 프로세스와 여러 개의 클라이언트 프로세스들로 구성된다. 서버는 어떤 자원을 관리하고 클라이언트를 위해 자원 관련 서비스를 제공한다. 클라이언트-서버 모델이 동작하는 과정은 그림 13.1과 같다. 클라이언트가 서버에 어떤 서비스를 요청하면 서버는 자원을 이용하여 이 요청을 처리한 후 처리 결과를 응답으로 클라이언트에 보낸다. 클라이언트는 서버로부터 받은 응답을 처리하는데 보통 받은 응답을 사용자에게 보여준다.

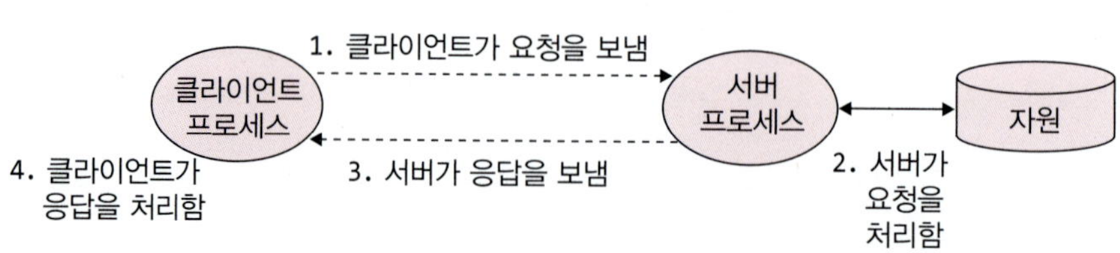

그림 13.1 클라이언트-서버 모델

이제 클라이언트와 서버가 통신하는 방법에 대해서 생각해보자. 앞에서 배운 파이프는 한 방향(one way) 통신 방법으로 한 방향으로만 데이터를 보낼 수 있어 클라이언트 서버 사이의 양방향 통신을 하는 데는 어려운 점이 있다. 이러한 문제점을 개선한 통신 방법으로 **소켓**(socket)이 있다. 소켓은 네트워크에 대한 사용자 수준의 인터페이스를 제공하며 모든 인터넷 응용 프로그램의 기초가 된다. 소켓은 양방향 통신 방법으로 클라이언트-서버 모델을 기반으로 프로세스 사이의 통신에 매우 적합하며 두 종류의 소켓이 있다.

(1) 유닉스 소켓(AF_UNIX)
    같은 호스트 내의 프로세스 사이의 통신 방법이다.

(2) 인터넷 소켓(AF_INET)
    인터넷에 연결된 서로 다른 호스트에 있는 프로세스 사이의 통신 방법이다.

응용 프로그램에서 보면 인터넷 소켓도 유닉스 소켓과 마찬가지로 일종의 파일 디스크립터이며 이를 이용하여 유닉스 소켓과 똑 같은 방법으로 네트워크로부터 데이터를 읽고 쓸 수 있다.

| 핵심 개념 |

소켓은 양방향 통신 방법으로 클라이언트-서버 모델을 기반으로 프로세스 사이의 통신에 매우 적합하다.

| 핵심 개념 |

소켓에는 같은 호스트 내의 프로세스 사이의 통신을 위한 유닉스 소켓과 다른 호스트에 있는 프로세스 사이의 통신을 위한 인터넷 소켓이 있다.

소켓 연결

소켓을 이용한 통신을 하기 위해서는 먼저 소켓 연결이 이루어져야 하는데 이를 위한 전체적인 과정은 그림 13.2와 같으며 다음과 같이 진행한다.

1. 서버가 소켓을 만든다.

2. 클라이언트가 소켓을 만든 후 서버에 연결 요청을 한다.
3. 서버가 클라이언트의 연결 요청을 수락하면 소켓 연결이 이루어진다.

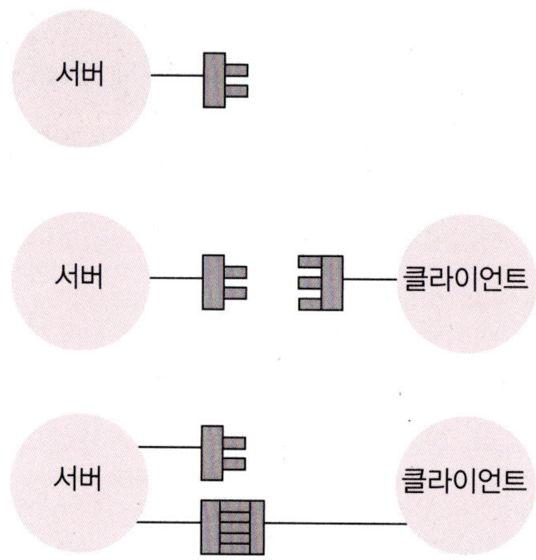

그림 13.2 소켓 연결

서버는 연결 요청을 수락할 때 원래 소켓의 복사본 소켓을 만들어 이 복사본 소켓을 클라이언트 소켓과 연결하고 원래 소켓은 그대로 유지한다. 이렇게 하는 이유는 서버는 다른 클라이언트로부터 소켓 연결 요청을 계속해서 받을 수 있기 때문이다.

이제 서버와 클라이언트가 소켓 연결하고 서비스하는 과정을 시스템 호출을 중심으로 각각에 대해 살펴보자.

● 서버

1. 서버는 socket() 시스템 호출을 이용하여 소켓을 만들고 이름을 붙인다.
2. 서버는 listen() 시스템 호출을 이용하여 대기 큐를 만든다.
3. 서버는 클라이언트로부터 연결 요청을 accept() 시스템 호출을 이용하여 수락한다.
4. 소켓 연결이 이루어지면 서버는 보통 자식 프로세스를 생성하고 자식 프로세스로 하여금 클라이언트로부터 서비스 요청을 받아 처리한 후 클라이언트에게 응답하게 한다.

● 클라이언트

1. 클라이언트는 socket() 시스템 호출을 이용하여 소켓을 만든다.

2. 클라이언트는 connect() 시스템 호출을 이용하여 서버에 연결 요청을 한다.
3. 서버가 연결 요청을 수락하면 소켓 연결이 만들어진다.
4. 클라이언트는 서버에 서비스를 요청하고 서버로부터 응답을 받아 처리한다.

서버와 클라이언트가 소켓을 연결하고 서비스하는 이러한 과정은 그림 13.3과 같이 정리하여 표현할 수 있다. 서버의 bind() 시스템 호출은 소켓에 이름을 주기 위한 것으로 뒤에서 자세히 설명할 것이다.

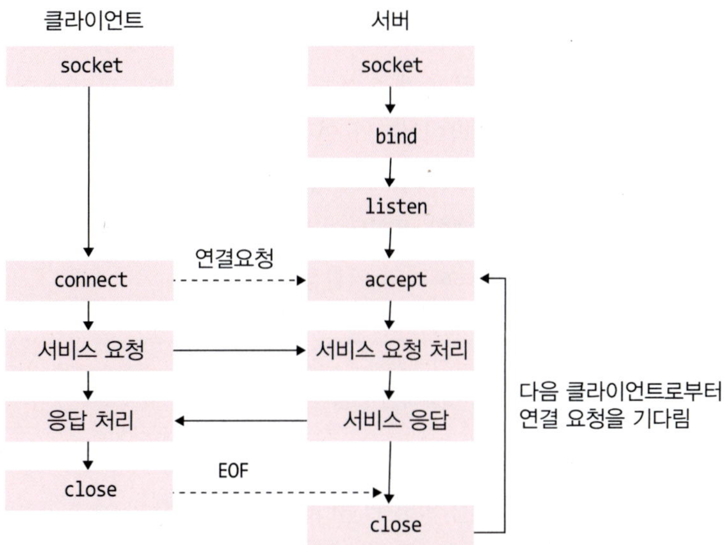

그림 13.3 소켓 연결 과정

소켓 연결을 위한 시스템 호출

이제 위에서 소개된 소켓 연결을 위한 시스템 호출에 대해 자세히 알아보자.

● 소켓 만들기 socket()

socket()은 소켓을 생성하는 시스템 호출로 UNIX 소켓(AF_UNIX) 혹은 인터넷 소켓(AF_INET)을 생성할 수 있다. domain은 사용할 소켓의 종류에 따라 AF_UNIX 혹은 AF_INET으로, type은 SOCK_STREAM으로, protocol은 DEFAULT_PROTOCOL으로 한다.

```
#include <sys/types.h>
#include <sys/socket.h>
int socket(int domain, int type, int protocol)
```
소켓을 생성하고 소켓을 위한 파일 디스크립터를 반환한다. 실패하면 -1을 반환한다.

예를 들어 다음과 같이 UNIX 소켓을 생성할 수 있다.

```
fd = socket(AF_UNIX, SOCK_STREAM, DEFAULT _PROTOCOL);
```

● 소켓에 이름(주소) 주기 bind()

socket() 시스템 호출에 의해 생성된 소켓은 별도의 이름이 없다. 그러나 보통 서버가 만든 소켓은 이름이 필요한데 이는 클라이언트가 연결 요청을 하기 위해서는 서버 소켓의 이름이 알아야 하기 때문이다. bind() 시스템 호출을 이용하여 소켓의 이름을 정할 수 있다. address는 sockaddr_un 구조체에 대한 포인터이며 addressLen는 이 구조체의 크기이다. fd가 나타내는 소켓의 이름을 address 내의 이름으로 정한다.

```
int bind(int fd, struct sockaddr* address, int addressLen)
```
소켓에 대한 이름 바인딩이 성공하면 0을 실패하면 -1을 반환한다.

소켓의 이름은 UNIX 소켓과 인터넷 소켓이 다르다. UNIX 소켓은 같은 호스트 내에서 사용되므로 별도의 인터넷 주소 등은 필요 없고 다음과 같이 단지 파일 이름처럼 소켓 이름만 있으면 된다.

```
struct sockaddr_un {
   unsigned short sun_family;          // AF_UNIX
   char sun_path[108];                 // 소켓 이름
}
```

인터넷 소켓은 인터넷 상의 다른 호스트에 연결해야 하므로 인터넷 소켓의 이름은 다음과 같이 IP 주소와 포트 번호로 이루어진다.

```
struct sockaddr_in {
   unsigned short sin_family;          // AF_INET
   unsigned short sin_port;            // 인터넷 소켓의 포트 번호
```

```
    struct in_addr sin_addr;                  // 32-bit IP 주소
    char sin_zero[8];                         // 사용 안 함
}
```

다음과 같이 sockaddr_un 구조체 serverAddr에 UNIX 소켓의 이름을 "convert"라고 기록한 후 bind() 시스템 호출을 이용하여 소켓의 이름을 정할 수 있다. unlink() 시스템 호출은 이름을 정하기 전에 혹시 기존의 같은 이름의 파일이 있으면 삭제하기 위함이다.

```
serverAddr.sun_family = AF_UNIX;
strcpy(serverAddr.sun_path, "convert");
unlink("convert");
bind(fd, &serverAddr, serverLen);
```

● 소켓 큐 생성 listen()

하나의 서버 소켓에 대해 여러 개의 클라이언트로부터의 연결 요청이 거의 동시에 이루어질 수 있다. 이 경우에 이러한 연결 요청들은 수락될 때까지 대기 큐에 들어가게 되는데 listen() 시스템 호출은 이 대기 큐의 길이를 정한다. 이 길이에 따라 대기할 수 있는 연결 요청의 최대 개수가 정해진다.

> int listen(int fd, int queueLength)
> 소켓 fd에 대한 연결 요청을 기다린다. 성공하면 0을 실패하면 -1을 반환한다.

예를 들어 다음과 같이 서버 소켓에 대기할 수 있는 연결 요청의 최대 개수를 5로 한다.

```
listen(serverFd, 5);
```

● 소켓에 연결 요청 connect()

connect() 시스템 호출은 fd가 나타내는 클라이언트 소켓과 address가 나타내는 서버 소켓과의 연결을 요청한다. 성공하면 fd를 서버 소켓과의 통신에 사용할 수 있다.

> int connect(int fd, struct sockaddr* address, int addressLen)
> fd가 나타내는 클라이언트 소켓과 address가 나타내는 서버 소켓과의 연결을 요청한다. 성공하면 0을 실패하면 -1을 반환한다.

● 소켓 연결 요청 수락 accept()

서버는 accept() 시스템 호출을 사용하여 클라이언트로부터의 연결 요청을 수락한다.

```
int accept(int fd, struct sockaddr* address, int* addressLen)
```

클라이언트부터의 소켓 fd에 대한 연결 요청을 수락한다. 성공하면 새로 만들어진 복사본 소켓의 파일 디스크립터를, 실패하면 -1을 반환한다.

서버가 클라이언트로부터의 연결요청을 수락하는 내부 과정은 다음과 같다.

1. 서버는 fd가 나타내는 서버 소켓을 경청하고 클라이언트의 연결 요청이 올 때까지 기다린다.
2. 클라이언트로부터 연결 요청이 오면 원래 서버 소켓과 같은 복사본 소켓을 만들어 이 복사본 소켓과 클라이언트 소켓을 연결한다(그림 13.2 참조).
3. 연결이 이루어지면 address는 연결된 클라이언트 소켓의 주소로 세팅되고 addressLen는 그 크기로 세팅된다.
4. 새로 만들어진 복사본 소켓의 파일 디스크립터를 반환한다.

소켓을 통한 데이터 송수신 send()와 recv()

소켓 연결이 이루어지면 소켓을 통해 데이터를 주고받을 수 있다. 소켓도 연결이 되면 파일과 마찬가지로 파일 디스크립터를 반환하므로 이 파일 디스크립터를 통하여 소켓에 데이터를 보내거나 받을 수 있다. 구체적으로는 파일에서 사용했던 write() 시스템 호출을 사용하여 소켓에 메시지를 보낼 수 있고 read() 시스템 호출을 사용하여 소켓으로부터 메시지를 받을 수 있다.

read(), write() 시스템 호출 외에 소켓을 위한 시스템 호출인 send(), recv()을 사용하여 메시지를 보내거나 받는 것도 가능하다. 이 시스템 호출에 대한 설명은 다음과 같다.

```
int send(int fd, const void *msg, size_t len, int flags);
```

크기가 len인 msg 메시지를 fd 소켓으로 보낸다.
보내진 바이트 수를 반환하거나 오류 발생시 -1을 반환한다.

```
int recv(int fd, void *buf, size_t len, int flags);
```

fd 소켓으로부터 len 크기만큼 메시지를 받아 buf에 저장한다.
받은 바이트 수를 반환하거나 오류 발생시 -1을 반환한다.

이 시스템 호출에서 `flags` 옵션은 다음과 같은 용도로 사용된다.

- `MSG_DONTWAIT` 전송 전에 기다려야 한다면 기다리지 않고 -1을 반환한다.
- `MSG_NOSIGNAL` 상대방과 연결이 끊겼을 때, `SIGPIPE` 시그널을 받지 않도록 한다.

이 책의 예제 프로그램에서는, 소켓으로부터 데이터 송수신을 위해 `read()` 시스템 호출과 `write()` 시스템 호출을 사용한다.

13.2 대문자 변환 서버

대문자 변환 서버

이 프로그램은 문자열을 입력받아 소문자를 대문자로 변환하는 프로그램으로 서버와 클라이언트로 구성된다. 서버는 소켓을 통해 클라이언트로부터 받은 문자열을 소문자를 대문자로 변환하여 소켓을 통해 클라이언트에 다시 보내는 서비스를 한다. 클라이언트는 사용자로부터 표준입력을 통해 문자열을 입력받아 이를 소켓을 통해 서버에 보낸 후에 소켓을 통해 대문자로 변환된 문자열을 다시 받아 표준출력에 출력한다.

이를 위해서 프로그램 13.1의 서버 프로그램은 다음과 같이 진행한다.

- 25번 줄에서 UNIX소켓을 생성하고 27번 줄에서 그 이름을 "convert"라고 정하고 29번 줄에서 이를 바인딩 한다.
- 생성된 소켓을 나타내는 파일을 리스트하면 다음과 같이 확인할 수 있다. 첫 번째 글자 s가 소켓임을 나타낸다.

```
$ ls -l convert
srwxrwxr-x   1 chang   chang        0 11월 30 14:25 convert
```

- 이제 30번 줄에서 연결 요청을 기다린다.
- 33번 줄에서 클라이언트로부터 연결 요청을 수락하여 소켓 연결을 만든다.
- 34번 줄에서 클라이언트의 요청을 서비스하기 위해 자식 프로세스를 만든다.
- 자식 프로세스는 36번 줄에서 readLine() 함수를 호출하여 연결된 소켓으로부터 한 줄의 입력을 받고 37번 줄에서 toUpper() 함수를 호출하여 이를 대문자로 변환한 후 38번 줄에서 변환된 문자열을 다시 소켓을 통해 클라이언트에 보낸다.

▸▸ 프로그램 13.1 cserver.c

```
1 #include <stdio.h>
2 #include <stdlib.h>
3 #include <unistd.h>
4 #include <signal.h>
5 #include <ctype.h>
6 #include <sys/types.h>
```

```c
#include <sys/socket.h>
#include <sys/un.h>
#define DEFAULT_PROTOCOL 0
#define MAXLINE 100

int readLine(int fd, char* str);
void toUpper(char* in, char* out);

/* 소문자를 대문자로 변환하는 서버 프로그램 */
int main ()
{
   int sfd, cfd, clientlen;
   char inmsg[MAXLINE], outmsg[MAXLINE];
   struct sockaddr_un serverAddr, clientAddr;

   signal(SIGCHLD, SIG_IGN);
   clientlen = sizeof(clientAddr);

   sfd = socket(AF_UNIX, SOCK_STREAM, DEFAULT_PROTOCOL);
   serverAddr.sun_family = AF_UNIX;
   strcpy(serverAddr.sun_path, "convert");
   unlink("convert");
   bind(sfd, (struct sockaddr *) &serverAddr, sizeof(serverAddr));
   listen(sfd, 5);

   while (1) {  /* 소켓 연결 요청 수락 */
      cfd = accept(sfd, (struct sockaddr *)&clientAddr, &clientlen);
      if (fork ( ) == 0) {
         /* 소켓으로부터 한 줄을 읽어 대문자로 변환하여 보냄 */
         readLine(cfd, inmsg);
         toUpper(inmsg, outmsg);
         write(cfd, outmsg, strlen(outmsg)+1);
         close(cfd);
         exit (0);
      } else close(cfd);
   }
}
```

```c
/* 소문자를 대문자로 변환 */
void toUpper(char* in, char* out)
{
   int i;
   for (i = 0; i < strlen(in); i++)
      if (islower(in[i]))
         out[i] = toupper(in[i]);
      else out[i] = in[i];
   out[i] = NULL;
}

/* 한 줄 읽기 */
int readLine(int fd, char* str)
{
   int n;
   do {
      n = read(fd, str, 1);
   } while(n > 0 && *str++ != NULL);
   return(n > 0);
}
```

대문자 변환 클라이언트

프로그램 13.2의 클라이언트 프로그램은 사용자로부터 한 줄의 문자열을 입력받아 이를 서버에 보낸 후 서버로부터 대문자로 변환된 문자열을 받아 출력한다. 이 프로그램은 다음과 같이 진행한다.

- 20번 줄에서 유닉스 소켓을 생성한다.
- 22번 줄에서 연결할 서버 소켓 이름 "convert"를 지정하고 25번 줄에서 클라이언트 소켓과 이 서버 소켓 사이의 연결을 요청한다. 연결이 정상적으로 이루어졌는지 확인하고 그렇지 않으면 1초 후에 다시 시도한다.
- 소켓 연결이 정상적으로 이루어지면 30번 줄에서 표준입력으로부터 한 줄을 읽고 31번 줄에서 이를 연결된 소켓을 통해 서버에 보낸다.
- 34번 줄에서 연결된 소켓을 통해 서버로부터 대문자로 변환된 문자열을 받는다. 35번 줄에서 변환된 문자열을 출력한다.

실행결과를 통해서 사용자가 문자열을 입력하면 서버가 이를 대문자로 변환한 것을 확인할 수 있다.

▸▸ 프로그램 13.2 cclient.c

```
#include <stdio.h>
#include <stdlib.h>
#include <unistd.h>
#include <signal.h>
#include <sys/types.h>
#include <sys/socket.h>
#include <sys/un.h>
#define DEFAULT_PROTOCOL 0
#define MAXLINE 100

int readLine(int fd, char* str);

/* 소문자-대문자 변환: 클라이언트 프로그램 */
int main ( )
{
   int cfd, result;
   char inmsg[MAXLINE], outmsg[MAXLINE];
   struct sockaddr_un serverAddr;

   cfd = socket(AF_UNIX, SOCK_STREAM, DEFAULT_PROTOCOL);
   serverAddr.sun_family = AF_UNIX;
   strcpy(serverAddr.sun_path, "convert");

   do {        /* 연결 요청 */
      result = connect(cfd, (struct sockaddr *) &serverAddr, sizeof(serverAddr));
      if (result == -1) sleep(1);
   } while (result == -1);

   printf("변환할 문자열 입력:\n");
   fgets(inmsg, MAXLINE, stdin);
   write(cfd, inmsg, strlen(inmsg)+1);  // 변환할 문자열 보내기

   /* 소켓으로부터 변환된 문자열을 한 줄 읽어서 프린트 */
```

```
    readLine(cfd,outmsg);
    printf("%s --> \n%s", inmsg, outmsg);
    close(cfd);
    exit(0);
}
```

실행결과

```
$ cserver &
[1] 32014
$ cclient
변환할 문자열 입력:
hello socket stream
hello socket stream
-->
HELLO SOCKET STREAM
```

13.3 인터넷 소켓

앞에서 소개한 것처럼 소켓은 같은 호스트 내의 프로세스 사이에서 사용될 수 있는 유닉스 소켓과 인터넷 상의 서로 다른 호스트 내의 프로세스 사이에서 사용될 수 있는 인터넷 소켓이 있다. 인터넷 소켓을 공부하기 위하여 먼저 인터넷 주소와 같은 기본적인 사항들을 알아보도록 하자.

DNS

인터넷 상의 호스트는 32 비트 IP 주소를 갖는다. 예를 들어 어떤 IP 주소는 다음과 같다.

```
203.252.201.8
```

IP 주소는 숫자로 되어 있어서 사람이 기억하기 어려우므로 IP 주소는 도메인 이름을 갖는다. 예를 들어 다음 IP 주소는 대응하는 도메인 이름을 갖는다.

```
203.252.201.8 --> www.sookmyung.ac.kr
```

32 비트 IP 주소는 IP 주소 구조체인 struct in_addr에 네트워크 바이트 순서로 저장된다. 인터넷에서는 데이터를 보내는 컴퓨터와 받는 컴퓨터의 정수 저장 방식이 다를 수 있기 때문에 데이터를 전송할 때는 빅 엔디언(big-endian) 저장 방식을 사용해 데이터를 전송하는데 이를 **네트워크 바이트 순서**(network byte order)라고 한다.

```
/* 인터넷 주소 구조체 */
struct in_addr {
   unsigned int s_addr;            // 네트워크 바이트 순서(big-endian)
};
```

인터넷은 IP 주소와 도메인 이름 사이의 맵핑을 DNS(Domain Name System)라 부르는 전세계적인 분산 데이터베이스에 유지한다. 프로그래머는 개념적으로 DNS 데이터베이스를 다음 호스트 엔트리 구조체의 거대한 집합이라고 생각할 수 있다.

```
/* DNS 호스트 엔트리 구조체  */
struct hostent {
   char  *h_name;                  // 호스트의 공식 도메인 이름
```

```
    char  **h_aliases;               // null로 끝나는 도메인 이름의 배열
    int   h_addrtype;                // 호스트 주소 타입(AF_INET)
    int   h_length;                  // 주소의 길이
    char  **h_addr_list;             // null로 끝나는 in_addr 구조체의 배열
};
```

DNS 검색 함수

다음 함수를 이용하여 호스트의 주소 혹은 이름을 이용하여 DNS로부터 호스트 엔트리를 검색할 수 있다.

```
#include <netdb.h>
struct hostent *gethostbyaddr(const char* addr, int len, int type);
```
길이가 len이고 주소 타입이 type인 호스트 주소 addr에 해당하는 hostent 구조체를 반환한다. 주소 타입은 AF_INET이다.

```
struct hostent *gethostbyname(char* name);
```
도메인 이름에 대응하는 hostent 구조체에 대한 포인터를 반환한다.

또한 다음 함수들을 이용하여 인터넷 주소 구조체인 in_addr 구조체 형식으로 된 IP 주소를 프린트 할 수 있는 스트링으로 변환할 수 있으며 그 역으로도 할 수 있다.

```
#include <sys/socket.h>
#include <netinet/in.h>
#include <arpa/inet.h>
char *inet_ntoa(struct in_addr address);
```
IP 주소 address에 대응하는 A.B.C.D 포맷 형식의 스트링을 반환한다.

```
unsigned long inet_addr(char* string);
```
A.B.C.D 포맷 형식의 IP 주소를 네트워크 바이트 순서로 된 이진 데이터로 변환하여 반환한다.

예를 들어 도메인 이름을 입력받아 해당 IP 주소를 출력하는 프로그램을 작성해 보자. 프로그램 13.3은 명령줄 인수로 도메인 이름을 받고 다음과 같이 진행한다.

- 19번 줄에서 gethostbyname() 함수를 이용하여 도메인 이름에 대응하는 호스트 엔트리 구조체를 받는다.

- 23번 줄에서 이 호스트 엔트리의 IP 주소를 나타내는 in_addr 구조체(hp->h_addr_list[0])에 inet_nota 함수를 적용하여 A.B.C.D 포맷의 스트링으로 변환하여 출력한다.

실행결과에서 도메인 이름에 대응하는 IP 주소를 찾는 것을 확인할 수 있다.

▸▸ 프로그램 13.3 gethost.c

```
1 #include <stdio.h>
2 #include <stdlib.h>
3 #include <netinet/in.h>
4 #include <arpa/inet.h>
5 #include <netdb.h>
6
7 /* DNS 검색 프로그램 */
8 int main (int argc, char* argv[])
9 {
10     char *host;
11     struct hostent *hp;
12
13     if (argc != 2) {
14         fprintf(stderr, "사용법 : %s <host>\n", argv[0]);
15         exit(0);
16     }
17
18     host = argv[1];
19     if ((hp = gethostbyname(host)) == NULL)
20         perror("gethostbyname error"); // 호스트 찾기 오류
21
22     printf("%s -> %s \n", host,
23             inet_ntoa(*(struct in_addr *) hp->h_addr_list[0]));
24 }
```

실행결과

```
$ gethost linux.sookmyung.ac.kr
linux.sookmyung.ac.kr -> 203.153.155.127
```

인터넷 소켓

인터넷 상의 서로 다른 호스트에서 실행되는 클라이언트 프로세스와 서버 프로세스는 인터넷 소켓 연결 위에서 데이터(바이트 스트림)를 주고받을 수 있다. 인터넷 소켓은 양방향(2-way) 통신 방법으로 신뢰할 수 연결이다. 인터넷 소켓은 자신을 식별하기 위한 주소로 호스트의 IP 주소와 포트 번호를 사용한다. 이것은 마치 전화번호와 내선번호 비슷한 것으로 생각할 수 있다.

그림 13.4에서 서버 프로세스는 IP 주소가 203.252.201.8인 호스트에서 포트 번호 80인 소켓을 사용하고 있다. 클라이언트는 IP 주소가 128.2.194.242인 호스트에서 포트 번호 7819인 소켓을 사용하고 있다. 인터넷 상에서 이 두 개의 소켓이 연결되어 있다.

인터넷 상에서 소켓 통신을 사용하는 클라이언트 프로그램의 예를 들어보자. 웹 브라우저, ftp, telnet, ssh 등의 프로그램은 인터넷 소켓을 이용하여 통신을 하는 일종의 클라이언트 프로그램들이다. 그렇다면 이러한 클라이언트 프로세스는 어떻게 해당 서버 프로세스를 찾을 수 있을까? 서버 프로세스의 소켓 주소는 자신의 IP 주소와 포트 번호로 이루어지는데 이 IP 주소가 서버가 실행되는 호스트를 나타내고 포트 번호에 따라 그 호스트 내에 해당 서비스를 담당하는 서버 프로세스가 결정된다.

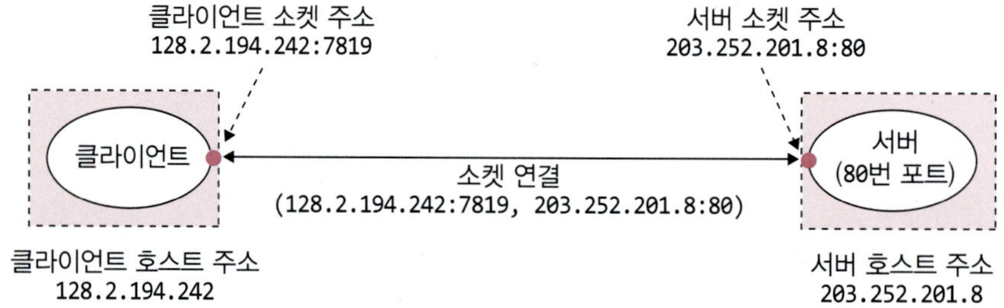

그림 13.4 클라이언트-서버 인터넷 소켓 연결

이미 잘 알려진 서비스에 대해서는 그 포트 번호도 이미 정해져 있다. 예를 들어 다음과 같이 잘 알려진 서비스마다 해당 포트 번호가 정해져 있는데 이것은 마치 전화번호 112, 113, 119와 같은 것이다.

- 시간 서버 13번 포트
- ftp 서버 20,21번 포트

- 텔넷 서버 23번 포트
- 메일 서버 25번 포트
- 웹 서버 80번 포트

따라서 클라이언트 프로세스는 서버 프로세스로부터 이러한 서비스를 받으려면 해당 호스트와 포트 번호를 이용하여 연결하면 원하는 서비스를 받을 수 있다.

서버 프로세스

서버 프로세스는 오래 동안 계속 실행되는 프로세스(데몬)으로 보통 init 프로세스에 의해 부팅 시 생성되어 컴퓨터가 커질 때까지 계속 실행된다. 각 서버 프로세스는 서비스에 따라 정해진 포트를 통해 들어오는 클라이언트로부터의 서비스 요청을 기다리고 있다. 서버 프로세스를 실행하는 컴퓨터를 보통 서버라고 부른다. 대표적인 서버와 서버가 사용하는 포트, 제공하는 서비스는 표 13.1과 같다.

표 13.1 주요 서버와 서비스

서버	포트	자원	서비스
웹 서버	80	파일과 CGI 프로그램	클라이언트가 요청한 파일을 검색하고 CGI 프로그램을 실행한다.
시간 서버	13	시계	서버의 현재 시간을 알려준다.
메일 서버	25	이메일 "spool" 파일	메일 메시지를 spool 파일에 저장한다.
ftp 서버	20,21	파일	파일을 업로드하거나 다운로드 한다.
텔넷 서버	23	가상 터미널	원격 연결을 위한 가상 터미널을 제공한다.

그림 13.5는 클라이언트 프로세스가 원하는 서비스를 위해 해당 서버 프로세스에 연결하는 과정을 보여주고 있다. 예를 들어 클라이언트가 80번 포트로 연결을 요청하면 커널은 80번 포트를 사용하고 있는 웹 서버에 연결해 준다. 25번 포트로 연결을 요청하면 25번 포트를 사용하고 있는 메일 서버에 연결해 준다.

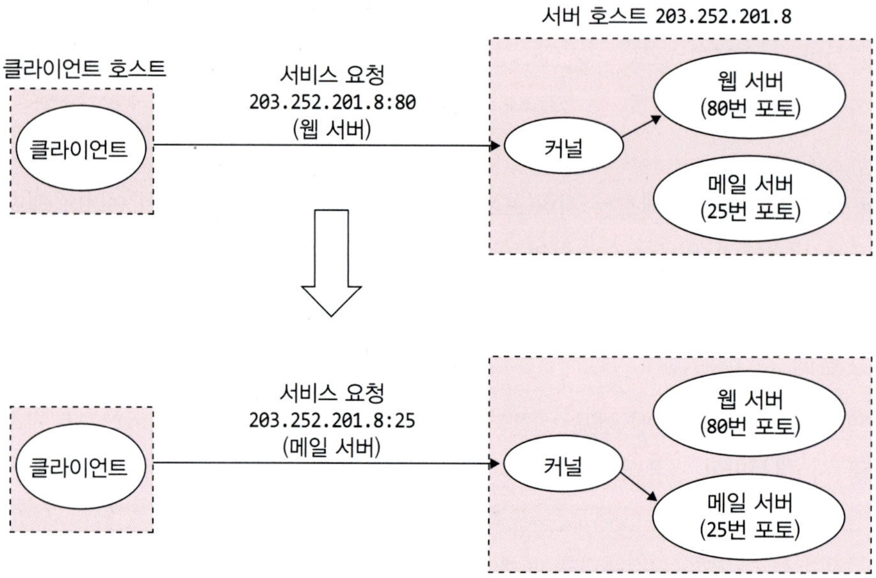

그림 13.5 클라이언트-서버 인터넷 소켓 연결 과정

인터넷 소켓 만들기

그렇다면 어떻게 인터넷 소켓을 만들 수 있을까? 유닉스 소켓을 만들 때 사용했던 socket() 시스템 호출을 사용하여 다음과 같이 인터넷 소켓을 생성할 수 있다. 인터넷 소켓의 경우에는 AF_UNIX 대신에 AF_INET를 사용한다는 점을 주의하자.

```
fd = socket(AF_INET, SOCK_STREAM, DEFAULT _PROTOCOL);
```

또한 인터넷 소켓에 연결 요청을 하거나 연결 요청을 수락하는 등의 작업도 유닉스 소켓과 똑같은 방식으로 connect(), accept(), bind(), listen() 등의 시스템 호출을 사용하여 할 수 있다. 다만 유닉스 소켓의 경우에는 소켓 주소를 sockaddr_un 구조체로 표현한 반면에 인터넷 소켓의 경우에는 소켓 주소를 sockaddr_in 구조체로 표현해야 한다는 점만 다르다.

인터넷 소켓은 인터넷 상의 다른 호스트에 연결해야 하므로 인터넷 소켓의 주소는 다음과 같이 IP 주소와 포트 번호로 이루어진다.

```
struct sockaddr_in {
   unsigned short sin_family;                // AF_INET
```

```
    unsigned short sin_port;                // 인터넷 소켓의 포트 번호
    struct in_addr sin_addr;                // 32-bit IP 주소
    char sin_zero[8];                       // 사용 안 함
}
```

소켓 관련 시스템 호출은 유닉스 소켓과 인터넷 소켓 모두 사용하기 때문에 소켓 주소를 매개변수로 전달받을 때 두 종류의 소켓을 모두 받을 수 있는 포괄적인 구조체인 sockaddr 구조체에 대한 포인터를 전달받도록 선언되어 있다.

```
struct sockaddr {
    unsigned short sa_family;               // 프로토콜 패밀리
    char sa_data[14];                       // 주소 데이터
};
```

따라서 이러한 시스템 호출에 sockaddr_in 구조체(또는 sockaddr_un 구조체)에 대한 포인터를 매개변수로 전달할 때는 먼저 sockaddr 구조체에 대한 포인터로 형 변환을 해서 전달해야 한다는 점을 주의하자.

13.4 파일 서버

파일 서버

이 서버는 파일 이름을 받아 해당 파일을 찾아 그 내용을 보내주는 서비스를 한다. 이 프로그램은 서버와 클라이언트로 구성된다. 서버 프로그램은 명령줄 인수로 포트 번호를 받아 해당 포트를 사용하는 소켓을 만든다. 이 소켓을 통해 클라이언트로부터 파일 이름을 받아 해당 파일을 찾아 열고 그 파일 내용을 다시 이 소켓을 통해 클라이언트에게 보낸다.

프로그램 13.4의 서버 프로그램을 자세히 살펴보자. 이 프로그램은 다음과 같이 진행한다.

- 이 서버 프로그램은 명령줄 인수로 사용할 포트 번호를 받아야 하며 28번 줄에서 명령줄 인수 개수를 검사한다.
- 33번 줄에서 명령줄 인수로 받은 포트 번호를 저장한다.
- 34번 줄에서 소켓을 만들고 36~39번 줄에서 이 소켓의 IP 주소와 포트 번호를 설정하고 40번 줄에서 이를 바인딩 한다.
- 38번 줄에서 IP 주소를 INADDR_ANY로 지정하면, 자기 호스트의 주소로 정해진다.
- 또한 38, 39번 줄에서 htonl()과 htons() 함수를 사용하고 있는데 이는 호스트 바이트 순서(host byte order)로 저장된 정수 값을 네트워크 통신에서 사용되는 네트워크 바이트 순서(network byte order)로 변환하기 위함이다. 관련 함수를 요약하면 다음과 같다.

  htonl(): long int를 호스트 바이트 순서에서 네트워크 바이트 순서로 변환
  htons(): short int를 호스트 바이트 순서에서 네트워크 바이트 순서로 변환
  ntohl(): long int를 네트워크 바이트 순서에서 호스트 바이트 순서로 변환
  ntohs(): short int를 네트워크 바이트 순서에서 호스트 바이트 순서로 변환

- 45번 줄에서 클라이언트로부터의 연결 요청을 accept()하여 소켓 연결을 만들고 이 때 연결된 복사본 소켓의 디스크립터를 반환한다. 이때 clientaddr 매개변수를 통해 연결된 클라이언트 소켓에 대한 정보를 받는다. 이 정보를 이용하여 클라이언트의 IP 주소와 포트번호 등을 알 수 있다.
- 46번 줄에서는 inet_nota() 함수를 이용하여 in_addr 구조체에 저장된 클라이언트의 IP 주소를 프린트 할 수 있는 스트링 포맷으로 변환하고 47번 줄에서 연결된 클라이언트의 IP 주소와 포트번호를 프린트한다.

- 이제 49번 줄에서 자식 프로세스를 생성하고 자식 프로세스 내인 50번 줄에서 클라이언트로부터 소켓을 통해 검색할 파일 이름을 읽는다.
- 이 파일을 읽기 위해 51번 줄에서 열고 55,56번 줄에서 한 줄씩 읽어 그 내용을 소켓을 통해 다시 클라이언트에게 보낸다.

▸▸ 프로그램 13.4 **fserver.c**

```
1 #include <stdio.h>
2 #include <stdlib.h>
3 #include <string.h>
4 #include <signal.h>
5 #include <unistd.h>
6 #include <sys/types.h>
7 #include <sys/socket.h>
8 #include <netinet/in.h>
9 #include <arpa/inet.h>
10 #include <netdb.h>
11 #define DEFAULT_PROTOCOL 0
12 #define MAXLINE 100
13
14 int readLine(int fd, char* str);
15
16 /* 파일 서버 프로그램 */
17 int main (int argc, char* argv[])
18 {
19    int sfd, cfd, port, clientlen;
20    FILE *fp;
21    char inmsg[MAXLINE], outmsg[MAXLINE];
22    struct sockaddr_in serveraddr, clientaddr;
23    struct hostent *hp;
24    char *haddrp;
25
26    signal(SIGCHLD, SIG_IGN);
27
28    if (argc != 2) {
29       fprintf(stderr, "사용법: %s <port>\n", argv[0]);
30       exit(0);
```

```
    }

    port = atoi(argv[1]);
    sfd = socket(AF_INET, SOCK_STREAM, DEFAULT_PROTOCOL);

    bzero((char *) &serveraddr, sizeof(serveraddr));
    serveraddr.sin_family = AF_INET;
    serveraddr.sin_addr.s_addr = htonl(INADDR_ANY);
    serveraddr.sin_port = htons((unsigned short)port);
    bind(sfd,(struct sockaddr *) &serveraddr, sizeof(serveraddr));
    listen(sfd, 5);

    while (1) {
        clientlen = sizeof(clientaddr);
        cfd = accept(sfd, (struct sockaddr *)&clientaddr, &clientlen);
        haddrp = inet_ntoa(clientaddr.sin_addr);
        printf("서버: %s(%d)에 연결됨\n",haddrp, clientaddr.sin_port);

        if (fork ( ) == 0) {
            readLine(cfd, inmsg);    /* 소켓에서 파일 이름을 읽는다 */
            fp = fopen(inmsg, "r");
            if (fp == NULL) {
              write(cfd, "해당 파일 없음", 10);
            } else {    /* 파일에서 한 줄씩 읽어 소켓을 통해 보낸다 */
              while(fgets(outmsg, MAXLINE, fp) != NULL)
                  write(cfd, outmsg, strlen(outmsg)+1);
            }
            close(cfd);
            exit (0);
        } else close(cfd);
    }
}
```

파일 클라이언트

프로그램 13.5의 클라이언트 프로그램은 명령줄 인수로 연결할 서버의 이름과 포트 번호를 받아 해당 서버에 소켓 연결을 한다. 이 클라이언트 프로그램은 이 연결을 통해 서버에 원하는 파일 이름을 보낸 후 서버로부터 해당 파일 내용을 받아 사용자에게 출력한다. 이 프로그램은 다음과 같이 진행한다.

- 29,30번 줄에서 서버 이름과 포트 번호를 받는다.
- 32번 줄에서 소켓을 만든다.
- 35번 줄에서 gethostbyname() 함수를 사용하여 서버 이름에 해당하는 호스트 엔트리를 찾아 38~41번 줄에서 해당 서버 소켓의 IP 주소와 포트 번호를 설정한다.
- 이 서버 소켓 정보를 이용하여 44번 줄에서 해당 서버 소켓에 연결을 시도한다. 연결이 이루어지지 않으면 1초 후에 재시도한다.
- 연결되면 49,50번 줄에서 사용자로부터 원하는 파일 이름을 받아 이를 서버에 보낸다.
- 53,54번 줄에서 다시 이 소켓 연결을 통해 서버로부터 파일 내용을 받아 사용자에게 출력한다.

▸▸ 프로그램 13.5 fclient.c

```
1 #include <stdio.h>
2 #include <stdlib.h>
3 #include <string.h>
4 #include <signal.h>
5 #include <unistd.h>
6 #include <sys/types.h>
7 #include <sys/socket.h>
8 #include <netinet/in.h>
9 #include <arpa/inet.h>
10 #include <netdb.h>
11 #define DEFAULT_PROTOCOL 0
12 #define MAXLINE 100
13
14 int readLine(int fd, char* str);
15
16 /* 파일 클라이언트 프로그램 */
17 int main (int argc, char* argv[])
18 {
19    int cfd, port, result;
20    char *host, inmsg[MAXLINE], outmsg[MAXLINE];
21    struct sockaddr_in serverAddr;
```

```
   struct hostent *hp;

   if (argc != 3) {
      fprintf(stderr, "사용법 : %s <host> <port>\n", argv[0]);
      exit(0);
   }

   host = argv[1];
   port = atoi(argv[2]);

   cfd = socket(AF_INET, SOCK_STREAM, DEFAULT_PROTOCOL);

   /* 서버의 IP 주소와 포트 번호를 채운다. */
   if ((hp = gethostbyname(host)) == NULL)
      perror("gethostbyname error"); // 호스트 찾기 오류
   bzero((char *) &serverAddr, sizeof(serverAddr));
   serverAddr.sin_family = AF_INET;
   bcopy((char *)hp->h_addr_list[0],
         (char *)&serverAddr.sin_addr.s_addr, hp->h_length);
   serverAddr.sin_port = htons(port);

   do { /* 연결 요청 */
      result = connect(cfd, (struct sockaddr *) &serverAddr, sizeof(serverAddr));
      if (result == -1) sleep(1);
   } while (result == -1);

   printf("다운로드할 파일 이름 입력:");
   scanf("%s", inmsg);
   write(cfd,inmsg,strlen(inmsg)+1);

   /* 소켓으로부터 파일 내용 읽어서 프린트 */
   while (readLine(cfd,outmsg))
      printf("%s", outmsg);
   close(cfd);
   exit(0);
}
```

서버 프로그램을 cs.sookmyung.ac.kr에서 실행하고 다른 호스트(linux.sookmyung.ac.kr)에서 이 서버에 연결해보자. 서버는 연결이 이루어지면 일단 연결된 클라이언트의 호스트 이름을 출력한다. 소켓 연결이 된 후에 다운로드할 파일 이름을 입력하면 서버로부터 해당 파일 내용을 한 줄씩 읽어서 프린트한다.

실행결과

```
$ fserver 5000 &
서버: 203.252.195.220(53482)에 연결됨
```

```
$ fclient cs.sookmyung.ac.kr 5000
다운로드할 파일 이름 입력:you.txt
When I am down and, oh my soul, so weary
When troubles come and my heart burdened be
Then, I am still and wait here in the silence
Until you come and sit awhile with me
...
```

| 핵심 개념 |

- 소켓은 양방향 통신 방법으로 클라이언트-서버 모델을 기반으로 프로세스 사이의 통신에 매우 적합하다
- 소켓에는 같은 호스트 내의 프로세스 사이의 통신을 위한 유닉스 소켓과 다른 호스트에 있는 프로세스 사이의 통신을 위한 인터넷 소켓이 있다.

| 실습 문제 |

13.1 프로그램 13.5의 클라이언트 프로그램은 파일 이름을 입력받아 서버로부터 해당 파일을 가져와 보여주고 끝난다.

(1) 이 프로그램을 다운로드된 내용을 파일로 저장하도록 수정하시오.

(2) 반복적으로 파일 이름을 입력받아 해당 파일을 다운로드 할 수 있도록 확장하시오.

13.2 서버의 로컬 시간을 알려주는 시간 서버 프로그램을 작성하시오.

(1) 서버 프로그램은 클라이언트로부터 요청이 오면 서버의 로컬 시간을 보내준다.

(2) 클라이언트 프로그램은 서버에 요청하여 서버의 로컬 시간을 받아 확인할 수 있다.

(3) 시간은 `time()`과 `localtime()` 함수를 사용하면 된다.

| 연습 문제 |

13.1 프로그램 13.1과 프로그램 13.2는 한 줄만 읽어서 대문자로 변환한다. 이 프로그램을 입력 끝까지 여러 줄을 읽어 대문자로 변환할 수 있도록 수정하시오.

13.2 대부분의 서버 컴퓨터들은 13번 포트를 통하여 현재 시간을 알려주는 시간 서버를 운영하고 있다. 원하는 서버에 연결하여 서버의 현재 시간을 프린트하는 클라이언트 프로그램을 작성하시오.

13.3 서버 호스트에서 실행중인 프로세스의 개수를 알려주는 서버 프로그램과 특정 호스트에 이 정보를 요청하여 출력하는 클라이언트 프로그램을 작성하시오.

찾아보기